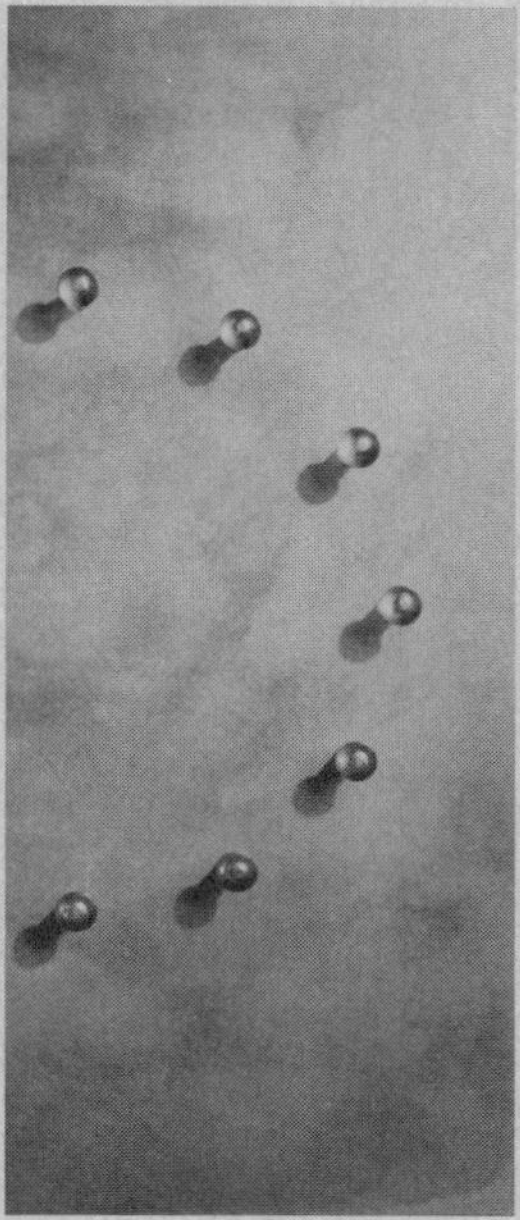

【増補版】

尖閣諸島・琉球・中国

【分析・資料・文献】

日中国際関係史

三和書籍

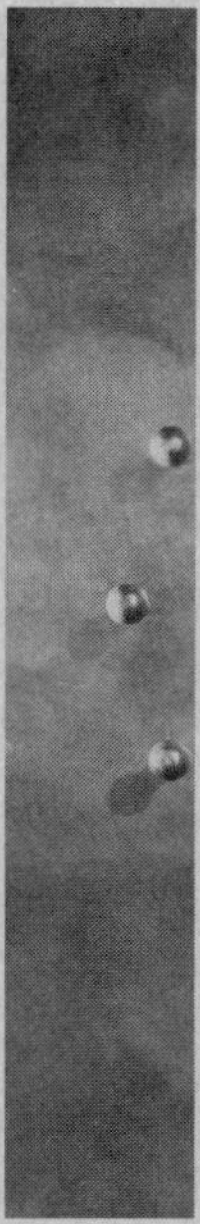

日本大学名誉教授
浦野起央

＊目　次＊

資料

まえがき

沖縄の一部を形成する尖閣諸島（釣魚台列嶼）問題は、一九六〇年代に国連アジア極東経済委員会（ECAFE）による東シナ海の海底資源調査が実施され、それによりこの地域における石油・天然ガスの埋蔵が確認されて、この海域が一躍注目されるところとなって、大きく浮上した。この調査結果から、日本政府は、東海大学に委託して一九六九年から一九七〇年にかけ二度、尖閣列島海域の海底地質調査を実施した。その結果、海底新第三紀堆積層が尖閣列島を中心に約二〇キロの広がりがあり、その層厚も三〇〇〇メートル以上と判明した。

前記ＥＣＡＦＥ調査報告やわが国による学術調査報告の公表とともに、台湾、中国のこの海域に対する動きが活発化した。一九七〇年七月一七日中華民国国民政府（台湾政府）は、米国のパンパシフィック・ガルフ社（ガルフ・オイル社の子会社）に対し台湾の北東海域での石油資源の探査試掘権を許可した。その鉱区は、北緯二五度から二七度まで、東経一二一度から一二五度までの五万五〇〇〇平方キロの東シナ海海域を包括する位置にあり、日本の尖閣列島海域にも広がっていた。ここに、尖閣諸島の主権問題が生じ、台湾政府はその主権を確認した。当然に、琉球立法院は尖閣列島の領土防衛決議を採択し、日台交渉の行方に関心が集まる一方、日・台・韓三国の開発協力が打ち出された。これに対し、中華人民共和国（中国）は、「日本は釣魚島など、元来、中国に属する一部の島嶼や海域を日本の版図にくみいれようとしている」（一九七〇年一二月二九日『人民日報』）と指摘した。こうして生じた尖閣諸島の帰属問題は、一九七一年六月沖縄返還協定の調印をめぐって台湾、中国の反発が強まるところとなり、あるいは、日本の学者の間でも、これまで日本の実効的支配にあった尖閣諸島に対する中国帰属説（いわゆる井上清見解）が提起された。中国も、一九七二年三月三日国連海底平和利用委員会で、「米国は、わが国領土、台湾省をいまなお不法占領しており、最近また、日本の反動派とグルになっていわゆる『沖縄返還』のペテンを利用して、わが国台湾省の付属島嶼——釣魚島などの島嶼を日本の版図に組み入れようとしている。……この地域の海域と中国近隣の浅海海域の海底資源はすべて完全に中国の所有に属し、いかなる外国侵略者といえども、これに手をつけることは許されない」と主張した。日本は、これに対し、答弁権を行使して、沖縄返還は日本全国民の希望の実現であって、中国がこれをペテンと呼ぶことは、日本国民の憤激を買うだろう、尖閣列島に対しては、日本以外のいかなる国も、主権をもっていないし、東シナ海の大陸棚資源については、日本は国際法のルールに従って主権をもっている、と反論した。そして一九七二年三月八日日本政府は、尖閣列島の領有権について外務省の基本見解を発表した。そこでは、中国、台湾の見解に対する反論をも明確にした形で、日本の態度が初めて明らかにされた。その要点は、以下の通りである。

（一）わが国は、明治一八年（一八八五年）以降、再三の現地調査を経て、尖閣列島が無人島であるのみならず、清国の支配が及んでいる痕跡がないことを慎重に確認した上で、明治二八年（一八九五年）に現地に標杭を建設する旨の閣議決定を行って、わが国領土に編入した。これは、先占権の行使である。

（二）同列島は、明治二八年五月発効の下関条約第二条に基づき、わが国が清国より割譲を受けた台湾および澎湖島には含まれていない。

（三）サンフランシスコ平和条約で日本が放棄した領土には、尖閣列島は含まれない。この地域は、南西諸島の一部として米国施政下に置かれていたもので、一九七一年沖縄協定によって日本に返還される地域に含まれる。

(四)中国が尖閣列島を台湾の一部と考えていなかったことは、平和条約第三条に基づき米国の施政権下の置かれた地域に同列島が含まれている事実につきなんらの異議を唱えなかったことからも、明らかである。
(五)従来、中華民国および中華人民共和国政府がいわゆる歴史的、地理的、ないし地質的根拠として挙げている諸点は、いずれも同列島に対する中国の領有権の主張を裏付けるに足る国際法上の有力な根拠とはいえない。

この日本政府の基本見解に対する、とりわけ、中国の批判は厳しかった。一九七二年九月日本は中国と国交正常化を果たしたが、そこでは、この領有権問題は棚上げとなった。

一九七四年一月三〇日東シナ海の日韓大陸棚共同開発協定が調印されたことで、中国は、東シナ海大陸棚は大陸の自然延長であるとの主張をもって、この大陸棚分割は中国に対する侵犯行為であって、許されないと申し立てた。日本も韓国も、大陸棚の画定協定は自国寄りの中間線をとっているので、他国の国際法上の権利を侵害してはいない、としている。

一九七八年四月一二日尖閣列島に総数四〇隻中国籍漁船団（最大時二〇〇隻で構成）が侵入して操業する事件が発生し、日本海上保安庁は再三の退去警告を発し、その侵犯は四日間続いた。ここでも、中国の主権主張が提起された。八月日中平和条約が締結され、尖閣諸島問題は再び棚上げとなった。

一九八二年八月日本右翼「日本青年社」の者が尖閣諸島の魚釣島に上陸し、さらに一九八八年六月第二灯台を建設した(第一灯台は一九七八年に建設)。一九九〇年一〇月中国は、その航路標識灯の建設は中国の主権侵犯行為であると日本に対し抗議した。ここに第一次保釣運動が香港、台湾で起こり、日本でも生じた。

一九九一年を通じて、尖閣列島海域で操業中の日本漁船に対する国籍不明船（一部は中国船と判明）による発砲・臨検・襲撃事件が多発し、中国海軍高速艇の威嚇発砲事件も起きた。

一九九二年二月中国領海法が制定され、中国は尖閣諸島をその領海に含めた。当然に、日本は中国に対し抗議した。

一九九二年、一九九三年も、前記の軍事襲撃・発砲事件が続いた。一九九三年の日本船威嚇事件は二五件に達した。

一九九三年七月中国・台湾合同の石油探査活動が報じられたが、一九九四年以降、この海域における外国海洋調査船、特に中国調査船によるケーブル曳航、反復航走、あるいはワイヤー投入といった異常な行動が目立ち、一九九四年は二四隻が確認された。一九九五年五〜六月には、中国国家海洋局の資源調査船による大規模な尖閣列島海域の日・中大陸棚管轄分岐地帯での活動がみられた。一九九六年七月国連海洋法条約の発効に伴う日本の沿岸二〇〇カイリの設定で、中国は七月二三日の北京放送が「日本が釣魚群島を囲い込んだ」と非難し、再び中国による領有権主張が激しく提起された。そして第二次保釣運動が香港、台湾のほか、米国ワシントン、中国北京でも展開された。九月香港と台湾の「全球華人保釣大連盟」の突撃隊が尖閣諸島海域に突入し、一〇月にはその第二陣が釣魚島に強行上陸した。この事態に、翌九七年五月日本の「新進党」国会議員が釣魚島に上陸した。そしてそこでは、香港・台湾の活動家による抗議船行動も起きた。六月日本と中国は尖閣諸島の暫定境界線につき、ほぼ合意した。

一九九七年一一月中国海洋調査船向陽江九号が尖閣諸島海域で日本の領海を侵犯し、こうした日本領海の侵犯は中国海洋調査船の活動が激しくなるとともに続いた。一九九八年におけるその確認された外国調査船による異常な行動は中国船一四件、一九九九年は中国船三〇件、台湾船一件、二〇〇〇年は一二月三日現在、中国船二〇件を数えた。こうしたなか、同二〇〇〇年五月と八月に日本参議院外交・防衛委員会で、その中国海洋調査船の行動が問題となった。結局、九月日本と中国は海洋調査船に関する相互事前通報の枠組みにつき、協議に入った。そして翌〇一年二月一三日海洋の科学調査における相互事前通報につき、双方は合意した。

しかし、これによって尖閣諸島問題が解決したわけではない。依然、当該問題に対する関係国の見解一致はみられない。

凡例 〜尖閣諸島概要〜

魚釣島（魚釣台、和平山、和洋島、ホアビンス島、琉球名ユクン／ヨコンジマ／ユクンジマ、中国名釣魚島、別称ホアビーサン、Hoapinsu）

位置　北緯二五度四五〜四六分、東経一二三度三〇〜三二分。

地形　地質は水成岩。最高峰は奈良原岳三六三メートル、屏風岳三二一メートル。

規模　東西三・五キロメートル、面積三・八平方キロ（三六四町一反九八三坪）。島の周囲一万一一二八メートル。

地番　沖縄県石垣市字登野城二三九二番（地番が付いたのは一九〇二年で、八重山大浜間切登野城村（城はグスク）に編入され、一九一四年に石垣市となった）。元所有者は古賀善次、現所有者は埼玉県在住栗原國起。

備考　明治時代以前に人が住み着き、開発した形跡はない。一九〇〇年代後半に古賀村が生まれた。現在、日本人所有地のまま、一部の人が利用している。一九七〇年に台湾水産試験所の海憲丸が接岸し、中華民国国旗を掲揚した。一九七三年五月日本人民族派青年が上陸した。一九七八年に同年四月における中国武装船のこの海域への侵攻事件で、日本右翼「日本青年社」が船舶の安全航行を理由に、灯台を建設した。一九八二年八月「日本青年社」の者が上陸し、一九八八年六月に第二灯台を建てた。一九九六年一〇月第二保釣運動で「全球華人保釣大連盟」突撃隊分子が強行上陸を決行し、中華人民共和国と中華民国の国旗を掲揚した。日本海上保安庁の手で程なく上陸者は排除された。

▲尖閣諸島

久場島（チァウス島、琉球名クバシマ、こうびしょう、中国名黄尾嶼）

位置　北緯二五度五五分、東経一二三度四〇～四一分。

地形　地質は火山岩。最高峰海抜一一八メートル。

規模　面積〇・八七平方キロ（八七町四反〇四九坪）。島の周囲三四九一メートル。

地番　沖縄県石垣市字登野城久場島二三九三番地。元所有者は古賀善次、現所有者は埼玉県在住栗原和子。

備考　明治時代以前に人が住み着き、開発した形跡はない。一九〇〇年代後半に古賀村が生まれた。第二次世界大戦後は、日本人所有の土地であるが、一九五八年、米軍の演習場として活用された。一九七〇年六月に不法入域者が退去させられた。

大正島（久米赤島、ラレー岩、琉球名クミアカシマ、せきびしょう、中国名赤尾嶼、嵩尾嶼）

位置　北緯二五度五三分、東経一二四度三四～三五分。

地形　地質は水成岩。最高峰海抜八四メートル。

規模　面積〇・〇五平方キロ（四町一反三六八坪）。島の周囲九八〇メートル。

地番　沖縄県石垣市字登野城大正島二三九四番地。官有地。

備考　これまで人が住み着き、開発した形跡はなく、日本の国有地となっている。一九七二年三月日本共産党は、久場島とならんで大正島の米軍射撃場の撤去を求めた。

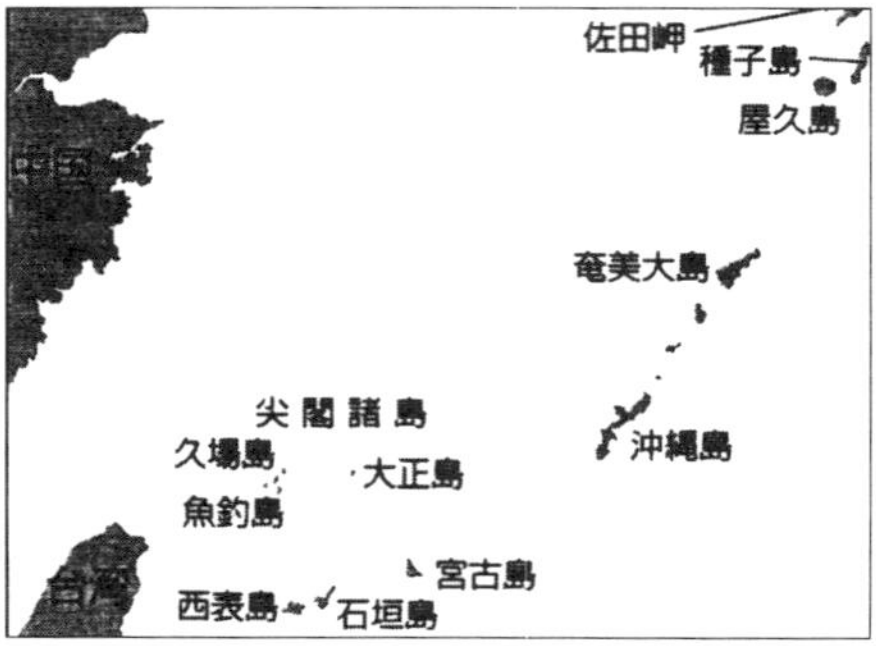

▲尖閣諸島位置図

北小島（琉球名シマグワー、鳥島）

位置　北緯二五度四四～四五分、東経一二三度三五分。
地形　地質は水成岩。最高峰海抜一二九メートル。
規模　面積〇・三一平方キロ（二五町八反八四二坪）。島の周囲三一二〇メートル。
地番　沖縄県石垣市字登野城北小島二三九一番地。元所有者は古賀善次、現所有者は埼玉県在住栗原弘。
備考　明治時代以前に人が住み着き、開発した形跡はない。現在、日本人の所有地である。一九九六年七月「日本青年社」が簡易灯台を建設し、台風で倒壊したために九月再建した。

南小島（琉球名シマグワー、鳥島）

位置　北緯二五度四四分、東経一二三度三五分。
地形　最高峰海抜一四八メートル。
規模　面積〇・三五平方キロ（三二町四反六二八坪）。島の周囲二六一〇メートル。
地番　沖縄県石垣市字登野城南小島二三九〇番地。元所有者は古賀善次、現所有者は埼玉県在住栗原弘。
備考　明治時代以前に人が住み着き、開発した形跡はない。現在、日本人の所有地である。一九六八年に不法上陸者があり、米民政府によって退去させられた。

沖ノ北岩（中国名黄麻嶼）

位置　北緯二五度四八分、東経一二三度三六分。
規模　面積〇・〇五平方キロ。島の周囲八一〇メートル。

地形　海抜二四メートル。
地番　土地台帳に記載なし。官有地。
備考　危険で上陸できない。

沖ノ南岩（別称 Pinacle）

位置　北緯二五度四七分、東経一二三度三七分。
規模　面積〇・〇一平方キロ、島の周囲四二〇メートル。
地形　海抜五メートル。
地番　土地台帳に記載なし。
備考　危険で上陸できない。

飛瀬

位置　北緯二五度四五分、　東経一二三度三三分。
地形　海抜三・四メートル。
規模　面積〇・〇一平方キロ、島の周囲三九〇メートル。
地番　土地台帳に記載なし。
備考　危険で上陸できない。

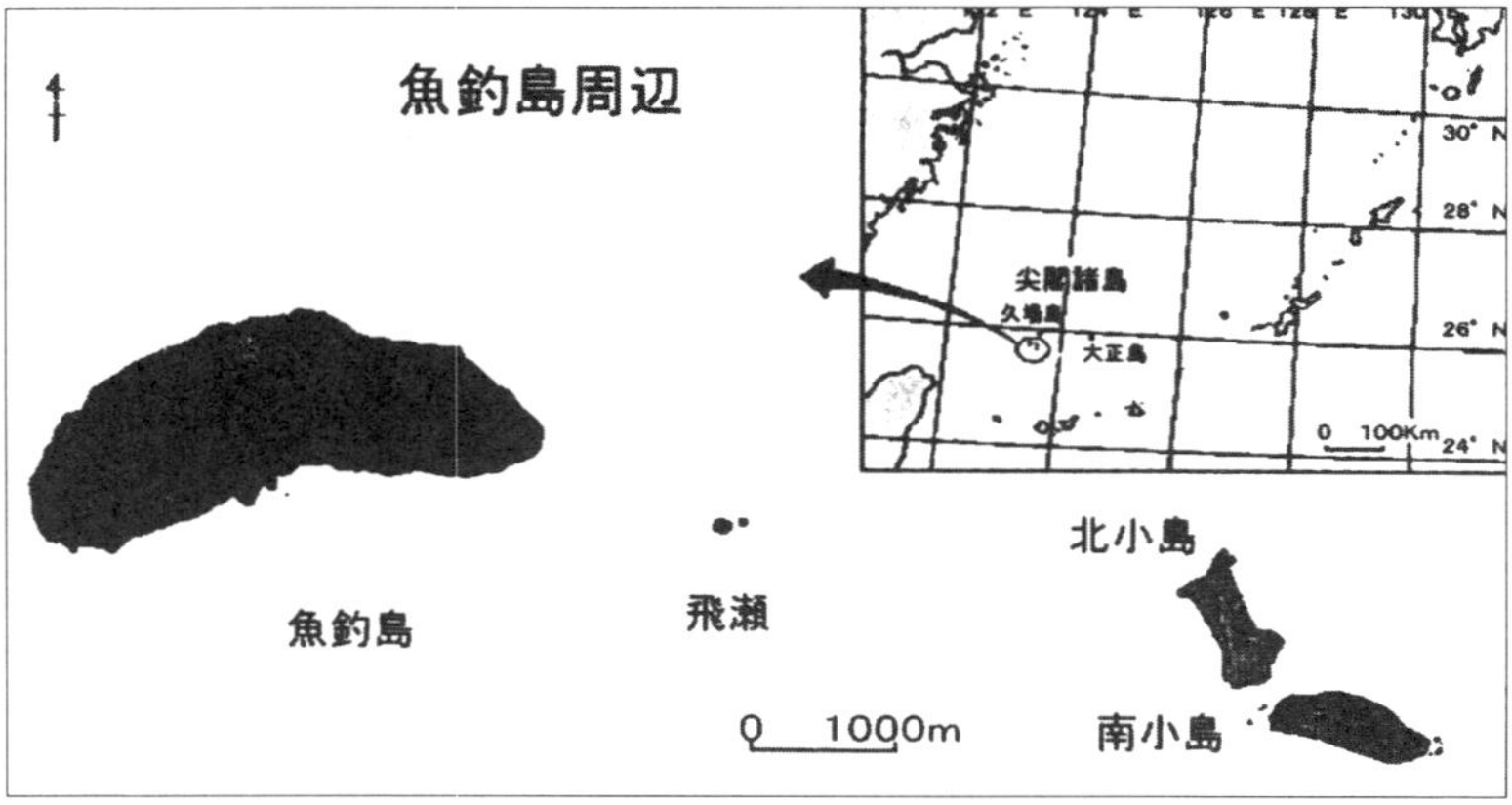

▲魚釣島周辺

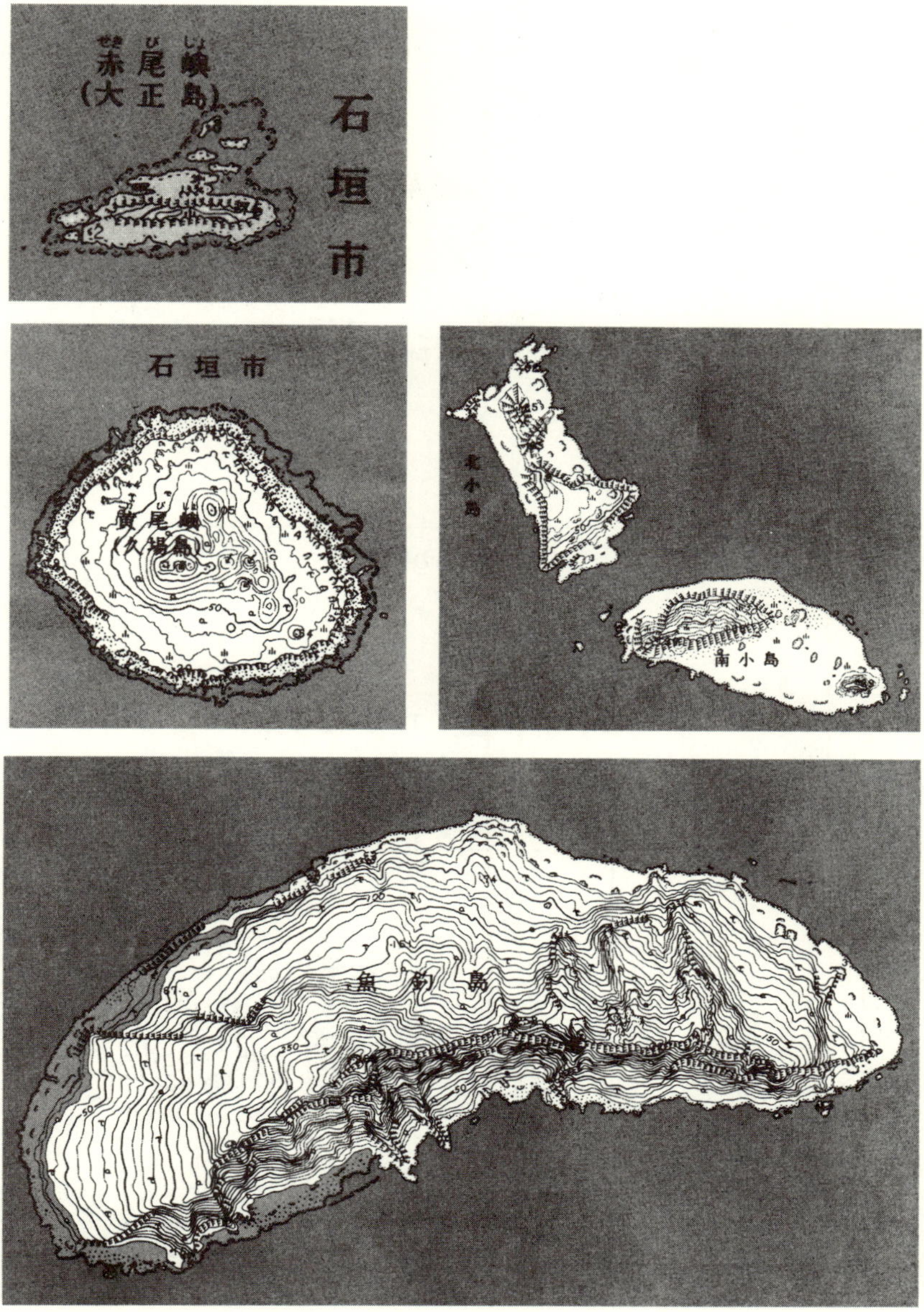

▲国土地理院、魚釣島NG-51-16-6-3・4、10-1・2地形図、1989年1月

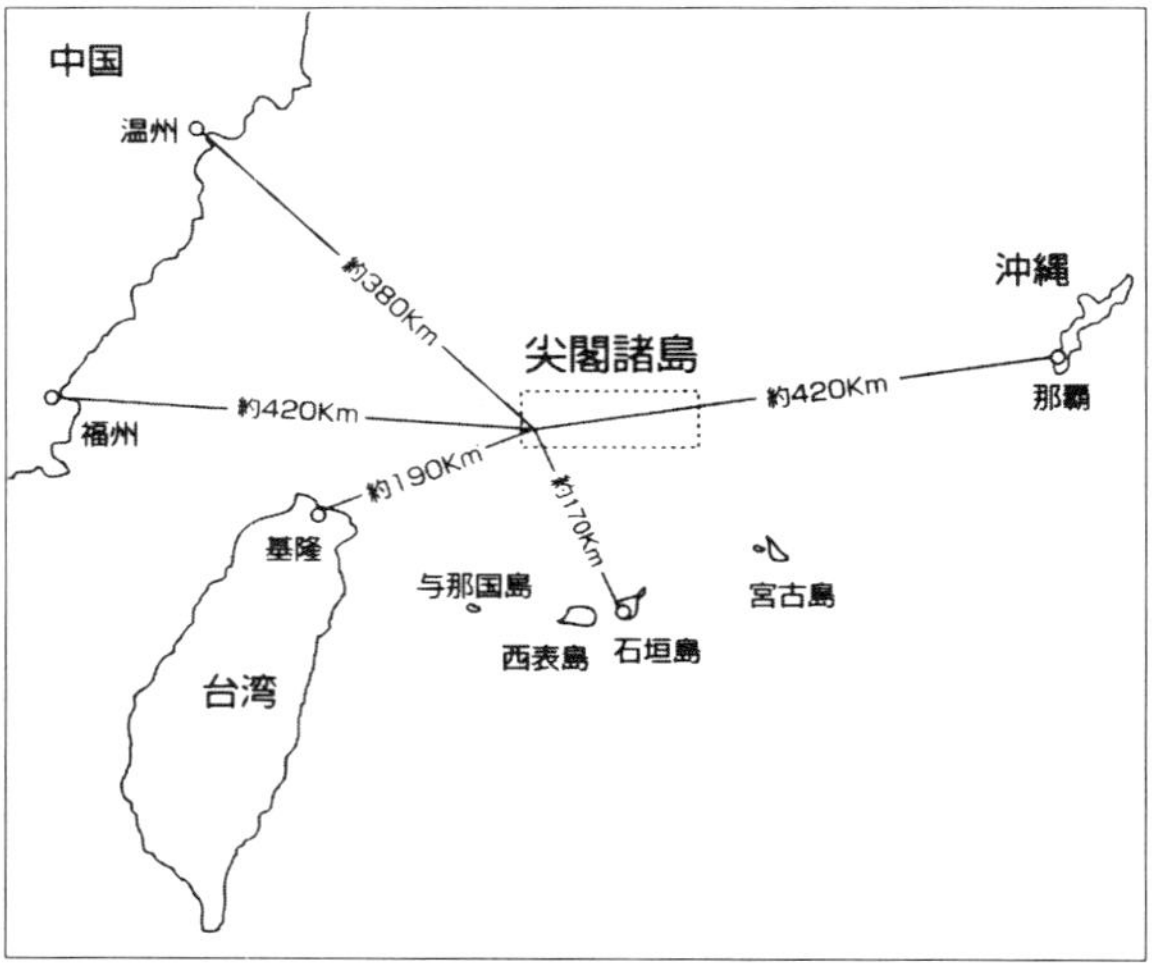

▲尖閣諸島の位置

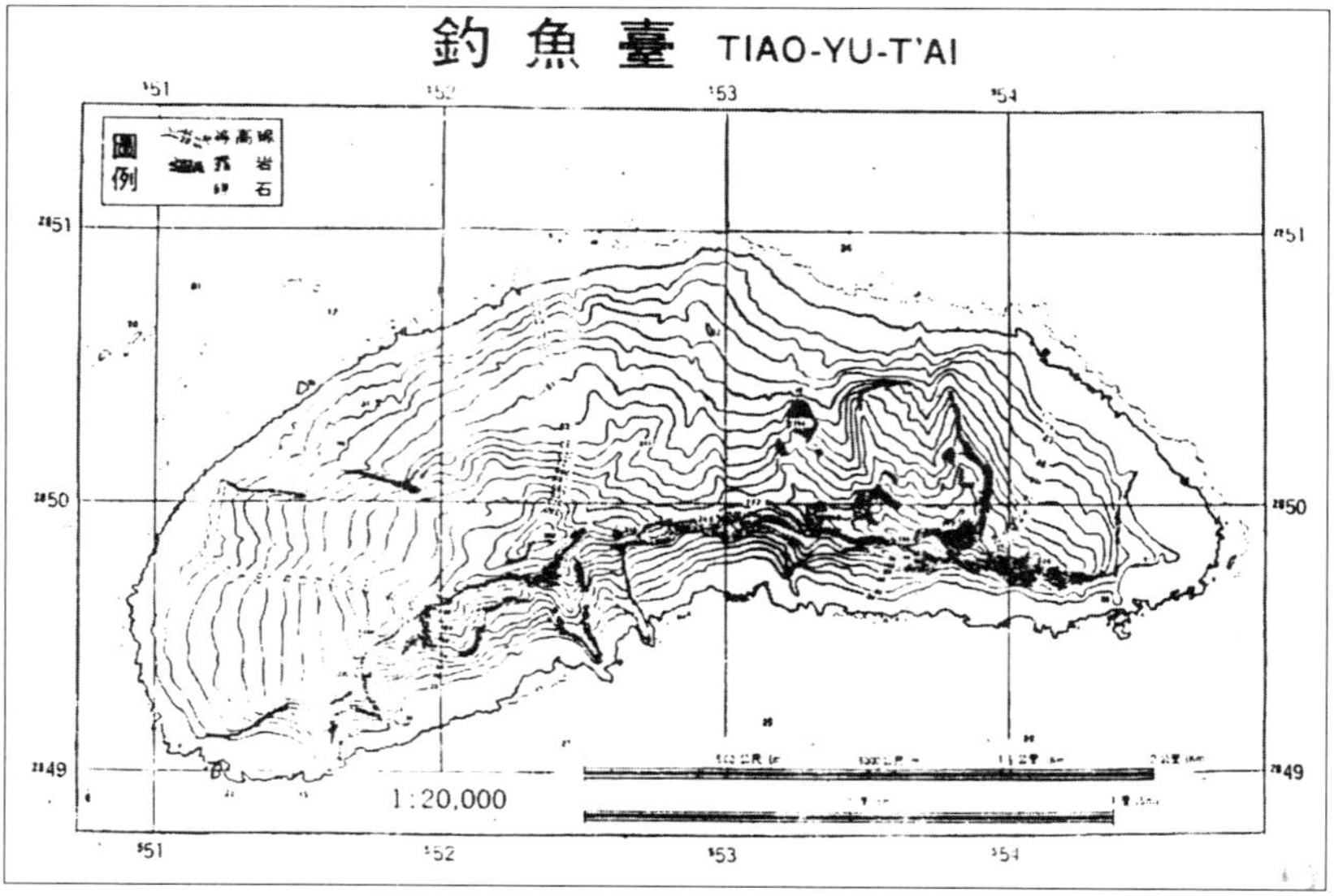

▲台湾地図、釣魚台列嶼

（出所）中國國民党委員会編『釣魚台列嶼問題資料匯編』

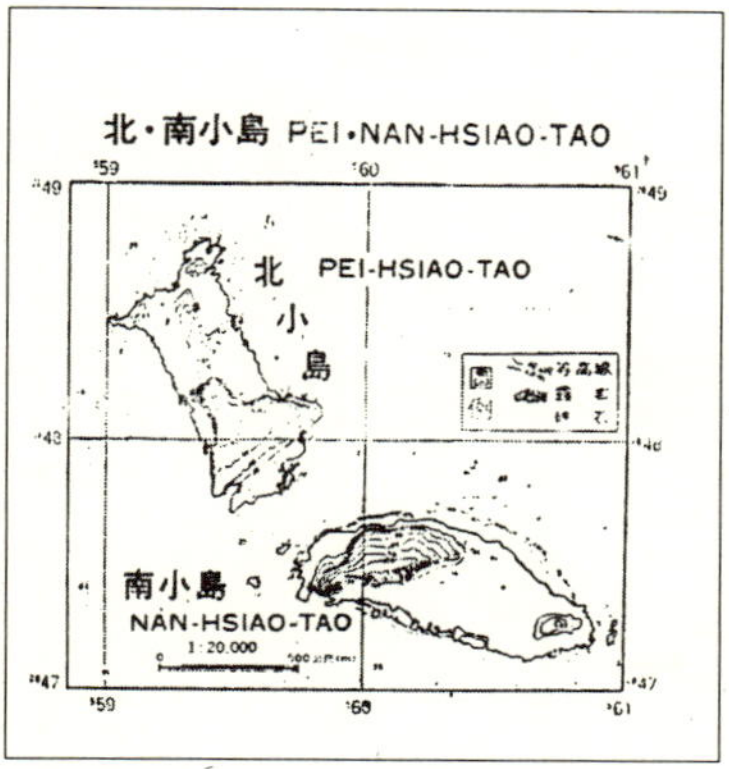
北・南小島 PEI・NAN-HSIAO-TAO
北小島
PEI-HSIAO-TAO
南小島
NAN-HSIAO-TAO
1:20,000

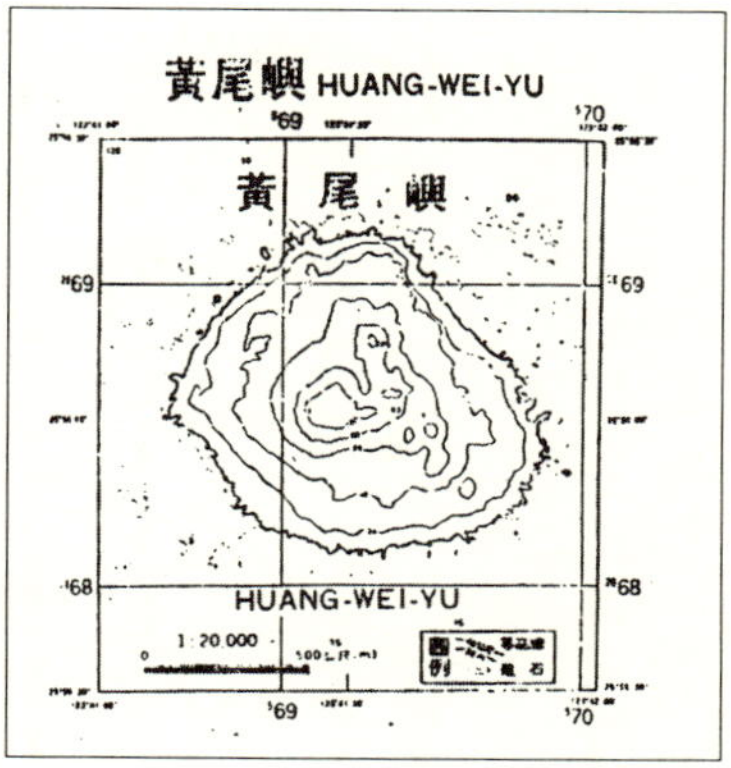
黃尾嶼 HUANG-WEI-YU
黃尾嶼
HUANG-WEI-YU
1:20,000

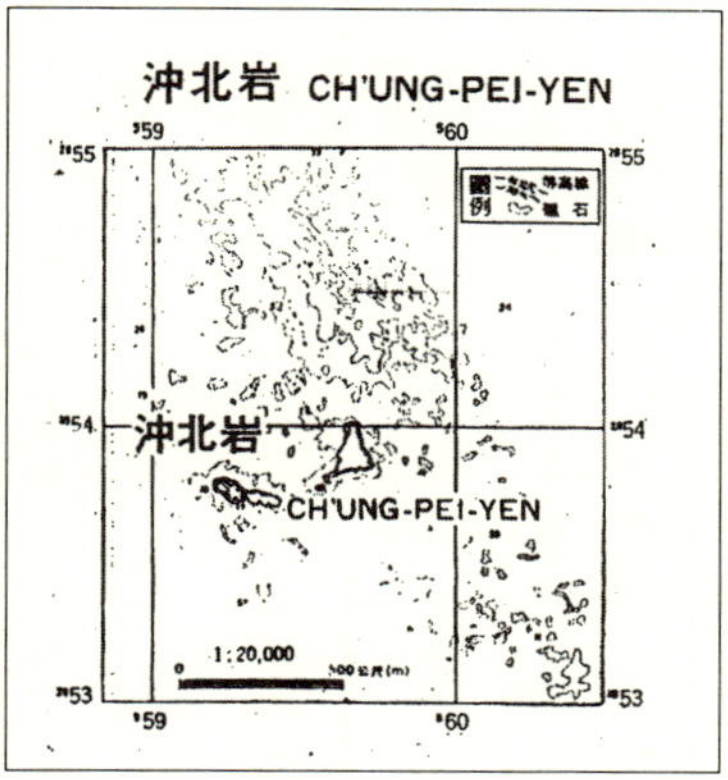
沖北岩 CH'UNG-PEI-YEN
沖北岩
CH'UNG-PEI-YEN
1:20,000

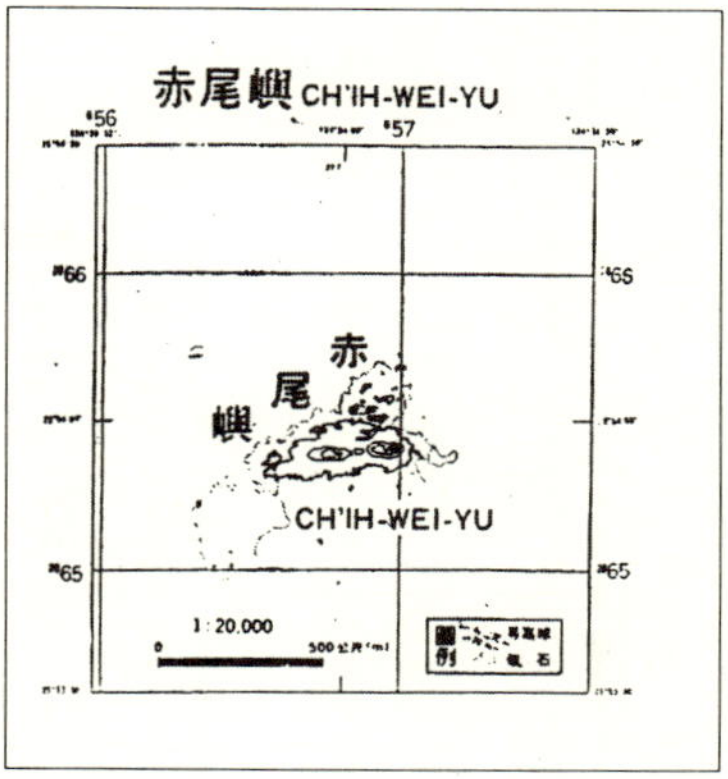
赤尾嶼 CH'IH-WEI-YU
赤尾嶼
CH'IH-WEI-YU
1:20,000

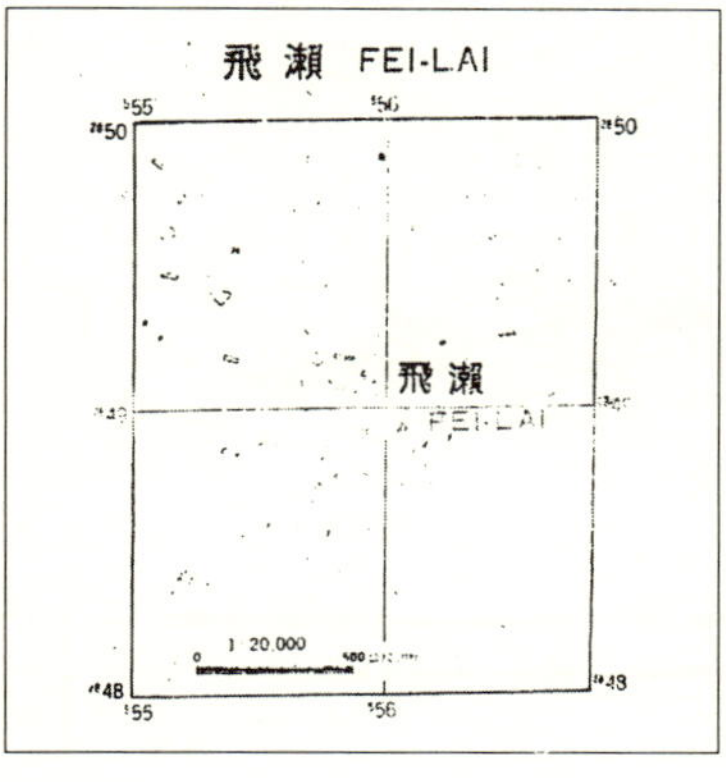
飛瀬 FEI-LAI
飛瀬
FEI-LAI
1:20,000

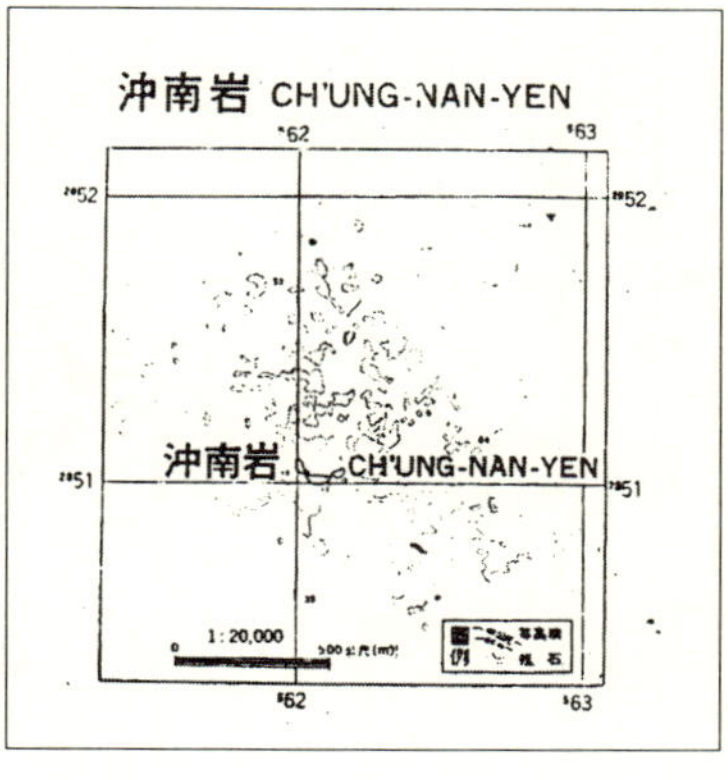
沖南岩 CH'UNG-NAN-YEN
沖南岩
CH'UNG-NAN-YEN
1:20,000

1章 日本、中国、台湾の主張および学説

Ⅰ 日本政府の立場

尖閣諸島は日本の固有領土であり、その事実は、歴史的にも国際法上でも明白である。現に、日本は、尖閣諸島に対する実効的支配を維持してきた。

一九七〇年に入って、東シナ海における石油開発の展望とともに、台湾の新聞などによる尖閣諸島に対する領有権の主張がみられ、台湾当局は一九七一年二月、公式に尖閣諸島に対する領有権を主張した。また、同年一二月以降、中華人民共和国が尖閣諸島（釣魚諸島）は中国領土であると主張した。

日本政府は、国会答弁を通じその立場を表明して、一九七二年三月に外務省見解として尖閣諸島に対する日本の領有権を明確にした。それは、尖閣列島に対して日本が歴史的に一貫して領有権を有していることを確認したもので、そこでは、尖閣諸島は、沖縄返還協定により日本に施政権が返還される地域に含まれている旨が明確にされた。尖閣諸島に対する領有権についての同様の立場は、一九七〇年九月琉球政府が公式に発表しており、また同年八月琉球政府立法院の決議でも確認された。

日本政府の立場は、要旨、以下のとおりである。

一、尖閣諸島は先占により日本領土に編入され、同諸島は、爾来、歴史的に一貫して日本領土、南西諸島の一部を構成している。
二、一九五一年サンフランシスコ平和条約において、南西諸島の一部として米国の施政下に置かれた。
三、この地域は、一九七一年沖縄返還協定により、日本に施政権が返還され、現在にいたる。
以上に対する経緯と根拠は、以下のとおりである。
(一) 一八七九(明治一二)年、明治政府は琉球藩を廃止し、沖縄県とした(↓4章Ⅶ)。一八八五(明治一八)年以降、再三にわたり、沖縄県当局を通じるなどの方法により、尖閣諸島の実地調査を行い、尖閣諸島について、当時、清国の支配が及んでいる証拠はないことを十分確認した上で、一八九五(明治二八)年一月一四日の閣議決定で、尖閣諸島を沖縄県の所轄とし(↓6章Ⅳ)、これを確認するものとして標杭を建設した(↓6章Ⅲ)。
(二)日本に正式編入された尖閣諸島は、沖縄県八重山郡の一部を形成し、国有地となった。一八八四(明治一七)年以降、この地で漁業に従事していた古賀辰四郎の国有地借用願により同人に貸与され、彼は桟橋・船着場・貯水場などを建設して、開拓にあたった。一九三二(昭和七)年、尖閣諸島の四島が同人嗣子に対し払い下げられ、民有地となった(↓5章Ⅴ)。
(三)第二次世界大戦後、尖閣諸島は、サンフランシスコ平和条約第三条に基づき、日本領土、南西諸島の一部として、米国の施政権下に置かれた(↓6章Ⅰ)。
(四)尖閣諸島は、一九七二年発効の沖縄返還協定により日本に施政権が返還された地域に含まれており、現在、石垣市の一部である(↓6章Ⅱ)。

「自由民主党」をはじめとした「日本社会党」、「日本共産党」、「公明党」など、いずれの政党の見解も、この日本政府の立場を支持し、確認した。そこでは、国民意識の間での深い理解が得られている。

奥原敏雄、林司宣ら尖閣列島研究会のメンバー、太寿堂鼎、勝沼智一、緑間栄、尾崎重義、仲里譲、松井芳郎らの日本国際法学者の見解（→1章Ⅱ）は、この日本政府の立場に従っている。日本の新聞論調も、一致してこの日本政府の立場を支持した。

【経過】


一九七〇年　八月三一日、琉球政府立法院、尖閣列島の領土防衛に関する要請決議、決議第一二号・第一三号採択。

九月　一日、琉球政府の声明「尖閣列島の領土権について」。

九月一〇日、マクロフスキー米国務省報道官が尖閣諸島の日本領有につき確認発言。

九月一〇日、衆議院外務委員会で愛知揆一外相が尖閣諸島領有につき確認。

九月一二日、衆議院沖縄・北方問題特別委員会で愛知外相が尖閣諸島領有につき再確認。

九月一三日、『琉球新報』社説「尖閣列島の領有権問題」。

一二月　六日、『毎日新聞』社説「尖閣列島は沖縄の一部」。


一九七一年　一月二六日、参議院本会議で佐藤栄作首相が尖閣列島の日本帰属に関して答弁。

六月一七日、ブレイ米国務省報道官の尖閣列島の日本主権帰属発言。

一一月二一日、政府、衆議院に尖閣列島は日本領土との政府答弁書提出。

一二月一五日、参議院本会議で佐藤首相が尖閣諸島は日本固有領土と表明。

一九七二年　三月　三日、琉球政府立法院、尖閣列島の領土権問題に関する要請決議、決議第三号・第四号採択。
三月　五日、『日本経済新聞』社説「尖閣諸島の日本領有権主張は当然」。
三月　六日、『琉球新報』社説「尖閣領有の院決議の意義」。
三月　七日、『産経新聞』主張「わが国の領有権は明白」。

三月　八日、衆議院沖縄・北方問題特別委員会で福田赳夫外相が尖閣諸島は日本領土と答弁。

三月　八日、外務省の基本見解「尖閣諸島の領有権問題について」、福田外相が参議院沖縄・北方問題特別委員会で発表。

三月　九日、『毎日新聞』社説「尖閣列島の領有権は明確」。

三月一〇日、『沖縄タイムス』社説「平和外交の試金石　尖閣列島をめぐる領有権問題」。

三月一〇日、『読売新聞』社説「わが国の〝尖閣〟領有権は明確」。

三月二〇日、『朝日新聞』社説「尖閣列島とわが国の領有権」。

三月二四日、尖閣列島問題に対する「日本社会党」の統一見解。

三月二八日、尖閣諸島問題に関する「自由民主党」の公式見解。

三月三〇日、尖閣列島問題に関する「日本共産党」の見解。

五月二四日、尖閣諸島は日本領土であるとした中川融国連大使より国連安全保障理事会あて書簡送付。

一九七七年　五月　二日、日本の領海及び接続水域に関する法律、法律第三〇号。
六月一七日、日本の領海及び接続水域に関する法律施行令。

【資料】＊

外務省基本見解「尖閣諸島の領土権問題について」一九七二年三月八日。

世界政経調査会編『尖閣諸島問題に関する関係各国の態度と論調』正・続。

国際地域資料センター編『日本の領土と日ソ関係』。

浦野起央・他編『釣魚台群島（尖閣諸島）問題　研究資料匯編』。

【文献】＊

奥原敏雄「尖閣列島の地位」『季刊・沖縄』第五二号。

奥原敏雄「尖閣列島——歴史と政治のあいだ」『日本及日本人』一九七〇年新春号。

奥原敏雄「尖閣列島の領有権問題」『季刊・沖縄』第五六号。

Toshio Okuhara, "The Territorial Sovereignty over the Senkaku Islands and Problems on Surrounding Continental Shelf," *The Japanese Annual of International Law*, Vol. 15.

奥原敏雄「尖閣列島の領有権と『明報』論文」『中国』一九七一年六月号。

奥原敏雄「尖閣列島と帰属問題」『アジア・レビュー』第一〇号。

奥原敏雄「尖閣列島領土権の法理」『日本及日本人』一九七二年陽春号。

奥原敏雄「明代および清代における尖閣列島の法的地位」『季刊・沖縄』第六三号。

奥原敏雄「尖閣列島の領有権と「井上清」論文」『日本及日本人』一九七三年新春号。

奥原敏雄「尖閣列島の領土編入経緯」『政経學会誌』第四号。

奥原敏雄「尖閣列島領有権の根拠」『中央公論』一九七八年七月号。

尖閣列島研究会「尖閣列島と日本の領有権」『季刊・沖縄』第五六号。

尖閣列島研究会「尖閣列島と日本の領有権」『季刊・沖縄』第六三号。

The Senkaku Islands Study Group, "The Senkaku Islands and the Japan's Territorial Titles to Him," 『季刊・沖縄』第六三号。

Yoshiro Matsui, "International Law of Territorial Acquisition and the Dispute over the Senkaku (Diaoyu) Islands," *The Japanese Annual of International Law*, Vol. 40.
＊所載の資料・文献は、尖閣諸島資料・文献をみよ。そこに収められていない文献は、発行地、発行所、刊行年を記した。以下、同様である。

Ⅱ 日本学者の見解

奥原敏雄ら尖閣研究会グループ（→1章Ⅰ）、および松井芳郎、さらに太寿堂鼎、緑間栄、勝沼智一、仲里譲、尾崎重義らの国際法学者が、先占の法理（→8章Ⅰ）に基づいて尖閣諸島の日本領有論を展開している。そこでは、日本政府の立場と同一の見解が提示されていて、先占の法理が適用されている。

【文献】


太寿堂鼎「先占に関するわが国の先例」『法学論叢』第七〇巻第一号。

太寿堂鼎「領土問題——北方領土・竹島・尖閣諸島の帰属」『ジュリスト』第六四七号。

太寿堂鼎「明治初年における日本領土の確定と国際法」『法学論叢』第一〇〇巻第五・六号。

太寿堂鼎『領土帰属の国際法』東信堂、一九七八年。

伊津野重満「尖閣列島の帰属に関する法理」、『創価大学開学論文集』。

勝沼智一「尖閣列島の領土問題の歴史と法理」『法学志林』第七一巻第二号。

緑間栄『尖閣列島』。

仲里譲「尖閣列島の領有権問題——日中の主張と先例の法理」『日向学院論集』第二二号。

Yoshiro Matsui, "International Law of Territorial Acquisition and the Dispute over the Senkaku (Diaoyu) Island," *The Japanese Annual of International Law*, Vol. 40.

尾崎重義「尖閣諸島の帰属について」『レファレンス』第二五八号～第二六三号。程家瑞編『釣魚台列嶼之法律地位』。

Ⅲ 日本歴史学者井上清の見解

尖閣諸島は日本領土であるとする見解（↓1章Ⅰ）に対し、日本の歴史学者井上清の基本的立場は、沖縄および釣魚諸島は中国と地理的に接続しており、近代天皇制の釣魚諸島領有は、琉球処分と密接不可分であって成立せず、一九七〇年代に日本帝国主義の沖縄再支配において釣魚諸島の再略奪があったとした。

その論点は、以下のとおりである。

一、尖閣諸島のどの一つの島も、一度も琉球領であったことはなかった。尖閣諸島の命名は、一九〇〇(明治三三)年、沖縄県師範学校教諭黒岩恒によるものである。

二、日本が最初にその領有を主張したのは、一九七〇年八月三一日の琉球政府立法院の尖閣列島の領土防衛に関する要請決議であった。

三、琉球冊封使の記録から、久米島が琉球の境であって、赤嶼（大正島）以西が琉球領でない点は、中国人にも琉球人にも明らかであった。琉球正史『中山世鑑』は、親中国派と対立した親日本派の筆頭向象賢の作になるもので、客観的な歴史書とはいえないが、同書においても、以上の冊封使、とくに陳侃の記述を受け入れている（↓3章Ⅰ）。

四、一五六一年の胡宗憲『籌海圖編』には、鶏籠山、釣魚嶼、化瓶山、黄尾山、橄攬山、赤嶼が福建省の羅源県、寧徳県の沿海の島として示されており、このことは、それら島嶼が中国領であったことを意味している（↓4章Ⅶ）。

五、清代の冊封使の記録、汪楫のそれも、赤嶼と久米島の間が郊、「中外の界」である、としている。『中山傳信録』も、赤尾嶼を過ぎた所で「溝」を越えたとしており、久米島が「琉球西南方界上鎮山」であると認めている（↓3章Ⅰ）。

六、林子平の『三國通覧圖説』は、宮古、八重山群島までを、琉球王国領としている。これは、『中山傳信録』や新井白石の『琉球國事略』などに従ったものである（↓3章Ⅴ）。

七、現代帝国主義の無主地に対する「先占」の法理をもって、日本は新たな土地の実効的支配を持ち出しているが、すでに『籌海圖編』において、中国は釣魚島を海上防衛区域としていた（↓3章Ⅶ）。

八、黒岩恒による一九〇〇年八～九月『地学雑誌』の記事「尖閣列島探検記事」をみても、東恩納博惇の『南島風土記』をみても、琉球人と釣魚諸島との関係は浅かった（↓5章Ⅱ）。

九、地名の検証からも、いわゆる尖閣諸島の島名も区域も一定していない（↓3章Ⅴ）。

一〇、「朝鮮強圧の成功の勢いに乗じて天皇政府は、あくまで清の『属邦』たることをやめようとしない琉球『藩』の『処分』を急いだ」が、これによる沖縄県の成立で、「政治的にも単一の日本民族国家に統一されたのだ、と解釈する説が支配的であるが、私はその説には反対である」。つまり、琉球処分は「天皇制の植民地にされた」ところにあるというのが、その歴史的内容だと解する（↓4章Ⅶ）。

一一、一八七二〜七九年の琉球処分の時期は、天皇制政府による辺境の帰属問題解決の局面にあり、「日本は日清戦争の勝利によってはじめて、清国の琉球に対するいっさいの歴史的権利・権益を最終的に消滅させ、日本の琉球独占を確立した」ということができる。

一二、無主地である尖閣諸島を清国に対する軍事地理的意義から重視した天皇制政府は、山県有朋内務卿がこの領有を意図して調査を「内命」して、尖閣諸島での古賀辰四郎による開拓を利用し、日本はこの島を押さえた。

一三、日本は「日清戦争で釣魚諸島を窃かに盗み公然と台湾を奪った」。「政府は、清国の抗議をおそれて、あえてふみきれなかったが、〔一八〕九五年〔一月〕に政府は、清国との戦争に〔一月下旬〜二月一三日の威海衛攻略作戦で〕大勝した勢いに乗じて、これを取ることをきめた」。「釣魚諸島は、台湾のように講和条約によって公然と清国から強奪したものではないが、戦勝に乗じて、いかなる条約にも交渉にもよらず、窃かに清国から盗み取ることにした」というものである（↓4章Ⅸ）。

一四、尖閣諸島の領有は時期的に日清戦争と重なっていただけとされているが、日本は「この地を日本領に編入することが公示されてもいなかったから。したがって、清国側が講和会議で釣魚諸島のことを問題にすることは不可能であった」。「〔清国は〕琉球と台湾の中間にあるけし粒のような小島の領有権を、いちいち日本と交渉して確定するゆとりがなかったであろう。日本政府はそれをもっけの幸いとして、琉球に関する中国のいっさいの歴史的権利を自然消滅させるとともに、かねてからねらっていた釣魚島から赤尾嶼に至る中国領の島々をも、盗み取ってしまったのである」。

一五、「日本帝国主義は、釣魚諸島を、いま、『尖閣列島』の名で、再び中国から奪い取ろうとしている」。「『尖閣列島』日本領有論者がいよいよその帝国主義的強盗の論理をむき出しにし」ている。日本の一八九五年以後の措置は、「『日本国が清国人から盗取したすべての地域』は中国に返還されなければならないという、カイロ宣言の実行を規定したポツダム宣言の効力に、何の影響もあたえるものではない」し、「釣魚諸島をもひきつづき米軍の支配下に置くことが定められたことも、それらの島が歴史的に中国領であるという事実をすこしも変更するものではない」ことは確認されるべきである。それは、歴史が証明しているところである。

井上清説の要点は、以下の二つにある。

第一は、釣魚諸島は、明の時代から中国領として知られ、清代の記録も中国領と確認している。日本の先覚者林子平も中国領と明記しており、したがって無主地に対する先占の法理は成立しない。

第二は、日本は、日清戦争で、琉球の独占を確定し、釣魚諸島を盗み、公然と台湾を奪った。したがって、日本の尖閣列島領有とその先占の法理は、帝国主義の発露であり、国際法的にも無効である。

こうした井上見解については、以下のとおり一般的に受け入れられていない。

明治政府による琉球併合は「侵略的統一」であったとする井上の見解に対しては、これを日本の侵略とみることはできないとする立場が一般的で、井上の原則的立場は、日本現代史や琉球現代史の研究者の間でも十分な理解が得られていない（↓4章Ⅵ）。

いま一つは、日本が日清戦争の勝利に乗じて尖閣諸島を領有したとする見解についてである。この領有は、以前から日本軍国主義者山県有朋が企図していたところで、清国に対して一方的に押し切ったものであると、井上は解する。井上も、それが国内措置であることを認めているが、無人島であっても歴史的に先占は成立するものではないし、それは琉球支配と同じく帝国主義行動にほかならない、としている。これに対する一般的立場は、その帝国主義的盗取に対して否定的で、人の往来と開拓を確認して、政府が行政的編入措置をとったにすぎない、と解されている（↓5章Ⅰ、Ⅱ、Ⅲ）。日清戦争の時期には各種の事件や措置が同時的に起きたが、これは、この地域一帯の辺境処理が国内措置の帰結としてなされたにすぎないところである（↓4章Ⅶ）。したがって、この井上見解は、歴史認識の文脈——井上は反帝国主義闘争として釣魚諸島闘争を進めなければならないとの前提に立脚している——の相違に派生している。

そして、最後の問題は、明代以後の歴史的検証をもって、現在の日本の尖閣諸島に対する実効的支配を否定することはできないという点である。いいかえれば、歴史の現在性を、旧い歴史的記録や特定のイデオロギー的立場によって否定することはできないとする反論がそれである。いうまでもなく、それは、前記の反帝国主義闘争の文脈での議論でしかなく、その理解は得られない。

この井上清説は、高橋庄五郎説（↓2章Ⅴ）でも同じである。

一方、この井上の歴史的論拠は、中国政府に支持され、中国の政府文書で多く引用されている。そして彼の著作『尖閣列島——釣魚諸島の歴史的解明』は中国政府の内部資料として広く活用された。

ちなみに、一九七二年四月一七日荒畑寒村・井上清・羽仁五郎らによって「日帝の尖閣列島阻止のための会」が結成され、そこでは、井上説に従い「尖閣列島は日清戦争で日本が強奪したもので、歴史的にみれば中国固有の領土である。われわれは、日本帝国主義の侵略を是認し、その侵略を肯定してしまうことはできない」と主張された。

【経過】

一九七二年　四月一七日、「日帝の尖閣列島阻止のための会」結成。
五月　四日、『光明日報』井上清論文「関于釣魚島等島嶼的歴史和帰属問題」掲載。
五月　四日、『人民日報』井上清論文「釣魚島等島嶼中国領土」掲載。
七月　七日、「日中友好協会正統本部」、いわゆる尖閣諸島は中国領土であり、日本政府の領有権主張は誤りとした見解を発表、無主地の先占は成立しないと指摘。

【文献】


井上清「釣魚列島（尖閣列島等）の歴史と帰属問題」『歴史学研究』第三八一号。

井上清「琉球処分とその後」、岩波『講座・日本歴史』第一六巻近代Ⅲ。

井上清「釣魚諸島（尖閣列島など）の歴史とその領有権（再論）」『中国研究月報』一九七二年六月号。

井上清『尖閣列島――釣魚諸島の歴史的解明』。

井上清『関于釣魚島等島嶼的歴史和帰属問題』北京、内部資料、一九七三年。

井上清『釣魚列島的歴史和帰属問題』香港、一九九〇年。

井上清『釣魚島与歴史的主権』北京、一九九七年。

Ⅳ 中国政府の立場

中国政府は一九七一年一二月、釣魚島などの島嶼に対する領土主権を主張し、その見解は国連海洋法委員会で公式に打ち出された。そして一九七一年沖縄返還協定によるこの島嶼地域の日本「返還」は容認できないとした。

その主張の内容は、以下にあった。

一、釣魚島などの島嶼は、古来、中国領土である。

二、中国は、台湾に付属する釣魚島などの島嶼を回復する。

その根拠は、以下のとおりである。

（一）釣魚群島は、中国が最初に発見し、中国の版図に入れた。

（二）中国が最初に発見したものであり、一律にそれが無主地としても、先占の原則で占有することはできない。先占をもって、無人地を無主地とすることはできない。

（三）琉球冊封使の記録からも、その中国のかかわりが立証できる（↓3章Ⅰ）。

（四）明朝政府は一五五六年、これら島嶼を中国福建省海防区域に組み入れた（↓3章Ⅶ）。

（五）一八九三年、西太后はこの地を盛宣懐に下賜した（↓3章Ⅷ）。

（六）釣魚群島は、地質構造上、台湾の付属島嶼である（↓2章Ⅲ）。

（七）馬関条約（下関条約）で台湾と付属島嶼が日本に割譲された。よって、これに含まれる釣魚島をも含めて、すべてが中国に返還されるべきである（↓4章Ⅸ）。

この議論は、さらに海軍軍事技術研究所の方坤・李杰によって釣魚島の戦略価値と中国の海上安全の議論として展開されている。

【経過】

一九七一年 五月 一日、『人民日報』評論員論文「中国領土の主権侵犯は許せない」。
一二月三〇日、中国外交部、釣魚諸島の主権声明。
一九七二年 三月 三日、中国国連代表安致運、国連海洋法委員会で釣魚島領有の発言。
三月一二日、中国国連代表安致運、国連海洋法委員会で釣魚島領有の再発言。
三月三〇日、『人民日報』評論、一九七二年三月八日日本外務省基本見解への反論。
一九八二年 一月、『北京周報』評論「釣魚島等島嶼は古来中国の領土」。
一九九〇年一〇月一八日、中国外交部、釣魚島は中国領土と声明。
一九九二年 二月二五日、中国領海法公布。
二月二七～二八日、中国外交部、釣魚島は中国領土と声明。
一九九六年 五月一五日、中国の領海基線声明。
二〇〇〇年 四月 五日、中国外交部、釣魚諸島は自古以来中国に属すると声明。

【資料】

劉文宗「釣魚島に対する中国の主権は駁論を許さない」『北京周報（日本語版）』一九九六年第三四号。
劉文宗「中国対釣魚列島主権具有無可争辯的歴史和法理依据」『法制日報』一九九六年一一月一日。
鐘厳「論釣魚島主権帰属」『人民日報』一九九六年一〇月一八日、「釣魚島の主権の帰属について論じる」『北京周報（日本語版）』一九九六年第四四号。
研進社出版部編『釣魚台略奪阻止』。
浦野起央「第二次保釣運動（尖閣諸島）に関する中国側資料」『法学紀要』第四一巻。
浦野起央・他編『釣魚台群島（尖閣諸島）問題　研究資料匯編』。

【文献】

方坤・李杰「釣魚島的戦略価値及其対我海上安全可能産生的影響」『華夏縦横』一九九八年第二期。

V 中国学者の見解

中国学者の見解は、釣魚島は古来、中国領土であったとする中国政府の立場（↓1章Ⅳ）と完全に一致している。その論点は、以下にある。

一、日本の琉球併合以前に、中国は琉球国との友好・往来の歴史があり、中国が最初に釣魚島の名前をつけた。一四〇三年の『順風相送』に、その記載がある（↓4章Ⅰ）。

二、釣魚列嶼が古来、中国領土であったことは、琉球冊封使の記録に明らかである（↓3章Ⅰ）。

三、『中山傳信録』には、与那国島（八重山群島）が琉球の南西境界とする記録がある（↓3章Ⅰ、Ⅴ）。

四、釣魚列嶼は台湾に所属しており、琉球とは厳格に区別された存在にある。、それは『日本一鑑』に明らかである（↓2章Ⅲ）。

五、中国が一六世紀に釣魚列嶼を正式に海防区域としたことは、鄭若曽の『籌海圖編』に明らかである（↓4章Ⅵ）。

六、一八九三年、西太后はこの地を盛宣懐に下賜した（↓3章Ⅷ）。

七、日本による無主地を占有したとする説は成立せず、「掠め取った」に過ぎない。日本は、この無主地が中国のものであることを承知していた。

八、一八九四～九五年の日清交渉で、日本は台湾の付属島嶼を併合したが、日本の釣魚嶼の併合はその方策の一部として遂行された。したがって、日本の一八九五年一月一四日内閣決議による併合は、日本の台湾占領におけるその一部であった（↓4章Ⅸ）。

九、一九四六年一月二九日の連合国最高司令部指令第六六七号に定められた日本の版図、つまり「琉球諸島を含む約一〇〇〇の小島」には、尖閣諸島は含まれていない（→6章Ⅰ）。

一〇、米軍による尖閣諸島支配は不法侵犯・占拠であって、これにより、釣魚島は、日本の沖縄県に割譲された。
一一、日本は、カイロ宣言に基づき、（琉球列島とともに）尖閣諸島を中国に返還しなくてはならない。
一二、いうまでもなく、日本の学者による時効取得の法理は成立しない。
そこでは、日本の学者井上清の中国帰属説（→1章Ⅲ）が引用され、同様に高橋庄五郎の尖閣列島地名考証（→3章Ⅴ）が引用されて検証されている。これに対する日本の反論は、以下のとおりである。
一、日本は、尖閣諸島が無主地であると十分確認して、日本領土として編入した。
二、尖閣諸島は台湾の付属島嶼ではない（→2章Ⅲ）。
三、尖閣諸島は、一八九五年下関条約に基づき、日本が清国より割譲を受けた台湾および澎湖島には含まれておらず（→4章Ⅸ）、歴史的に一貫して日本領土である南西諸島の一部であった（→6章Ⅰ）。
四、尖閣諸島は、南西諸島の一部として米国の施政権下に置かれていた。そして、現在、日本の支配下にある。
五、尖閣諸島の四島は、国有地から個人の所有地に移っており、現在、私有地として管理されている（→5章Ⅴ）。

【文献】


劉江水「論釣魚的主権帰属問題」『日本学刊』一九六六年第六期。

楼学礼「釣魚島等島嶼自古就是中国的領土」『杭州大学学報』一九七九年第六期。

趙理海「我国対南海諸島拥 有無可争辨的主権」『北京大学学報』一九九二年第三期。

呉天穎『甲午戦前釣魚列嶼帰属考――兼質日本奥原敏雄諸教授』。水野明訳『甲午戦前釣魚列嶼帰属考――奥原敏雄諸教授への反証』。

呉天穎「日本竊占我釣魚列嶼島的歴史考察」『抗日戦争研究』一九八八年第二期。

陳本善「関于釣魚島帰属問題的初歩的意見」『現代日本経済』一九九五年第二〜三期。

鄒暁翔「釣魚島主権与劃界分離権」『現代日本経済』一九九五年第二〜三期。

劉江水「論釣魚島主権帰属問題」『日本学刊』一九九六年第六期。

王琳「从国際法論中国対釣魚島拥 有無可争辨的主権」『中国辺彊史研究』一九九九年第四期。

Ⅵ 台湾の立場

国府は、琉球の帰属要求をとってきたが、琉球の日本復帰時に、この問題を再現させた。

一九七〇年九月台湾当局省議会で釣魚台主権維持・擁護決議が採択され、一九七一年二月台湾当局は、台湾の領土主権に関する声明を行った。

台湾の主張する要点は、以下のとおりである。
一、釣魚台に対する台湾の領土主権は、歴史、地理、使用、および法理からみて明白である。
二、釣魚台列嶼は、地理的位置、地質構造、歴史的連繫、ならびに台湾住民の継続的使用にかんがみ、台湾の大陸棚の一部を構成し、台湾領土である（→2章Ⅳ）。
三、一九四三年カイロ宣言および一九四六年ポツダム宣言に従い、琉球群島の最終的地位は、主要同盟国によって決定されるべきものであって、琉球群島の日本返還は受け入れられない。
当時、亜東関係協会駐日代表林金莖の見解は、台湾当局の立場を代表していた。

これに関連して、中国の立場は、台湾の付属島嶼としての釣魚群島の存在を認めており、台湾の解放とともに釣魚群島を解放するというものである（→1章V）。

以上に対する日本の立場（反論）は、すでに言及したとおりである（→1章V）。

【経過】

一九四七年一〇月一八日、中国（国府）、琉球の帰属を要求。

一九五三年一〇月二二日、『公論報（台湾）』、沖縄は中国に帰属と主張。

一一月二一日、台湾当局立法院外務委員会、奄美諸島の日本返還に反対する決議採択。

一一月二七日、台湾当局立法院、奄美諸島の日本返還に反対する決議採択。

一九七〇年　七月一九日、『台湾新生報』社論「尖閣群島付近の大陸棚主権はわが国に属する」。

八月一三日、『中国時報』社論「政府は立場を堅守し、駁論せよ」。

八月一三日、常勝君『中国時報』論文「釣魚台主権と大陸棚条約」。

八月一五日、呉怨『中国時報』論文「釣魚列嶼主權の法理と事実について」。

八月一五日、『華僑日報』社論「釣魚台列嶼は中国領土」。

八月一六日、常勝君『中国時報』論文「大陸棚条約と『保留条項』」。

八月二〇日、『台湾新生報』社論「尖閣諸島付近の大陸礁層はわが国の主権に属する」。

八月二二日、『中央日報』社論「大陸棚条約に従って釣魚台列嶼海域を論じる」。

八月三〇日、馬廷英『自立晩報』論文「釣魚台列嶼がわが国に属する歴史証拠」。

九月三〇日、台湾当局省議会、釣魚台主権維持・擁護決議採択。

一九七一年　二月二三日、台湾当局外交部長魏道明、立法院で「釣魚台列嶼は歴史・地理・使用の実態から中華民国領土」と表明。

四月一〇日、台湾当局外交部、釣魚台列嶼島の主権に関する声明。

四月一一日、『聯合報』社論「米国政府には釣魚台主権問題を主張する権利はない」。

四月一一日、台湾当局外交部、釣魚台列嶼の主権声明。

一九七二年　四月一二日、『台湾新生報』社論「米国務省の釣魚台列嶼の帰属声明に反発する」。

四月一二日、『中央日報』社論「釣魚台列嶼の主権を堅持し擁護する」。

四月二〇日、台湾当局外交部、釣魚台列嶼の主権声明。

六月一七日、台湾当局外交部、釣魚台列嶼の主権声明。

五月　九日、台湾当局外交部、釣魚台列嶼の主権声明。

一九九〇年一〇月一二日、台湾当局行政院長郝柏村、釣魚台列嶼は台湾領土と主張。

一九九六年　七月二一日、『中国時報』記事「完落決死で国旗掲揚、主権宣示」。

七月二四日、台湾当局外交部、釣魚台列嶼の主権声明。


【資料】


中國國民黨中央委員會編『釣魚臺列嶼問題資料匯編』。

中國國民黨中央委員會編『釣魚臺列嶼問題資料彙編』。

浦野起央・他編『釣魚台群島（尖閣諸島）問題　研究資料匯編』。


【文献】


馬英九「釣魚台列嶼主權争議的回顧與展望」『交流』第三〇期。

林金莖『戦後の日華関係と国際法』。

林金莖「釣魚台主權與國際法」『外交部通訊』第一八巻第八期。

林金莖「釣魚台主權及事端國處理法案的研究」『外交部通訊』第二二巻第一期。

Ⅶ　台湾学者の見解

国民党系の歴史学者楊仲揆、張啓雄、国際法学者程家瑞、民進党系の学者林田富ら、台湾学者の立場は、台湾政府の立場（→1章Ⅵ）と同様で、琉球および釣魚台と台湾との連繫を重視した。とくに、国際法学者丘宏達は、日本の釣魚台の帰属経緯を取り上げ、日本の先占による領土取得は問題を残した、としている（↓8章Ⅱ）。

仲摻らによるその議論の要点は、以下のとおりである。

一、中国移民が琉球の発展に寄与してきた。

二、歴史的事実として、中国が釣魚台を発見し、命名した。

三、以来、多くの文献に照らしても、この地は中国領土であった。

四、琉球の中国人末裔、鄭縣らは、一六〇九（慶長一四）年における島津薩摩藩の侵攻で抗日闘争に貢献し、琉球を守った。

五、現存の琉球文化は中華文化である。

六、一八九三年、西太后がこの地を盛宣懐に下賜した（↓3章Ⅷ）。

七、釣魚台は日本の支配になかった。

八、日本の併合経過および日本の国標建設の経緯からみて、釣魚台は中国領土であったことは明白である（↓5章Ⅰ、↓5章Ⅲ）。

九、したがって、日本の先占による尖閣諸島の支配は成立しない。

一〇、一八七九年の日清交渉では、釣魚台は含まれていなかった。日本の釣魚台支配は、日清戦争直後における日本の陰謀である（↓4章Ⅸ）。

一一、釣魚台列嶼は、琉球列島とは三〇〇〇尺（一〇〇〇メートル）の海溝で隔てられ、台湾の大陸棚の一部を構成しており、台湾の沿岸に属する。（↓2章Ⅳ）。

一二、釣魚台列嶼については、日本が併合したとする時点以降も、台湾住民が継続的に使用してきた（→3章Ⅳ、→6章Ⅲ）。

要するに、釣魚台は、中国・琉球交流史にかんがみ、中国領土であり、台湾の一部であったとしている。丘宏達の見解は、こうである。一八九五年、日本が台湾を占拠する以前において釣魚台列嶼が琉球に属していなかったことは明白である。一方、同列嶼が中国に属していたことも証明できない。一八九五年に日本は同列嶼には所有者がいなかったため、同列嶼を先占の原則によって占拠したとするが、「日本は当時、該島嶼は無主地であるか否かは知らなかった。よって、いわゆる先占を行った対象そのものがおかしく、いわゆる先占行為の国際法上の要件を満たしていない」としている。さらに、土地を占有しても、合法的な管理をしなければならないが、日本は「公告、植民、またはその他の行為を行っていないし、したがって、日本の釣魚台列嶼不法占拠の法律的根拠は、下関条約の中にある台湾付属島嶼割譲の規定に基づくほんの一部にすぎない」。

以上の分析から、丘宏達は、以下の点を指摘した。

一、釣魚台列嶼は一八九五年以前においては、琉球群島の一部ではなかった。

二、日本が一八九五年に釣魚台列嶼を不法占拠した行為は、台湾を占拠した下関条約と関係がある。

三、日本側のいわゆる国際法上の「先占」原則による釣魚台列嶼の主権取得は、事実上も法律上も問題がある。

四、少なくとも、林子平らの日本資料には、釣魚台列嶼は、一八九五年以前には中国に属していた、と明示している（→3章Ⅵ）。

以上に対する日本の立場は、前述のとおりである（→1章Ⅴ）。

【資料】

明報出版社編輯部編『釣魚台——中國的領土』。

【文献】

楊仲揆『中國・琉球・釣魚臺』。
楊仲揆『琉球古今談——兼論釣魚臺問題』。
丘宏達「日本對於釣魚台列嶼主權問題的論據分析」『明報月刊』第七五期。
丘宏達「日本對於釣魚台列嶼主權問題的論據分析」『政大法学評論』第五期。
丘宏達「關於『日本對於釣魚台列嶼主權問題的論據分析』」一文的補充説明」『明報月刊』第七七期。
丘宏達「中國對於釣魚台列嶼主權問題的論據分析」『明報月刊』第七八期。
丘宏達「従國際法観点論釣魚臺列嶼問題」『大學雑誌』第六〇巻第一期。
丘宏達「釣魚台列嶼問題研究」『政大法学評論』第六期。
丘宏達『釣魚台列嶼主權争執問題及其解決方法的研究』。
丘宏達『關於中國領土的國際問題論集』。
張啓雄「釣魚台列島島嶼主權歸屬問題」『中央研究院近代史研究所集刊』第二二期下。
張啓雄「従國際法験證日本對釣魚台列嶼主權『領有權』的主張」『歴史月刊』第一〇六期。
沙學俊「日本文獻證明釣魚台屬中華民国」『中国憲政』第七巻第五期。
沙學俊「日本虚構事実向國詐騙釣魚台」『東方雑誌』第七巻第一〇期。
盛承楠「由日本海圖證明釣魚台是中國領土」『中華雑誌』第一〇巻第五期。
洪安全「釣魚台不屬琉球」『東方雑誌』第五巻第八期。
李明峻「釣魚台主權問題與國際法」『現代學術研究』第四期。
兪寛賜「釣魚台主權争端經緯法理」『中國國際法與國際事務年報』第五巻。
陳之耀「従国際法觀點談釣魚台主權歸屬問題」『法律評論』第五〇巻第二期。
程家瑞編『釣魚台列嶼之法律地位』。
林田富「關於釣魚台列嶼主權之争議與対前之保釣運動」『静宣人文學報』第九期。
林田富『釣魚台列嶼主權歸屬之研究』。

黄正文「釣魚台列嶼主權與歷史文獻」『文大日研學報』第二期。
寥彩雲「釣魚台列嶼主權問題之探討」『文大日研學報』第二期。

Ⅷ 香港の保釣運動

香港では、釣魚台の回復を掲げた台湾での主張と連繋した闘争が目立ち、一九七一年の保釣運動、そして一九九六～九八年の第二次保釣運動が展開された。前者については、台湾の保釣団体と連繋した「香港保衛釣魚台行動委員会」の活動、後者については、「香港・澳門各界釣魚台保衛大同盟」の活動が目立った。とくに、後者では、香港民主派と親北京派の連繋による反日闘争として展開されており、北京と台湾の抗議行動の連帯がみられた。そして、一九九六年一〇月抗議船団の尖閣諸島海域への大挙侵入、九月「全球華人保釣大連盟」突撃隊の尖閣諸島海域への決行された突入、一〇月の魚釣島へ向けた突撃隊第二陣の突入と同島での五星紅旗および青天白日満地紅旗の掲揚となった。さらに、一九九七年五月保釣運動活動家による魚釣島海域への侵入、さらに一九九八年六月抗議船の尖閣諸島海域での沈没事件が起きた（→7章Ⅳ）。

釣魚島領有への抗議は、中華愛国主義の発揚と連動して大きな動きをみせた。その運動の根拠は、「釣魚島は中国のものだ」というスローガンに集約されていた。

【経 過】

〈第一次保釣運動〉

一九七一年　一月二九～三〇日、「釣魚台保衛行動委員会」がワシントンの駐米日本大使館、ニューヨーク・ロスアンゼルス・サンフランシスコ各地の日本総領事館に抗議デモ。

二月一八～二〇日、在香港の日本総領事館文化センターに中国人学生・青年のデモ、抗議文書を提出。

四月　一日、ワシントンで華商・中国人学生二五〇〇人が「釣魚台列島は中国領土であり、米・日反動派による侵略に抗議する」集会とデモ。

四月一〇～二〇日、ワシントンの在日本米大使館に向けた中国人留学生の抗議デモ、このデモで「中国国民党」機関紙『中央日報』は社論で「学生は学業に専心せよ」と指摘。

六月一六日、台北に「保衛釣魚台委員会」成立、米国・日本の大使館に抗議デモ。

六月一七日、台北で国立台湾大学学生がデモ、日本政府あて抗議書提出。

七月　七日、香港ビクトリア公園で「香港学生連合会」による約五〇〇人デモ、代表二名が日本総領事館に抗議書提出。

八月二二日、香港大学で日本の釣魚島領有に抗議する集会。

九月一八日、香港で中国人青年約一〇〇〇人が「日本帝国主義の釣魚島侵犯反対」デモ。


〈第二次保釣運動〉

一九九六年　七月一四日、政治結社「日本青年社」が北小島に簡易灯台設置。
七月二三日、銭其琛中国外交部長が七月一四日灯台設置事件で池田行彦日本外相に抗議（ジャカルタ）。
八月二八日、池田外相、香港で「尖閣諸島は日本領土」と発言。
八月二九日、香港で学生が八月二八日池田発言で日本総領事館に抗議デモ。
九月　六日、香港の親中国派と民主派、台湾の中国統一派が結集して尖閣諸島海域に突入、警備の海上保安庁巡視船が排除。
九月　六日、香港の親中国派と民主派団体が日本総領事館前で「釣魚台は中国のものだ」、「日本軍国主義反対」の横幕を張って抗議行動。
九月　七日、香港の日系デパート前で民主派議員の「一二三民主同盟」がで日本製品ボイコット運動。
九月　八日、香港で左派労働者・学生約四〇〇〇人が反日デモ。
九月　八日、台湾で「保釣連盟準備会」結成。
九月　九日、「日本青年社」が北小島の灯台補修作業。
九月　九日、香港学者九〇〇名が釣魚台保衛声明、学生委員会も声明。

九月一二日、香港『東周刊』記事「米国は日本の釣魚台略奪を助け、中国に敵対している」。

九月一五日、香港で「領土防衛」、「日本軍国主義打倒」を叫ぶデモ隊数千人が日系デパートに押しかけ。

九月一五日、台湾で「建国釣魚臺防衛同盟」が日本製品ボイコット運動。

九月一六日、香港で「民主党」議員の「保衛釣魚台聯合行動」による約一万人の「日本は出ていけ、中国の島守れ」の集会・抗議デモ、「一一三民主同盟」が日本製品ボイコット運動。

九月一六日、北京大学学生全員の釣魚台抗議書発表。

九月一八日、北京大学で柳条湖事件六五周年の反日集会・デモ。

九月一八日、香港で満州事変九・一八記念日の反日集会開催、日本人学校に「日本軍国主義打倒」デモ隊が押しかけ、『明報』に「香港・澳門各界釣魚台保衛大同盟」の全面広告。

九月一八日、『人民日報』論評「歴史の警告」、「日本は重大な選択を迫られている」。

九月二一日、在米親台湾系二〇余団体がワシントンの在米日本大使館に抗議行動、抗議文書を提出。

九月二二日、香港と台湾から「全球華人保釣大連盟」突撃隊が尖閣諸島に向けて船出、二二〜二三日日本領海への侵入を海上保安庁巡視船が阻止、領土奪還の英雄的行動を中国当局が支持、二六日海上保安庁による彼らの突入阻止に抗議して香港貨物船保釣号から五名が海に飛び込み、突撃隊長デビッド・チャン（陳毓祥）は溺死、死体は台湾経由で二七日香港着、二九日デビッド・チャン追悼式。

九月二六日、『読売新聞』社説「『尖閣』は筋を曲げずに冷静な対応を」。

一〇月　七日、台湾・香港・マカオの活動家役三〇〇名乗船の漁船四九隻が尖閣諸島海域に出現、四一隻が日本領海に侵入、海上保安庁巡視船が規制、「全球華人保釣大連盟」突撃隊第二陣、議員台湾人三名と香港人一名が抗議船で釣魚島に強行上陸、五星紅旗と青天白日満地紅旗を掲揚、釣魚島は「歴史的に中国領土」と主張、五〇分で退去。

一〇月　九日、在香港日本総領事館に香港民主派議員と「全球華人保釣大連盟」突撃隊隊員が不法侵入、香港治安当局が排除、侵入者は一九九七年五月一二日罰金四〇〇〇香港ドルの判決。

一〇月一三日、中国深圳で工場労働者が釣魚島問題の対日抗議集会。

一九九七年

五月　六日、「新進党」国会議員三名が魚釣島に上陸。
五月二六日、香港・台湾の釣魚島領有権主張の活動家が乗船した漁船三〇隻が尖閣諸島海域で抗議行動、香港抗議船釣魚台号ら三隻が日本領海に侵入、海上保安庁巡視船が退去命令、これに抗議して活動家二名が巡視艇に乗り込み、彼ら二名は強制退去処分で別の抗議船に引渡され退去。
七月　一日、台湾抗議船一隻が尖閣諸島海域に侵入。
七月　七日、台湾で釣魚台団体約二〇名が台北の交流協会台北事務所に向け抗議行動。

【資料】


中國國民黨中央委員會編『釣魚臺列嶼問題資料匯編』。

中國國民黨中央委員會編『釣魚臺列嶼問題資料彙編』。

「釣魚臺問題資料專輯」『祖國』一九七一年一〇月号、一一月号、一二月号。

「釣魚臺問題重要補充資料」『祖國』一九七二年二月号。

世界政経調査会編『尖閣諸島問題に関する各国の態度と論調』正・続。

明報出版社編輯部編『釣魚台――中國的領土』。

浦野起央「第二次保釣運動（尖閣諸島）に関する中国側資料」『法学紀要』第四一巻。

浦野起央・他編『釣魚台群島（尖閣諸島）問題　研究資料匯編』。

〈**第一次保釣運動**〉

『香港工商日報』社論「不容日本榻補釣魚臺列嶼的主權」一九七〇年九月七日。

謝玄雄『香港工商日報』論文「釣魚臺屬中国領土」一九七〇年九月八日。

『星島日報』社論「中日釣魚臺群島主權之争」一九七〇年九月一四日。

『香港時報』社論「釣魚臺島是中國的」一九七〇年九月一六日。

蕭雲庵『香港工商日報』論文「釣魚臺群島主權與日本侵略技践」一九七〇年九月二五～二七日。

「香港保衛釣魚台行動委員会」の抗議書、一九七一年二月一八日。

『香港工商日報』社論「日毛利用『釣魚臺』詭謀」一九七一年三月七日。

香港八大学学長声明「擁护我國政府維持护釣魚台主権」一九七一年四月一六日
「香港専上学生連合釣魚台研究及行動委員会」の声明「釣魚台列嶼是我國領土」一九七一年四月一七日。

香港文教界の共同声明「釣魚台列嶼是我國領土」一九七一年四月一九日。

梁厚甫『星島日報』記事「一碧萬頃的海洋」一九七一年五月一日。

梁厚甫『星島日報』記事「再談一碧萬頃的海洋」一九七一年五月二日。

国立台湾大学全体学生「告全国同胞書」一九七一年六月一七日。

〈第二次保釣運動〉

香港学者八〇〇人の「釣魚台保衛声明」一九九六年九月九日。

「告全港同学書」一九九六年九月九日。

『東周刊』論評「美国協助日本窃近釣魚台略奪、対付中国」一九九六年九月一二日。

『明報』社論「日本霧占了釣魚台列嶼、我們岜能座視不理」一九九六年九月一八日。

「香港澳門各界釣魚台保衛大同盟」の『明報』呼びかけ、一九九六年九月一八日。

【文献】

張嘉言「我們反對日本侵呑琉球和釣魚台列嶼」『国家論壇』第五巻第六期。

劉泰雄「従釣魚台事件看日本擴大經濟海域與我之因應措施」『國防雑誌』第一二巻第五期。

沙學俊「日本虚構事実向國詐騙釣魚台」『東方雑誌』第七巻第一〇期。

王暁波『尚未完成的歴史――保釣二十五年』。

夏泰寧「若釣島中日大戦、誰胜生誰負」『明報』一九九六年九月一八日。

新井ひふみ「尖閣諸島問題と香港の大衆ナショナリズム」『国際問題』第四四五号。

中川昌郎「尖閣諸島問題の過去と未来――台湾の動向（一九九六年八月一日―九日）」『東亜』一九九六年一一月号。

林田富「關於釣魚台列嶼主權之争議與対前之保釣運動」『静宣人文學報』第九期。

2章　地形的検証

Ⅰ　尖閣諸島の測量

尖閣諸島の測量は一八四五（弘化二）年に始まったが、当時、一八四四年には、フランス船が琉球に来航して通商を求めていた。一八四五年六月、英軍艦サマラン号（艦長サー・エドワード・ベルチャー）が尖閣諸島海域を測量した。一八五一年一月三日土佐の漂流民中浜万次郎がアメリカ船で琉球に到着した。一八五三（嘉永六）年六月三日アメリカ東インド艦隊司令官マシュー・カルブレイス・ペリーがいわゆる黒船四隻で浦賀に来航し、翌五四（安政元）年三月三一日下田で日米和親条約を締結したが、次いで六月一七日ペリーは琉球に赴き、修好条約を締結した（↓5章Ⅲ）。

こうしたなか、日本は、一八五九（安政六）年以降、久米赤島・久場島・魚釣島の探査に入った（↓5章Ⅰ）。日本海軍が琉球・台湾海域を測量したのは、一八七三（明治六）年であったが、その調査は尖閣諸島海域には及んでいなかった。一八七九（明治一二）年四月四日沖縄県が設置されて（↓4章Ⅶ）、ここに本格的な測量に始まり、同七九年の柳田赳編「大日本全圖JAPAN」には、尖閣列島の和平山、嵩尾嶼、赤尾嶼、黄尾嶼が日本領土として記入された（↓3章Ⅵ）。

沖縄県は、一八八五（明治一八）年に本格的な調査を実施した（↓5章Ⅱ）。

【経過】

一八四五年　六月、英軍艦サマラン号、尖閣諸島海域で測量。

一八五九年、美里間切役人大城永保、久米赤島・久場島・魚釣島探査。

一八七三年、海軍水路寮、琉球・台湾海域測量。

一八八五年　九月二一日、沖縄県石沢兵吾、久米赤島・久場島・魚釣島調査報告提出。

　一〇月、沖縄県令、出雲丸による尖閣諸島の実地調査、一〇月二一日調査報告提出。

【資料】

Sir Edward Belcher, *Narrative of the Voyage of H. M. Samarang, During the Years 1843-1846*, Vol. 1, 1848.

China Sea Directory, Vol. 4: *Comprising the Coasts of Korea, Russian Maritime Province, Japan,Gulf of Tartary, and the Sea Okhotsk, also the Meiaco, Liu Kiu, Linschoten, Mariana, Bonin, Saghalin, and Kuril Islands*.

【文献】

柳樽悦編『臺灣水路誌』。

柳樽悦編『南島水路誌』。

海軍省水路局編『寰瀛水路誌』第一巻・第二巻。

海軍省水路局編『日本水路誌』第二巻。

水路部編『日本水路誌』第二巻下。

水路部編『日本水路誌』第六巻。

II　尖閣諸島海域の資源

ケネス・O・エマリーは、新野弘との共同作業で、戦時における日本の海底調査と戦後における日本の海底調査から、一九六一年の予備調査で、東シナ海（東海）における石油資源の可能性を示唆した。那覇在住の大見謝恒年は、同六一年、沖縄・宮古島・八重山周辺地域で石油・天然ガス調査に着手した（↓6章VI）。

エマリーらは、国連アジア極東経済委員会（**ECAFE**）の協力を得て、アジア海域沿岸鉱物資源共同調査委員会（CCOP）事務局と共同して、米海軍海洋局、日本、韓国、台湾が派遣した地質学者の協力のもと作業を進め、一九六八年一〇～一一月に東シナ海海域で米海軍**R**・**V**・ハント号による大規模な海底調査を実施した。この報告によれば、堆積盆地の一つが韓国近くの黄海に、二つが中国本土の近く東シナ海（東海）にあり、この堆積盆地にある三つの並行した隆起は、黄河と揚子江からの堆積によって形成されたものであり、東シナ海に石油埋蔵の可能性があるとの指摘がなされ、以来、尖閣諸島に注目が集まるようになり、一九七〇年以降、中国、台湾により尖閣諸島に対する主張がなされるようになった（→2章Ⅳ）。

大見謝恒年は、一九六九年に尖閣列島周辺海域に対する開発申請を提出した（→6章Ⅵ）。

そこでの大陸棚石油資源の状況は、***The China Business Review, July-Aug 1997*** によれば、以下のとおりである。

海域	採掘可能量　億バレル（最低—中間—最高）	埋蔵量　億バレル（最低—中間—最高）
渤海	一三—三五—一三一	五二—一四〇—五二九
黄海	一六—四二—一五八	六四—一六八—六三二
東シナ海　浅部	一—二一—六〇〇	四—八五—二四〇〇
東シナ海　深部	三七—一〇四—一七五〇	一四八—四四一六—七〇〇〇
台湾海峡	八—一〇—一二三	三二—一三五—三〇四

『中国工業通訊』第一八七～一八八号（一九八二年一月）は、東シナ海における石油鉱区について左図のように報じていて、韓国と台湾の会社による関係の石油鉱区の状況が記述されているが、それがどこまで現実的であったかは明判然としない。

【経過】

一九六一年、大見謝恒寿が沖縄・宮古島・八重山周辺海域の石油・天然ガス調査。

一九六二年、六月新野弘論文「中国東海と朝鮮海峡の海底地層及び石油展望」。

一九六八年一〇月一二日～一一月二九日、ECAFEアジア海域沿岸海底鉱物資源共同調査委員会CCOP、尖閣諸島海域を含む東シナ海海域で海底調査。

一九六九年二月二一～二三日、大見謝恒寿、尖閣諸島周辺海域に対する鉱業権五二一九件を出願。

五月、ECAFE、尖閣諸島海域の資源調査の結果発表。

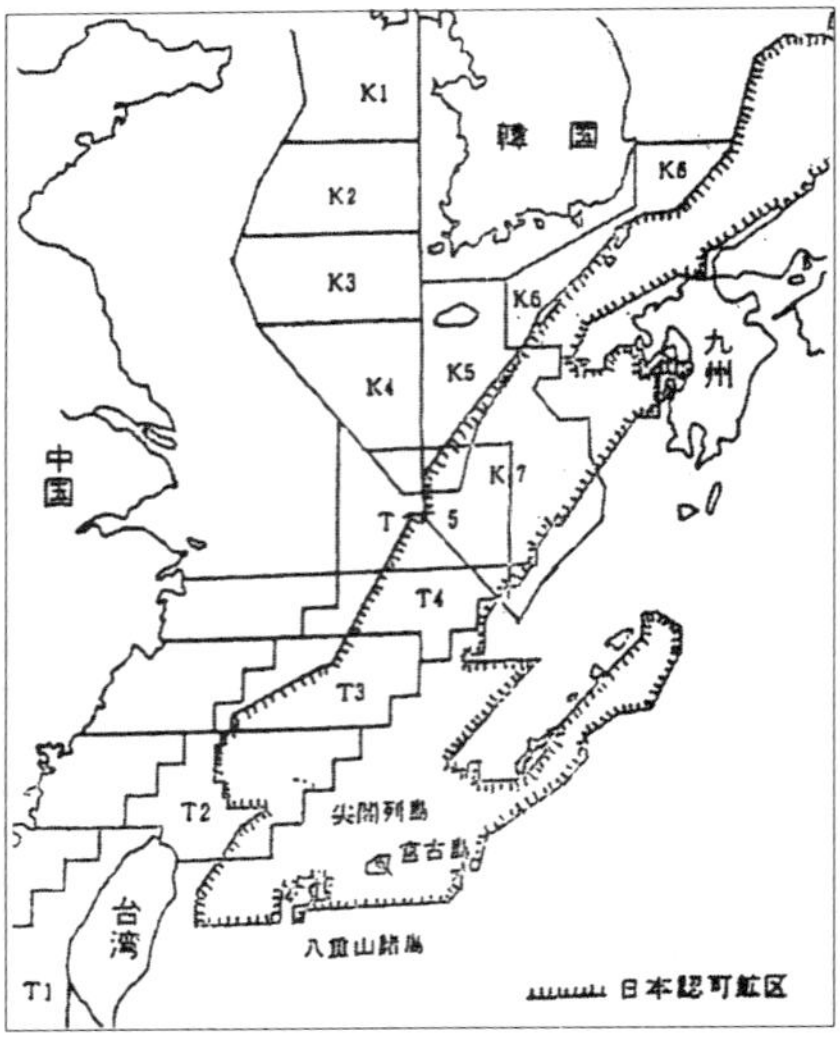

▲東シナ海石油鉱区図

＜韓国＞	＜台湾＞
K1,K5…テキサコ/シェブロン	T1…アモコ
K2,K4…ガルフ	T2…オセアニック
K3,K6…シェル	T3…中国石油公司
K7…ウェンデル・フィリップス	T4…クリントン
	T1…テクスフェル

（出所）Harrison, *China, Oil, and Asia: Conflict Ahead ?*

【資料】
Hiroshi Niino & Kenneth O. Emery, "Sediment of Shallow Portions of East China Sea and South China Sea," *Geological Society of America*, Vol.72.
Kenneth O. Emery & Hiroshi Niino, "Strategraphy and Petroleum Prospects Korean Strait and the East China Sea," *Geological Survey of Korea, Report of Geographical Exploration*, Vol. 1.
Kenneth O. Emery et al., *ECAFE Committee for Co-ordination of Joint Prospecting for Mineral Resources in Asian Offshore Areas (CCOP), Technical Bulletin*, Vol.2.

【文献】
Seling S. Harrison, *China, Oil, and Asia: Conflict Ahead?*. 中原伸之訳『中国の石油戦略――大陸棚資源開発をめぐって』。
Jan-Olaf Williams, "China's Offshore Petroleum," *The China Business Review*, Vol. 4 No.4.

Ⅲ　台湾付属島嶼説

中国は、台湾とともに、釣魚島は台湾基隆から北東約九二カイリのところにあり、台湾の付属島嶼であるとした立場をとった。

その根拠は、「日本国王移諭」で日本へ赴いた鄭舜功の『日本一鑑』（一五五六年）に求められており、その「桴海図経」の第一部分「萬里長歌」の中は、「釣魚嶼、小東小嶼」と言及され、釣魚嶼は小東小嶼、つまり台湾の付属島嶼とされたところに従っている。

また、御史巡視台湾黄叔璥の報告書『台湾使搓録』（一七七二年）巻二「武備」は、台湾府水師艦艇の巡邏航路と沿途哨所を列記しており、その中で「〔台湾〕山後大洋北、有山名釣魚臺、可泊大船十餘」と指摘し、台湾山後方北の島嶼の名は釣魚台で、大船十余を停泊できるとしている。

さらに、フランス人宣教師、友仁（Michel Benoist）が一七五六年から一七六〇年にかけて作成した『坤輿全圖』は、好魚須、懽未須、車未須、つまり釣魚嶼諸島を、中国と同じ色で描いている。

以上の立場で、一九七〇年一二月四日の人民日報記事「米国の支持で日本が釣魚群島を版図に組み入れている」は、台湾に付属する釣魚島などの島嶼は台湾に付属した中国領土である、と主張した。

また、『文匯報』一九九六年八月一八日が、一九四一年に尖閣諸島海域の漁場をめぐって台湾漁民と沖縄漁民との間に発生した紛争があり、東京の地方裁判所が一九四四年にこの尖閣諸島事件の係争は台北州の管轄下にあるとの判決を下したと報じた。

もっとも、台湾当局内政部の審査・認定の「台湾省五市十六県詳圖」（一九六〇年）は、台湾の付属島嶼として七六島嶼を明記しており、それは「北緯二一度四五分二五秒（南は恒春七星岩）から二五度三八分（北は基隆彭佳嶼に至る）ところにある」とあって、その北限は基隆彭佳嶼となっており、尖閣諸島はこれに含まれていない（→4章Ⅸ）。

一九九九年二月一〇日の領海基線布告では、左図のとおり台湾本島と付属島嶼であるが、釣魚島は含めていない。

ちなみに、一九九二年一〇月一四日の台湾の進入制限区域公告にも、尖閣諸島は含まれていない（→6章X）。


【経過】

一九六九年　七月一七日、台湾当局、台湾海岸に隣接する領海外の大陸棚に存在する天然資源に対する主権行使の声明。
一九七〇年　七月一九日、『台湾新生報』社論「尖閣諸島付近の大陸棚はわが国主権に属する」。
　　　　　一二月　四日、『人民日報』記事「米国の支持で日本が釣魚群島を版図に組み入れている」。

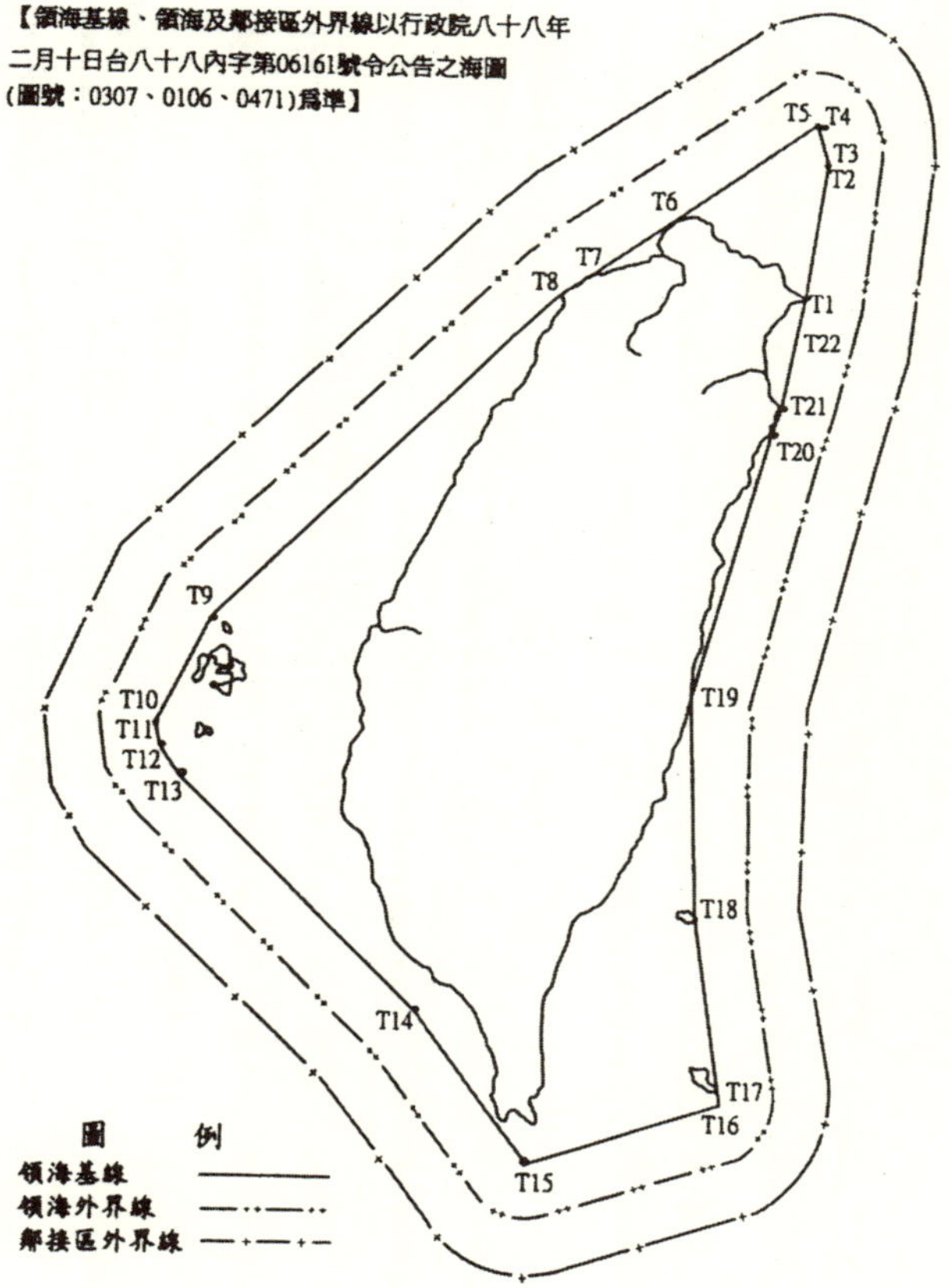
【領海基線、領海及鄰接區外界線以行政院八十八年
二月十日台八十八內字第06161號令公告之海圖
(圖號：0307、0106、0471)爲準】
T1
T2
T3
T4
T5
T6
T7
T8
T9
T10
T11
T12
T13
T14
T15
T16
T17
T18
T19
T20
T21
T22
圖　例
領海基線
領海外界線
鄰接區外界線

▲台湾領海及隣接区外界線略図

【資料】

鄭舜功『日本一鑑』。

黄叔璥『台湾使搓録』巻二「武備」。

友仁『坤輿全圖』。

「台湾省五市十六県詳圖」。

『文匯報』一九九六年八月一八日。

【文献】

方豪「『日本一鑑』和記釣魚嶼」『東方雑誌』第五巻第六期。

方豪「『日本一鑑』和記釣魚嶼」『學粋』第一四巻第二期。

馬英九『従新海洋法――論釣魚臺列嶼與東海劃界問題』

鐘厳『人民日報』「論釣魚島主権帰属」一九九六年一〇月一八日、『北京周報（日本語版）』論文「釣魚島の主権の帰属について論じる」一九九六年第四四号。

汪威錞「我國東海大陸礁層的法律地位」『国立海洋學院學報』第一三期。

Ⅳ 台湾大陸棚説

台湾は、釣魚台列嶼を台湾の付属島嶼であると主張している（↓2章Ⅲ）が、それは釣魚台列嶼が台湾の大陸棚にあるとの見解に立脚している。これは、中国・琉球の往来における鶏籠山（基隆）を経て釣魚台へ至る航行ルートにより理解できるとしている（↓3章Ⅰ）。

釣魚台列嶼は、左図のとおり、琉球列島とは三〇〇〇尺（一〇〇〇メートル）の海溝で隔てられ、したがって台湾の大陸棚の一部を構成し、台湾の沿岸に属する、と主張されている。

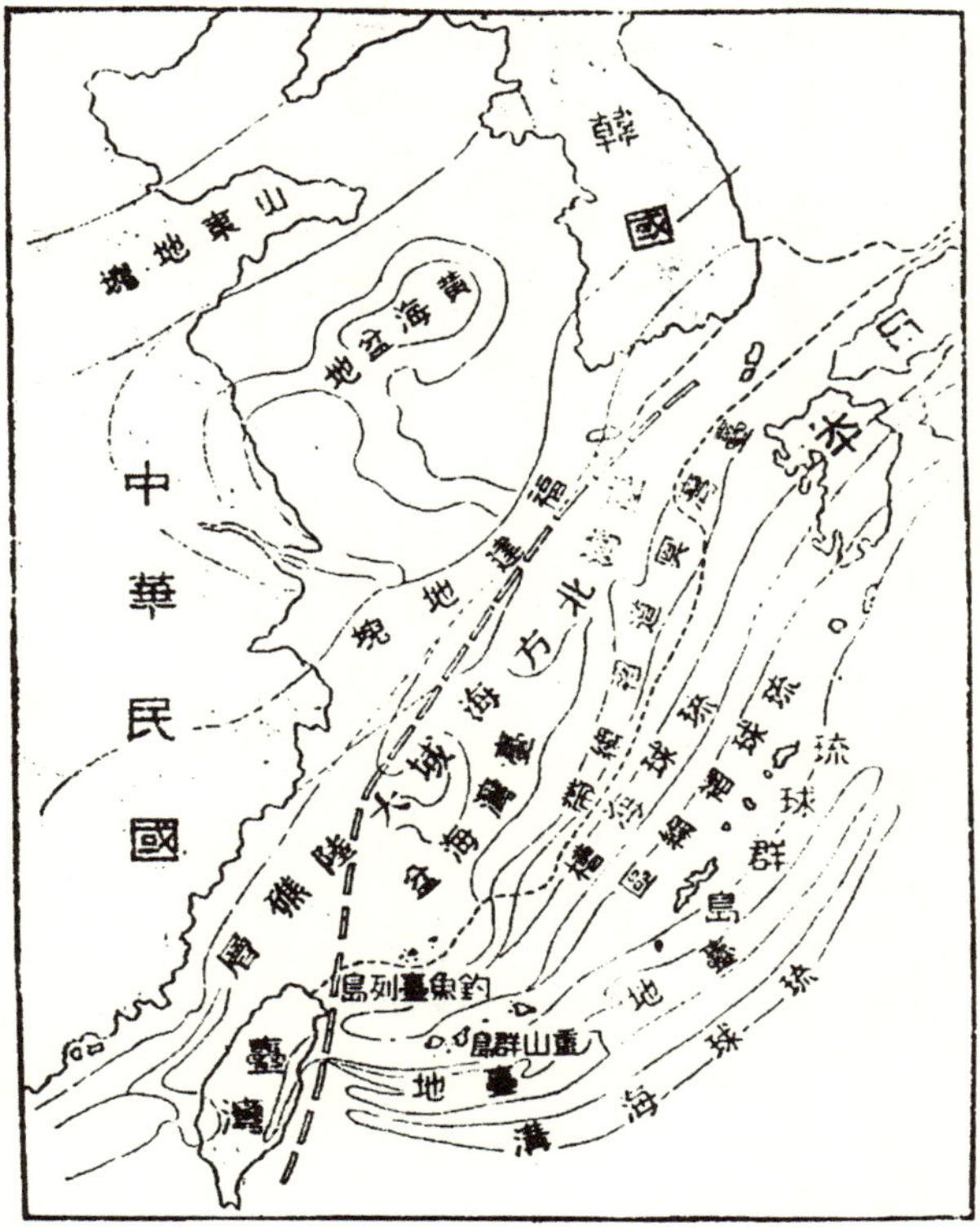

▲台湾当局海溝地形図

（出所）中國國民党中央委員会編『釣魚臺列嶼問題資料匯編』。

以上に基づき、台湾の石油開発権が主張されるところとなった（→6章Ⅵ）。

台湾当局は、一九七〇年一〇月、尖閣諸島海域周辺における石油探査着手の段階で、五大「海域石油保留区」を設けた。それは図のとおりである。

▲海域石油保留区図

（出所）『中央日報』1970年10月16日。

しかし、この大陸棚をめぐるこの議論は、尖閣諸島の領土帰属問題とは直接関係がない。

【経 過】

一九六九年　五月、ＥＣＡＦＥが尖閣諸島海域の資源調査の結果発表。

一九七〇年　七月一七日、台湾当局、台湾海岸に隣接する領海外の大陸棚に存在する天然資源に対する主権行使の声明。

七月一九日、『台湾新生報』社論「尖閣諸島付近の大陸棚はわが国主権に属する」。

七月、台湾当局、米パシフィック・ガルフ社が石油探査を許可。

八月　七日、パシフィック・ガルフ社、地質調査着手の声明。

八月一〇日、愛知揆一日本外相が参議院沖縄・北方問題特別委員会で台湾当局の措置は無効と言明。

八月二一日、台湾当局立法院、大陸棚条約批准、大陸棚限界規定を決定。

八月二五日、台湾当局立法院、尖閣諸島周辺の海域石油探採条例採択。

一〇月一五日、台湾国営公社、中国石油公司が釣魚台周辺の石油探査を決定、五大「海域石油鉱保留区」設定。

一〇月一六日、台湾当局、釣魚台島嶼の大陸棚資源領有の声明。

一一月一二日、日・韓・台三国連絡委員会がソウルで開催、東シナ海大陸棚石油資源の民間レベル共同開発で合意、一二月四日『人民日報』が非難。

一二月二一日、日本・韓国・台湾三国連絡委員会として財界人による「海洋開発研究連合委員会」設立、一二月二八日『人民日報』が非難。

一九七一年　四月　九日、プレイ米国務省報道官、四月八日に尖閣諸島海域での石油開発は好ましくないとパシフィック・ガルフ社に開発中止を申し入れたと発表。

一二月三〇日、中国外交部、釣魚島に対する権利を主張し、「中国は台湾を解放して釣魚島などの台湾領土を解放する」と声明。

一九七二年　一月一三日、『人民日報』、一九七一年一二月三〇日中国外交部声明を確認。

【資 料】

中國國民黨中央委員會編『釣魚臺列嶼問題資料匯編』。

中國國民黨中央委員會編『釣魚臺列嶼問題資料彙編』。

浦野起央・他編『釣魚台群島（尖閣諸島）問題　研究資料匯編』。

【文献】

入江啓四郎「尖閣列島海洋開発の法的基盤」『季刊・沖縄』第五六号。

星野通平「東シナ海の大陸棚」『季刊・沖縄』第六三号。

陶龍生「釣魚臺主権和大陸棚画定問題」『學粋』第一四期・第二期。

郭生「釣魚島等領土主權和油原開発問題」『七十年代』一九七一年三月号。

馬英九『従新海洋法——論釣魚臺列嶼與東海劃界問題』。

汪威錞「我國東海大陸礁層的法律地位」『国立海洋學院學報』第一三期。

趙理海「従〈日韓共同開発大陸棚協定〉看東海大陸棚問題」、『国際法学論集』。

趙理海「活用于東海大陸架劃界的法律原則」『海洋法与政策』第一集。

柳炳華『東北亜地域と海洋法』。

朴椿浩『亜太地区海洋辺界問題引論』。

緑間栄「尖閣列島周辺海域の開発と法理」『沖縄法学』第八号。

林司宣「尖閣列島周辺の大陸棚境界画定問題」『季刊・沖縄』第五一号。

広部和也「大陸棚画定・開発と領土帰属問題」『アジア・レビュー』第一〇号。

呉輝「从国際法論中日釣魚島争端及其解決前景」『国際論壇』第二巻第四期。

許森安「東海大陸架劃界中的一些問題」『中国辺彊史研究』一九九九年第四期。

Donald R. Allen & Patrick H. Mitchell, "The Legal Status of the Continental Shelf of the East China Sea," *Oregon Law Review*,Vol. 5.

Tao Cheng, "The Sino-Japanese Dispute over the Tiao-yu-t'ai （Senkaku） Islands and the Law of Territorial Acquisition," *Virginia Journal of International Law*, Vol. 14 No. 1.

Victor H. Li, "China and Offshore Oil: The Tiao-yu-t'ai Dispute," *Stanford Journal of International Studies*, Vol. 10.

John K. T. Chao, "East China Sea: Boundary Problems relating to the Tiao-yu-t'ai Islands," *Chinese Yearbook of International Law and Affairs*, Vol. 3.

Ⅴ 中国沿海説

中国は、一五五六（嘉靖三五）年二月、胡宗憲が倭寇討伐を任命され、海賊汪直討伐の過程で釣魚島・黄尾嶼・赤尾嶼は中国福建省海防区域に編入され、一六八五（康熙二四）年に中国の支配に入った、と主張している。

この事実に基づき、中国は一九七一年一二月三〇日、中国の沿海として、この海域は海上防衛範囲にあった、と指摘した。

さらに、中国は、一九九二年領海法で、釣魚諸島は中国領土である、と明記した。そして、中国は、海洋調査船の活動を強化し、日本の排他的経済水域内で日本の同意を得ることなく調査を実施し、さらに、その調査活動を通じて尖閣諸島海域に侵入する事態も発生した（→7章Ⅹ）。

このような中国側の行為に対し、日本は、その都度、中国に抗議した。

一九九六年五月中国政府の領海基線の声明では、とくに釣魚島への言及はなかった。

こうした流れのなかで、現在、中国の学者がその領有権主張を東海大陸棚の論議にからませて議論することがみられるようになった（→2章Ⅳ）。

【経過】

一六八五年、中国領土に編入と中国が主張。
一九七一年一二月三〇日、中国、釣魚島は中国の海上防衛範囲にあったと指摘。
一九八一年　七月二二日、中国外交部、釣魚島の漁業資源調査を確認。
一九九一年一〇月二五日、中国、領海法草案説明。

▲中国釣魚島図
（出所）『人民日報』1990年10月19日。

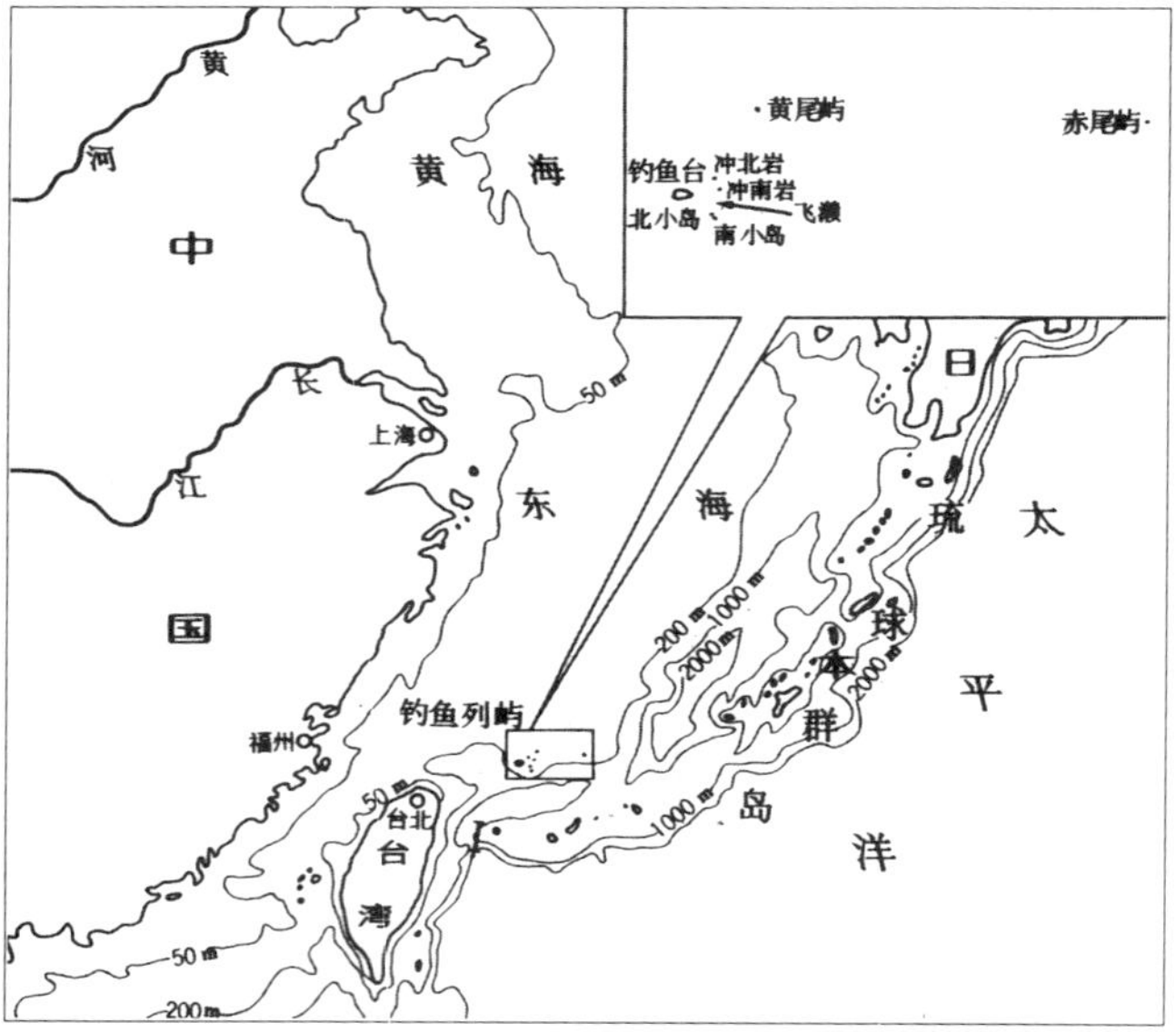

▲中国釣魚列嶼位置図、1994年
（出所）吴天穎『甲午戦前釣魚列嶼帰属考』。

一九九二年　二月二五日、中国、領海法公布、釣魚島を中国領土と明記。

二月二六日、『人民日報』領海法記事で、魚釣島は中国領土と言及。

二月二六日、北京駐在日本公使斎藤正樹、中国外交部に対し「尖閣列島は歴史的にも国際法上も疑いの余地なく日本固有の領土であり、今回の措置は遺憾であり、是正を求める」と口頭抗議。

二月二七日、中国外交部、「釣魚島は中国領土」と声明。

二月二七日、日本外務省事務次官小和田恒、中国が領海法で釣魚島を中国領土と明記した問題につき、駐日中国大使楊振亜に対し「尖閣諸島は我が国固有の領土であり、これを有効に支配している。中国の行為は極めて遺憾であり、是正を求める」と抗議。

三月一九日、沖縄県議会、中国が尖閣諸島を領海法に盛り込んだ問題で、日本政府に対し「日本固有の領土であることを中国に申し入れ、領海の警備を強化する」よう求める意見書を全会一致で採択。

一九九六年　五月一五日、中国、国連海洋法条約批准、領海基線の声明。


【資料】


鄭若曽『籌海圖編』。

浦野起央・他編『釣魚台群島（尖閣諸島）問題　研究資料匯編』。

中国領海法一九九二年二月二五日。

『解放軍報』記事「深海問道　踏浪千里　海軍基本管制東海大陸架測量任務」一九九二年六月四日。

中国の領海基線声明一九九六年五月一五日。


【文献】


鐘巌『人民日報』論文「論釣魚島主権帰属」一九九六年一〇月一八日、『北京周報（日本語版）』論文「釣魚島の主権の帰属について論じる」、一九九六年第四四号。

平松茂雄『中国の海洋戦略』。

平松茂雄『続中国の海洋戦略』。

許森安「東海大陸架劃界中的一些問題」『中国辺彊史研究』一九九九年第四期。

安京「試論中国古代海界問題」『中国辺彊史研究』二〇〇〇年第二期。

3章　歴史的検証

Ⅰ 歴代の冊封使録

琉球が中国と交渉をもったのは、明の太祖朱元璋の招諭により正式に進貢使が派遣された一三七二（洪武五）年である。これは、『球陽』によっても確認できる。その進貢使の派遣は、一八七九（明治一二）年までほぼ五〇〇年続いたが、琉球の朝貢体制への参加は、その進貢体制のもと貿易立国としての琉球貿易圏を支え、二年一貢の進貢船のほか、あらゆる機会を捉えて貨物を搭載した船が那覇―福州間を往来し、その進貢貿易は「唐一倍」といわれたように数倍の利益を琉球にもたらした。福州柔遠駅の琉球館には、常時二〇〇人前後の琉球人が居住していた。

生産物が少ない琉球は、貿易立国として王国の運営を保持する必要があり、そのためには、中国との深い友好関係と貿易の維持が国是であった。それで、琉球王中山は中国の冊封を受け入れ、中国との交流を深めた。このことに関連して、東恩納寛惇は、海賊の出没する危険な東シナ海の航行で琉球に向かった皇帝の冊封船が被害を蒙ることは大国の威信にかかわるということから、「領封海上」という形で福州において琉球の使者が冊封を受けることも検討されたが、その議は琉球の強い要望で実現せず、封船の派遣が依然続いた、としている。

中国冊封使の琉球渡来は、明朝時代に一六回、清朝時代に八回、計二四回を数えた（東恩納寛惇は、明朝時代に一五回、清朝時代に八回、計二三回としている)。琉球から中国への使節派遣は、陳大端『雍乾嘉時代的中琉関係』によると、一七二三年(雍正元年)から一八二〇(嘉慶二五)年までの約一〇〇年間に、一五七隻の琉球船が中国福州へ赴いた。緑間栄は、琉球からの進貢船は二四一回(明朝時代一七三回、清朝時代六八回)としている。この福州―那覇航海では、その航海指南書『指南廣義』が琉球人程順則(名護籠文)によって執筆されていたことから、琉球人が海路に精通していたことも理解される一方、冊封船は中国の技術で建造され、航海技術は中国人が秀でていたと、呉天穎は指摘している。

この冊封使の記録は、以下のものがある。

陳侃撰『使琉球録』嘉靖一三年/一五三四年―中山王尚清を冊封。
郭如霖撰『重刻使琉球録』嘉靖四〇年/一五六一年―中山王尚元を冊封。
蕭崇業・謝杰撰『使琉球録』万歴七年/一五七九年―中山王尚永を冊封。
夏子陽・王士楨撰『使琉球録』万歴三四年/一六〇六年―中山王尚寧を冊封。
胡靖撰『杜天子冊封琉球真奇観』崇禎六年/一六三三年―中山王尚豊を冊封。
張學禮撰『使琉球記』康熙二年/一六六三年―中山王尚質を冊封。
汪楫撰『使琉球雑録』康熙二二年/一六八三年―中山王尚貞を冊封。
徐葆光撰『中山傳信録』康熙五八年/一七一九年―中山王尚穆を冊封。
李鼎元撰『使琉球記』嘉慶五年/一八〇〇年―中山王尚温を冊封。
斎鯤・費錫章撰『續琉球國志略』嘉慶一三年/一八〇八年―中山王尚灝を冊封。
冊封使林鴻年の道光一八年/一八三八年の使録は散失―中山王尚育を冊封。
趙新・于光甲撰『續琉球國志略』同治五年/一八六六年―中山王尚泰を冊封。

その福州—那覇ルートは、図のとおりであった。

これら記録は、最初の記録である陳侃のものと他のものも大体が同様で、要点は以下のとおりである。

一、福州を出発して、第一目標である台湾の基隆沖合にある雞籠山に達する。

二、第二目標は彭家山(彭佳嶼)で、そこから釣魚嶼、黄尾嶼へと至る。

三、その途中において、赤尾嶼のところにある潮流の難所、つまり黒水溝を越える。

四、そして、琉球の姑米山/古米山(久米島)に達する。

その議論の要点は、次のとおりである。

一、琉球の接封使者の行動範囲からして久米島までが、琉球の領海で、魚釣島はその外にあった。

二、久米島沖合が琉球の境界であった。

三、この航海のパターンは、航海を主導した琉球人船乗りの発言からも判断できた。

しかし、これをもって琉球領以外の釣魚諸島がすべて中国領

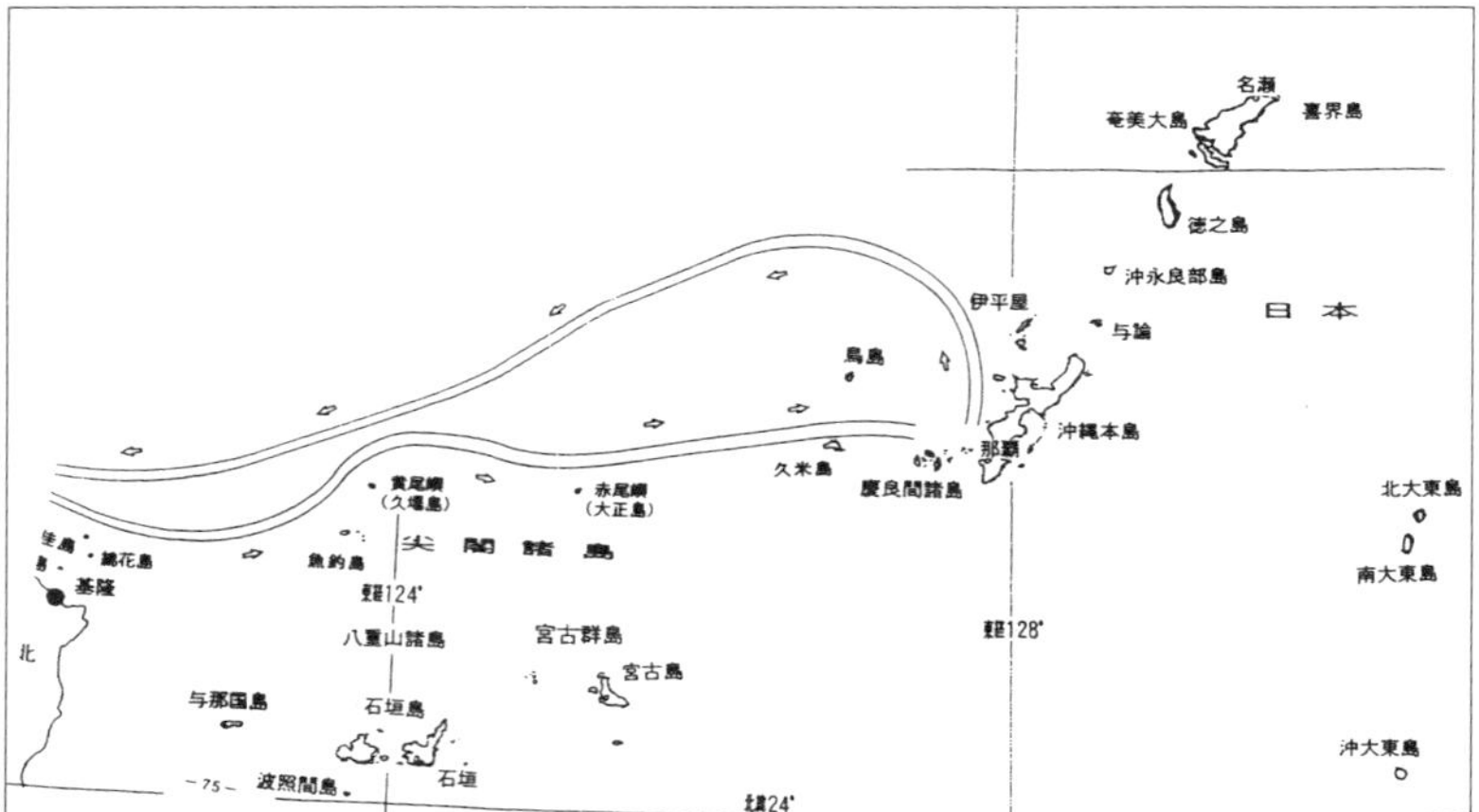

▲中国－琉球航路図

土であったとは断定できない。黒水溝は、海底の地形からみた深海の黒水に入るところの意味で、井上清説（↓1章Ⅲ）にいう境界とは解釈できない。いいかえれば、水域の内外を指しており、周煌『琉球國志略』が、「環島、皆海也、海面西距黒水溝與猪海界、福建開洋至琉球、必經滄水過黒水、古称滄溟」と述べているとおりで、「その海の西側は、黒水溝を隔てて閩（福建省）の海の界」ともいうものである（↓3章Ⅴ）。

その主な記述は、次のようである。

陳侃『使琉球録』

嘉靖一三年五月一〇日　南風強く、平嘉山・釣魚嶼・黄毛嶼・赤嶼をよぎり、一昼夜に三日の航程を進む。琉球船は遅れる。

五月一一日　夕方、古米山（久米島）を見る。

五月一二日　古米山に至る。

郭如霖『重刻使琉球録』

嘉靖四〇年閏五月一日　釣魚嶼を過ぎる。

閏五月三日　赤嶼に至る。

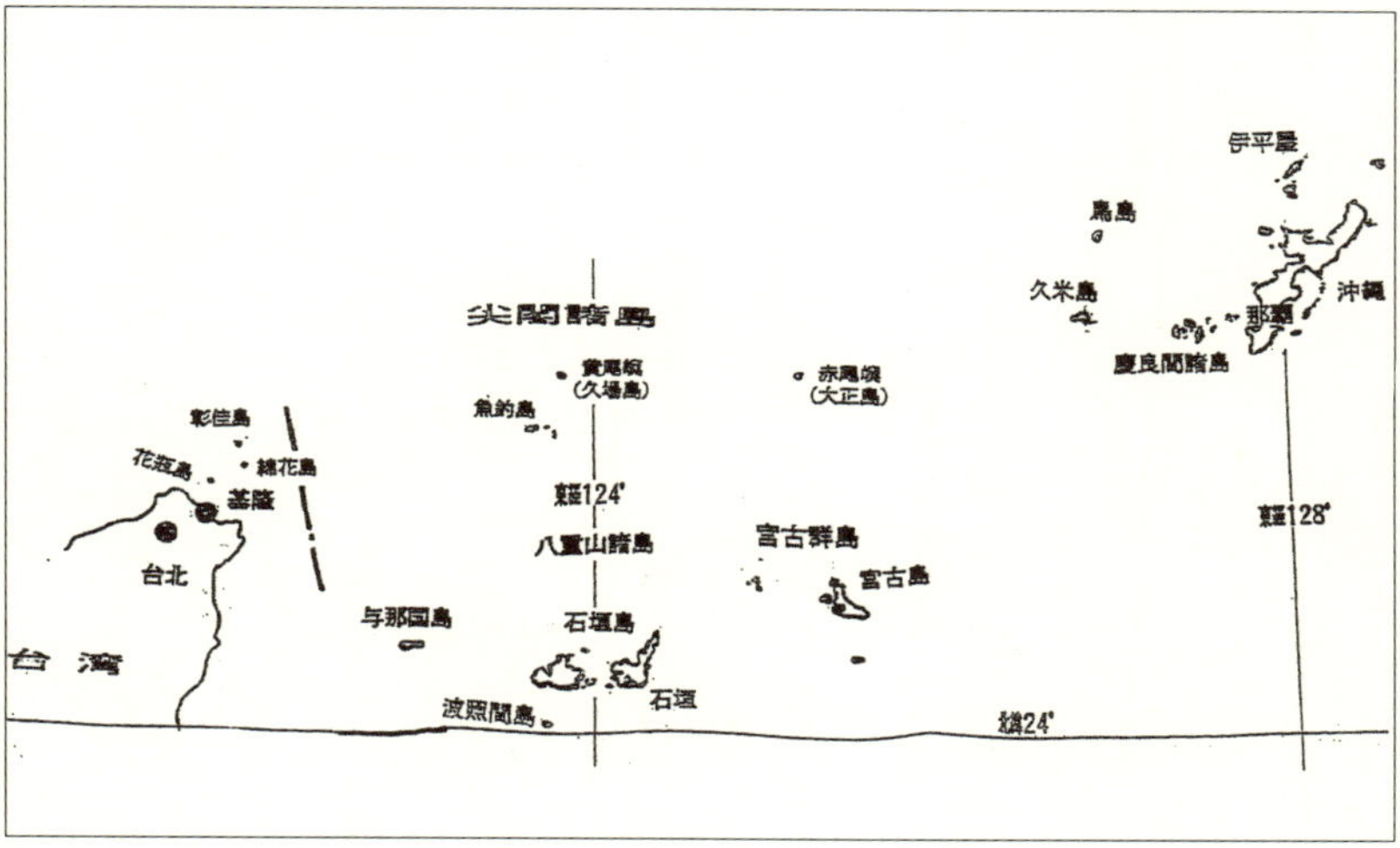

▲尖閣諸島海域図

閏五月六日　午刻(一二時)土納巳山を見る。

申刻(四時)小姑を見る。

蕭崇業・謝杰『使琉球録』

万暦七年五月三〇日　葉壁山(伊平屋島)を遠望、見山酒を祝う。

夏子陽・王士禎『使琉球録』

万歴三四年五月二七日　午后釣魚嶼を通過。

五月二八日　黄尾嶼を通過、夜波が狂う、連日水は黒色で深い。

汪楫『使琉球雑録』

康熙二二年六月二五日黄尾山をみ、午后赤嶼に至るが、黄尾嶼はみられない。

徐葆光『中山傳信録』

康熙五七年五月二四日　雞山沖にもかかわらず、夜半のために島影は見えない。

五月二七日　釣魚台、黄尾、赤尾嶼はみえない。

五月二八日　主マストに登った鴉班が島影を発見。

五月二九日　昨日の島影は姑米島ではなく葉壁山と確認。

▲琉球過海図

周煌『琉球國志略』

乾隆二一年六月一一日　日の入りに釣魚台を見る。

六月一二日　溝祭海。

六月一三日　二号船、風が不順のために姑米山の洋面に漂う。

六月一四日　冊封の頭号宝船、暫時、姑米の港に退避。

李鼎元『使琉球記』

嘉慶五年五月九日　釣魚台が見える。祭海。

五月一〇日　赤尾嶼を見る。

五月一一日　赤尾嶼から一四更船の距離、姑米多礁（久米島）を通過。

五月一二日　姑米山を経て馬歯山（慶良間群島）を通過。

斉鯤・費錫章『續琉球國志略』

嘉慶一三年閏五月一三日　釣魚台、赤尾山を望見しながら航行し、過溝祭海。

閏五月一四日　風向きが悪く、進行能わず。

閏五月一五日　姑米山を望見して馬歯山で停泊。

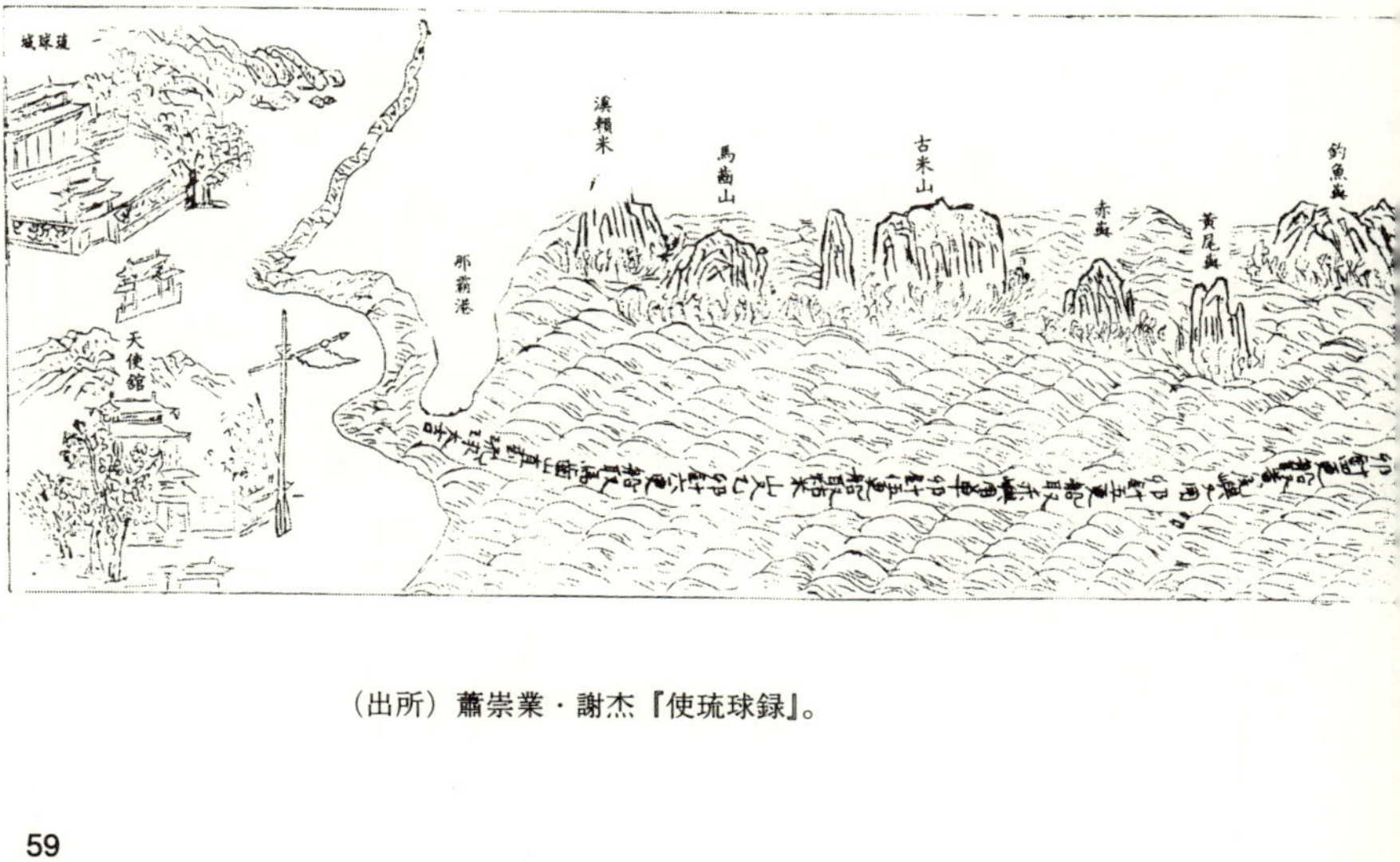

（出所）蕭崇業・謝杰『使琉球録』。

趙新・于光甲『續琉球國志略』

同治五年六月一一日　釣魚山と久場島（黄尾嶼）の間を通過。

六月一二日　久米赤島（赤嶼）の沖を通過。

六月一五日　姑米山を望見して航行。

六月一六日　姑米山に停泊。

六月二一日　馬歯山の沖を通過。

また、釣魚諸島の地名は中国名であるが、これをもって、中国領土とは判断できない（→3章V）。趙新の『續琉球國志略』では、黄尾島を久場島そして赤尾嶼を久米赤島と表示している（3章Vの表をみよ）。

これらの記録からはっきりしていることは、釣魚島は、当時、中国にも琉球にも明確に属していなかったということである。宮古の船が中国と往来していたことは、『球陽』にもよく出てきている。琉球人船乗りが専ら水先案内に当たっていたが、彼らの理解でも、当該島嶼は中国、日本のいずれにも属していなかった、と判断される。

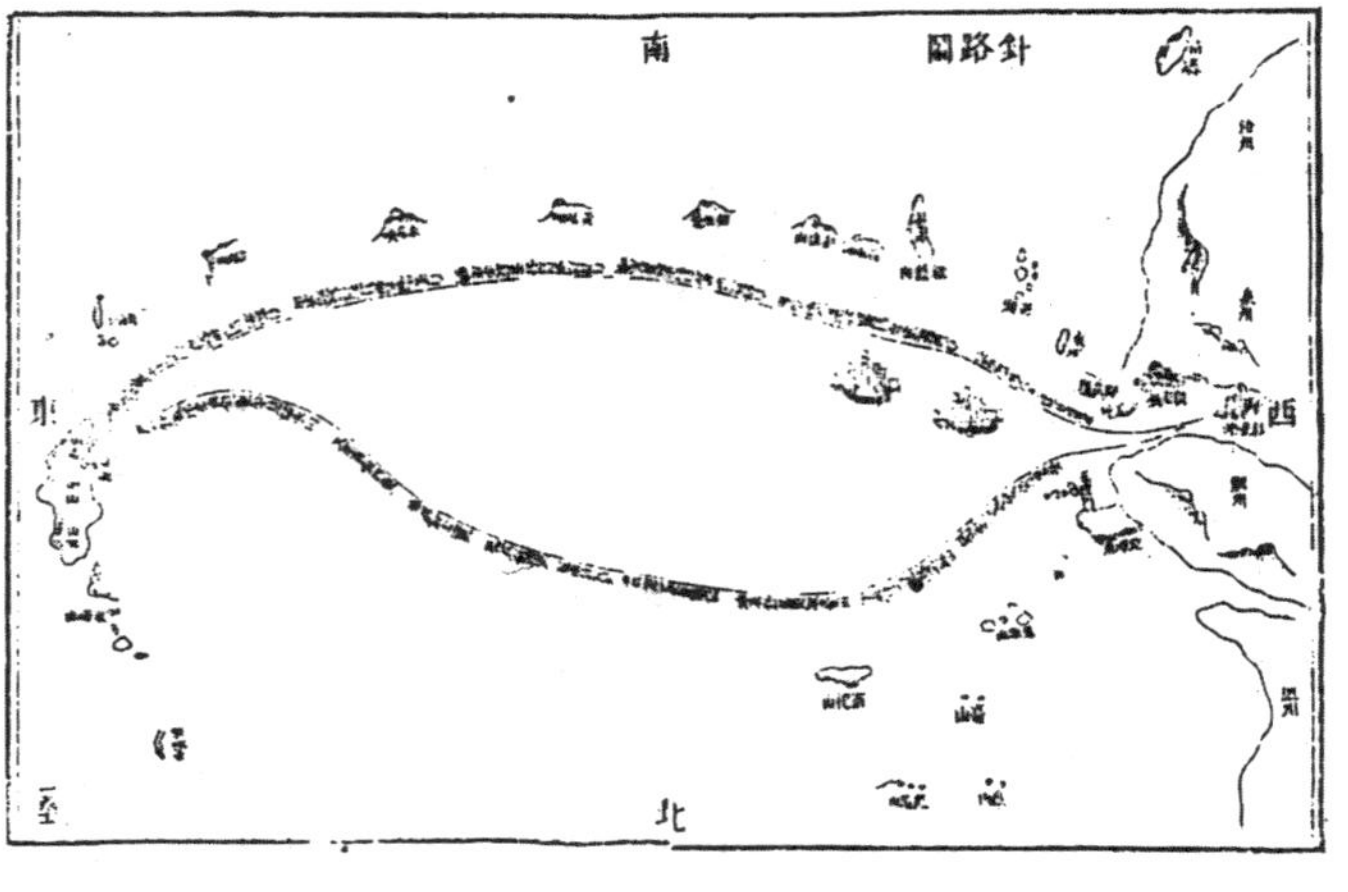

▲航海進路図

（出所）徐葆光『中山傳信録』。

▲封舟到港図

（出所）徐葆光『中山傳信録』。

ちなみに、琉球冊封使の一覧は、以下のとおりである。

回	使録名称	正使	琉球到着年	受封国王
一		楊載	明洪武五／一三七二年	察度
二		時中	永楽二／一四〇四年	武寧
三		陳季若	永楽一四／一四一六年	他魯毎
四		柴山	洪熙元年／一四二五年	尚巴志
五		餘忭	正統八／一四四三年	尚忠
六		陳傳	正統一二／一四四七年	尚思達
七		陳模	景泰三／一四五二年	尚金福
八		李秉彝	景泰七／一四五六年	尚泰久
九		潘栄	天順七／一四六三年	尚徳
一〇		官栄	成化八／一四七二年	尚圓
一一		薫旻	成化一五／一四七九年	尚眞
一二	使琉球録	陳侃	嘉靖一三／一五三四年	尚清
一三	重刻使琉球録	郭汝霖	嘉靖四一／一五六二年	尚元
一四	使琉球録	蕭崇業	万暦七／一五七九年	尚永

一五	使琉球録	夏子陽	万暦三四／一六〇六年	尚寧
一六		杜三策	崇禎六／一六三三年	尚豊
一七	使琉球記	張學禮	康熙二／一六六三年	尚質
一八	使琉球雑録	汪楫	康熙二二／一六八三年	尚貞
一九		海寶	康熙五八／一七一九年	尚敬
二〇		全魁	乾隆二一／一七五六年	尚穆
二一		趙文楷	嘉慶五／一八〇〇年	尚温
二二	続琉球國志略	斎鯤	嘉慶一三／一八〇八年	尚灝
二三		林鴻年	道光一八／一八三八年	尚育
二四	続琉球國志略	趙新	同治五／一八六六年	尚泰

【経過】

一三七二年、琉球が明の太祖朱元璋の招諭により進貢使派遣。
一八七二年、琉球が清国へ進貢使派遣。
一八七四年、琉球が清国へ進貢使派遣。
一八七五年　三月、尚泰王が進貢使派遣。
七月一四日、日本政府、冊封停止措置。

【資料】

『順風相送』。
陳侃『使琉球録』。
郭如霖『重刻使琉球録』。
蕭崇業・謝杰『使琉球録』。
夏子陽・王士楨『使琉球録』。
胡靖『杜天子冊封琉球真奇観』。
向象賢（羽地朝秀）『中山世鑑』。
張學禮『使琉球記』。
汪楫『使琉球雑録』。
汪楫『中山沿革誌』。
『歴代寶案』。
蔡鐸『中山世譜』。
名護寵文（程順則）『指南廣義』。
徐葆光『中山傳信録』。
蔡温『改定中山世譜』。
鄭奥哲『球陽』。
周煌『琉球國志略』。
李鼎元『使琉球記』。
斎鯤・費錫章『續琉球國志略』。
趙新・于光甲『續琉球國志略』。
中国第一歴史档案館編『清代琉球國王表奏文書選録』。

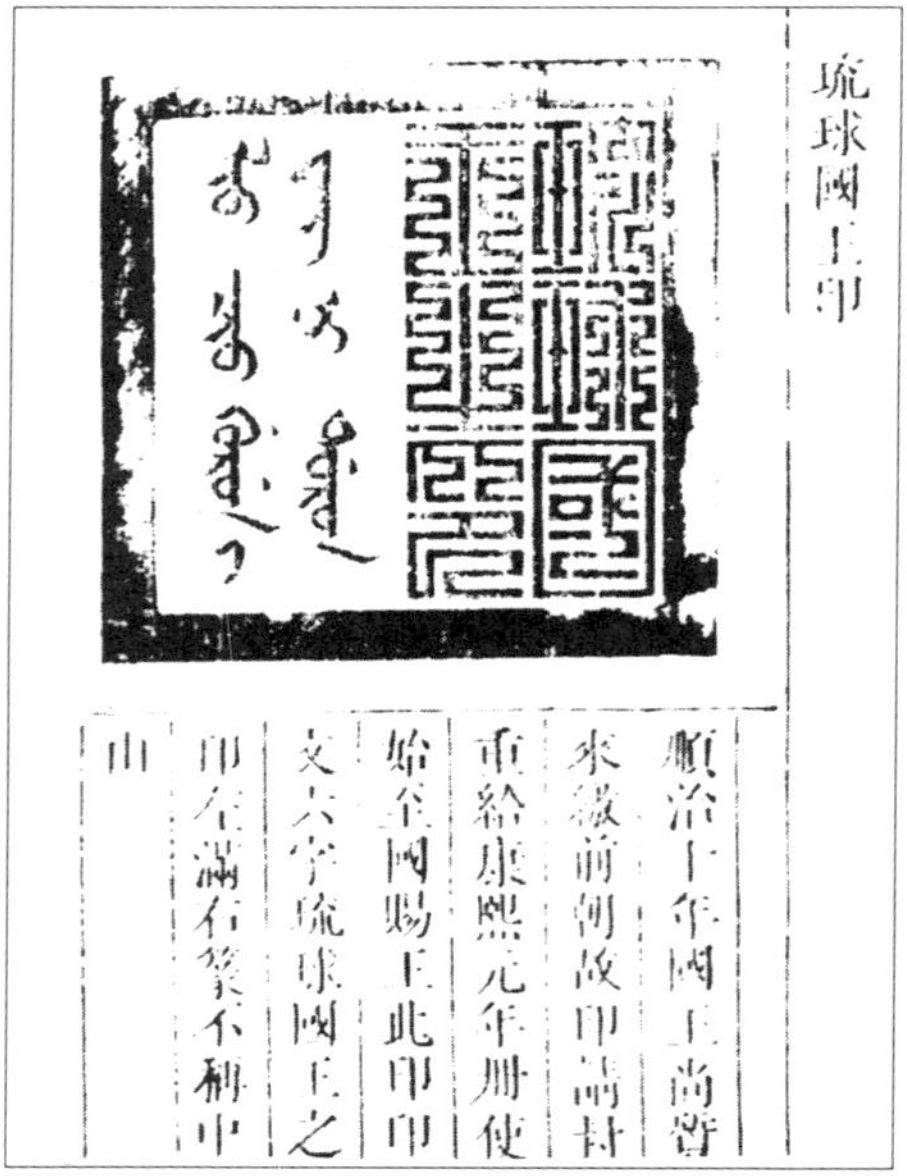

▲琉球国王印

（出所）徐葆光『中山傳信録』。

【文献】


島倉龍治・真境名安興『琉球一千年史』。

秋山謙蔵『日支交渉史話』。

藤田元春『日支交通の研究・中近世篇』。

小葉田淳『中世南島通交貿易史の研究』。

野口鐵郎『中国と琉球』。

夫馬進編『使琉球録解題及び研究』。

仲里譲「尖閣列島の領有権問題——日中の主張と先例の法理」『日向学院論集』第二三号。

平和彦「中国史籍に現れたる尖閣（釣魚）諸島」上・下『アジア・アフリカ資料通報』第一〇巻第四号、第六号。

和田久徳「明実録の沖縄資料（一）」『お茶の水人文科学紀要』第二四巻第二号。

和田久徳「明実録の沖縄資料（二）」『南島史学』第一号。

和田久徳「琉球国の三山統一についての新考察」『御茶の水大学人文科学紀要』第二八巻第二号。

佐久間重男「明代の琉球と中国との関係——交易路を中心として」『明代史研究』第三号。

中国福建省・琉球列島交渉史研究調査委員会編『中国福建省・琉球列島交渉史の研究』。

呉天穎『甲午戦前釣魚列嶼帰属考——兼質日本奥原敏雄諸教授』。水野明訳『甲午戦前釣魚列嶼帰属考——奥原敏雄諸教授への反証』。

呉元豊「清豊初期における琉球国尚質の冊封について」、沖縄県立図書館史料編集室編『第三回琉球・中国交渉史に関するシンポジウム論文集』。

秦国経「乾隆時代の中琉関係にいて」、沖縄県立図書館史料編集室編『第四回琉球・中国交渉史に関するシンポジウム論文集』。

鄒愛連・高換婷「清代の冊封史趙文楷・李鼎元の琉球での冊封に関する試論」、沖縄県立図書館史料編集室編『第四回琉球・中国交渉史に関するシンポジウム論文集』。

原田禹雄『冊封使録からみた琉球』。

Ⅱ 琉球人の中国留学

琉球は、中国との国交開始とともに、子弟を中国の國子監に留学させた。國子監は、唐代以降、完備され、国史学・律学・書学・算学・広文館を統轄しており、明代には、南京國子監、北京國子監があった。『大明會典』には三～五名が官生として留学していたことが記録されており、それが継続されたのは琉球のみであった。

【経過】

一三九二年、琉球人子弟、國子監に留学。

【資料】

李東陽・他『大明會典』蘇州、江蘇広陵刻印社、一九八九年。
『清會典』北京、中華書局、一九九一年。

【文献】

潘相輯『琉球入學見聞録』。
王士禎『琉球入太學始末』。

Ⅲ 中国人の琉球移民

琉球への中国文化・技術の移入は、福建中央にいた閩三六姓の移民が伝え、これが古代琉球の黄金時代（一三七二～一六〇九年）を築いた。この三六姓は、琉球が入貢する際の航路が危険であることから航海の道案内として琉球へ送られたことに始まった、と『明史』は明らかにしている。

彼らは、福建出身の職能者移民が中心で、その居留地は久米村と称された。『中山世鑑』によると、現在残るのは蔡、鄭、林、梁、金の五姓であるとされる。夏子陽・王士禎の『使琉球録』は、これに程を加えて六姓としている。楊仲揆は、その中には、航海師、木工職人、瓦匠、教師、裁縫師、道士らがいたという。『琉球事始記』には、中国から伝来した風俗事物七〇余件が列挙されている。三六姓の後裔は、教育を深め、琉球政府の中では、通事、都通事、漢文教席、医師、長史、正儀大夫、紫金大夫に任命された。

冊封下における台湾人の活動は、薩摩の侵攻に対する戦いなど、各方面で著しかった（↓1章Ⅶ）。

【経過】

一三九二年、閩人三六姓の帰化。

【資料】

『明史』。

『琉球事始記』。

『中山世鑑』。

夏子陽・王士禎『使琉球録』。

【文献】

楊仲撥『中國・琉球・釣魚臺』。

楊仲揆『琉球古今談――兼論釣魚臺問題』。

Ⅳ 台湾人の往来

琉球王朝は、古来、台湾人が活動する場でもあった。台湾の日本への併合以後も、台湾人は、琉球に至る海域を自己の世界として認識していたと、台湾の学者楊仲揆は指摘している。

これに対し、日本の学者緑間栄は、その地域は琉球人の生活圏にあって、琉球の漁船が出漁していたとしている。琉球の中国文化が中国への留学・移民・交流などの往来とともに浸透したことは事実である（→3章Ⅱ、Ⅲ）が、それが琉球固有の生活圏を喪失させるものであったとはいえない。

日本の台湾統治とともに、これまで以上に、台湾漁民の活動範囲が広がるところとなった。基隆を基地とした鰹漁業は、それが開始された一九一〇（明治四三）年当時は、その活動が漁業水域五カイリ以内に限定されていたが、一九一六（大正五）年には、尖閣列島の赤尾嶼付近まで出漁するようになり、こうしてこの海域は台湾の遠洋漁業の場となった。ただし、尖閣諸島の日本編入以前は、台湾漁民がこの海域で操業することは余りなかった。

【資料】

台湾銀行調査課編『台湾之水産業』台北、台湾銀行、一九二二年。

【文献】

楊仲揆『中國・琉球・釣魚臺』。
楊仲揆『琉球古今談——兼論釣魚臺問題』。
緑間栄『尖閣列島』。

V 島名の問題

釣魚諸島の島名が登場する最古の航海手引書は『順風相送』で、その「福建往琉球」の条に、釣魚嶼と赤坎嶼、すなわち赤尾嶼が初めて登場している。この名称は、以後、『使琉球録』ほかに登場してくる。それを列記すれば、以下のとおりである。

永楽元年／一四〇三年	『順風相送』	釣魚嶼		赤坎嶼
嘉靖一三／一五三四年	陳侃『使琉球録』	釣魚嶼	黄毛嶼	赤嶼
嘉靖三五／一五五六年	鄭舜功『日本一鑑』	釣魚嶼	黄井麻嶼	赤坎嶼
嘉靖四〇／一五六一年	郭汝霖『重刻使琉球録』	釣魚嶼	黄毛山	赤嶼
嘉靖四〇／一五六一年	鄭若曽『鄭開陽雑著』	釣魚嶼	黄毛山	赤嶼
嘉靖四一／一五六二年	鄭若曽『籌海圖編』	釣魚山	黄毛山	赤嶼
天啓元年／一六二一年	茅元儀『武備志』	釣魚山	黄尾山	赤嶼
万暦　七／一七五六年	蕭崇業・謝杰『使琉球録』	釣魚嶼	黄尾山	赤嶼
万暦三四／一六〇六年	夏子陽・王士禎『使琉球録』	釣魚嶼	黄尾嶼	赤嶼
一六五〇年	向象賢『中山世鑑』	釣魚嶼	黄毛嶼	赤嶼
康熙　二／一六六三年	張學禮『使琉球記』	釣魚嶼	黄尾嶼	赤嶼
康熙二二／一六八三年	汪楫『使琉球雑録』	釣魚嶼	黄尾嶼	赤嶼

康煕四七／一七一九年	名護寵文『指南廣義』	釣魚臺	黄尾嶼	赤尾嶼
一七二〇年	徐葆光『中山傳信録』	釣魚臺	黄尾嶼	赤尾嶼
乾隆二一／一七五六年	周煌撰『琉球國志略』	釣魚臺	黄尾嶼	赤尾嶼
乾隆三二／一七六七年	友仁『坤輿全圖』	好魚須	懽未須	車未須
一七八五年	林子平『三國通覧圖説』	釣魚臺	黄尾山	赤尾山
嘉慶　五／一八〇〇年	李鼎元『使琉球記』	釣魚臺	黄尾嶼	赤尾嶼
嘉慶一三／一八〇八年	斎鯤・費錫省『續琉球國志略』	釣魚臺	黄尾山	赤尾山
同治　二／一八六三年	『皇朝中外一統輿圖』	釣魚嶼	黄尾嶼	赤尾嶼
同治　五／一八六六年	趙新・于光甲『續琉球國志略』	釣魚臺	久場島	久米赤島

（注）『球陽』には、地名は言及されていない。

中国の主張は、以下のとおりである。

一六五〇年の向象賢の史書『中山世鑑』は、久米嶋は琉球領土で、赤嶼とその西にあるものは琉球領土でないとしている。

一七〇八年の『指南廣義』は、久米山を「琉球西南上之鎮山」、つまり、国境としている。

一七二六年の『改訂中山世譜』も同様で、琉球領土に釣魚島を含めていない。

一七一九年に新井君美(白石)が著した『南島志』には、琉球が管轄している三六の島が列記されている（後述）が、そのなかには魚釣島はない。

林子平『三國通覧圖説』(一七八五年)の「琉球三省并三十六嶋之圖」は、宮古と八重山は琉球の所有としており、これに対して、釣魚臺、黄尾山、赤尾山には説明がない。そして、釣魚臺、黄尾山、赤尾山を中国と同じ赤色で塗っていたことから、中国本土扱いとしている。もっとも、これは、徐葆光『中山傳信録』に従うところで、そこでの島名は釣魚臺となっていた。

一八六六年、最後の冊封使趙新は、乗船の琉球人船員の呼称に従っており、『續琉球國志略』では、黄尾嶼が久場島、赤尾嶼が久米赤島となっている。

高橋庄五郎は、釣魚臺、黄尾山、赤尾山など地名が中国語地名であることから、その地域は中国人の活動圏にあり、尖閣諸島は中国領土であるとしている。高橋の見解では、地名の検証から、日本は尖閣諸島の領有権を主張しているが、列島を構成する島々の島名は確定していないし、無人島・岩礁の実効的支配が問題であって、日本は台湾を支配したことで、日本の版図に入れたにすぎない、としている。これは、井上清説（↓1章

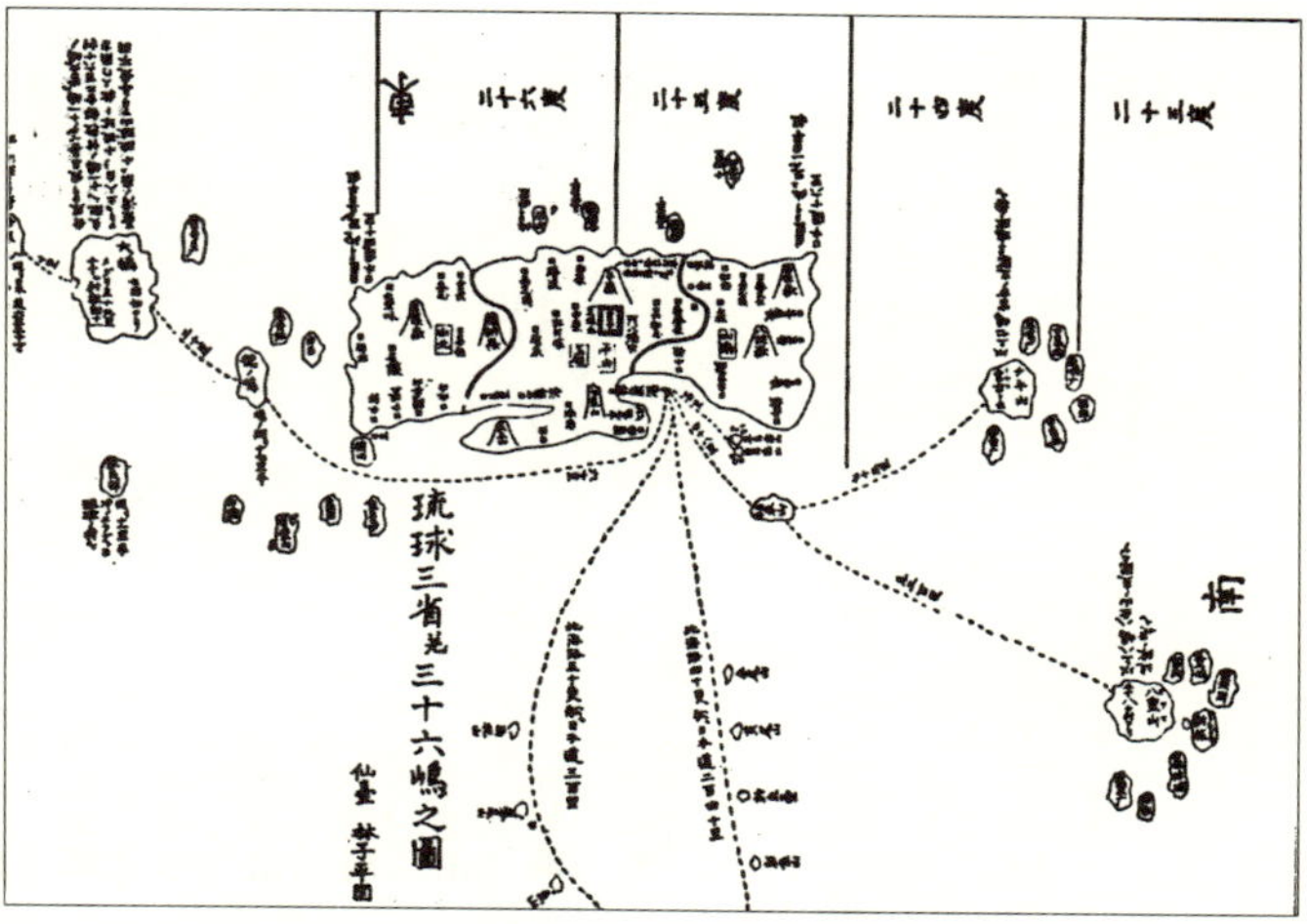

▲林子平『三國通覧圖説』、「琉球三省并三十六嶋 之図」

Ⅲ）と同じで、高橋は無主地に対する実効的支配といえるものでなく、またその支配は先占の適用でもなく、それで、尖閣列島は、台湾の付属島嶼として、日清戦争で中国から割譲を受けて日本領となったとしている（→4章Ⅸ）。なお、黄尾嶼は中国名で、琉球では、古来、久場島と称しており、後者が行政上の名称である。赤尾嶼も中国名で、琉球では久米赤島と称され、行政上の名称は大正島である。

一七〇一年、中国に提出された『中山世譜』には、琉球所属の三六島が列挙されており、それは、以下のとおりであった。

東四島　姑達佳（久高）、津奇奴（津堅）、巴麻（麻比嘉）、伊奇（伊計）。

東北八島　由島（輿論）、永良部、度姑（徳島）、由呂（呂路）、鳥奇奴（沖野）、佳其呂麻（垣路間）、鳥世麻（大島）、奇界（鬼界）。

西北五島　度那奇（渡名喜）、阿姑尼（粟國）、椅世麻（椅山、伊江）、叶壁（伊比屋）、硫黄島（鳥島）。

西三島　東馬歯（前慶良間）、西馬歯（西慶良間）、姑米（久米）。

南七島　庇郎喇（平良）、伊奇麻（池間）、伊良保（恵良部）、姑巴麻（来間）、達喇麻（多良間）、面那（水納）、鳥諺弥（大神）。

西南九島　伊世佳奇（石垣）、鳥巴麻（小浜）、巴度麻（鳩間）、由那姑尼（与那国）、姑弥（古見）、達奇度奴（富武）、姑呂世麻（黒島）、阿喇斯（新武）、巴梯呂麻（波照間）。

『中山世鑑』は、一三九〇年に南七島（宮古群島）と西南九島（八重山群島）がその支配下に入ったとしている。『球陽』は、宮古、八重山、久米島（姑米山）の統治について詳しい。ここにいう三六島、すなわち外環三六島寨には、尖閣諸島は含まれていなかった。

丁謙の『明史各外國傳地理巧証』には、釣魚台・赤尾山・黄尾山の用語はみられず、琉球・雞籠山は外国としている。そこでは、雞籠山は澎湖島の北東にあると記しているが、これは台湾省基隆のことである。ちなみに、中国は明朝までは、台湾を外国として扱っていた。

『清朝通典』巻九二は、台湾を清の州郡としており、『欽定續通典』巻一四七でも雞籠山を辺境の防衛地としているが、そこには、釣魚臺、黄尾山、赤尾山の記述はない。

ここでの議論の一つは、「中外之界」の意味についてである。

郭汝霖の『重刻使琉球録』は、赤嶼は「琉球地方を界する山」であるとしており、赤尾嶼とその以西が中国領土であったというのが、中国の見解である。汪楫の『使琉球雑録』は、赤尾嶼と古米山の間に「黒水溝」、すなわち琉球海溝があることが認識されており、これをもってこの地が中国と琉球の辺界である、と解している。徐葆光の『中山傳信録』は、「姑米山——琉球西南方界上鎮山」と言及され、その「琉球三十六島圖」は、古米山西辺を大海としている。

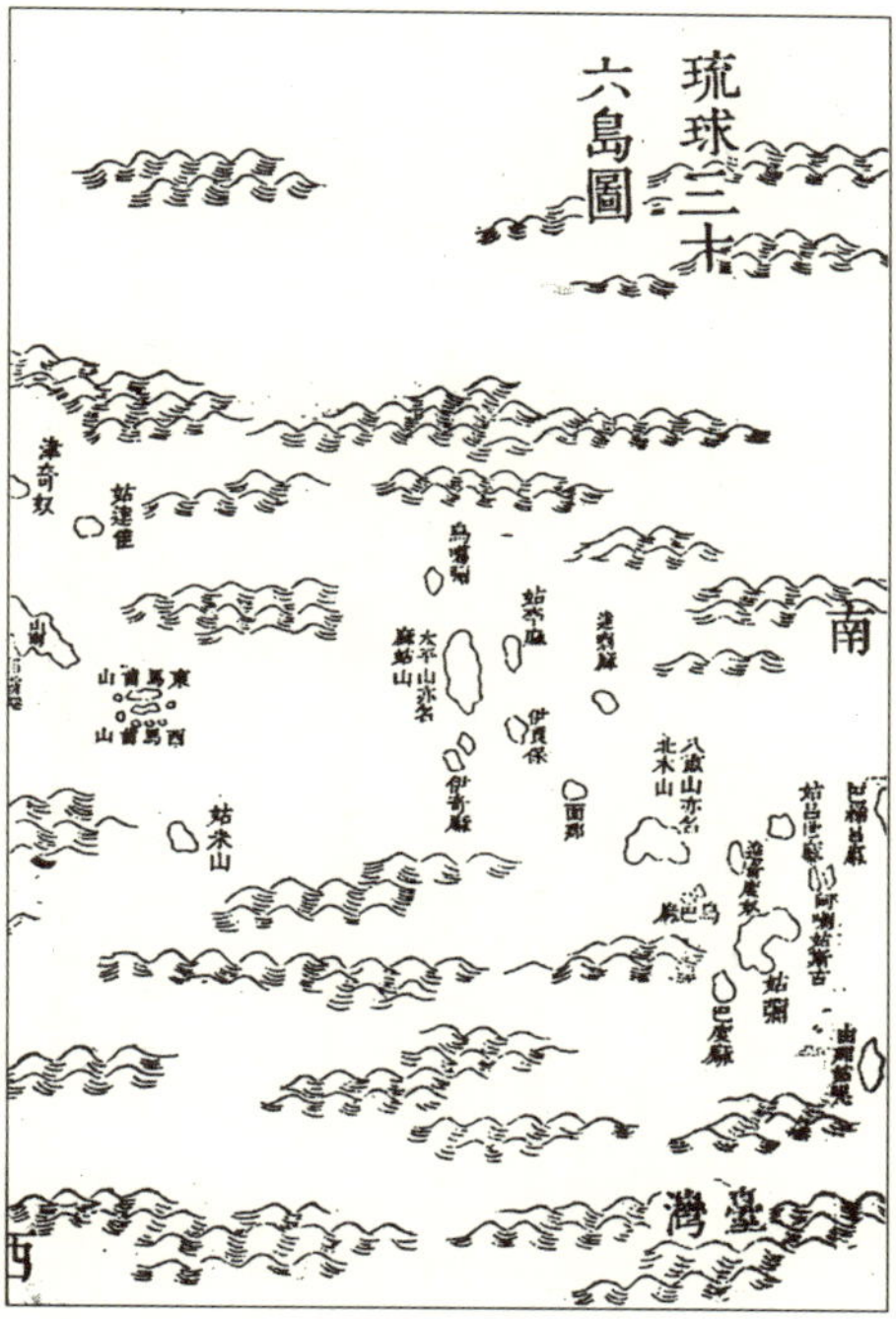

▲琉球三十六島図

（出所）徐葆光『中山傳信録』。

ただし、このような辺境認識をもって、それを支配の境界とみることはできない。つまり、航海を通じての認識と理解がそのままその版図の確認とは解されえないからである。そこでの「溝」の意味は、「中外之界」の「境界を接する」と解されるが、それは、航海ルートの目安とされる自然の境界といえるところで、このことをもって、版図、つまり、支配の限界設定を確認したものとはいえないのである。

同じく歴史的事実として、中国および台湾は、尖閣諸島が日本の領土であることを認めていた。一つは、一九一九年の台湾人遭難事件である（↓5章Ⅶ）。その際、古賀善次らの救助に対し、一九二〇年五月二〇日石垣村村長豊川善佐と古賀善次に対し長崎駐在中国領事馮冕が感謝状を送ったが、感謝状には「日本帝国沖縄県八重山郡尖閣列島内和洋島」と明記されていた。

いま一つは、一九五三年一月八日の琉球列島人民の米国占領反対闘争についての『人民日報』記事で、そこでは、尖閣諸島を琉球列島の一つに数えて、論じている（↓3章Ⅴ）。

【資料】

『清朝通典』巻九二。
『欽定續通典』巻一四七。
郭如霖『重刻使琉球録』。
汪楫『使琉球雑録』。
向象賢『中山世鑑』。
名護寵文『指南廣義圖』。
徐葆光『中山傳信録』。
新井君美『南島志』。

蔡温『改定中山世譜』。

林子平『三國通覧圖説』。


【文献】


丁謙『明史各外國傳地理巧証』。

高橋庄五郎『尖閣列島ノート』。

勝沼智一「尖閣列島の領土問題の歴史と法理」『法学志林』第七一巻第二号。

緑間栄『尖閣列島』。

呉天穎『甲午戦前釣魚列嶼帰属考――兼質日本奥原敏雄諸教授』。水野明訳『甲午戦前釣魚列嶼帰属考――奥原敏雄諸教授への反証』。

Ⅵ 地図の検証

一七五二年一一月六日のフランス人ゴービュの「支那王国及び琉球島図 Carte du Royaume et des Isle Lieou-Kieou」には、「雞籠山の堡から那覇に至る中国人の航路」が掲載されており、台湾北部の基隆から尖閣諸島を経て那覇までの海路が記入されている。一七八七年のフランス人ラ・ベルーズの地図には、台湾島東北端の Kilon（雞籠山）が描かれ、魚釣島は Hoapinsu とされ、黄尾嶼は Tiaoyu-su との島名となっている。以後、Tiao-su, Tiau-su の名称が定着した。

一八四五年六月サマラン号がこの海域を探検し、その航海記録には、「北シナ海および日本の海図」があり、その中では、尖閣諸島が、Hoa-pin-sun（和平山＝魚釣島）と Ti-a-usu（黄尾嶼）、さらに Raleigh Rock（赤尾嶼）の名で記入されている（↓3章Ⅰ）。

明治維新以後、一八七二年に琉球王国は琉球藩となり、一八七四年に琉球は内務省の管轄となった（↓4章Ⅳ）。一八七三年における海軍水路寮による琉球全島と台湾近海の測量では、尖閣諸島は未だ対象になかった。同七三年作成の柳樽悦編『臺灣水路誌』は、英国版『シナ水路誌』の抄訳で、尖閣諸島の記述があって、それはサマラン号艦長ベルチャーの記述、および *China Sea Directory*, Vol. 4の記述が踏襲されていて、魚釣島は甫亜賓斯島＝ホアビンス、南小島と北小島は尖閣島＝ピンナックル（Pinnacle Island の訳語）、黄尾嶼は地亜烏斯島＝チアウス、赤尾嶼は刺例字島＝ラレイジとなっている。同七三年の海図「台湾島清國属地部」は現在焼失しており、その内容は、柳樽悦編『臺灣水路誌』と同様と推量されるが、正確には確認できない。

一八七四年一〇月の海図「清國沿海諸省圖」は、「英人所著清國沿海圖及清人所編代清一統圖」によったもので、朝鮮、琉球群島、米亜哥列島（宮古）とともに、和平山、黄尾嶼、赤尾嶼の名がある。

一八七九年の柳田赳編「大日本全圖」には、琉球列島の中に尖閣諸島があり、和平山 Wahensan（魚釣島）、凸山 Nakadaka San（南小島、北小島などの総称）、黄尾嶼、嵩尾嶼（赤尾嶼）の名がある。同七九年の松井忠兵衛編「大日本全縣圖」英文版でも、同じく和平山、黄尾礁、嵩

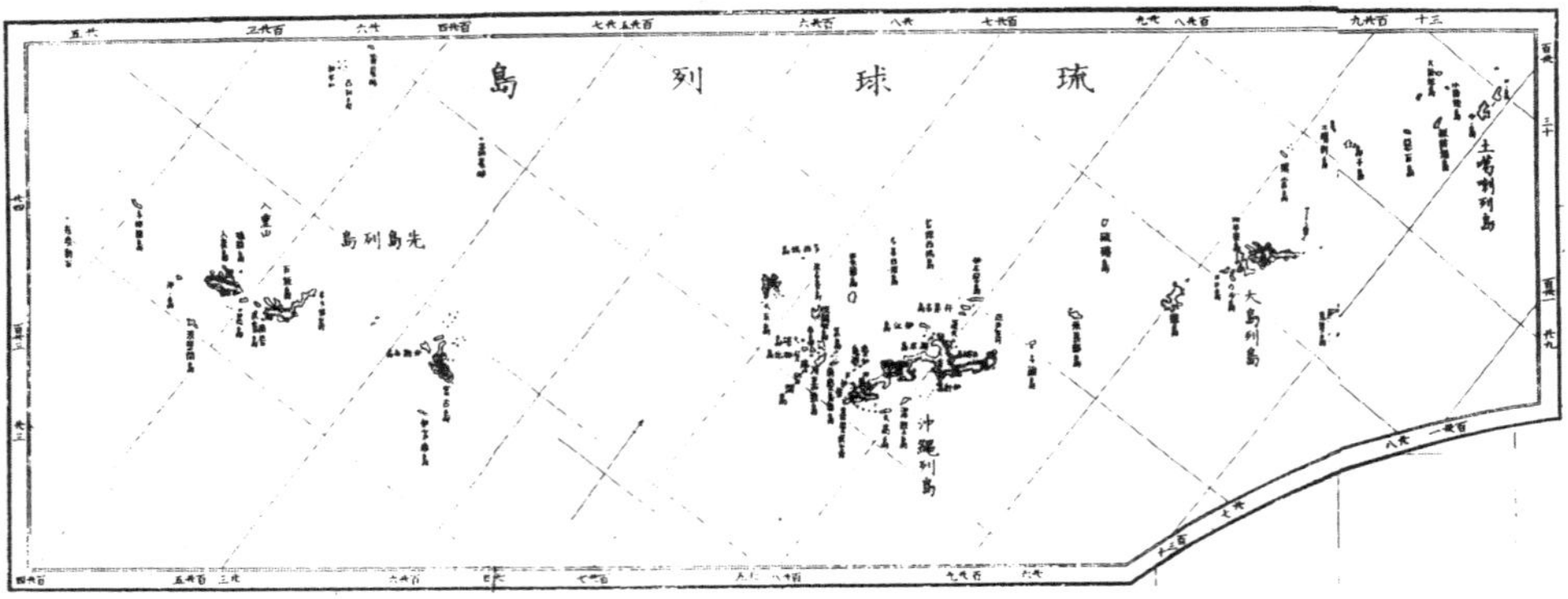

▲「大日本測量全図」1886年

尾礁、凸島が、日本の版図の中にある。以上二点は、私人の作成による内務省認許の地図であるが、同七九年に内務省地理局が刊行の「大日本府縣管轄圖」には、琉球諸島の中に尖閣諸島があり、魚釣島は花瓶島の名となっていて、それは **Hoa-pin-sun** の翻訳である。一八八一年の「大日本府縣管轄圖」の沖縄県圖には、魚釣島と黄尾嶼が記入されている。日本陸軍参謀局の木村信卿編「大日本全圖」（一八七七年）と内務省地理局の「大日本国全圖」（一八八〇年、一九八一年）には、いずれも尖閣諸島が記入されていない。これは、軍部による尖閣列島調査が一八八七年以後のことのためで、一八八七年八月に軍艦金剛、一八九二年八月に海門による調査が本格的な尖閣列島に対する調査である。

一八八五年の賀田貞一編「日本沖縄宮古八重山諸島見取圖」は、魚釣島と黄尾嶼が記載されている。一八八六年の下村孝光編「大日本測量全圖並五港之全圖」には、和平山、凸列島（南・北二小島など）、黄尾嶼、嵩尾嶼の記載がある。吉川秀吉編「洋語挿入大日本與地圖」も、同じである。

一八八六年三月の海軍省水路局編『寰瀛水路誌』第一巻下は、*China Sea Directory*, Vol. 4 に準拠しており、和平山島（魚釣島）、尖閣群島＝ピンナックル・グローズ（南・北二小島など）、低牙吾蘇島＝チャウス（黄尾嶼）、璽勤里岩＝ラレー（赤尾嶼）が記述されている。『日本水路誌』第二巻第三編の記述も同じで、ホアビンス島（魚釣島）、ピンナックル諸嶼（南・北の二小島など）、チアウス島（黄尾嶼）、ラレー島（赤尾嶼）となっている。

一八八八年の海図「日本—自鹿児島海湾至臺灣」には、魚釣島、尖閣群島の記入がある。

一八九〇年の嵯峨野彦太郎編「大日本全圖」には、花瓶島（**Pinacle Island** の訳語）となっている。

一八九五年の水谷延次編「大日本全圖」は、尖閣諸島を日本の版図に入れている。

一八〇〇年代の日本の地図における尖閣諸島の名称は、以下のとおりである。

一八七三年『台湾水路誌』	甫亜賓斯島＝ホアビンス（魚釣島）尖閣島＝ピンナックル（南・北二小島）地亜鳥斯島＝チャウス（黄尾嶼） 刺例字島＝ラレイジ（赤尾嶼）
一八七四年海図「清國沿海諸省圖」	和平山（釣魚島）、黄尾嶼、赤尾嶼
一八七七年木村信卿編「大日本全圖」陸軍参謀局	記名なし
一八七九年柳田赳編「大日本全圖」	和平山　凸山（南・北二小島）　黄尾嶼　嵩尾嶼（赤尾嶼）
一八七九年松井忠兵衛編「大日本全縣圖」英文版	和平山　凸山　黄尾礁　嵩尾礁
一八七九年内務省地理局「大日本府縣管轄圖」	花瓶島（魚釣島）　凸列島　黄尾嶼　嵩尾嶼
一八八一年内務省地理局「大日本府縣管轄圖」	魚釣島　黄尾嶼
一八八五年賀田貞一編「日本沖縄宮古八重山諸島見取圖」	魚釣島　黄尾嶼
一八八六年下村孝光編「大日本測量全圖」	和平山　凸列島（南・北二小島）　黄尾嶼　嵩尾嶼
一八八六年吉川秀吉編「洋語挿入大日本輿地圖」	和平山　凸列島　黄尾嶼　嵩尾嶼
一八八六年水路局編『寰瀛水路誌』	和平山島　尖閣群島（南・北二小島）　低牙吾蘇島＝チャウス　堊勤里岩＝ラレー（赤尾嶼）
一八八八年水路部編「日本―自鹿児島海湾至臺灣」海圖　第二一〇号	魚釣島　尖閣群島
一八九〇年嵯峨野彦太郎編「大日本全圖」	花瓶島
一八九四年水路局編『日本水路誌』	ホアビンス島　ピンナックル諸島　チアウス島　ラレー島
一八九五年水谷延次編「大日本全圖」	和平山　凸島　黄尾嶼　嵩尾嶼

なお、関連の外国地図の扱いは以下のとおりである。

一九五三年『中華人民共和國分省地圖』	中国領土に含めていない
一九五八年『世界地图集』北京	中国領土に含めていない
一九六五年『世界地圖集　第一冊東亜諸國』台北	中国領土に含めていない
一九七〇年『中華民国國民中學地理教科書』	台湾領土に含めていない。
二〇〇〇年総参謀部測絵局編刊『中華人民共和国地图集』	中国領土領土福建省に含められていない

一九五三年一月八日の人民日報記事「琉球列島人民の米国占領反対闘争」では、琉球群島を尖閣諸島、先島諸島、大東諸島、沖縄諸島、大島諸島、土噶喇諸島、大隅諸島の七つの島嶼をもって説明しており、尖閣諸島を琉球列島の一部としている。

台湾は、その領土に尖閣諸島（釣魚台列嶼）を含めていない（→2章Ⅲ）。ただし、一九七〇年の中学地理教科書『國民中學地理』では、釣魚台列嶼が日本領とされていたが、一九七一年のそれは台湾領とされた。

【地図】

海図「清國沿海諸省圖」一八七四年一〇月。
木村信卿編「大日本全圖」陸軍参謀局、一八七七年。
柳田赳編「大日本全圖」一八七九年三月。
松井忠兵衛編「大日本全縣圖」一八七九年。

内務省地理局編「大日本府縣管轄圖」一八七九年一二月。
内務省地理局編「大日本國全圖」一八八〇年。
内務省地理局編「大日本國全圖」一八八一年二月。
内務省地理局編「大日本府縣分轄圖」一八八一年一二月。
賀田貞一編「日本沖縄宮古八重山諸島見取圖」一八八五年一〇月。
下村孝光編「大日本測量全圖」一八八六年三月。
吉川秀吉編「洋語挿入大日本與地圖——明治新刻」一八八六年五月。
日本水路部編「自鹿児島海湾至臺灣」海圖第二一〇号、一八八八年。
嵯峨野彦太郎編「大日本全圖」一八九〇年五月。
農商務省地質調査所編「日本帝國全圖」一八九二年。
水谷延次編「大日本全圖」一八九五年五月。
沖縄縣「沖縄縣管内全圖」一九〇六年。
臨時沖縄縣土地整理事務局編「大浜間切南小島全圖」一九〇六年。
日本水路部編「南西諸島沖縄島至臺灣」海圖第一二〇三号、一九一五年、一九三二年。
日本陸地測量部編「吐噶喇及尖閣群島」一九三三年。
日本陸軍参謀本部編「南西諸島陸海編合圖」一九四四年。
地圖出版社修訂『中華人民共和國分省地圖』一九五三年。
中華民國海軍海道測量局編「青島至揚子江含韓國西南岸」海軍水道圖第一〇一号、一九五六年。
『世界地圖集』北京、地圖出版社、一九五八年。
中華民國海軍海道測量局編「中國東海至日本南部附近」海軍水道圖第一〇〇号、一九六〇年。
中華民國海軍海道測量局編「中華民國海岸全圖」海軍水道圖第〇〇〇一号、一九六〇年。
『世界地圖集　第一冊東亜諸國』台北。
総参謀部測絵局編刊『中華人民共和国地图集』。

【資料】

Sir Edward Belcher, *Narrative of the Voyage of H. M. Samarang, During the Years 1843-1846*, Vol.1, 1848.

柳樽悦編『臺灣水路誌』一八七三年。

柳樽悦編『南島水路誌』一八七四年五月。

China Sea Directory, Vol.4: *Comprising the Coasts of Korea, Russian Maritime Province, Japan,Gulf of Tartary, and the Sea Okhotsk, also the Meiaco, Liu Kiu, Linschoten, Mariana, Bonin, Saghalin, and Kuril Islands.*

海軍省水路局編『寰瀛水路誌』第一巻、一八八六年、第二巻、一八九四年。

海軍省水路局編『日本水路誌』第二巻、一八九四年七月。

水路部編『日本水路誌』第二巻下、一九〇八年一〇月。

水路部編『日本水路誌』第六巻、一九一九年七月。


【文献】

盛承楠「由日本海圖證明釣魚台是中國領土」『中華雑誌』第一〇巻第五期。

馬廷英「釣嶼屆我的歴史証据」『自立晩報』一九七〇年八月三〇日。

尾崎重義「尖閣諸島の帰属について」『レファレンス』第二五八号～第二六三号。

Ⅶ　中国の海防区域編入

一四世紀以来、中国は、辺洋の巡視を続けていたが、一五五六（嘉靖三八）年四月に胡宗憲が倭寇討伐を任命され、この過程で釣魚島・黄尾嶼・赤尾嶼は中国福建省海防区域に編入された、と中国は主張している。胡宗憲の下で鄭若曽が作成の『籌海圖編』は、鄭若曽の『鄭開陽雑著』の「万里海防圖」に従っており、そこでは、釣魚嶼が辺海防衛と深い関係にあったことが明らかにされている。

鄭舜功は、一五五五年四月二七日出発し、翌五六年六月日本に到着した。その日本紀行をまとめた『日本一鑑』の「萬里長歌」には、台湾・琉球間の「釣魚嶼は小東の小嶼」とあり、釣魚嶼と小島（台湾）とのかかわりが指摘されている。

湖北巡撫胡林翼の作成にかかわる一八六三（同治二）年の『皇朝中外一統輿圖』の「大清一統輿圖」には、釣魚嶼、黄尾嶼、赤尾嶼が中国名で入っている。このことは、それらが国家の版図に入っていたことを意味すると、呉天穎は主張している。

『球陽』は地名の記述を欠くが、航海における海賊の出現を確認しており、「福州外屋の近辺に於いて賊船更に多きこと予知すべからず」と言及している。

以上のことをもってすれば、釣魚島が倭寇の防衛対象範囲に入っていたにせよ、そのことをもって中国の版図にあり、それ故に中国の支配がすでに確立していたとは断定できない。そこでの実効的支配はなかったとみるのが正しい。

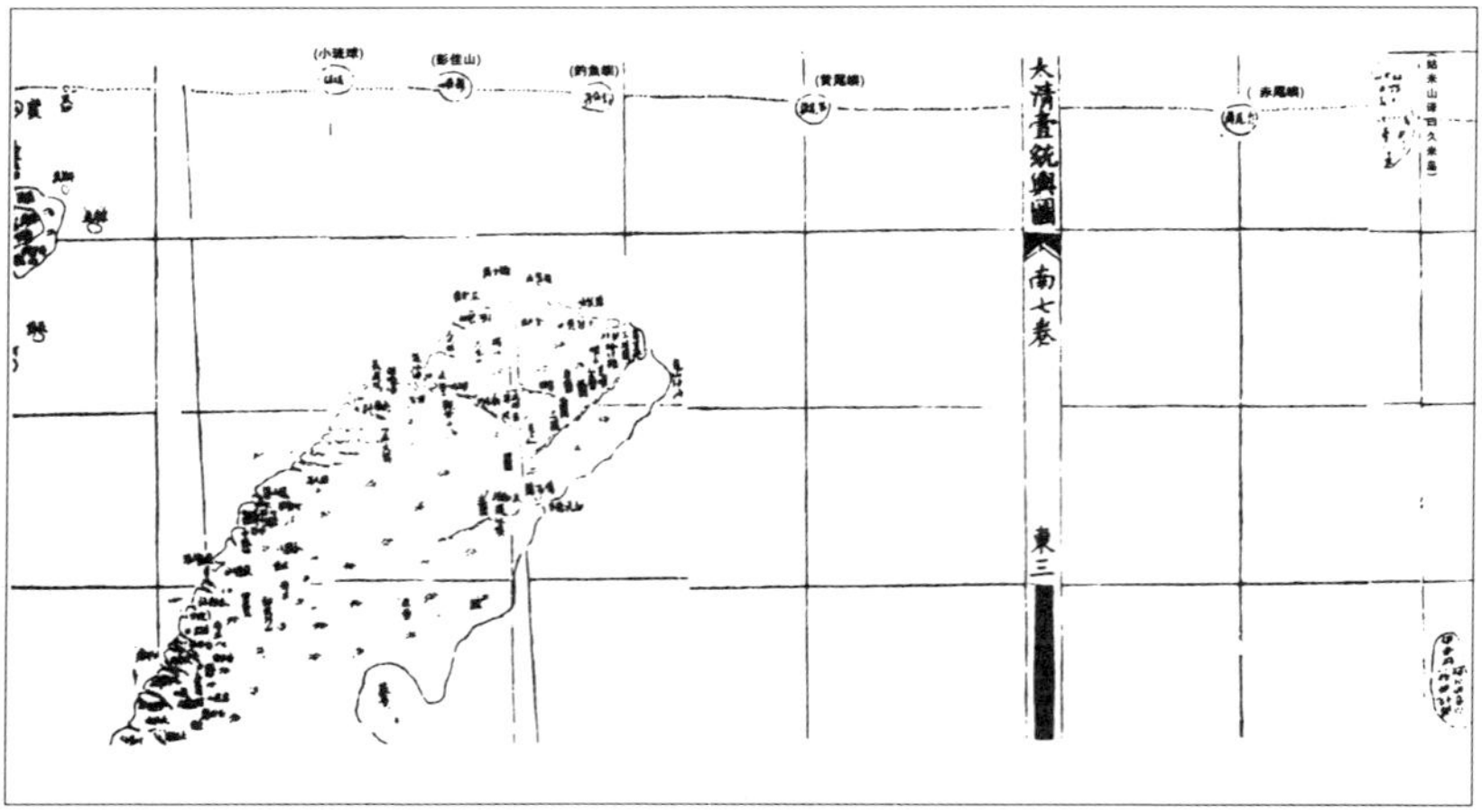

▲「大清一統輿圖」1863年

（出所）皇朝中外一統輿圖、南七巻。

【経過】

一三七四年、呉禎総兵官、琉球大洋に展開。
一三八四年、朱元璋が堅壁清野の備倭政策で巡視活動。
一五五五年　五月一七日、嘉靖帝、日本国王移諭を承認。
一五五六年　四月一七日、御史巡安浙江胡宗憲任命、倭寇討伐の建議。

【資料】


鄭舜功『日本一鑑』。

鄭若曽『鄭開陽雑著』。

鄭若曽『籌海圖編』。

胡林翼『皇朝中外一統輿圖』。

『球陽』。


【文献】


方豪「『日本一鑑』和記釣魚嶼」『東方雑誌』第五巻第六期。

方豪「『日本一鑑』和記釣魚嶼」『學粋』第一四巻第二期。

呉天穎『甲午戦前釣魚列嶼帰属考――兼質日本奥原敏雄諸教授』。水野明訳『甲午戦前釣魚列嶼帰属考――奥原敏雄諸教授への反証』。

安京「試論中国古代海界問題」『中国辺疆史』二〇〇〇年第二期。

Ⅷ　西太后の詔書

一八九三（光緒一九）年一〇月、清朝大官盛宣懐が釣魚台・黄尾嶼・赤嶼の三島へ薬草の海芙容の採取に赴き、その錠剤を慈禧太后に進呈したところ、その薬効から、西太后はこの三島をその者に与えるとの詔書を下された。このことは、三島が中国の支配にあり、盛家のものであることを確認していた、と楊仲撥が指摘した。

この詔書は、盛寛懐の孫娘、盛毓真(盛恩顧の娘、徐逸)により父盛恩澤臣(恩頤)の一九四七年一二月五日遺嘱とともに公表された。これについて、日本の学者勝沼智一、緑間栄らは、この事実は信頼できないし、楊仲撥が一九七〇年八月二三日の論文で突如提起されたこと自体に疑問を抱く、としている。その根拠は、緑間栄によると、以下の三点にある。

一、この詔書は新しい形式のもので、内容が確認できない(一〇月とあっても日付がない)。この詔書は、他の古典では確認できない。

二、この証書が一八九五年の二年前に出されたものであれば、日本には、その抗議の機会があったはずである。それがなかったことは、そうした事実がなかったことを意味することになる。

三、薬草の海芙容がこれら島嶼で採取できれば、日本人もその採取を確認していたはずであるが、その確認はどこにもみられない。

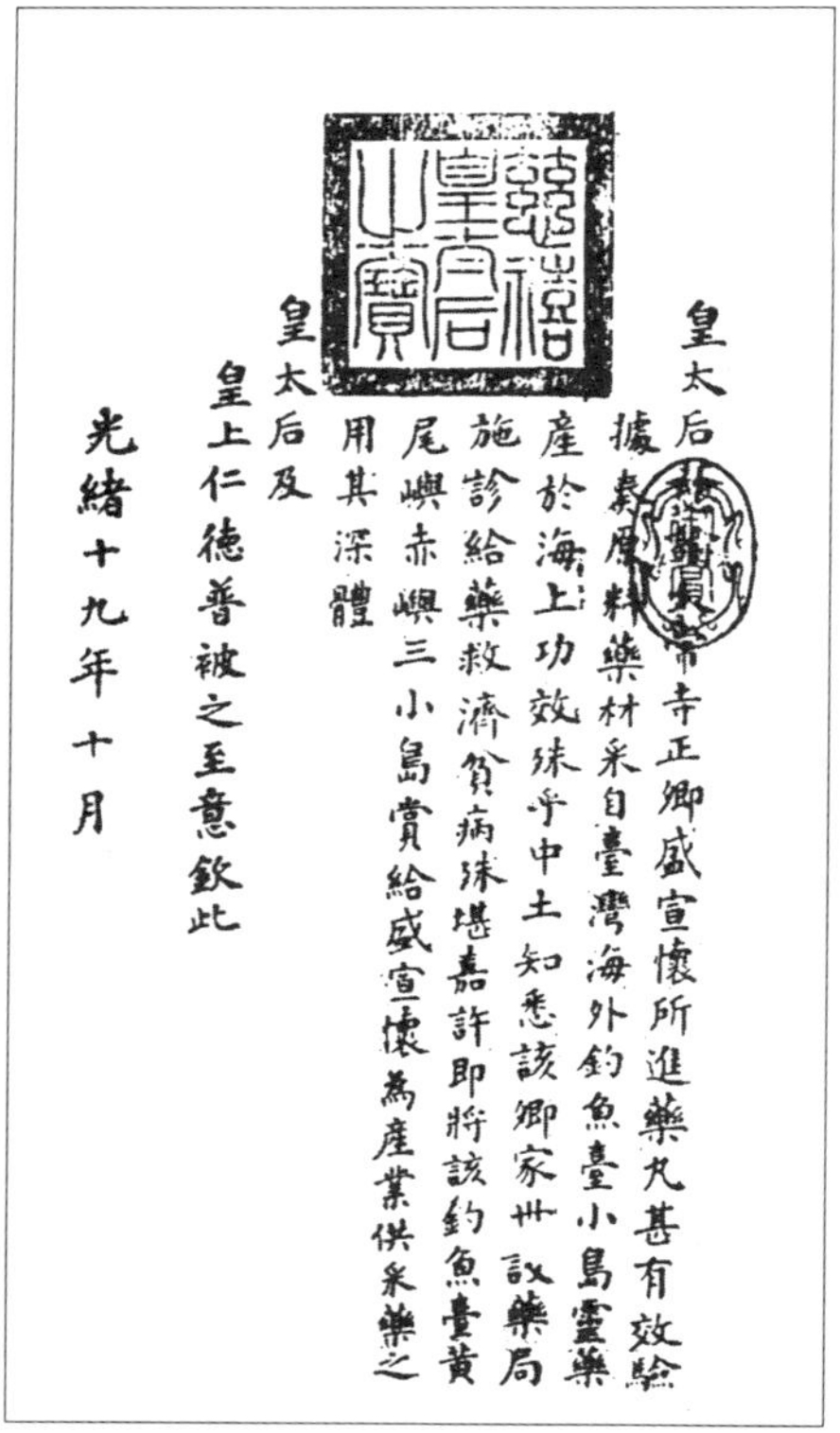
皇太后
寺正卿盛宣懐所進藥丸甚有效驗
據奏原料藥材采自臺灣海外釣魚臺小島靈藥
產於海上功效殊乎中土知悉該卿家世設藥局
施診給藥救濟貧病殊堪嘉許即將該釣魚臺黃
尾嶼赤嶼三小島賞給盛宣懐為產業供采藥之
用其深體
皇太后及
皇上仁德普被之至意欽此
光緒十九年十月

▲西太后の詔書、1893年10月

日本の国際関係史家入江啓四郎は、この記述は『清朝實録』、『東華録』、『東華統録』にも見当たらず、その事実は確認できないとしている。

吴天穎は、この詔書は従来の詔書と異なることを認め、かつその玉璽も違っていることを認めていて、その詔書は賞賜ではなく鑑賞の形式であったとしている。また、その詔書の盛宣懐は光緒一九年当時、詔書にある「太恒寺正」ではなかったことが確認されている。

この詔書は清国档案にない。それで、中国の学者も偽作ではないかとみている。これは、皇帝の官吏、太監が葯店（薬屋）から賄賂五〇〇〇元を受けて作成したものとみられる、というのが有力説である。こうした詔書が盛宣懐に付与されることはありえないというのが定説である。

【経過】

一八九三年一〇月、慈禧太后が詔書下付。

【資料】

『清朝實録』。
『東華録』。
『東華統録』。

【文献】

楊仲撥「尖閣群島問題」一～二、『中央日報』一九七〇年八月二二～二三日。
楊仲撥「従史地背景看釣魚臺列島」『文藝復興月刊』一九七〇年一〇月号。
楊仲撥「釣魚台は「盛家」の土地である」『アジア・レビュー』第一〇号（『祖國』一九七二年二月号の邦訳）。

楊仲撥『中國・琉球・釣魚臺』。

楊仲揆『琉球古今談——兼論釣魚臺問題』。

王成聖「盛宣懐與釣魚臺」『内外雑誌』第一一巻第一期。

沙見林「慈禧太后詔諭與釣魚台主權」『明報月刊』第七八期。

呉天穎『甲午戦前釣魚島嶼帰属考——兼質日本奥原敏雄諸教授』。水野明訳『甲午戦前釣魚島嶼帰属考——奥原敏雄諸教授への反証』。

入江啓四郎「日清講和と尖閣列島の地位」『季刊・沖縄』第六三号。

勝沼智一「尖閣列島の領土問題の歴史と法理」『法学志林』第七一巻第二号。

緑間栄『尖閣列島』。

丘宏達「慈禧太后賜釣魚台等三島給盛宣懐的詔書（一八九三）之研究」、程家瑞主編『釣魚台列嶼之法律地位』。

王乃昂・楊淑華・蔡為民「略論中日釣魚諸島之争」『中国辺彊史地研究』一九九六年第四期。

4章　琉球の歴史的経緯

I 琉球の日・中両属

南西諸島については、日本・中国の史書が七世紀以降、ともにこの琉球の地との交渉を伝えている。『日本書紀』によれば、六一六（推古二四）年に掖玖人（琉球人）の渡来が伝えられている。六二九年（舒明元年）に、田部連らが掖玖に使わされ、爾来、南西諸島の入貢や帰化が続いた。七三五(天平七)年、大宰府は南島に遣使を送り、標識を建設した。

『球陽』は、景泰年間における鶴翁の日本での仏教修行とそれによる仏教の普及を明らかにしている。

徳川時代における琉球の恩謝使上京の記録は二〇回に達した。

一方、隋煬帝の臣朱寛は、六〇七（大業三）年と翌年に流求（琉球）を訪問したと、『隋書』にある。この流求が琉球を指していたことは定説となっている。琉球史の『球陽』も、このことを確認している。『明史』には、大琉球国（琉球）は朝貢すれども、小琉球国（台湾）は朝貢しない、とある。

浦添按司察度が一三四九年（正平四年）に王統を開祖し、その二三年後の一三七二年（洪武五年）、明太祖の使節楊載が渡琉し、招諭をもって帰順を促した。そこで、察度は弟を遣わして帰順の意を表明した。翌年、察度は中山王に任ぜられ、ここに朝貢関係が始まった。当時、沖縄本島では、国頭（北部）、中頭（中部）、島尻（南部）の三地方にそれぞれ羽地按司、浦添按司、大里按司が支配者として存在し対立しており、よって太祖は羽地を山北王、大里を山南王に冊封した。三山の統一までの入貢は、以下のとおりであった。

中山　五二回（約一年に一貢）。

山北　一八回（約二年半に一貢）。

山南　九回（約五年に一貢）。

中山王に対する清帝までの冊封は、計二四回に及んだ（↓3章Ⅰ）。

一六〇五（慶長一〇）年に薩摩の僧南浦が『琉球神道記』の記録を蒐集したが、これを基に羽地朝秀（漢名・向象賢）が琉球正史『中山世鑑』をまとめ、ここに琉球史が確立した。

琉球政権は、こうして日本と中国の二属を堅持した。

以上に対する英修道ら日本学者の見解としては、以下のとおりであった。

一、日本は八世紀より南島の朝貢を受け、日本が琉球を管治した。

二、琉球国王は日本の皇胤である（源氏の子孫説、琉球正史『中山世鑑』）。

三、風土・文学・言語・宗教・風俗・習慣において、日本と琉球は一体である。

四、一四四一年（嘉吉元年）以来、琉球は薩摩に属し、日本の統治権下にあった。

五、琉球の中国への冊封・進貢は、経済上の欺瞞行為にすぎない。琉球にとっての中国の冊封・進貢の関係は、形式的かつ実利的なもので、有名無実の虚礼であった。

これに対する中国側の立場は、以下のとおりであった。
一、琉球王の即位は、中国皇帝の冊封によっていた。
二、清帝即位では、琉球王が慶賀使を送っていた。
三、琉球は中国に入貢した。
四、琉球の制度は、一四〇五（応永一二）年以来、清朝法規に従っている。
五、琉球船の難民は、一四〇五年、薪水を提供して本国に送還された。
六、琉球の年号・暦法・文書はいずれも、清制によっている。

国際関係史専攻の日本学者大畑篤四郎は、琉球王国は中国との間に宗属関係を維持していたにもかかわらず、実質的には独立的地位を保持しており、それは日・中両国に挟まれた小国としての琉球王国の政治的立場を如実に示したものであって、安易に「両属」と称すべきでないとしている。この「琉球王国の政治的立場」というのは、薩摩藩も幕府も、琉球王国の外交権を行使したことがなかったことを意味することである、としている（→4章Ⅲ）。

【経過】
六〇七年、隋、遣使を流求派遣。
六〇七～六〇八年、隋の臣朱寛の流求渡来。
六〇八年、掖玖人、日本渡来。
六二九年、田部連ら、掖玖派遣。
七一五年、日本本土との往来。
七三五年、大宰府、南島に遣使して標識建設。

七五三年、鑑真、南島に漂着。
一一八七年、夏正で世譜、中山王即位。
一二六四年、久米・慶長間、琉球の入貢。
一二九六年、元軍、沖縄本島へ襲来。
一三一四年、三山の対立。
一三五〇年、浦添按司察度即位。
一三七二年、明、中山王に冊封、進貢使派遣。
一三八〇年、山南王、明に進貢使派遣。
一三八三年、山北王、明に進貢使派遣。三山、停戦。
一三八九年、察度、朝鮮と通好。
一三九〇年、八重山、中玉王に入貢。
一三九二年、留学生を国子監に派遣。
一四〇三年、琉球船、武蔵六浦に来航。
一四〇四年、冊封使の渡来。シャム船の渡来で交易。
一四一六年、北山、滅亡。
一四二九年、琉球全島の統一。
一四三一年、朝鮮と通好。
一四四一年、足利義教、島津忠国に琉球付与。
一四四九年、細川勝元、琉球使船の商品を押留。
一四五三年、道安、朝鮮へ派遣。
一四五四年、泰久、中山王即位。
一四六三年、琉球、マラッカへ遣使。朝鮮人、宮古に漂着。
一四七〇年、尚円、中山王即位。
一四七一年、足利義政、渡琉球船取締り。
一四七七年、朝鮮人、八重山に漂着し、送還。

一四七七年、尚真王、刀狩り。

一四八〇年、足利幕府、琉球に来貢を促す。

一四九〇年、琉球、パタニと交易。

一四九二年、円覚寺建立。

一五〇八年、島津忠治、尚直に書送付。

一五四一年、最後の渡パタニ船出航。

一五五七年、琉球、中国人送還。

一五八二年、秀吉、亀井に琉球付与。

一五八九年、尚寧、中山王即位、関白秀吉が琉球に参礼を要求、琉使の上洛。

一五九二年、亀井、征琉を計る。秀吉、琉球に賦役を命令。

一六〇二年、琉球船、奥羽に漂着、送還。

一六〇六年、島津義弘、琉球を介して明と貿易。島津家久、徳川家康より征琉を許認。

一六〇九年　四月五日、薩摩、琉球制圧。

　　七月七日、徳川家康、島津に琉球付与。

一六一〇年、島津家久、尚寧をともなって駿府・江戸へ上洛。

一六一一年、島津、琉球の検地。尚寧、帰国。貢使池城、明へ渡来。

一六一二年、島津、那覇以外の地への日本人寄宿の禁令。

一六一三年、島津、他国との通航禁止令。

一六一六年、佐敷王子、国質として薩摩へ上国。

一六一七年、島津、日本化禁止令。

一六二一年、尚豊即位、以来、王の即位に島津家の承認を求める慣例成立。

一六三八年、琉球特使が薩摩に派遣され明琉貿易の困難を説明、これに対し薩摩は令達の遵守につき警告的通達。

一六四〇年、切支丹事件。

一六四五年、島津、明の遺臣に対する支援を約束。

一六四六年、清帝に朝貢。

一六五一年、薩摩、進貢につき令達。

一六五二年、清使、来琉。

一六五三年、琉球、明朝の国印を返上。

一六五八年、向象覧、年頭使として上洛。

一六六三年、尚質、清国より冊封。

一七一〇年、尚益即位、玉城朝薫通詞、江戸へ上洛。

一七一四年、程順則、江戸へ上洛。

一七一七年、尚敬、清国より冊封。

一七五六年、尚穆、清国より冊封。

一七九八年、官生騒動。

一八七二年、琉球、清国へ進貢使派遣。

一八七四年、琉球、清国へ進貢使派遣。

一八七五年　三月、尚泰王が清国へ進貢使派遣。

　　　　　　七月一四日、日本政府、冊封停止措置。


【資料】


『日本書紀』。

『隋書』。

『明史』。

釋袋中撰『琉球神道記』一六〇五年。加藤玄智編『琉球神道記』東京、明世堂書店、一九四三年。横山重編、良定『琉球神道記——弁蓮社袋中集』東京、大岡山書店、一九三六年、東京、角川書店、一九七〇年。宣野座嗣剛訳『琉球神道記・全訳』東京、東洋図書出版、一九八七年。

『琉球国由来記』一七一三年。伊波普猷・東恩納寛惇・横山重編『琉球国由来記』上・下、琉球史料叢書、第一巻・第二巻、東京、名取書店、一九四〇年、東京、井上書房、一九六二年、東京、鳳文書館、一九七二年、東京、東京美術、一九七二年、東京、風土記社、一九八八年。外間守善・波照間永吉編『定本琉球国由来記』東京、角川書店、一九九七年。

向象賢『中山世鑑』。

『球陽』。

中国第一歴史档案館編『清代琉球國王表奏文書選録』。

宮城栄昌・高宮廣衛編『沖縄歴史地図――歴史編』。


【文献】


真境名安興『沖縄一千年史』。

真境名安興『沖縄現代史』。

東恩納寛惇「沖縄歴史概説」『民族学研究』第一五巻第二号。

東恩納寛惇『琉球の歴史』。

秋山謙蔵「隋書流求國傳の再吟味」『歴史地理』第五四巻第二号。

秋山謙蔵「流求即台湾説成立の過程――隋書流求國傳解釈に関する第二論」『歴史地理』第五八巻第五号。

秋山謙蔵「流求即台湾説再批判――隋書流求國傳解釈に関する第三論」『歴史地理』第五八巻第六号。

秋山謙蔵『日支交流史話』。

喜田貞吉「隋書の流求傳に就て」『歴史地理』第五四巻第三号。

曽我部静雄「所謂隋代流求に就いての異聞二つ」『歴史地理』第二九巻第一号。

曽我部静雄「再び隋代流求に就いて」『歴史地理』第二九巻第六号。

和田清「琉球台湾の名称について」『東洋学報』第一四巻第四号。

和田清「再び随書の流求について」『歴史地理』第五七巻第三号。

梁嘉彬「論随書流求與琉球台湾菲律賓諸島之発見」『學術季刊』第六巻三号。

梁嘉彬「論随書流求與台湾琉球日本海行記録」『台湾文献』第九巻二号。

英修道「沖縄帰属の沿革」『国際法外交雑誌』特集・沖縄の地位、第五四巻第一～三合併号。英「琉球帰属の由来」、英『外交史論集』。

大畑篤四郎「沖縄の地位――その歴史的展望（一）」『早稲田法学』第四八巻第一号。

島尻勝太郎「『陳侃使録』を通して見た一六世紀初葉の沖縄」『琉球歴史研究』第五号。

比嘉春潮『沖縄の歴史』、『新稿沖縄の歴史』。

仲原善忠『琉球の歴史』。

小葉田淳『中世南島通行貿易史の研究』。

高良倉吉『琉球王国の構造』。

邊土名朝有「対明国入貢と琉球国の成立」『球陽論叢』。

石原道博「明末清初の琉球請援」『史雑誌』第四七巻第六号。

石原道博「明末清初琉球請援始末」『史潮』第九巻第三号。

石原道博『明末清初日本乞師の研究』。

新里恵二・田港朝昭・金城正篤『沖縄県の歴史』東京、山川出版社、一九七二年。

米慶余『琉球歴史研究』。

豊見山和行「複合支配と地域――従属的二重朝貢国・琉球の場合」『地域の世界史11　支配の歴史』。

三谷茉沙夫『波乱の琉球王国――南洋王国に迫る嵐』。

Ⅱ　薩摩と琉球

一四四一年(嘉吉元年)四月、薩摩侯島津忠國は、大覚寺尊宥を誅した功により、将軍足利義教より琉球国を賜った。

一六〇八（永正五）年島津忠治が中山王尚真に書を送り、入貢を迫った。一五八八（天正一六）年八月島津義久は琉球に対し入貢を怠っていると責め、翌八九年王位に就いた尚寧は義久に貢物を送った。

一五九一（天正一九）年一〇月、関白秀吉の朝鮮征討で計一万五〇〇〇の出師を求められた義久は、尚寧王に対し七五〇〇人一〇カ月分の食糧調達か大島以下五島の譲渡かを要求した。この時、琉球は冠船迎接の準備中で、三司官謝名親方が激昂反対して、この要求を拒否した。さらに、この要求は琉球から中国明に通報され、明は一六〇六年に尚寧王に冊封を授け、もって琉球王の序列を引き上げて琉球への関与を深めた。一方、同〇六年島津家久は徳川家康より征琉の認許を得てその準備に入った。

薩摩藩は、かねて琉球の朝貢貿易と黒砂糖に着目しており、以上の結末を口実として明貿易を介入し、一六〇九(慶長一四)年二月、島津家久が琉球を征討した(慶長の役)。この征討で、薩摩は、最後まで敵対した久米村の最高実力者三司官鄭同(謝名利山)親方を薩摩に連行し、殺害した。尚寧王も捕虜となって薩摩への連行を余儀なくされたが、江戸と駿府に家久に帯同して徳川家康、将軍秀忠に拝謁し、尚寧王は三年後に帰国した。

この措置以来、琉球王室の支那党は、いっさい政局から追放された。代わって、日本党が重用され、同時に大島・鬼界・徳之島・与論・永良部の五島は薩摩に割取され、明との貿易も薩摩の管理となつた。そして、羽地按司朝秀向象賢が日本化政策をとり、行政区画の大整理を断行し、又地割制による農民の責任生産制を確立し、ここに国家の基礎が固まった。一方、向象賢は、再び慶長の役の失敗を繰り返さないために、琉球正史『中山世鑑』をまとめ、その中で頼朝のことを詳述しつつ、人も物もすべて日本から伝来したことを強調して、支那依存の言われなきを風刺し記述した(→4章I)。次いで、具志頭親方蔡温が『中山世譜』、『歴代宝案』を編集し、彼は、墾荒・均田・興水利の七字をもって、善政をひいた。

こうして、琉球は、薩摩藩の実効的支配へと移ったが、その琉球国の地位は、幕府の宗主権下に島津の委任統治であった。つまり、内政は一定度の自治を許されている「附庸国」であったが、事実上は、幕府の宗主権は行使されておらず、佐津間の琉球検地のもと日本の一部として薩摩の領分としての琉球国、つまり薩摩藩の支配地であったとする日本歴史学者下村富士男の見解が妥当である。このことは、島津文書によっても確認される(→4章Ⅲ)。

【経過】

一四四一年、将軍足利義教、薩摩侯島津忠國に琉球国を賜地。
一五〇八年、島津忠治、中山王尚真に書送付。
一五八三年、琉球使節、秀吉の下に入貢。
一五八八年　八月、島津義久、琉球に入貢を要求。
一五八九年、尚寧、中山王即位、関白秀吉が琉球に参礼を要求、琉使の上洛。
一五九二年、亀井、征琉を計る。秀吉、琉球に賦役を命令。
一五九一年　九月一六日、関白秀吉、朝鮮出兵を発動。
一五九二年　五月　二日、小西行長、京城を制圧。
一五九三年　四月一八日、小西行長、沈惟敬と和議。
一五九五年　四月、島津吉弘、巨済島から帰国。
一五九六年　九月　六日、明皇帝神宗の使者、秀吉に郡王（皇帝の孫の位）の叙任、秀吉は拒否。
一五九七年　一月一三日、日本兵、朝鮮上陸。
一五九八年　八月一八日、日本兵、朝鮮撤収。
一六〇四年、島津義弘、琉球王を問責。
一六〇五年　三月五日、家康、朝鮮国使と和議。
一六〇六年、島津義弘、琉球を介して明と貿易。島津家久、徳川家康より征琉を許認。
一六〇九年　二月二六日、島津家久が琉球出兵、運天港に上陸。
四月　五日、薩摩の制圧で琉球王が降伏。
七月　七日、前将軍徳川家康、島津家久に琉球を賜う書付与。
一六一〇年、島津家久、尚寧王を同行して駿府・江戸へ上洛、翌一一年尚寧王は帰琉。
一六一一年、島津、琉球検地を終了。
一六一二年、島津、那覇以外の地への日本人寄宿を禁止。
一六一三年、島津、他国との通航禁止令。
一六一四年、島津、琉球出入り船の監督を命令。

一六一六年、佐敷王子、国質として薩摩に上国。

一六一七年、島津、日本化禁止を令達。

一六二一年、尚豊即位、以来、王の即位に島津家の承認を求める慣行成立。

一六三六年、島津、中山王号を止め国司号を命令、総山奉行・異国奉行設置。

一六三八年、琉球特使が薩摩に派遣され明琉貿易の困難を説明、これに対し薩摩は令達の遵守につき警告的通達。

一六四五年、島津、明の遺臣に対する支援を約束。


【資料】


『中山世鑑』。

『中山世譜』。

『歴代寶案』。

『球陽』別巻。

山本正誼『島津國史』東京、島津家編集所、一九〇五年。

宮城栄昌・高宮廣衛編『沖縄歴史地図――歴史編』。


【文献】


仲原善忠「島津進入の意味と評価」、改題「島津進入の歴史的意義と評価」、『仲原善忠選集』上・歴史篇。

仲原善忠『琉球の歴史』。

宮城栄昌『琉球の歴史』。

下村富士男「『琉球王国』論」『日本歴史』第一七六号。

渡口真清「一七世紀薩摩の侵攻――その原因について」『沖縄歴史研究』第二号。

渡口真清『近世の琉球』。

田中健夫「室町幕府と琉球との関係の一考察――琉球国王に宛てた足利将軍の文書を中心に」『南島史学』第一六号。

宮田俊彦「慶長一四年島津氏の琉球征伐」『軍事史学』第八号。

喜舎場一隆「『あや船』考――島津氏琉球支配の経緯」『日本歴史』第二四一号。

喜舎場一隆「島津氏琉球進入原因の再吟味」『海事史研究』第一三号。

喜舎場一隆「琉球国における明末清初の朝貢と薩琉関係」、田中健夫編『日本前近代の国家と対外関係』。

英修道「琉球帰属の由来」、英『外交史論集』。

英修道「沖縄帰属の沿革」『国際法外交雑誌』特集・沖縄の地位、第五四巻第一～三合併号。

梅本哲人「近世における薩摩琉球支配の形成」『史潮』第一一二号。

大畑篤四郎「沖縄の地位――その歴史的展望（一）」『早稲田法学』第四八巻第一号。

菊山正明「琉球王国の法的・政治的地位――幕藩体制との関連において」『沖縄歴史研究』第一一号。

新里恵二『沖縄史を考える』。

高良倉吉『琉球王国』。

小葉田淳『中世南島通行貿易史の研究』。

紙屋敦之『幕藩制国家の琉球支配』。

紙屋敦之『大君外交と東アジア』。

新里恵二・田港朝昭・金城正篤『沖縄県の歴史』。

米慶余『琉球歴史研究』。

Ⅲ 琉球王国の条約締結

琉球は、一九世紀にいたり、その条約締結行為によって、さらに新たな問題を引き起した。

琉球は、広く南方貿易を担い、ヨーロッパとも接触してきたが、薩摩藩の支配下に入ってからは、それらの交易は禁止された(→4章Ⅰ)。そして薩摩藩のキリシタン禁制および異国人排撃指示は、琉球にも適用された。しかし、一八一六（尚灝一三、文化一三）年、英船の琉球寄航についで、一八四六年に英国の派遣した宣教師ベルナード・ジャン・ベッテハイム博士が来琉し、彼は禁を犯して一八五四年まで琉球に滞在した。

そして、アメリカ東インド艦隊司令官マシュー・カルブレイス・ペリー（被里）が一八五三（尚泰王、嘉永六）年五月、上海より那覇に来航した。ペリーの意図は、日本への来航において日本周辺の無人島に貯炭所を設けることであったが、その際、ペリーは、琉球列島は日本の属領で薩摩侯の管轄下にあり、琉球に対する日本の主権には清国が異議を唱えていること、そして琉球は薩摩藩の圧政にあるので、われわれが同島を占領して住民を圧政から解放すれば、住民に歓迎されると、一八五二年一二月一四日海軍長官あてに報告した。その琉球港支配の方針は、一八五三年二月一五日エドワード・エベレット国務長官の訓令で承認されたものの、そのペリーの琉球領有構想は、同五三年三月フランクリン・ピアスの大統領就任でとん挫し流れた。

ペリーは一八五三年五月那覇に入港した。彼は父島に貯炭所を設立して那覇に再寄航し、江戸に向かった。そして、七月那覇に戻り、ここに貯炭所を設けた。

さらに、ペリーは翌五四年六月一八日（嘉永七年五月二二日）日米和親条約を締結して後、再び那覇に戻り、一八五四年七月一一日琉球・米国条約を締結した。この取極は、中国式文書の形式をとり、条約の名はなく琉球国中山府史売大臣尚勲、布政大臣馬良才とペリーが署名し、琉球国印が捺印された。この締結の経緯からすると、日米和親条約がいずれは琉球にも適用されることを予想した暫定措置として、条約名なしのConventionをもって締結されたと解することができる。そこには、日米和親条約の補足規定としての特殊条項、すなわち不法行為の禁遏〔第四条〕、およびアメリカ人墳墓〔第五条〕の規定が挿入されており、その一方で、最恵国条項や領事派遣条項を欠くといった条約上の特徴があった。このことは、国際関係史研究者田保橋清が説明しているように、この交渉では、ペリーは、琉球を日本の一部と認めていたと解された。

ちなみに、一八五五年一一月二四日調印の琉球・フランス条約は、フランス皇帝と大琉球国藩王が調印し、治外法権、最恵国待遇などの規定が盛られていた。一八五九年のオランダとの条約も同様であった。同条約の締結には、島津斉彬が一八五七年（安政四）と翌五八年に重臣市来四郎を密かに琉球に派遣し、オランダ、フランスとの交易を画策していたという経緯があり、琉球の条約拒否の方針に対して裏面で琉球に強硬に受諾させた経緯があった。

島津斉彬がこのように琉球の支配を誇示せんとした行動のいま一つは、一八六七（慶応三）年パリで開催の万国博覧会に、幕府の許可を得ずに使節を派遣し、薩摩侯は琉球国王であるとして、幕府から独立した君主として一区を設けて物産を展示し、「松平修理太夫源茂久琉球統括王殿下」と記名したことがあげられる。そして使節岩下佐次右衛門らは、「薩摩琉球国」と書かれた薩摩琉球国勲章を現地パリで発注し、フランス皇帝と文武官に贈呈した。また、ペリーの那覇来航に関する島津斉彬の幕府あて報告では、「私領琉球国」の語が使用されており、さらに、島津侯は、同条約において琉球国が独立国として扱われたことを黙認しており、あるいはそうした存在の条約締結を企図して琉球の外交に関与していた。また、島津侯は「薩摩侯兼琉球国王」とした用語を使用した。

政府は一八七二年九月二八日、琉球王国の締結した条約を外務省所管とする太政官布告をもって、琉球王国の条約締結権を没収した（↓4章Ⅳ）。

【経　過】

一五四九年、ポルトガル人ピント、琉球島に漂着。
一六一四年、イギリス人ウィリアム・アダムス、那覇来航。
一七七一年　八月一五～一九日、ハンガリー貴族モウティウス・オウガタス・ペニョフスキーの琉球訪問。
一八一六年　九月一六日、英船アルセスト号・ライラ号、那覇港に渡来、四〇日滞在。
一八二七年　五月　七日、英軍艦ブロッサム号、那覇寄港。

一八二五年　二月一五日、異国船打払令公布、これに基づき薩摩藩が守備兵二〇〇名琉球派遣。
一八三二年　八月二二日、英船ロード・アマースト号、那覇寄港。
一八三七年　七月、英軍艦モリソン号、琉球渡来。
一八三九年　八月一四日、英海軍輸送船インディアン号・オーク号が琉球島で難破。
一八四四年、フランス軍艦アルメール号、運天港に渡来、宣教師二人を残して去る。
一八四五年　六月一九〜二一日、ベルチャー船長の英軍艦サマラン号、八重山群島・宮古島で海洋調査(〜七月)、八月一八日再入港。
一八四六年　四月、宣教師バーナード・ジャン・ベッテルハイム（伯徳令）が英船オーガスティン号で来琉、一八五四年まで滞在、一八四九年『琉日文典綱要』作成。
　　　　　六月　六日、フランス軍艦（司令官セシル提督）三隻、運天港寄港。
一八四八年一一月　七日、琉球・フランス取極成立。
一八四九年　三月　八日、英商船エリザベス・アンド・ヘンリー号、那覇入港。
一八五〇年、英軍艦スフィンクスの海兵隊五〇名那覇上陸、首里城訪問。
一八五三年　五月二六日、米提督ペリー、上海より那覇港到着、二九日上陸、六月六日琉球王への謁見を要求。一八日小笠原へ往復して再寄港(父島に貯蔵炭所設置)、七月二日江戸へ向けて出航。七月二五日那覇に再寄航、便宜供与を要求、琉球王朝の拒否を押しのけて二九日貯炭所設置の合意。
　　　　一〇月　二日、ロシア軍艦パルラダ号（プーチャン提督）、来琉。
一八五四年　一月二二日〜二月七日、ペリー、那覇寄港、六月一八日日本と神奈川条約締結。
　　　　　七月　一日、ペリー、那覇に再寄航、一一日米国・琉球取極成立。
一八五五年一〇月　三日、フランス・インドシナ艦隊三隻、那覇入港、海兵隊一七七名上陸、王府総理官本部按司、布政官棚原親方らを威嚇、一一月二四日フランス・琉球和親取極成立。
一八五七年、オランダ人が多良間島に漂着、島津斉淋、オランダと密約交渉。
一八五九年　七月　六日、オランダ・琉球取極成立。
一八六八年　一月、明治維新。
一八七二年　九月一〇日、英国船三隻、旗艦ドワーフ号、輸送艦タマール号、砲艦アボン号、那覇港に三日停泊。
　　　　　九月二八日、琉球王国の締結した条約を外務省所管とする太政官布告。
一八七三年一一月、英船カーリュー号、泊沖に停泊。

一八七四年一二月一日、英船ターボール号、那覇入港。
一八七六年　三月、ドイツ軍艦チクローブ号、平良港に停泊。
一八八二年　六月二八日、英海洋調査船マーチェサ号、那覇入港。

【資料】

John M'Leod, *Narratives of a Voyage in His Majesty's late Ship Alceste to the Yellow-sea, along the Coast of Corea, and ….. the Island of Lewchew, etc.*, London:John Murray, 1817; *The Voyage of the Alcesteto the Ryukyus and Southeast Asia*, Tokyo: Charles E. Tuttle, 1963. 大浜信泉訳『アルセステ号航海記』時事通信社、一九六五年。大浜訳『アルセスト号朝鮮・琉球航海記』宜野湾、榕樹書林、一九九九年。

Basil Hall, *Account of a Voyage of Discovery to the West of Corea, and the Great Loo-Choo Island*, London: John Murray, 1818, Seoul: Royal Asiatic Society, Korea Branch/ Seoul Computer Press, 1975. 春名徹訳『朝鮮・琉球航海記――一八一六年アマースト使節団とともに』岩波書店、一九八六年。

Basil Hall, *Voyage to Corea, and the Isaland to Loo-Choo*, London: John Murray, 1820. 須藤利一訳『大琉球島探検航海記』台北、野田書房、一九四〇年、那覇、琉球新報社、一九五五年、東京、第一書房、一九八二年。

Francis Lister Hawks, *Narrative of the Expedion of an American Squadron to the China Seas and Japan: Performed in the Years*, 1852～1854, 3 Vols., New York:DAppleton 2 Vols., 1856:New York:AMS Press/Arno Press,1987. 鈴木周作訳『ペルリ提督日本遠征記』東京、大同館、一九一二年。土屋喬雄・玉城肇訳『日本遠征記』一～四、東京、岩波書店、一九四八～五五年。外間政抄訳『対訳ペルリー提督沖縄訪問記』那覇、球陽堂書房、一九七五年。

Commodore Perry's Visit to Okinawa, Naha: Seisho Hokama, 1974. 神田精輝訳『ペルリ提督琉球訪問記』大分、神田精輝、一九二六年。『ペルリ提督琉球訪問記』東京、国書刊行会、一九九七年。

『大日本古文書・幕末外交関係文書』。

外務省條約局編『旧條約彙纂』第三巻朝鮮・琉球。

『琉球所属問題第二』。

『沖縄縣史』第一五巻。

宮城栄昌・高宮廣衛編『沖縄歴史地図――歴史編』。

【文献】

尾佐竹猛『國際法より観たる幕末外交物語』邦光堂、一九三〇年。

田保橋清『近代日本外国関係史』刀江書院、一九三〇年、増訂版一九四三年、原書房、一九七八年。

比嘉春潮『沖縄の歴史』。

仲原善忠『琉球の歴史』。

サミュエル・モリソン『ペリーと日本』。

英修道「沖縄帰属の沿革」『国際法外交雑誌』特集・沖縄の地位、第五四巻第一～三合併号。英「琉球帰属の由来」、英『外交史論集』。

大畑篤四郎「沖縄の地位――その歴史的展望（一）」『早稲田法学』第四八巻第一号。

宮田俊彦「幕末、琉球に侵入した仏英両国の宣教師――その対応、斎彬・斎昭」『南島史学』第一号。

宮田俊彦「被里（ペリー）と伯徳令（ベッテルハイム）」『古文書研究』第五号。

大熊良一『異国船琉球来航史の研究』。

比嘉朝進『最後の琉球王国――外交に悩まされた大動乱の時勢』。

恵隆之介『誰も書かなかった沖縄』。

山下重一『琉球・沖縄史研究序説』。

Ⅳ　琉球藩の成立

琉球王府では、これまで主流を占めてきた支那党の暴走が続いていた。これに対し日本党は、日本本土で仏教を修得した僧侶が主で、王府政治の実権は久米村の支那党にあった（→3章Ⅲ）。一八五九（安政六）年、ペリーの琉球訪問で交渉に当たった日帳主取役牧志朝忠が支那党によって投獄され、薩摩藩武士によって救出されたが、彼は自殺した。

明治維新の報は、薩摩藩を通じて琉球に伝達された。一八七一（明治四）年八月政府は、廃藩置県で、琉球諸島を鹿児島県の管轄とした。

翌七二年一月鹿児島県庁の伊地知貞馨と奈良原繁が来琉し、琉球のこれまでの薩摩藩に対する負債四八五〇万両、銀八万五〇〇両、銭三四万七〇〇〇貫文が鹿児島県の棄損として処理され、政府は三万円を下賜し、紙幣五〇〇〇円が孝子、寡婦、不具者、不治者に給った。六月の通達を受け、七月の朝命で国王尚泰は明治天皇に代表、王政一新祝賀正使伊江王子朝直（尚健）、副使宜野湾親方朝保（向有恒）を派し、彼らは九月一四日天皇に拝謁した。政府は九月二八日、琉球王国の締結した条約を外務省所管とする太政官布告をもって、琉球王国の条約締結権を剥奪し、対外的権利は喪失した（↓4章Ⅲ）。そして一〇月一六日（旧暦九月一四日）天皇は尚泰を琉球藩王に任じ、華族に列し、ここに琉球藩が成立した。

ちなみに、この上京に同行した副使三司官宜野湾親方朝保（向有恒）はかねて日琉同祖論を主張していたが、支那党がこの尚泰王の琉球藩主叙任に反発して宜野湾親方を漢奸と糾弾し迫害を加え、彼は程なく死亡した。

同七二年一〇月二八（旧暦九月二八日）、琉球藩は外務省の直轄となった。外務省は、この琉球藩の措置を、締約国使臣に対し通告した。米国は、当時、琉球と外交関係を維持していたが（↓3章Ⅲ）、一〇月副島外務卿は米国駐日公使デ・ロングの照会に対し、「琉球は、数百年前からわが国の付属であり、その度、改めて内藩を定め、わが帝国の一部である。貴国と琉球が取り決めた条約は、当政府においても維持し遵守する」と回答した。米国は一一月、この措置の受諾につき外務卿副島種臣に通告した。

尚泰は一八七三（明治六）年三月一八日、附琉球王の名で、謝恩表を上奏した。同三月日本政府は、日本領土として周知するために、久米・宮古・石垣・入表・与那国の五島に国旗の掲揚を命じた。八月、琉球藩印が下付された。

翌七四年七月政府は、琉球藩の所管を外務省から内務省に移し、他の府県と同列にした。

一八七五年三～五月上京した池城親方安規、与那原親方良傑、幸地親方朝常ら琉球使節は内務大丞松田道之と交渉したが、松田の琉球処分要求を、彼らは断固拒否した。だが、松田は六月一〇日処分官を拝命し、七月一四日松田は彼ら琉球使節とともに首里城に入って、以下の内容の要求九項目を、琉球政府に提出した。

(一)中国への「進貢使」の派遣、中国皇帝即位への「慶賀使」の派遣禁止。
(二)中国からの「冊封使」の受入れ禁止。
(三)明治年号の全面使用。
(四)新刑法の採用・施行の準備・調査のための担当官三名の東京への派遣。
(五)職制を含む藩制改革。
(六)留学生一〇名程度の東京への派遣。
(七)中国福建の「琉球館」の廃止。
(八)謝恩としての藩王の東京訪問。
(九)日本軍鎮台分営の琉球設置。

以上は、琉球政府の外交権に対する完全剥奪であり、内政権の剥奪であった。このために、琉球政府では、議論が沸騰し、外交権の剥奪は断固拒否された。九月一一日松田は、池城親方、与那原親方、幸地親方、喜屋武親雲上朝扶、内間親雲上朝直、親里親雲上盛英らの琉球使節とともに、那覇をたった。松田は九月二五日太政大臣あて報告書で、琉球藩の廃止・沖縄県の設置を打ち出した。

東京に滞在した琉球使節は、一〇月一五日付で日本政府の命令は受け入れないとした嘆願書を提出し、その抗議は一八七六年一〇月まで再三繰り返された。

同七六年一〇月内務卿大久保利通は政府に対し断固たる措置を要望した。一八七六年五月一七日太政大臣三条実美から内務省に通達が発せられ、琉使一行は退京した。七月木梨精一郎が琉球藩在勤として着任し、政府命令書が発せられた。琉球藩の裁判権・警察権が八月一日開設の内務省出張所に移管された。同様に、那覇港近郊の古波蔵に日本軍兵営が建設され、同七六年九月三日熊本鎮台歩兵第一分隊が駐屯した。

【経過】


一八五九年、牧志・恩河事件。

一八六八年　一月、明治維新。

一八七一年　八月二九日、廃藩置県。

一八七二年　一月一五日、鹿児島県伝事伊地知壮之丞（貞馨）、奈良原繁ら来琉。

　五月三〇日、大蔵大輔井上馨、琉球問題で建議。

　六月　二日、正院、琉球問題につき諮問。

　七月二五日、王政一新祝賀正使伊江王子朝直（尚健）、副使宜野湾親方朝保（向有恒）上洛、八月二〇日鹿児島着、九月東京着、摂政・三司官と協議、一四日天皇拝謁、一八七三年三月帰琉。

　九月二八日、在蕃奉行制廃止、琉球王国の締結した条約を外務省所管とする太政官布告。

　一〇月一六日、琉球藩王を貴族に叙する詔書下付、琉球藩成立。

　一〇月一八日、米公使デ・ロング、琉球問題を外務省へ照会。

　一〇月三〇日、琉球藩、外務省管轄へ移管。

　一一月、米国、日本の一部としての琉球藩を承認。

一八七三年　三月一八日、尚泰、附琉球王の名で謝恩表を上奏。

　八月一九日、琉球藩印下付、外務卿副島種臣は国体の維持を約束。

一八七四年　七月、琉球藩の所管を外務省から内務省に移管。

一八七五年　二月一五日、池城親方安規、与那原親方、幸地親方朝常ら琉球使節、那覇出発、三月五日内務省に出頭。

三月一七日、ボアソナード、琉球島見込案提出、採用されず。

三月三一日～五月四日、琉球使節、内務大丞松田道之と交渉、松田は清国との関係断絶を申し渡し、琉球側は琉球処分を拒否。

五月　七日、政府、琉球藩に熊本鎮台分営設置を布達。

五月　九日、政府、琉球藩の清国関係断絶を決定。

六月一〇日、松田道之、処分官拝命、七月一〇日内務大丞松田道之、池城親方安規、与那原親方良傑らとともに入琉。

七月一四日、松田、首里城で清国関係断絶・藩制改革の令達。

八月三一日、琉球藩で藩論沸騰、現状維持の嘆願。

九月一一日、尚泰が命令遵守を決意、松田道之は池城親方安規、与那原親方良傑、幸地親方朝常ら琉球使節を同行して那覇出発、上京。

九月二五日、松田道之、太政大臣あて報告書で琉球藩の廃止・沖縄県の設置を勧告。

一〇月一五日、上京中の琉球使節が政府に嘆願書提出。

一八七六年　五月一七日、太政大臣から内務省への通達で琉球藩の裁判権・警察権を内務省出張所に移管、八月一日内務省出張所開設。

九月　三日、熊本鎮台歩兵第一分隊が那覇近郊古波蔵駐屯。

一八七八年　一月、琉球使節、在京の米国・英国・オランダ公使と会談、事態の愁訴。

一九〇一年　八月一九日、尚泰王、東京で死去、県知事奈良原繁が三日間の服喪を指示、金武村では農民が服喪を拒否して旧藩主に対する怨念から三日間の祝宴。


【資料】

「琉球処分提綱」。

小林居敬編『琉球藩史』。

東恩納寛惇『尚泰侯實録』。

喜舍場朝賢『琉球見聞録』。

『沖繩縣史』第一二巻。

【文献】


英修道「沖縄帰属の沿革」『国際法外交雑誌』特集・沖縄の地位、第五四巻第一〜三合併号。英「琉球帰属の由来」、英『外交史論集』。

仲原善忠『琉球の歴史』。

比嘉春潮『沖縄の歴史』。

太田朝敷『沖縄県政五十年』東京、国民教育社、一九三二年。『沖縄県政五十年』那覇、おきなわ社、一九五七年、那覇、リューオン企画、一九七六年。

新里恵二・田港朝昭・金城正篤『沖縄県の歴史』。

我部政男『明治国家と沖縄』。

紙屋敦之『幕藩制国家の琉球支配』。

紙屋敦之『大君外交と東アジア』。

米慶余『琉球歴史研究』。

西里善行「冊封進貢体制の動揺とその諸契機――嘉慶・道光期の中琉関係を中心に」『東洋史研究』第五九巻第一号。

西里善行「アヘン戦争後の外圧と琉球問題――道光・咸豊期の琉球所属問題を中心に」『琉球大学教育学部紀要』第五七集。

比嘉朝進『最後の琉球王国――外交に悩まされた大動乱の時勢』。

V 台湾蕃社事件

一八六七年、台湾統治の清朝の失政もあって混乱し、台湾ではキリスト宣教師の伝道に対する反撥から、米船ローバー号の遭難による南蕃牡丹社の米船攻撃が起きた。これに対して駐アモイ米総領事リ・ゼンドル（李仙得）による米国の南蕃報復攻撃となった。

一八七一（明治四）年一二月台湾東南海岸で、宮古島の年貢運搬船が那覇からの帰途、台風の直撃を受け台湾に漂着し、宮古島・八重山群島住民六六人のうち五四人が牡丹社によって殺害された。この事件は、翌七二年六月生存者が那覇に帰着して、琉球官吏より鹿児島県に報告された。

一〇月二五日駐日米公使チャールズ・デロングが外務卿副島種臣と会談し、台湾先住民の地は「無主地」であると進言し、彼の助言で翌二六日副島は台湾先住民の地を訪問してきたリ・ゼンドルと会談した。その際、リ・ゼンドルは、台湾は「無主・野蛮の地」であるとして、日本の領有を進言した。

一八七二年、琉球王府は、征台を取り止めるべく政府に陳情した。

一八七三（明治六）年三月、台湾東南海岸に漂着した備中小田原（現在の岡山県）住民が再び略奪された。

同七三年三月日本政府は清国同治帝を祝賀するために、北京に特派大使副島種臣外務卿を派遣したが、その際、外務卿は六月二一日、総理各国事務衙門総領大臣奕訢（恭親王）に対し、前記の琉球民被害事件につき質した。これに対して、総理各国事務衙門総領大臣奕訢は、「台湾東部の生蕃は化外の者で清国政教の及ばぬ所」と回答した。この発言は、台湾生蕃討撫の計画をもっていた副島一派を征台の実行へと駆り立てるところとなった。

一八七四（明治七）年一月政府は征台問題の調査に入り、四月四日陸軍中将西郷従道が台湾蕃地事務統督として征討都督に任命され、一七日部隊三六〇〇名が長崎に結集して出師声明が出された。日本軍は牡丹社を降したが、全台湾の領土権を主張する清国も台湾に出兵し、日・清両国間で交渉が行われた。外交交渉は、駐清国英公使トーマス・ウェードの調停により、一〇月三一日清国が日本の「保民義挙」の行為を是認し、清国が被害者遺族に撫恤金一〇万両、日本に対する遠征中の道路・建物費用として補償四〇万両を支払うということで解決した。

これにより、清国の台湾支配が確認されたものの、この事件は、日本の台湾進出の契機となった。

【経過】

一八六〇年、南部の蕃社、プロシャ船を攻撃。
一八六七年　五月、米船ローバー号の遭難、乗組員虐殺。
六月一三日、米乗組員虐殺の報復として米陸戦隊が牡丹社攻撃。同年、駐アモイ米領事リ・ゼンドルが南部一六蕃社大酋長トーキトクと遭難救助の条約締結。
一八七一年一二月、台湾東南海岸に宮古島・八重山群島住民六九人が遭難、うち五四人が牡丹社により殺害。
一八七二年　六月　七日、台湾で遭難した生存者一二名、那覇へ帰国。
一八七三年　三月、台湾で備中小田原事件。
三月、副島種臣、清国へ派遣。
六月二一日、清国総理各国事務衙門総領大臣奕訢（恭親王）、日本の抗議に「台湾東部の生蕃は化外の者で清国政教の及ばぬ所」と回答。
一八七四年　二月　六日、大久保内務卿と大隈大蔵卿が協議、台湾蕃地処分要略を閣議提出、閣議は台湾征討を決定。
四月　四日、陸軍中将西郷従道台湾蕃地事務統督任命、長崎に部隊結集。
四月一七日、陸軍中将西郷従道台湾蕃地事務統督の出師声明。
四月一八日、米公使ビンハム、アメリカ人の台湾作戦参加禁止を通告。
四月一九日、政府、台湾征討の中止を決定。
五月　二日、陸軍中将西郷従道台湾蕃地事務統督、台湾に向けて出航、一二日台湾南部着、木方寮港へ入港。
五月　四日、大久保と大隈が長崎で西郷と会談、征討実施を決定。
五月　七日、琉球藩に熊本鎮台分営設置の布達。
五月　九日、政府、琉球藩の清国断交を決定。
五月一一日、清国、日本の征蕃に抗議の照会を議決。
五月三一日、日本、猪宛総督李鶴年に四月一〇日付蕃族征撫文書を通告。
七月　一日、駐清公使柳原前光、清国全権大臣沈桂芬と交渉。
七月　九日、閣議、台湾問題で清国との開戦も辞せずと決定。
九月一四日、北京で大久保利道全権弁務大臣が交渉、一〇月二五日大久保が交渉難航で清国に対し帰国の通告。

一〇月二五日、駐清英公使ウェード、台湾問題で調停案作成。

一〇月三一日、北京で日清議定書調印。


【資料】


大久保利通「使清弁理始末」。

『籌弁夷務始末』同治一三年巻。

『処蕃趣旨書』。

遠藤永吉『征臺始末』一八九八年。

『日本外交文書』第七巻。

『沖縄縣史』第一二巻。


【文献】


田保橋潔「琉球藩民蕃害事件に関する考察」、『東洋史論叢――市村博士古稀記念』。

英修道「一八七四年台湾蕃社事件」『法学研究』第二四巻第九～一〇号。

金城正篤「台湾事件（一八七一―七四年）についての一考察――琉球処分の起点として」『沖縄歴史研究』創刊号。金城『琉球処分論』。

佐藤三郎「明治七年台湾事件日清両国交換文書」『歴史教育』第六巻第三号。

中島昭三「台湾出兵」『國學院法学』第七巻第三号。

許世楷「台湾事件（一八七一―一八七四年）」『国際政治・日本外交史の諸問題Ⅱ』。

瀬川善信「台湾出兵（明治七年）問題」『法学新報』第八〇巻第六号。

栗原健「台湾事件（一八七一―一八七四年）――琉球政策の転機としての台湾出兵」『史學雜誌』第八七巻第九号。

宮國文雄『宮古島民　台湾遭難事件』。

Ⅵ 琉球進貢事件

琉球藩にとっては、一八七二年の進貢に続く一八七四年一〇月の進貢使派遣も、外務卿副島種臣に黙認された行為と解していた。一八七四年九月に続いて、翌七五年三月、この進貢使派遣の事実を知って、駐清国日本臨時代理公使鄭永寧は琉球に抗議せんとしたが、清国官憲の妨害で実現しなかった。そこで、同公使は、清国総理各国事務衙門総領大臣奕訢（恭親王）に直接抗議した。

一方、一八七四年九月、内務大丞松田道之は琉使の上京による進貢使派遣を拒否していたが、翌七五年七月自ら琉球に派遣され、清国への進貢と清国よりの冊封を禁じた。これには、中国の恩義を強調して先規旧慣に従うことに固持する者の哀願があったが、松田は、政府の諭達に反すると、彼らの要求を拒否した（→4章Ⅳ）。

一八七六年一月一〇日駐清公使森有礼が総理各国事務衙門総領大臣奕訢と折衝中、奕訢が「朝鮮、琉球、安南は清国の属国である」と発言したことで、同公使は清国渡航旅券を持ち出し、琉球人が日本旅券を持参しておれば、日本人であることを、彼に確約させた。

同七六年一二月尚泰王は密使として幸地親方（紫巾官向徳宏）らを中国に派遣し、翌七七年三月清国福州で支援を求める事件が起きたが、清国は新疆反乱などでこれに対応できなかった。この密使は、閩浙総督何璟、福建巡撫丁日昌に対し、日本が阻止しているために貢期がきても方物を献ずることができない旨を陳情した。さらに、七月徳宏は北京で直隷総督北洋大臣李鴻章に嘆願書を提出した。このため、九月二〇日直隷総督北洋大臣李鴻章が駐清国日本公使森有礼を訪れ、清国への進貢を禁止した旨を質したが、森公使は、それは内務の問題で知らないと答え、逃げた。一〇月七日外務卿が返答で、琉球は日本であると指摘し、一一月駐日清国公使何如璋は琉球措置の再考を求めた。一八七八年九月三日何如璋清国公使が、琉球は清国の属国で日本の朝貢禁止は認められないと、外務卿に書簡を送付した。一方、これに続く一連の脱沖清行動は厳しく規制された。

【経過】


一八七二年、琉球が進貢使派遣。

一八七三年　八月、琉球、年頭使の渡唐船は従前どおりと清国に回答。

一八七四年　八月、『郵便報知新聞』が北京の総理衙門が福州に命じて軍艦の琉球派遣と報道。松田道之は派遣嘆願を拒否。

九月、在北京の日本使臣、琉球の貢使派遣に憤慨。

一一月、琉球が進貢使耳目官国頭親雲上盛朱（毛氏）、正議大夫副使蔡経祚派遣、福州着。

一八七五年　三月二四日、駐清日本代理公使鄭永寧が進貢使派遣で琉球使節との会見を要求、中国が拒否。

三月三一日～五月四日、琉球使節、内務大丞松田道之と交渉、松田は清国との関係断絶を申し渡し、琉球側は琉球処分を拒否。

七月、一八七四年進貢船、帰港。

七月一四日、日本政府、冊封停止措置。

一八七六年　五月、政府が琉使の退京命令、一一月渡航禁止で進貢船が欠航、一二月六日尚泰が清国に事情説明のため、伊平屋島祈願と称してラーマン帆船で密使、物奉行幸地親方朝常(向徳宏)、伊計親雲上(蔡大鼎)、名城里之子親雲上(林世功)を派遣、一八七七年三月福州着、福建巡撫丁日昌に琉球国親書を紫巾官向徳宏が手交、七月三日清国直隷総督北洋大臣李鴻章に嘆願書提出、一二三日にも、一〇月二七日にも提出。一八七八年にも清皇帝に対し尚泰の上書提出。

一八七七年一〇月　七日、外務卿が返答で、琉球は日本であると指摘。一一月駐日清国公使何如璋が琉球措置の再考を要求。

九月二〇日、直隷総督北洋大臣李鴻章、駐清国日本公使森有礼に対し進貢禁止を質す。

一八七八年　九月　三日、清国公使何如璋が琉球は清国の属国で日本の朝貢禁止は認められないと外務卿に書簡を送付。

四月、脱藩者が福州で在清の幸地親方朝常に廃藩置県を報告。

一八七九年　五月、長浜親雲上真仁らが脱清行動、幸地と合流。

六月、脱清の亀山親雲上が帰国、亀山は拘束され在清行動を白状、獄死。

一八八〇年　四月、久米士族国場親雲上大業（王氏）らが脱清行動で福州着、幸地と合流。
一一月、首里の国頭親雲上父達羅が脱清。
一八八四年一二月二〇日、西村捨三沖縄県令、脱沖渡清者の取扱い処分につき外務卿・内務卿へ伺い。同年脱清者六〇人が帰国。
一八八五年　一月一四日、内務卿山県有朋「脱清人処分の件」。
七月二三日、政府、尚泰に一〇〇日間の休暇を与え、脱清人工作を求める、九月四日旧藩人民に沖縄県措置確認の指示、一一月一日指示発出。
一八八六年一一月　一日、尚泰、沖縄県下士民あてに脱沖渡清行動による反政府運動を戒め。
一八九六年　一月　七日、琉球人二六人、清国から帰国。
一八九七年　四月一五日、首里の士族三名が中国へ逃亡、逮捕。
五月　九日、琉球士族一二名が中国へ逃亡、五月一八日台湾漂着、逮捕。

【資料】


『日本外交文書』。

『沖縄縣史』第一五巻。

東恩納寛惇『尚泰侯實録』。


【文献】


松井順時『琉球事件』。

英修道「沖縄帰属の沿革」『国際法外交雑誌』特集・沖縄の地位、第五四巻第一～三合併号。英「琉球帰属の由来」、英『外交史論集』。

仲原善忠『琉球の歴史』。

我部政男「明治一〇年代の対清外交――「琉球条約」の顛末をめぐって――」『日本史研究』第一一九号。我部『明治国家と沖縄』。

西里喜行「清代光緒年間の〈琉球国難民〉漂着事件について――救国運動との関連を中心として――」、沖縄県立図書館史料編集室編『第二回琉球・中国交渉史に関するシンポジウム論文集』。

仲地哲夫「『琉球処分』反対運動の歴史的意義」『沖縄歴史研究』第六号。

比嘉朝進『最後の琉球王国――外交に悩まされた大動乱の時勢』。

山下重一『琉球・沖縄史研究序説』。

Ⅶ 沖縄県の設置

琉球藩が中央の命に服さず、清国との関係離脱を欲しないことが明らかとなる一方、一八七六（明治九）年四月に在京の池城親方朝直を助けるために、九月藩王は、琉球藩官吏富川盛奎、与那原親方良傑を特使として東京へ派し、現状維持を訴えた。政府はこの要求を拒否し、内務卿大久保利通は、五月二八日予告とおり、熊本鎮台から那覇に兵士を派遣した。一方、一二月琉球藩は密使幸地親方朝常を清国に遣わし、支援要請を行った（↓4章Ⅵ）。

ここに、琉球の廃藩置県の断行が決せられるところとなり、政府は琉使の退京と処分方針を固め、一八七八（明治一一）年一二月内務大書記官松田道之を現地に派遣し、一方、東京在住の琉球藩士には帰国命令が下った。一方、翌七九年一～三月琉球の帰属について対外交渉をみつつある一方、同七九年一月松田処分官は、熊本鎮台から兵を率いて琉球に到着し、督責書を手交するも、二月王府はこれを拒絶し、帰京を余儀なくされた。三月一日琉球藩処分方案が制定され（一一日実施命令）、三月二七日松田は、首里城で今帰仁王子に対し、尚泰王が三一日正午までの首里城からの立ち退きを含む太政大臣達書を通告し、士族五〇名にも告諭を下した。翌二八日には士族総代・按司らの処分延期の嘆願書も提出されたが、予定どおり王宮の首里城は接収され、いっさいの公文書を政府は接収した。そして勅使富小路敬直が尚泰に会い、同行医師の診断を受けて藩主尚泰の上京となった。

かくて、四月四日政府は、琉球藩を廃して沖縄県とし、県庁所在地を首里とした。翌五日沖縄県令に旧肥前鹿島藩主鍋島直彬が任ぜられ、旧琉球藩主尚泰らには東京在住が命じられた。これは、伊波普猷のいう「奴隷解放」に等しいともいうべき劇的な事件であった。このとき、家格者による置県反対の動きとともに、士族および農民を含めた王府の悪政に対する民衆暴動、例えば、血判誓約を立てて全島を県政反対運動へ巻き込んだ波平事件あるいはサンシイ事件が起きていたことが、そうした評価の背景にあった（→4章Ⅳ）。

この措置は、五月清国の抗議を招き、琉球処分問題は外交問題となった（→4章Ⅷ）。九〇名の家臣を同行して上京した尚泰は、同七九年六月一七日明治天皇に拝謁し、藩印を返納した。

【経過】

一八七八年　一月、琉球藩官吏富川・与那原親方が在京の英国・米国・オランダ各国公使に「現状維持」を愁訴。
九月　三日、駐日清国公使何如璋、琉球措置で抗議、一〇月七日外務卿寺島宗則は反論。
一二月二七日、内務大書記官松田道之に渡琉命令、東京在勤の琉球藩吏に帰任命令。

一八七九年　一月一三日、英公使、両属問題と琉球の動向で外務卿寺島と会談、フランス公使ルイス・ジョフロワも会談。

一月二五日、松田道之、那覇着、二六日首里城で藩主に督責書を手交、二月四日藩庁は受け入れ拒否、松田帰京。

三月　一日、松田琉球藩処分方案の太政大臣上申。

三月　三日、清国公使何如璋、外務卿寺島宗則と会談。

三月一一日、太政大臣、松田道之処分官に対し処分案一三項目の実施命令。

三月一二日、松田道之処分官、内務官僚四一名、警部巡査一六〇余名で横浜出港、二五日那覇着、熊本鎮台分遣隊二個中隊四〇〇名を那覇着。

三月二七日、松田処分官処分官、太政大臣の達書を首里城で王の代理、今帰仁王子に通告。

三月二八日、首里・那覇の士族が処分延期の嘆願。

三月三一日、松田道之、首里城接収。

四月　二日、松田処分官、新政への服務を指示、三司官富川親方盛大圭、与那原親方良傑、喜屋武親方親雲上朝扶は服務布告を拒否。

四月　四日、廃藩置県の布告、沖縄県設置。

四月二七日、尚興、那覇を出港、上京。

五月一八日、県令鍋島直彬が那覇着、尚泰侯を侍医が診断。二〇日尚泰侯は上京を決断、総代に訓示。

五月二〇日、駐日清国公使何如璋、琉球の廃藩置県は承認しがたいと抗議、二七日外務卿寺島宗則、内政上の都合と回答。

六月一三日、松田処分官、那覇を出発。

六月一七日、尚泰旧藩主、藩印返納。

六月二五日、旧慣温存政策の県政方針の布達。

七月、サンシイ事件。

八月一六日、旧宅人の結集場所で租税徴収関与違反で彼らの拘束、月末までに県命の遵法を約束して釈放。

八月、旧藩庁からの事務引継ぎ完了。

九月一三日、旧三司官浦添親方ら拘束。


【資料】


「鍋島直彬沖縄関係文書」。

小林居敬編『琉球藩史』。

『日本外交文書』。

『沖縄縣史』第一二巻、第一六巻。


【文献】


幣原担『南島沿革史論』。

伊波普猷『琉球古今記』。

喜舎場朝賢『琉球見聞録』。

喜舎場朝賢『南島論攷』。

伊波普猷「琉球処分は一種の奴隷解放也」、喜舎場朝賢『琉球見聞録(一名廃藩置縣)』一九一四年の序文。

山本美越乃「誤れる植民政策の畸形児　琉球の廃藩と日支両属関係の終末」『経済論叢』第二五巻第三号。

三浦周行「明治時代における琉球所属問題」一～二『史學雑誌』第四二編第七号、第一二号。

桑江常格「琉球における廃藩置県の実相」『歴史科学』第二巻第六号。

佐藤三郎「琉球藩処分問題の考察」『山形大學紀要』第三巻第一号。

宮城栄昌「明治政府の沖縄県治に対する態度——琉球処分の経過から」『日本歴史』第二五〇号。

仲原善忠『琉球の歴史』。

中島宏司「明治初期の沖縄政策」『日本史研究』第一七一号。

仲地哲夫「『琉球処分』反対運動の歴史的意義」『沖縄歴史研究』第六号。

仲地哲夫「『琉球処分』研究の成果と課題」『歴史評論』第二六六号。

仲地哲夫「『琉球処分』における若干の問題点」『歴史評論』第二七一号。

我部政男「明治一〇年代の対清外交――『琉球条約』の顛末をめぐって」『日本史研究』第一一九号。

我部政男「近代日本国家の統合と琉球藩の反抗」『琉大法学』第二〇号。

我部政男『明治国家と沖縄』。

新里金福「サンシイ事件」、大城立裕編『沖縄の百年』第二巻。

新里恵二・田港朝昭・金城正篤『沖縄県の歴史』。

新川明『異族と天皇の国家――沖縄民衆史への試み』。『琉球処分以後』上。

米慶余『琉球歴史研究』。

比嘉朝進『最後の琉球王国――外交に悩まされた大動乱の時勢』。

山下重一『琉球・沖縄史研究序説』。

Ⅷ 琉球分島問題

駐日清国公使何如璋は、日本の琉球処分は矛先を清国に向けていて、台湾・澎湖島の安全が脅威となっていると判断し、その見解を李鴻章に通告していた。その琉球処分から生じた琉球帰属をめぐる対立は、一八八〇（明治一三）年三月民間学者竹添進一郎が分島案を非公式に提議し、七月日・清両国間で琉球条約草案が起草された。そして、琉球帰属をめぐる日清間の外交交渉は一〇月二日北京で開始された。それは、日本がこの一連の条約交渉で、宮古・八重山両島を清国に割譲し（分島）、一八七一年日清修好条規を期限前に改正・追加して日本が中国での通商権を手に入れようとした（改約）ものである。これが分島・改約（増約）問題で、日本としては、琉球による旧来の対清国関係をいっさい排除し、琉球の日本への帰属を明確にすることが急務であった。

その経緯には、一八七四年一〇月、台湾蕃地事件の処理（↓5章Ⅴ）で、「琉球宮古島民」とすべきところを、条約上、「日本國ノ属民」とし、これを清国が承認したことがあり、ここに翌七五年、日本は本格的な「処分」に着手する素地ができていた（一八七五年七月一四日の冊封禁止措置）。そして、日本は琉球統治の既成事実を深めていった（一八七九年四月四日の廃藩置県）が、清国は、一八七八年五月駐日公使何如璋を通じ日本政府の一方的な清國への進貢阻止につき抗議した（↓4章Ⅶ）。これに対し、外務卿寺島宗則は、琉球処分は内政問題であると、その抗議を拒否した。

こうしたなか、一八七九年七月前米大統領ウリーセス・シンプソン・グラントが清国を経て来日した。グラントは同年五月清国からその調停を依頼されていたため、その会談から分島問題が表面化した。

その分島問題をめぐる骨子は、以下の三点にあった。

一、宮古群島・八重山群島の清国への割譲。

二、沖縄本島は従来とおり日・支両属とする。

三、奄美群島は日本領とする。

この日本案は、一九八〇年一〇月駐日公使何如璋が在京の与那原親方に伝えたことで、琉球人の間に強い反発となった。天津に滞在していた幸地親方朝常が厳しく反対し、総理各国事務衙門総領大臣奕訢に反対を哀願した。彼の主張は、奄美五島を含む沖縄諸島の全面返還の要求であった。一方、同八〇年五月総理衙門（外交部）が駐清日本公使宍戸璣に対し琉球処分の撤回を要請をみるなか、七月竹添進一郎が天津に領事として赴任され、分島条約は、清国は宮古・八重山二島の割譲とともに琉球を属国とするものであり、日本の国体を損なうことになると、締結に反対した。一〇月北京で琉球藩官吏林世功が、この分島案に抗議して自殺した。

こうした琉球の抵抗にもかかわらず、日本政府は、清国との最恵国待遇の解決を急いだ。一八八〇年一〇月外務卿井上馨の直接指示で、かつ自らも参画して分島問題の北京交渉が妥結をみ、これによって翌八一年二月に宮古・八重山の土地および人民の引渡しが予定された。しかし清国では、清国公使何如璋の要請を受けて内閣大学首揆李鴻章が反対し、その結果、調印は引き延され、分島・改約案は流れた。

ちなみに、そこでは、尖閣諸島も当然に宮古・八重山とともに清国への割譲が想定されていたとする説があるが、この点ははっきりしない。というのも、当時は、いまだ尖閣諸島に対する日本の関与が明確になっていなかったからである。

この問題は、日本国家の国家エゴイズムの「露骨な表白」といえるものであった。それこそ琉球処分の論理でもあったが、そのエゴイズムは幸いにも流れてしまった。そしてこの認識には、井上清の日本による琉球に対する帝国主義支配に通ずる面があった（→1章Ⅲ）。

【経過】

一八七一年　八月二九日、廃藩置県。
　　　　　　九月一三日、天津で日清修款条項、通商章程、海関税則調印。
一八七五年　三月、グスタブ・エミール・ボアソナード、琉球処分の見込案提出。
一八七八年　四月三〇日、日清修好款条項、通商章程、海関税則調批准書交換。
　　　　　　九月　三日、駐日清国公使何如璋、琉球措置に抗議、一〇月七日外務卿寺島宗則は反論。
一八七九年　四月　四日、沖縄県設置。

五月二〇日、駐日清国公使何如璋、琉球の廃藩置県に抗議。

五月二七日、外務卿寺島宗則、琉球の廃藩置県は内政問題と回答。

五月、総理各国事務衙門総領大臣奕訢、駐清日本公使宍戸璣に対し琉球処分の撤回を要請。

七月　三日、前米大統領グランド、横浜着、九月三日離日。

九月、日本、清国に対し琉球主権確認書を送付。

一二月、駐アモイ日本領事、日本は琉球の一件で回答がなければ、兵で訴えるべく四隻の軍艦をもって戦闘準備に整えているとの現地情報を報告。


一八八〇年　三月二七日、日本、いわゆる分島改約案を清国に提議。

四月一七日、閣議で対清交渉の基本方針を正式決定。

五月、清国総理各国事務衙門総領大臣が駐清日本公使宍戸璣に処分撤回の要請。

七月、竹添進一郎、天津に領事として赴任、分島条約は、清国は宮古・八重山二島をもって琉球を属国とするところとなり、日本の国体を損なうと反対発言。

八月一八日、日清北京条約交渉の開始。

一〇月二一日、北京条約交渉、妥結。

一〇月二一日、分島・改約案作成。

一〇月、北京で琉球藩官吏林世功が分島案に抗議の自殺。

一一月一一日、李鴻章、同条約案への反対を清皇帝に上奏。

一一月一六日、南洋大臣（西江総督）劉坤一、北洋大臣（直隷総督）李鴻章に対し琉球問題の具奏を命ずる上諭。

一一月一七日、清国、分島・改約案の調印延期を決定。

一二月二七日、日清交渉で清国の拒否から対立。

一八八一年　一月一七日、駐清日本公使宍戸璣が琉球問題で自由行動をとると通告、二〇日帰国。
一二月、北洋大臣李鴻章が琉球三分論で対日交渉の意向、しかし成功せず。

【資料】

『琉球處分提綱』。『琉球處分』上・中・下、琉球所属問題関係資料、第六巻〜第七巻。

『日本外交文書』。

『グランド将軍との御對話筆記』。

『琉球所属問題第二』。

『沖縄縣史』第一五巻。


【文献】


大城立裕『琉球処分』。

竹原孫恭『城間船中国漂流顚末――八重山・一下級士族の生涯よりみた琉球処分前後』。

三浦周行「明治時代における琉球所属問題」一〜二『史學雑誌』第四二編第七号、第一二号。

平塚篤「日清間の琉球談判」『明治文化研究』第五巻第五号。

三国谷宏「琉球帰属に関するグランド調停」『東方学報』第一〇冊第三分冊。

植田捷雄「琉球の帰属を繞る日清交渉」『東洋文化研究所紀要』第二冊。

大山梓「琉球帰属問題の史的研究」『政治経済』第七巻第五・六号。

大山梓「琉球帰属と日清紛議」『政経論叢』第三八巻第一・二号。大山『日本外交史研究』。

安岡昭男「日清間琉球案件交渉の挫折」『法政史学』第七号。

安岡昭男「日清間の琉球帰属問題」『歴史教育』第一三巻第一号。

安岡昭男「琉球所属を繞る日清交渉の諸問題」『法政史学』第九号。

安岡昭男『明治維新と領土問題』。

笠原正明「沖縄帰属に関する若干の問題」『神戸外大論叢』第一二巻第二号。

金城正篤「『琉球処分』と民族統一の問題――琉球処分における明治政府の政策基調の分析を中心に」『史林』第五〇巻第一号。金城『琉球処分論』。

藤村道生「明治初期における日清交渉の一断面――琉球分島条約をめぐって　上」『名古屋大学文学部研究論集』第四七号（史学第一六号）。

藤村道生「琉球分島交渉と対アジア政策の転換――明治一四年政変の国際的条件」『歴史学研究』第三七三号。

上原兼善「先島分島問題」『沖縄歴史研究』第五号。

仲地哲夫「『琉球処分』における若干の問題点」『歴史評論』第二七一号。

宮城栄昌「明治政府の沖縄県治に対する態度――琉球処分の経過から」『日本歴史』第二五〇号。

名嘉正八郎「日清間の琉球帰属問題」『歴史教育』第一八巻第四号。

土屋教子「『琉球処分』――一八七〇年代の東アジアにおける意義について」『歴史評論』第二三八号。

我部政男『明治国家と沖縄』。

西里喜行『沖縄近代史研究』。

大畑篤四郎「沖縄の地位――その歴史的展望（二）」『早稲田法学』第五〇巻第一～二号。

米慶余『琉球歴史研究』。

恵隆之介『誰も書かなかった沖縄――被害者史観を超えて』。

比嘉朝進『最後の琉球王国――外交の悩まされた大動乱の時勢』。

山下重一『琉球・沖縄史研究序説』。

Ⅸ 日清戦争と日清交渉

日清戦争に乗じて日本が尖閣諸島を横取りしたというのが、呉 天穎ら中国側の主張の基本的立場である（→一章Ⅴ）。この点をめぐる議論は、以下の二点にある。

一、一八九五（明治二八）年の日本による台湾の付属島嶼である尖閣諸島の編入措置は、日清戦争を通じての一方的処理としてなされた。

二、日清戦争での海戦の終了後、一八九六年五月二九日日本艦隊が尖閣諸島の向かったのは、同諸島を占領するためであった。

呉天穎は、とくに第二点、つまり「台湾淡水港北方大九〇海里」（尖閣列島）への五月二九日日本「征台艦隊」の集合命令は、釣魚嶼の日本征服であると、日本海軍省文書『日清戦史稿本』「附記　台湾匪賊征討」を引用して、指摘している。

これに対する事実の経過は、以下のとおりである。

一、日本は、一八八五年九月以来、尖閣列島の国標建設と島嶼の開拓を意図していた（↓5章Ⅰ～Ⅲ）。

二、その国標建設が一八九五年となったのは、以下の理由による。（一）日本は琉球問題で清国と衝突していたので、その決定を遅らせた。（二）一八九一年九月一〇日、日本による硫黄島に対する先占の行使で、スペインの朝野を刺激した背景があった。ために、政府は、先占の行使に慎重であった。（三）沖縄県令の国標建設の上申に対して、外務省は尖閣列島の帰属について判断できる時期でないとしており、大国たる清国との対決を回避した。（四）実際、一八八五年九月六日の『申報』は、その記事「台湾警告」で、日本の尖閣諸島調査に対する中国世論を報じていた。

三、日本が一八九五年五月二九日尖閣諸島に艦隊を集合させたのは、台湾討伐のためで（↓5章Ⅴ）、この段階では、尖閣諸島の処理はすでに完了していた。この処理の完了、すなわち日本の尖閣諸島支配をもって、日本艦隊の集合地点として、作戦上、台湾近海のこの拠点が設定された（↓4章Ⅹ）。

次に、第一点の日清交渉においては、尖閣諸島の議論はなかった（↓4章Ⅹ）。

一八九五年三月三日、日本は清国講和全権李鴻章に講和条約案を提示し、同案は同日、本国政府へ秘密電報で通達されたが、そこには、「第二……台湾全島とそれに付属する島嶼」または「第三……澎湖列島、東経一一九度から一二〇度、北緯二三度から二四度までの間に散在する諸島嶼」とあり、台湾に付属する島嶼について他の言及はなかった。

また、この交渉時期に釣魚島での日本人事件といわれるものが報じられていて、議論を混乱させた。一八九五年四月三日（光緒二一年三月九日）に、寧遠州の釣魚台に日本人が上陸して食糧を購入したとされるという記録がそれである。

その調査命令が四月二九日（光緒二一年四月五日）に出されていて、これは『清光緒朝中日交渉史料』にも記録がある。ただし、この釣魚島とは奉天省所属の釣魚島で、尖閣諸島のそれではない。

ちなみに、『中国古今地名大辞典』には、多くの釣魚台が列記されているが、そこには、台湾付属の島嶼としての釣魚台についての記述はない。

清時代の中国地理書には、台湾本島の沿岸周辺には、大小合わせて七六島嶼が存在しているとあり、一般に「付属島嶼」とは、これら三六島嶼を指していた。「台湾省五市十六県詳圖」には、その七六島嶼が明記されていて、それは「北緯二一度四五分二五秒（南は恒春七星岩）から二五度三八分（北は基隆の彭佳嶼に至る）ところにある」とあり、その北限は基隆の彭佳嶼とされており、これには尖閣列島は含まれていない（↓2章Ⅲ）。

一八九五年六月二日台湾受渡し公文をめぐる交渉で、台湾付属島嶼の範囲についての議論があり、日本弁理公使水野幸吉は「他日日本政府が福建近傍の島嶼までも台湾所属島嶼なりと主張する如きこと決して之なし」と発言しており、この発言が中国側にとり尖閣列島の日本領有の議論の根拠ともなった。一方、尖閣諸島が「福建近傍の島嶼」にあたるとする中国説（↓一章Ⅳ）は、当時、日本がすでに尖閣諸島を領有していたから、この議論は成立しない。

【経過】

一八九四年　六月　七日、日・清両国が相互に朝鮮出兵を通告。
六月一六日、日本、清国に東学党討伐と朝鮮内政の共同改革を提議、二一日清国は拒否。
七月一〇日、駐韓日本全権公使大島圭介が朝鮮に内政改革案を提示。
七月二〇日、大島公使が朝鮮に最後通牒。

七月二三日、日本軍、朝鮮王宮を占領。

八月　一日、日本、清国に宣戦布告（日清戦争勃発）。

九月一七日、黄海海戦。

一八九五年
一月一三日、大本営、威海衛攻略に澎湖島占領作戦計画を決定。

一月一四日、閣議、尖閣諸島に標杭建設を決定。

一月二〇日、日本軍、山東半島上陸。

二月　一日、日本、清国使節と広島で第一回交渉、二日日本、全権委任状の不備を理由に交渉拒絶。

二月　二日、日本軍、威海衛占領。

二月一二日、清国北洋艦隊、日本に降伏。

二月一九日、清国講和全権李鴻章、来日。

三月　七日、日本、李鴻章全権に日清講和条約案を提示。

三月二〇日、下関で第一回講和会議。

三月三〇日、日清休戦条約調印。

四月一七日、日清講和条約（下関条約）調印、五月八日批准書交換。

五月二五日、台湾島民が独立宣言。

五月二九日、日本軍艦、台湾遠征のために尖閣列島付近に集合。

六月　二日、台湾受渡ニ関スル日清公文成立。

六月　七日、日本軍、台北占領。

一二月二八日、台湾北部で農民が蜂起。

一八九六年
一月　六日、混成第七旅団、台湾平定に出発。
三月三一日、台湾総督府条例公布。

【資料】


闕名『馬關議和中之伊李問答』台北、臺灣文獻、第四三種。

『清光緒朝中日交渉史料』上・下。

中国第一歴史档案館編『清代中琉関係档案選編』、『清代中琉関係档案選二編』、『清代中琉関係档案選三編』、『清代中琉関係档案選四編』。

『中国古今地名大辞典』。

「台湾省五市十六県詳圖」。


【文献】


伊能嘉矩『台湾文化志』下巻。

信夫清三郎『日清戦争——その政治的・外交的課題』。

藤村道生『日清戦争——東アジア近代史の転換点』。

連文希『李鴻章與臺灣』臺灣文獻、第二三巻第二期、一九七二年。

鄭天杰・趙梅卿『中日海戦與李鴻章』。

入江啓四郎「日清講和と尖閣列島の地位」『季刊・沖縄』第六三号。

呉天穎『甲午戦前釣魚列嶼帰属考——兼質奥原敏雄諸教授』。青山治世訳『甲午戦前釣魚列嶼帰属考——奥原敏雄諸教授への反証』。

黄秀政『臺灣割譲與乙未抗日運動』。

張風翔「李鴻章与中日馬関条約」『内蒙古師大学報』一九九一年第二期。

比嘉朝進『最後の琉球王国——外交に悩まされた大動乱の時勢』。

尾崎重義「尖閣諸島の帰属について」『レファレンス』第二五八号～第二六三号。

5章　日本の尖閣列島領有経過

I 日本の領有意思

一八五九（安政六）年に美里間切詰山方筆者大城永保が清国航海の途次、魚釣島・黄尾嶼・赤尾嶼の三島に接岸して、これら三島の地勢・植物・鳥類を調査した。

一八八四（明治一七）年三月、古賀辰四郎は尖閣列島を巡航し、黄尾嶼に上陸した。以後、彼は、石垣島を根拠地として、尖閣諸島でアホウ鳥羽毛の採取や魚介類の採取に従事した。これにより、一八八五年、古賀は黄尾嶼の開拓許可を沖縄県令に願い出た（→5章Ⅱ）。

同八五年一月に内務省は、沖縄県に対し「沖縄県と清国福州の間に散在する無人島」、すなわち尖閣諸島の調査を命じ、沖縄県は九月に実地調査を行った。

同年九月六日（光緒一一年七月二八日）の『申報』記事「台湾警信」は、「台湾東北辺之海島、近有日本人懸日旗於其上、大有占拠之勢」と報じ、日本人のこうした行動を暴露した。

同年九月二二日沖縄県令西村捨三は内務卿あて上申書で、こう指摘した。古来、沖縄において久米赤島、久場島、および魚釣島と称されている無人島は八重山、宮古などに近く無人島であるので、沖縄県に属することにしても支障ないと考えるが、『中山傳信録』に記載されている釣魚台、黄尾嶼、赤尾嶼と同じものである疑いがあり、国標建設も懸念されるので、実地踏査の後、国標建設はなお指揮を仰ぎたい。

これに対して、一〇月九日内務卿山県有朋は、太政官会議に提出するべく上申案をまとめ、「〔沖縄県〕所轄ノ宮古、八重山等ニ接近シタル無人ノ島嶼」は清国所属の証拠もなく、、沖縄県が国標を建設するのは差し支えないとした。これにつき、外務卿井上馨は、「近時清國新聞紙等ニモ我政府ニ於テ台湾近傍清國所属ノ嶋嶼ヲ占拠セシ等ノ風説ヲ掲載シ、我國ニ対シテ猜疑ヲ抱キシキリニ清政府ノ注意ヲ促シ」おる者あれば、ここで公然と国標を建設するは「清國ノ猜疑ヲ招ク」ことになるので、実地踏査とその報告にとどめるのが得策である、と指摘した。「清國ノ猜疑」とは、前記の『申報』記事が報じていたところであった。

沖縄県は、数回、清国に渡り、その際に、魚釣島、黄尾嶼、赤尾嶼を実見していた大城永保の見聞を聴取し、また出雲丸による実地調査などとともに国標建設の上申書を提出していたが、外務卿の意見で、その国標の建設にはいたらなかった(→5章Ⅲ)。

【経過】

一八五九年、大城永保、魚釣島・黄尾嶼・赤尾嶼に上陸。
一八八四年　三月、古賀辰四郎、尖閣諸島を巡航、黄尾嶼に上陸。
一八八五年　一月、内務省、沖縄県に対し尖閣諸島調査を命令。
　九月　六日、『申報』記事「台湾警信」。
　九月二一日、沖縄県職員石沢兵吾が久米赤島・久場島・魚釣島調査、一一月四日報告書提出。
　九月二二日、沖縄県令西村捨三、内務卿山県有朋あてに久米赤島外二島取り調べの儀上申。

一八九〇年一〇月　九日、内務卿山県有朋、久米赤島・久場島・魚釣島の所轄決定と国標建設に関して太政大臣あて上申。
一〇月二一日、沖縄県令、出雲丸による尖閣列島の実地調査、一一月二日報告。
一一月三〇日、外務卿井上馨が国標建設延期の意見書提出。
一二月　五日、日本政府、沖縄県に対し国標建設不用の回答。
一月一三日、沖縄県知事、久米赤島・久場島・魚釣島の沖縄県所轄決定と国標建設の件を上申。
一八九三年一一月　二日、沖縄県知事、久米赤島・久場島・魚釣島の沖縄県所轄決定と国標建設の件を上申。
一八九四年一二月二七日、内務大臣が国標建設の件で外務大臣と協議。
一八九五年　一月一一日、国標建設の件に対し外務大臣が同意。
一月一四日、閣議、久場島・魚釣島の沖縄県所轄決定と国標建設を認める件を決定、一月二一日沖縄県知事へ指示。
一八九六年　三月　五日、勅令により編入措置。

【資料】


大城永保「久米赤島、久場島、魚釣島、三島取調書」一八八五年一一月二日。

出雲丸船長林鶴末「魚釣、久場、久米赤島回航　報告書」一八八五年一一月二日。

石沢兵吾「魚釣島外二島取リ調べ概略」一八八五年一一月四日。

「久米赤島、久場島及魚釣島版圖編有経緯」一八八五年一〇月九日文書の附記、『日本外交文書』第一八巻。

『日本外交文書』第二三巻。

『沖縄縣史』第一二巻。


【文献】


笹森儀助『南嶋探検――琉球漫遊記』。

奥原敏雄「尖閣列島の領土編入経緯」『政経學会誌』第四号。

尾崎重義「尖閣諸島の帰属について」『レファレンス』第二五八号～第二六三号。

恵忠久『尖閣諸島魚釣島　写真・資料集』。

Ⅱ 日本の現地調査

一八五九（安政六）年に日本人の現地調査が行われており（→5章Ⅰ）、一八八四（明治一七）年三月古賀辰四郎は尖閣諸島を巡航し、黄尾嶼に上陸し、以後、彼は、石垣島を根拠地として尖閣列島でのアホウ鳥羽毛の採取や魚介類の採取に従事した。翌八五年、古賀は黄尾嶼の開拓許可を沖縄県令に願い出た。

同八五年一月、内務省は、沖縄県に対し「沖縄県と清国福州の間に散在する無人島」、すなわち尖閣諸島の調査を命じ、一〇月に実地調査を行った（→5章Ⅰ）。

以後も、尖閣列島の調査が続行され、一八九五（明治二八年）年一月国標の建設が決まった（→5章Ⅲ）。

【経過】


一八五九年、大城永保が久米赤島・久場島・魚釣島探査。

一八八四年　三月、古賀辰四郎が永康丸による探検調査団を派遣。

一八八五年一〇月、沖縄県、出雲丸による調査。

一八八七年　六月、日本軍艦金剛の宮古島・八重山島・尖閣列島調査。

一八九一年、伊沢矢喜太が魚釣島・久場島でアホウ鳥羽毛の採集。

一八九二年　八月、日本軍艦海門による調査。

一八九三年、永井喜右衛門太・松村仁之助が黄尾嶼魚でアホウ鳥羽毛の採集。

一八九三年、伊沢矢喜太が魚釣島・久場島でアホウ鳥羽毛の採集。

一八九三年、野田正が魚釣島・黄尾嶼に上陸。

一九〇〇年　五月三～二〇日、古賀辰四郎が永康丸を派遣、黒岩恒、宮嶋幹之助が学術調査。

一九〇一年、臨時沖縄県土地整理事務局、係官を派遣して各島を実地測量。

一九一〇年、恒藤規隆が古賀辰四郎の要請により資源調査。
一九一四年　四月、海軍水路部、測量船関東丸による実地測量。
一九一五年　五月、海軍水路部、測量船能野丸による実地測量。
一九一七年、海軍水路部、尖閣列島の実地調査。
一九三一年、沖縄県営林署の実地測量。
一九三九年　五月二三日〜六月四日、農林省資源調査団の派遣。
一九四三年　九月二一〜二九日、気象測候所設置の予備調査。

【資料】

笹森儀助『南嶋探検──琉球漫遊記』。

加藤三吾『琉球之研究』。

恒藤規隆『南日本之富源』。

黒岩恒「尖閣列島探検記事」『地學雑誌』第一二輯第一四〇号。

宮嶋幹之助「沖縄県下無人嶋探検記」『地學雑誌』第一二輯第一四〇号、第一四一号、第一四五号。

宮嶋幹之助「黄尾島」『地學雑誌』第一二輯第一四三号、第一四四号。

吉原重康「琉球無人島の探検」『地質學雑誌』第七巻第八〇号。

「琉球群島における古賀氏の功績」一〜七、『沖縄毎日新聞』一九一〇年一月一日〜九日。『那覇市史』資料編第二巻上。

【文献】

喜舎場朝賢『琉球見聞録』。

尖閣列島研究会「尖閣列島と日本の領有権」季刊・沖縄、第五六号。

恵忠久『尖閣諸島魚釣島　写真・資料集』。

Ⅲ 日本の国標建設

日本の沖縄県令、沖縄県知事がそれぞれ一八八五年以降、久米赤島・久場島・魚釣島の沖縄県所轄決定と国標建設の件をたびたび上申していた(→5章Ⅰ)が、閣議の決定による国内法上の行政措置は、一八九五年一月一四日にとられた。

そして一八九六年三月五日、尖閣列島は八重山郡への編入措置がとられた(四月一日施行)。

【経過】

一八八五年　九月二二日、沖縄県職員石沢兵吾が久米赤島・久場島・魚釣島調査、一一月四日報告書提出。
九月二二日、沖縄県令、久米赤島・久場島・魚釣島の沖縄県所轄決定と国標建設・探検の件を内務卿に上申。
一〇月　九日、内務卿山県有朋、久米赤島・久場島・魚釣島の所轄決定と国標建設に関して太政大臣あて上申。
一〇月二一日、沖縄県令、出雲丸による実地調査、一一月二日報告。
一一月三〇日、外務卿井上馨、国標建設延期の意見書提出。
一二月　五日、沖縄県に対し、国標建設不用の回答。

一八九〇年　一月一三日、沖縄県知事、久米赤島・久場島・魚釣島の沖縄県所轄決定と国標建設の件を上申。
一八九三年一一月　二日、沖縄県知事、久米赤島・久場島・魚釣島の沖縄県所轄決定と国標建設の件を上申。
一八九四年一二月二七日、内務大臣、国標建設の件で外務大臣と協議。
一八九五年　一月一四日、閣議、久場島・魚釣島の沖縄県所轄決定と国標建設を認める件を決定、一月二一日沖縄県知事へ指示。
一八九六年　三月　五日、勅令一三号により郡制の沖縄県公布、四月一日施行、沖縄県知事は尖閣列島を八重山郡編入、魚釣島・久場島・南小島・北子島を国有地と決定。

【資料】

「久米赤島、久場島及魚釣島版圖編有経緯」一八八五年一〇月九日文書の附記、『日本外交文書』第一八巻。
『日本外交文書』第二三巻。

大蔵省主税局編『沖縄法制史』、新垣清輝編『沖縄法制史』。

『沖縄縣史』第一三巻。

【文献】

尾崎重義「尖閣諸島の帰属について」『レファレンス』第二五八号〜第二六三号。

恵忠久『尖閣諸島魚釣島　写真・資料集』。

Ⅳ　日本の編入措置

閣議の決定により一八九五（明治二九）年一月四日に国内法上の行政措置がとられ、翌九六年三月五日の勅令一三号で、四月一日尖閣諸島は八重山郡に編入された（↓5章Ⅲ）。

一九〇八（明治四一）年に沖縄県島嶼特別町村制が施行され、尖閣諸島は八重山村字登野城の地番となり、一九一四（大正三）年に八重山村の石垣、大浜、竹富、与那国の四分割により、尖閣諸島は八重山郡石垣村に編入された（↓5章Ⅵ）。

高橋庄五郎は、勅令第一三号は国内法上の措置でないし、沖縄県の一方的行為——国際国際法上の行為ではない——としている（↓3章Ⅴ）が、それは中央の指導による政府の実効的行為と見なされるべきものである。

【経過】

一八九五年　一月一四日、閣議、久場島・魚釣島の沖縄県所轄決定と国標建設を認める件を決定、一月二一日沖縄県知事へ指示。

一八九六年　三月　五日、勅令一三号により郡制の沖縄県公布、四月一日施行、沖縄県知事は尖閣列島を八重山郡編入、魚釣島・久場島・南小島・北子島を国有地と決定。

七月一四日、沖縄県土地整理事務局官制公布。

一二月二一日、沖縄県間切島規程公布。

一二月、土地整理調査会の調査着手。

一九〇一年　五月、臨時沖縄県土地整理事務局が尖閣諸島の実地調査、一九〇三年一〇月二一日完了。

一九〇二年一二月、沖縄県、尖閣列島を大浜間切と決定。

一九〇三年　一月　一日、宮古、八重山に地積条例、国税徴収法公布。

一九〇八年、沖縄県島嶼特別町村制の施行で八重山村字登野城と変更。

七月一三日、熊本営林局、尖閣列島四島の国有林野台帳を沖縄県より引き継ぐ。

一九一四年、八重山村の石垣、大浜、竹富、与那国の四分割で尖閣列島は石垣村に編入。

一九二一年　七月二五日、久米赤島（大正島）を日本国有地と指定。


【資料】


大蔵省主税局編『沖縄法制史』、新垣清輝編『沖縄法制史』。

『那覇市史』資料編第二巻上。

『沖縄縣史』第一三巻。


【文献】


奥原敏雄「尖閣列島の領土編入経緯」『政経學会誌』第四号。

尾崎重義「尖閣諸島の帰属について」『レファレンス』第二五八号～第二六三号。

仲里譲「尖閣列島の領有権問題――日中の主張と先例の法理」『日向学院論集』第二二号。

高橋庄五郎「いわゆる尖閣列島は日本のものか――〝歴史は回答する〟」『アジア・レビュー』第一〇号。

高橋庄五郎『尖閣列島ノート』。

Ⅴ 日本人の開拓

一八八四年以降における古賀辰四郎らによる魚釣島などでの開拓(→5章Ⅱ)とともに、近海での漁業活動も盛んとなった。こうした事実から、八重山島役場はその取締りの必要性が生じ、管轄の沖縄県知事が内務卿あてに尖閣諸島の所轄決定を求めていたが、その回答は、一八九五年一月にあった(→5章Ⅲ)。

釣魚島、久場島、南・北小島の四島は、古賀辰四郎が一八九六年九月に政府から借り受けていたが、翌九七年、彼は開拓に着手し、古賀村が生まれた。そこでの事業は、鳥毛の採取事業が一九一二年まで、燐鉱石採取事業が一九一六年まで、そして鰹漁業が一九四〇年頃までそれぞれ続いた。戦時における食糧事情などの悪化で、それらの作業は中断された。

一九一八年八月一五日に古賀辰四郎が死去し、その事業は嗣子古賀善次に移った。古賀は一九三二年三月国有地四島の払い下げを受け、現在にいたっている。

なお、古賀辰四郎は、その尖閣列島開拓の功により、一九〇九年一一月二二日に藍綬褒章を受けた。

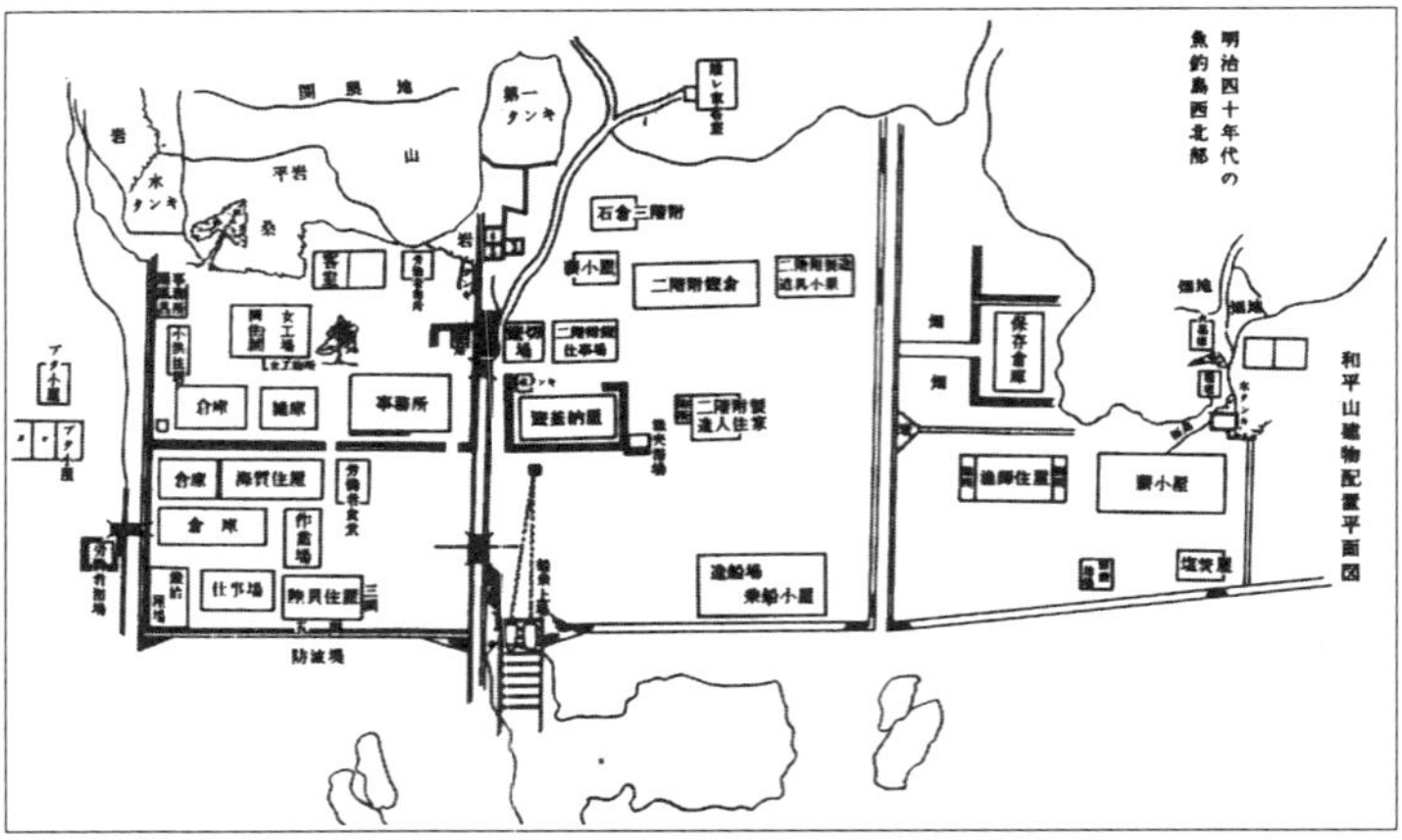

▲古賀辰四郎和平山（魚釣島）事業所配置図、1907年

【経過】


一八八四年、古賀辰四郎が尖閣列島で漁業、鼈甲の捕獲、貝類の採種、アホウ鳥羽毛の採取。

一八九〇年　五月　三～二〇日、古賀辰四郎が永康丸で探検。

一八九一年、伊沢矢喜太が魚釣島、久場島で海産物とアホウ鳥羽毛を採取。

一八九三年、永井喜右門、松村仁之助が黄尾嶼でアホウ鳥羽毛を採取。

一八九三年、伊沢矢喜太が尖閣諸島に上陸、帰路の途中、台風に遭い福州に漂着。

一八九三年、野田正が魚釣島、久場島に赴くが、上陸失敗。

一八九五年　一月一四日、閣議、久場島・魚釣島の沖縄県所轄決定と国標建設を認める件を決定、一月二一日沖縄県知事へ指示。

　六月一四日、古賀辰四郎が四島の借用願提出。

一八九六年　九月、政府、古賀辰四郎に対し四島の三〇年間無料借用の許可付与。

一八九七年、古賀辰四郎、須磨丸で開発に着手。

一九〇九年一一月二二日、尖閣列島開発の功績で古賀辰四郎に藍綬褒章授与。

一九一八年　八月一五日、古賀辰四郎死去、古賀善次が事業継承。

一九二六年　九月、古賀善次、四島の有料借用へ切り替え。

一九三二年、古賀善次が国有地四島の払い下げを申請、三月三一日認可。

一九七二年、古賀善次、南小島・北小島を栗原國起に譲渡。

一九七八年　三月　五日、古賀善次死去、妻花子が栗原國起への遺産継承を確認。

　四月、古賀花子、魚釣島を栗原國起に譲渡。

一九八八年　一月　一日、古賀花子死去、遺言で栗原國起が遺産継承。

　九月　八日、栗原國起、古賀協会を那覇に設立。

一九九六年　一月一九日、古賀協会、古賀父子の業績を称え、石垣市に「古賀辰四郎尖閣列島開拓記念碑」建立。


【資料】

「琉球群島における古賀氏の功績」一～七、『沖縄毎日新聞』一九一〇年一月一～九日。『那覇市史』資料編第二巻上。

【文献】

仲里譲「尖閣列島の領有権問題——日中の主張と先例の法理」『日向学院論集』第二三号。

Ⅵ 日本の実効的支配

一八九五年一月、尖閣列島は日本領土に編入され（→5章Ⅳ）、その四島は一九〇二年の沖縄県土地整理局の土地整理事業を通じて、大浜間切登野城村とされ、以下の地番が設定された。

南小島　登野城村二三九〇番地。

北小島　登野城村二三九一番地。

魚釣島　登野城村二三九二番地。

久場島　登野城村二三九三番地。

この四島は古賀辰四郎が一八九六年九月政府から借り受けていたが、翌九七年に開拓に着手し、古賀村が生まれた。そこでの事業は、一九四〇年頃まで継続された（→5章Ⅴ）。

一九〇八年七月一三日熊本営林局は、尖閣諸島四島の国有林野台帳を沖縄県より引き継いだ。

一九四〇年二月六日に大日本航空の連絡便（福岡―那覇―台湾ルート）が魚釣島に不時着した。このため、八重山警察署から警官一三名が派遣された。

【経過】

一九〇一年　五月、臨時沖縄県土地整理事務局が尖閣列島の実地調査。

一九〇二年一二月、沖縄県、尖閣諸島を大浜間切登野城村と決定。

一九〇七年　八月一九日、福岡鉱山監督署、古賀辰四郎に対し尖閣列島での燐鉱採掘願を許可。

一九〇八年　七月一三日、熊本営林局、尖閣列島四島の国有林野台帳を沖縄県より引き継ぐ。

一九二一年　七月二五日、久米赤島（大正島）を国有地と指定。
一九四〇年　二月　六日、大日本航空の連絡便（福岡―那覇―台湾ルート）が魚釣島に不時着。

【資料】
臨時沖縄縣土地整理事務局編「大浜間切南小島全圖」一九〇六年。
大蔵省主税局編『沖縄法制史』。新垣清輝編『沖縄法制史』。
『那覇市史』資料編第一巻上。
『沖縄縣史』第一三巻。

【文献】
牧野清「尖閣列島小史」『季刊・沖縄』第五六号。

Ⅷ　魚釣島中国人遭難事件

一九一九（大正八）年、中国福建省漁民三一人が魚釣島に遭難した。同島で活動中の古賀善次が彼らを救助し、彼らは中国へ送還された。

これに対し、一九二〇年五月二〇日長崎駐在中国領事馮冕が石垣村村長豊川善佐と古賀善次に対し感謝状を送った。感謝状には「日本帝国沖縄県八重山郡尖閣列島内和洋島」とあった。和洋島は魚釣島を推していた。

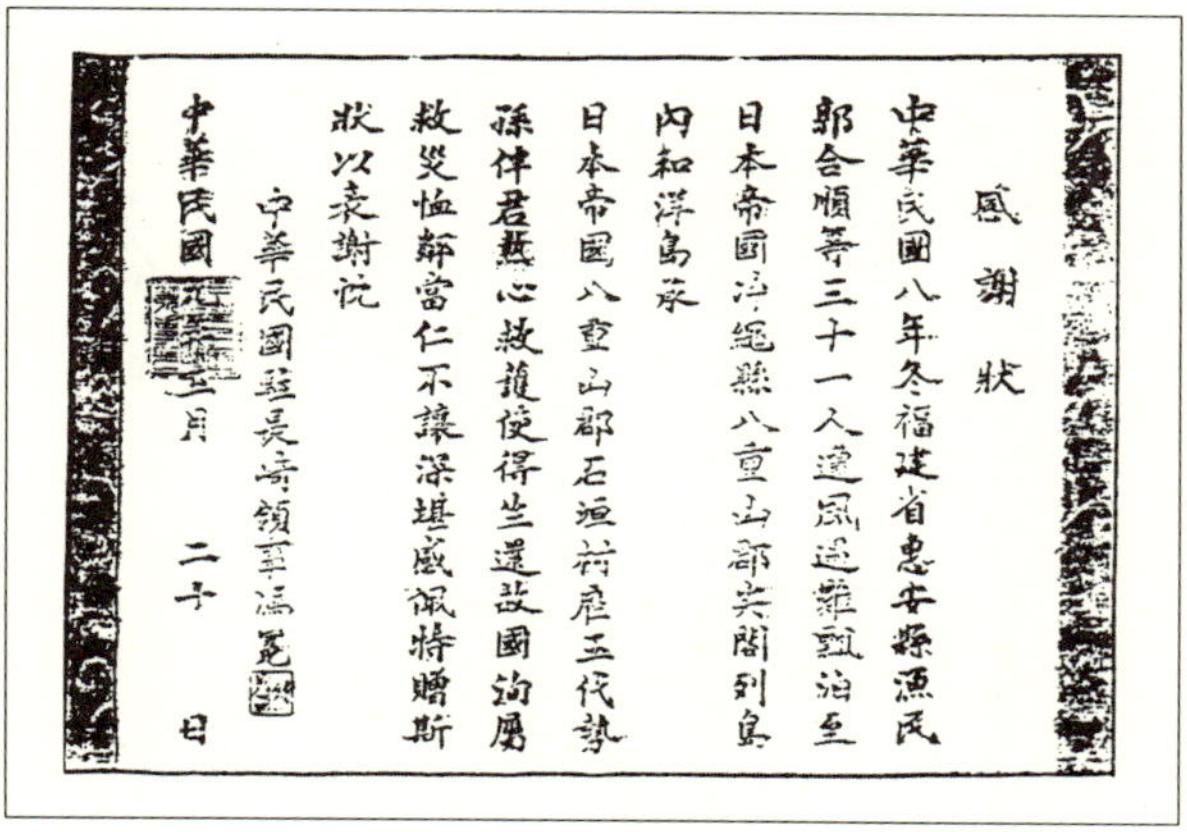
感謝狀
中華民國八年冬福建省惠安縣漁民
郭合順等三十一人遭風遇難飄泊至
日本帝國沖繩縣八重山郡尖閣列島
内和洋島承
日本帝國八重山郡石垣村雇玉代勢
孫伴君熱心救護使得生還故國洵屬
救災恤鄰當仁不讓深堪感佩特贈斯
狀以表謝忱
中華民國駐長崎領事馮冕
中華民國九年五月　二十　日

▲中国領事の感謝状、1920年

【経過】

一九一九年　中国福建省漁民三一人が魚釣島に遭難、古賀善次が救助、中国へ送還。

一九二〇年　五月二〇日、長崎駐在中国領事馮冕が石垣村村長豊川善佐と古賀善次に対し感謝状。

【文献】

牧野清「尖閣列島小史」『季刊・沖縄』第五六号。

尾崎重義「尖閣諸島の帰属について」『レファレンス』第二五八号〜第二六三号。

緑間栄『尖閣列島』。

Ⅷ 石垣町民魚釣島遭難事件

一九四〇年二月における大日本航空機の尖閣列島不時着事件（↓5章Ⅵ）に続き、一九四五年六月三〇日台湾に疎開途中の石垣町民一八〇人が米軍機の銃撃で魚釣島に漂着し、八月一三日救出された。魚釣島は、戦時にもかかわらず、その管制は行き届いていた。


【経過】

一九四五年　六月三〇日、台湾に疎開途中の石垣町民が米軍機の銃撃で魚釣島に漂着。

【文献】

牧野清「尖閣列島小史」『季刊・沖縄』第五六号。

尾崎重義「尖閣諸島の帰属について」『レファレンス』第二五八号〜第二六三号。

6章　米軍の琉球支配

I　琉球列島の地理的境界

米軍は一九四五年四月南西諸島を占領したが、一九四六年一月二九日の連合国最高司令部覚書によって北緯三〇度以南の諸島は日本の行政管轄外とされ、尖閣諸島もその中に含められた。

一九五〇年九月一日施行の群島組織法では、宮古島群島に大正島、そして八重山群島に他の諸島が含められた。その第一条は、以下のとおり規定している。

A奄美群島は、左の境界線内の島およびその低潮線より三カイリの水域とする。……

B沖縄群島は、左の境界線内の島およびその低潮線より三カイリの水域とする。……

C宮古群島は、左の境界線内の島およびその低潮線より三カイリの水域とする。

北緯二七度・東経一二四度二分を起点として、

北緯二四度・東経一四四度二〇分、

北緯二四度・東経一二八度の点を経て起点に至る。

D八重山群島は、左の境界線内の島およびその低潮線より三カイリの水域とする。

北緯二七度・東経一二四度二分を起点として、
北緯二四度・東経一二二度の点、
北緯二四度・東経一二四度四〇分の点を経て起点に至る。

一九五二年四月一日奄美・沖縄・宮古・八重山四群島統合の琉球政府が発足した。

一九五二年琉球政府章典では、政治的・地理的管轄区域を、第一条で、以下のとおり規定している。

北緯二八度・東経一二四度四〇分を起点として、
北緯二四度・東経一二二度の点、
北緯二四度・東経一三三度の点、……
の点を経て起点に至る。

奄美群島は、一九五一年平和条約にしたがい、一九五三年一二月二五日に分離されて日本に返還された。これに伴い、一九五三年一二月一九日米民政府は、琉球列島の地理的境界を再指定し、それは一一月二四日遡及施行された。その第一条で、管轄区域として、以下の再指定をみた。

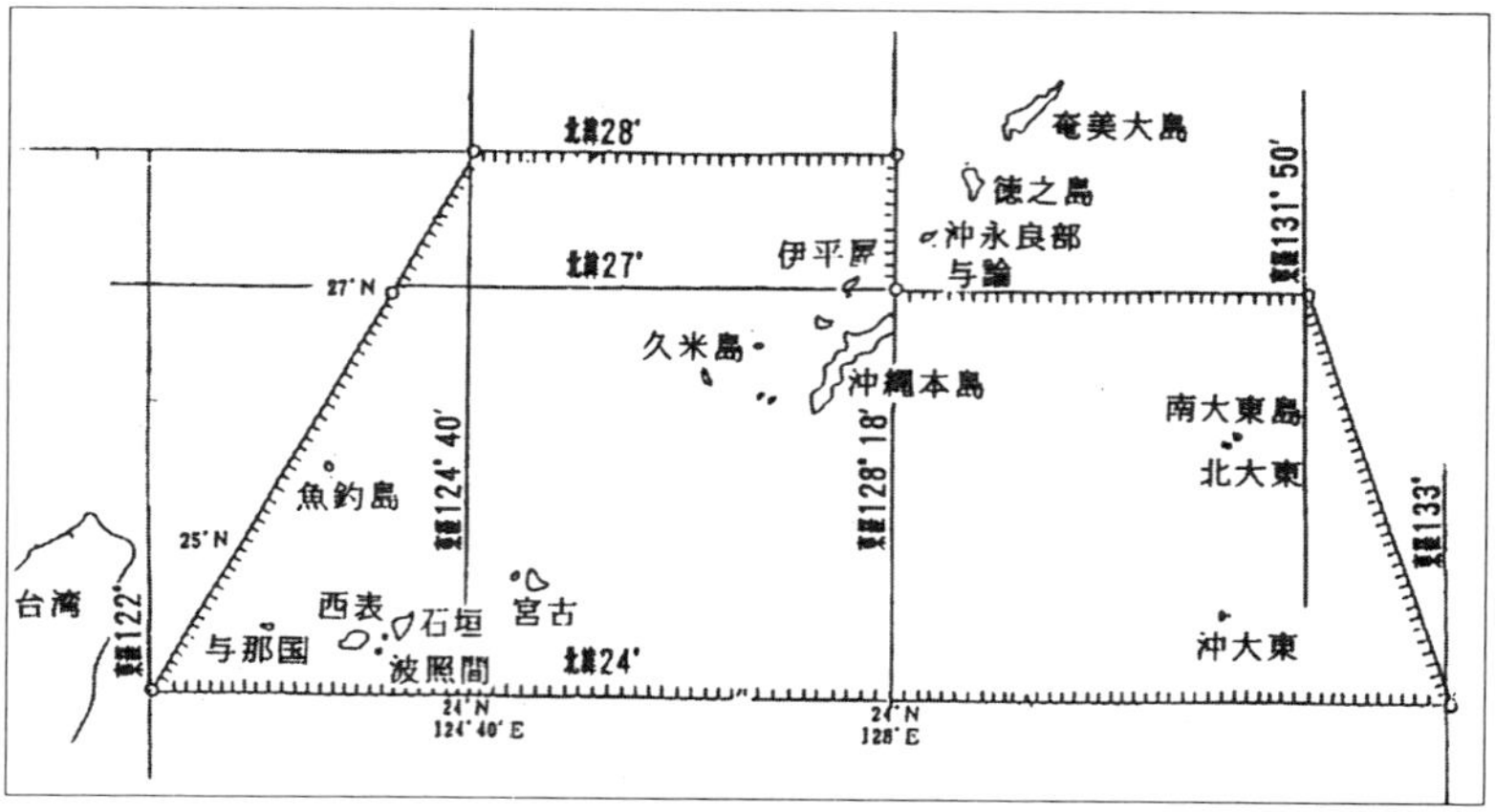

▲琉球列島地理的境界線、1953年

北緯二八度・東経一二四度四〇分を起点として、
北緯二四度・東経一二二度の点、
北緯二四度・東経一三三度の点、……
の点を経て起点に至る。

【経過】

一九四五年　四月　一日、米軍、沖縄上陸。
　四月　五日、沖縄の行政・司法権停止。
　五月三〇日、米軍、首里城占領。
　六月二三日、軍司令官牛島満中将、沖縄県知事島田叡が自決。
　六月二三日、米軍、久米島上陸。
　六月三〇日、米軍の掃討作戦終了。
　七月、米海軍軍政府布告で日本政府の住民行政権限の停止。
　九月二九日、米海軍軍政府、米陸軍軍政府組織・運営手続き指令。
　一〇月　一日、米海軍軍政府、軍政地区設立指令。
一九四六年　一月二九日、GHQ、北緯三〇度以南の南西諸島に対する日本からの分離指令。
一九五〇年　八月　四日、米軍政府、群島組織法公布、九月一日施行。
一九五二年　二月二九日、米民政府、琉球政府章典公布、四月一日施行。
一九五三年　一月　七日、米民政府、琉球列島出入国管理令公布、施行。
　一二月一九日、米民政府、琉球列島の地理的境界の再指定、一一月二四日遡及施行。
一九五四年　二月一一日、米民政府、琉球列島改正出入管理令公布、二月一五日施行。
一九五七年　六月　五日、米民政府、琉球列島管理行政命令。
一九六〇年　七月一二日、米国、プライス法制定。

一九七〇年　五月一五日、沖縄返還協定調印、一九七二年五月一五日発効。
　　九月一〇日、米国務省報道官マクロスキーが南西諸島には尖閣列島も含まれると説明。

【資料】

『沖縄縣史』第九巻、第一〇巻。

琉球政府立法院事務局法規課編『琉球法令集（布告布令編）』。

毎日新聞社図書編集部編『対日平和条約』。

南方同胞援護会編『沖縄問題基本資料集』。

南方同胞援護会編『沖縄復帰の記録』。

中野好夫編『戦後資料・沖縄』。

『アメリカの沖縄統治関係法規総覧』一～四。

宮城栄昌・高宮廣衛編『沖縄歴史地図――歴史編』。

【文献】

上地一史『沖縄戦史』東京、時事通信社、一九五九年。

大田昌秀『これが沖縄戦だ』那覇、琉球新報社、一九七七年。

神田明仁・中曽根義人『日本の最後の戦い』那覇、月刊沖縄社、一九七七年。

那覇出版社編『沖縄戦』那覇、那覇出版社、一九八二年。

入江啓四郎『日本講和条約の研究』。

国際法学会編『平和条約の綜合研究』上・下、有斐閣、一九五二年。

高野雄一『日本の領土』東京、東京大学出版会、一九六二年。

宮里政玄『アメリカの琉球統治』東京、岩波書店、一九六六年。

宮里政玄『戦後沖縄の政治と法　一九四五―七二年』東京、東京大学出版会、一九七五年。

宮里政玄『日米関係と沖縄　一九四五―一九七二』東京、岩波書店、二〇〇〇年。

尾崎重義「尖閣諸島の帰属について」『レファレンス』第二五八号～第二六三号。

Ⅱ　米軍の実効的支配

一九五一年一二月一九日米民政府は、琉球列島の地理的境界を再指定し、一一月二四日の遡及施行とした（→6章Ⅰ）。

同五一年に久場島と大正島は米軍実弾演習地域に指定され、とくに久場島は特別演習地域（永久危険区域）となった。大正島については、一九五八年七月一日米民政府が所有者古賀善次と米軍用地貸与につき基本賃借契約を結んだ。

一方、尖閣諸島を管轄した石垣市は一九六一年四月一一日に固定資産税のための現地調査をした（→6章Ⅷ）。

琉球政府は、尖閣諸島に対する米民政府の指示のもと、その巡視と立ち入りにつき警告を発し、実効的支配を維持した（→6章Ⅶ）。

【経過】

一九五一年、久場島と大正島を米軍実弾演習地域に指定。
　一二月一九日、米民政府、琉球列島の地理的境界の再指定、一一月二四日遡及施行。
一九五八年　七月　一日、米民政府が古賀善次と大正島の米軍用地貸与で基本賃借契約成立。
一九六一年　四月一一日、石垣市が固定資産税のための現地調査。
一九六八年　九月　三日、
　一〇月二一日、
一九六九年　三月二八日、
一九七〇年　一月二九日、
　警告板設置に関する米・琉球政府往復書簡。
一九七〇年　七月　七日～一六日、魚釣島二本、久場島二本、大正島一本、北小島一本、南小島一本（七月一〇日付）の警告板設置。

▲尖閣諸島の警告版、1970年

【資料】

琉球米民政府文書「米軍の射撃演習の地域と範囲」一九六九年三月一七日。

『季刊・沖縄』第五六号、第六三号。

沖縄県編『沖縄県の基地』那覇、沖縄県、一九七五年。

【文献】

尾崎重義「尖閣諸島の帰属について」『レファレンス』第二五八号～第二六三号。

Ⅲ 台湾人の尖閣諸島進出

一九五〇年代以降、尖閣諸島海域で台湾漁船の活動が活発化したが、台湾人は尖閣諸島を外海の無人島と解していた。

一九六八年八月琉球政府出入国管理庁の調査で、南小島でのサルベージ解体作業が判明した。この作業では、労働者四五名が台湾「警備司令部」の出国許可証を保持していたが、琉球政府は、彼らに対し不法入域者として退去を勧告した。以後、作業従事者は、駐台湾米大使館を通じて琉球高等弁務官の許可を得て、入域した。台湾「警備司令部」の出国許可証を保持していた責任者は、所有の解体許可証は、逓信省発行のもので、解体現場は緯度のみで示され、作業現場は「基隆外海」とされていた。さらに、その責任者は、基隆港湾局の出港許可書を保持していた。

同許可証には、国名・地名の記入欄が空白となっていて、その場所は具体的に記入されていなかった。

彼らは、退去命令により解体業者は一時、台湾に戻った後、琉球政府から一九六九年一〇月三一日までの滞在条件で南小島に再上陸し作業した。

次いで、一九七〇年七月、台湾船大通号による、久場島での貨物船海生二号スクラップ作業事件が判明した。この事件では、作業者は大通号の出航許可書を持参していたが、日本への入国許可はとっていなかった。出航許可書は、目的地を無人島とし、一九六八年の場合と同様に、国名・地名は空白であった。この空白をもって、台湾当局が久場島を帰属未定の無人島として扱っていたことは意味しない。

以上の事件は、尖閣諸島に対する台湾支配を意味するものでない。一方、入域許可証の発行は、当該国による主権の行使であるが、その対象は明記されていないので、そこでは、自国内のみの権力行使である。

そこでは、尖閣諸島は米民政府の実効的支配にあった（→6章Ⅱ、Ⅶ）。

【経過】

一九六八年　三月、台風で久場島に台湾籍貨物船が座礁、台湾人が解体作業に従事。
一九六八年　六月、南小島でサルベージ会社、興南工程所（一九六八年三月一二日台湾が認可）がパナマ船籍シルバー・ピーク号（一万トン）の解体作業。
一九六九年　八月　二日、琉球政府が南小島のサルベージ活動を確認、入域許可証がないために興南工程所に対し退去命令。八月三〇日、サルベージ会社、駐台湾米大使館より入域許可証取得（許可証の有効期限は一九六九年一〇月三一日）。
一九七〇年　七月一一日、琉球政府が久場島での解体作業を確認。

【資料】

琉球政府八重山出張所長「尖閣列島における不法入域台湾人の調査報告書」一九六八年八月一五日。
琉球政府文書「尖閣列島における台湾漁船の領海侵入の取締」一九六八年九月一九日。
琉球政府出入国管理庁文書「八重山石垣市尖閣列島南小島近辺において沈船の解体作業に従事する作業員及び船舶の琉球列島入域許可について」一九六八年八月三〇日。
『季刊・沖縄』第五六号、第六三号。
浦野起央・他編『釣魚台群島（尖閣諸島）問題　研究資料匯編』。

【文献】

勝沼智一「尖閣列島の領土問題の歴史と法理」『法学志林』第七一巻第一号。
緑間栄『尖閣列島』。

Ⅳ 尖閣諸島の日本船銃撃事件

一九五五年三月二日日本船第三清徳丸が国籍不明船により銃撃され、三人が行方不明になった。この事件に関連して、台湾当局は、琉球船舶が釣魚台海域に侵入したためとしており、台湾船の砲撃を受けたのは当然である、と指摘したとの報道があった。

この事件を、琉球政府は台湾による侵犯行為と判断したようであるが、対外的には、十分な措置はとりえないで終わった。こうした事件の発生は、台湾としては、釣魚台島嶼一帯は外海であるが、漁業などにみるように自己の生活圏と判断して行動しているために起こったところにその原因があった、と考えられる（↓3章Ⅳ）。

【経過】

一九五五年　三月　二日、日本船第三清徳丸を国籍不明船が銃撃。
　　　　　　三月　五日、琉球立法院、米民政府、日本政府、および国際連合に対し事件の調査を要望する決議採択。
　　　　　　一〇月二八日、琉球政府、被害者に対し見舞い金支払い。

【資料】

琉球政府文書「尖閣列島海域での第三清徳丸被災による救援金交付申請」一九六七年八月二三日。

【文献】

仲里譲「尖閣列島の領有権問題――日中の主張と先例の法理」『日向学院論集』第二三号。

緑間栄『尖閣列島』。

尾崎重義「尖閣諸島の帰属について」『レファレンス』第二五八号～第二六三号。

石原昌家『空白の沖縄社会史　戦果と蜜貿易の時代』晩聲社、二〇〇〇年。

V　尖閣諸島の学術調査

米軍の施政下にあっても、尖閣諸島では、日本側は一連の学術調査を実施しており、その調査は地質・資源・生物相の各方面にわたった。

【経過】
一九五〇年　三月二八日～四月九日、昆虫分布など琉球大学生態学術調査。
一九五二年　三月二七日～四月二八日、琉球大学第二次生物相・資源調査。
一九五三年　七月二七日～八月一一日、琉球大学第三次生物相調査。
一九六三年　五月一五～二一日、琉球大学第四次海鳥・植物生態・海洋気象調査。
一九六八年　七月　六～一〇日、総理府学術調査団・琉球大学・琉球政府合同の地下資源・水質・海鳥・植生調査。
一九六九年　五月三〇日～七月一八日、総理府第一次学術調査団の海底地質調査。
一九七〇年　五月二五日～六月二七日、総理府第二次学術調査団の海底地質調査。
九月二八日、琉球大学第五次学術調査、三〇日気象条件の悪化で中止。
一一月二九日～一二月一二日、九州大学・長崎大学探検部合同調査隊の地質・生物相・海鳥・水産昆虫類調査。
一九七一年　三月三一日～四月八日、琉球大学総合学術調査団の植物・海鳥・地質・海洋動物調査。
一九七九年　六月　七日、同尖閣諸島学術調査が完了。

【資料】


多和田真淳「尖閣列島の植物相について」『琉球大学農学部学術報告』第一号。

高良鉄夫「尖閣列島の動物相について」『琉球大学農学部学術報告』第一号。

高良鉄夫「尖閣列島のアホウ鳥を探る」『南と北(南方同胞援護会)』第二六号。

高良鉄夫「尖閣列島の海鳥について」『琉球大学農学部学術報告』第一六号。

兼島清「尖閣列島の水質」『琉球大学理学部紀要』一九六九年。

高岡大輔「尖閣列島周辺海域の学術調査に参加して」『季刊・沖縄』第五六号。

東海大学「第二次尖閣列島周辺海底地質調査報告書」『季刊・沖縄』第五六号。

琉球大学尖閣列島学術調査団編『尖閣列島学術調査報告』琉球大学、一九七一年。

九州大学・長崎大学合同尖閣列島学術調査隊『東支那海の谷間——尖閣列島　九州大学・長崎大学合同尖閣列島学術調査隊報告』九州大学・長崎大学合同尖閣列島学術調査隊、一九七三年。

Ⅵ　尖閣諸島の石油・天然ガス開発

那覇在住の大見謝恒寿は、一九六一年当時から、沖縄・宮古・八重山周辺海域の石油・天然ガス調査を行ってきた(→2章Ⅱ)が、一九六九年二月二〜三日尖閣諸島周辺海域での鉱業権五二二九件を出願し、一二月尖閣諸島大陸棚における石油鉱床説明書を提出した。日本政府も、調査活動を行ってきており、これは、一九六二年以来の石油鉱床調査の動向を反映していた。さらに、ECAFEがこの海域で調査を実施し、一九六八年に報告書を提出した(→2章Ⅱ)。

以来、中国、台湾が領有権の主張を行うようになった(→2章Ⅳ)。

【経過】

一九六一年、那覇在住の大見謝恒寿が沖縄・宮古・八重山周辺海域の石油・天然ガス調査。

一九六二年　六月、東海大学教授新野弘論文「中国東海と朝鮮海峡の海底地層及び石油展望」。

一九六八年　七月六～一〇日、総理府派遣調査団、尖閣列島魚釣島調査。

一〇月、ＥＣＡＦＥアジア海域沿岸海底鉱物資源共同調査委員会ＣＣＯＰが尖閣列島海域を含む東シナ海海域で海底調査、五月調査報告。

一九六九年　二月二～三日、大見謝恒寿が尖閣列島周辺海域に対する鉱業権五二一九件を出願。

五月三〇日～七月一八日、総理府が第一次尖閣列島周辺海底地質調査団（団長新野弘）派遣、尖閣列島海域の海底地質調査、八月二八日調査報告。

七月一七日、台湾当局、台湾海岸に隣接する領海外の大陸棚に存在する天然資源に対する主権行使の声明。

一九七〇年　五月二五日～六月二七日、総理府、第二次尖閣列島周辺海底地質調査団（団長星野通平）派遣、八月二〇日調査報告。

【資料】

Hiroshi Niino & Kenneth O. Emery, "Sediment of Shallow Portions of East China Sea and South China Sea," *Geological Society of America*, Vol.72.

Kenneth O. Emery & H. Niino, "Strategraphy and Petroleum Prospects Korean Strait and the East China Sea," *Geological Survey of Korea, Report of Geographical Exploration*, Vol.1.

Kenneth O. Emery et al., *ECAFE Committee for Co-ordination of Joint Prospecting for Mineral Resources in Asian Offshore Areas (CCOP), Technical Bulletin*, Vol.2.

東海大学「第二次尖閣列島周辺海底地質調査報告書」『季刊・沖縄』第五六号。

【文献】

Seling S. Harrison, *China, Oil, and Asia: Conflict Ahead ?*. 中原伸之訳『中国の石油戦略――大陸棚資源開発をめぐって』。

Ⅶ 尖閣諸島の巡視

一九五〇年頃から、台湾人漁民による尖閣諸島海域での不法操業が目立ち、さらに一九六八年頃から、台湾人労働者が尖閣諸島に不法上陸し、沈船の解体作業に従事するようになった（→6章Ⅲ）。

こうした台湾人の入域事件で、一九六八年以降、米琉球政府は、尖閣諸島への不法入域に対し警告板を設置するなどの措置をとった（→6章Ⅲ）

そして、一九七〇年七月米民政府は、軍用機による哨戒行動、警官・ボートによる巡視、尖閣諸島における不法入域者に対する警告板の設置などの措置をとった。同時に、琉球政府は、巡視艇ちとせによる毎月一回の定期的な巡視を実施し、不法上陸者に対し検挙し、不法操業の漁船には退去命令を出すなどの取締りを行った。

【経過】

一九七〇年　六月、琉球政府、久場島で巡検、不法入域者一四名に退去命令。
七月七～一六日、米民政府が不法入域者に対する警告板を五島に設置。
七月　九日、琉球政府、魚釣島に上陸の台湾人漁民、黄尾嶼沖合で活動中の台湾人に対し退去命令。
九月一五日、巡視艇ちとせが魚釣島に掲揚されていた中華民国の青天白日満地旗を撤去、米民政府と琉球政府の指示で取得物として石垣島に持参。

一九七二年　四月一一～一二日、琉球警察署八重山署が尖閣諸島の海上巡視、操業中の台湾船に対し領海外へ退去命令。

一九七六年　七月八～九日、海上保安庁巡視船なえやまが密漁取締り。

一九七八年　四月一四日、武装中国船団の領海侵犯。

【資料】

琉球政府八重山出張所長「尖閣列島における不法入域台湾人の調査報告書」一九六八年八月一五日。
琉球政府文書「尖閣列島における台湾漁船の領海侵入の取締」一九六八年九月一九日。

琉球政府文書「尖閣列島における警告板設置について」一九七〇年七月一二日／一四日。

琉球政府文書「尖閣列島の警告板設置に関する復命書」一九七〇年七月二四日。

『季刊・沖縄』第五六号、第六三号。


【文献】

勝沼智一「尖閣列島の領土問題の歴史と法理」『法学志林』第七一巻第一号。

緑間栄『尖閣列島』。

Ⅷ　石垣市の行政措置

尖閣諸島は石垣市の管轄にあり（↓6章Ⅱ）、一九六一年四月一一日石垣市は土地賃貸安定法に基づき土地等級設定のために係員一一名が尖閣諸島に赴いた。

さらに、石垣市長以下の関係者が一九六九年五月九日尖閣諸島の行政管轄を示す標識設置のために、危険で容易に上陸ができない沖ノ南岩、沖ノ北岩、および飛瀬を除く、魚釣島、久場島、大正島、北小島、南小島の五島に赴き、コンクリート製の標識を設置した。この際、魚釣島には、沖ノ南岩、沖ノ北岩に飛瀬をも加えた魚釣島、久場島、大正島、北小島、南小島の八島についてのトラバーチン製の標柱を建立した。

▲石垣市建立の尖閣諸島標柱、1969年

【経過】

一九六一年　四月一一日、行政管轄の石垣市が固定資産税のための現地調査。
一九六九年　五月　九日、石垣市市長以下が五島に行政管轄を示す標識設置。
一九九六年　八月二三日、石垣市議会議長石垣宗正ら北小島・魚釣島を踏査。

【資料】

石垣市文書「尖閣群島標柱建立報告書」一九六九年五月一五日。

【文献】

恵忠久『尖閣諸島魚釣島　写真・資料集』。

Ⅸ　沖縄返還協定をめぐる混乱

一九七一年六月沖縄返還協定の調印を前にして、注目されてきた東シナ海石油資源をめぐって一九六九年七月以降、中国、台湾より尖閣諸島に対する領有権の主張がなされるようになった（↓6章Ⅵ）。

台湾は、一九七〇年七月に尖閣諸島海域での石油探査に着手した（↓2章Ⅳ）。

当時、台湾の立場は、以下の点にあった。

一、釣魚台島嶼は、台湾大陸棚の一部である（↓2章Ⅳ）。

二、釣魚台島嶼は、古来、台湾の一部であった（↓2章Ⅲ）。

三、釣魚台島嶼は、元来、ポツダム宣言によって台湾に返還されるべきものである（↓1章Ⅵ）。

この台湾の主張は、返還当事者たる米国として認めるところではなく、尖閣諸島を含む琉球列島全域が日本に返還された。これに対し、台湾の抗議行動が展開された。

この台湾の抗議は中国も支持しており、中国がかかる日本、米国の措置を批判した。
一方、大陸棚開発をめぐり、台湾当局は、日・韓・台三国民間レベルの協力による開発に同意した。このことは、中国のより厳しい批判を招いた。

【経過】

一九六九年　七月一七日、台湾当局、台湾海岸に隣接する領海外の大陸棚に存在する天然資源に対する主権行使の表明。

一九七〇年　七月、台湾当局、パシフィック・ガルフ社に石油探査権許可、八月七日パシフィック・ガルフ社が地質調査に着手の声明。

八月一〇日、愛知撥一外相が参議院沖縄・北方領土特別委員会で台湾の石油開発措置は無効と言及。

八月二一日、台湾当局立法院、大陸棚条約を批准、大陸棚限界規定を決定。

八月二五日、台湾当局立法院、尖閣島嶼周辺の海域石油資源探採条例を採択。

八月二七日、中華民国国民大会代表全国聯誼会、釣魚台の台湾領有を主張する決議採択。

八月三〇日、『台北新生報』社論「尖閣群島付近の大陸棚はわが国の主権に属する」。

八月三一日、琉球立法院、尖閣列島の領土防衛要請決議採択、日本・米国両政府に対し要請。

九月　二日、台湾水産試験所の海憲丸が釣魚台に青天白日満地紅旗を建て領土権を主張、九月一五日琉球政府が日本・米国政府と打ち合わせの上で同旗を撤去。

九月　三日、台湾、東シナ海海底資源問題の民間レベル協議に入ることで原則的に合意。

九月　五日、台湾当局外交部長魏道明、立法院で「釣魚台など五島は国民政府に属する」と発言。

九月一〇日、琉球政府が尖閣諸島の領有権と大陸棚資源開発主権に関して主張、これに関連して、マクロスキー米国務省報道官が「尖閣諸島は琉球の一部」と表明、琉球政府もこれを確認。

九月一二日、愛知揆一外相が衆議院沖縄・北方問題特別委員会で「尖閣諸島は日本領土沖縄県の一部」と再確認。

九月一八日、那覇市に尖閣列島石油等開発促進協議会発足。

九月二一日、台湾漁業協同組合、日本海上自衛隊が台湾漁船団の操業を妨害と抗議。

九月二八日、台湾宣蘭県基隆市の漁業界が政府に対し釣魚台群島海域に出漁する漁船の保護を要請。

九月三〇日、台湾当局省議会、釣魚台群島はわが国固有領土と主張した決議採択。

一〇月一五日、台湾国営の中国石油公司、釣魚台周辺の石油探査を決定、五大「海域石油鉱保留区」設置。

一〇月一六日、台湾当局、釣魚台島嶼の大陸棚資源の領有を主張する声明。

一〇月二三日、尖閣諸島の大陸棚問題で板垣修駐台湾日本大使が沈昌煥台湾当局外交部次長と会談、日本は尖閣諸島の日本帰属を確認。

一〇月、在米中国人留学生が日本の釣魚台群島領有権主張と同主張への米国の同調に抗議して「釣魚台保衛行動委員会」結成。

一一月一二日、日・韓・台三国連絡委員会のソウル開催、東シナ海大陸棚石油資源の共同開発で合意。

一二月　四日、『人民日報』記事「米国の支持で日本が釣魚群島を版図に組み入れている」が、台湾に付属する釣魚島などの島嶼は台湾に付属した中国領土と主張、日・韓・台三国共同開発を非難。

一二月二一日、日本・韓国・台湾三国連絡委員会として財界人の海洋開発研究連合委員会設立、一二月二八日『人民日報』これを非難。

一二月二四日、中央石油・米ガルフ・オイル社の尖閣諸島地域での石油探査はすでに一八〇〇平方キロメートル終了、三カ月以内にすべて完了と、『中央日報』報道。

一二月二九日、『人民日報』論評「米・日反動派によるわが国の海底資源の略奪を絶対に許さない」。

一二月三〇日、北京放送、釣魚群島は一五五六年に胡宗憲が倭寇討伐総督に任命された当時、その防衛範囲にあったと歴史的記述を紹介。


一九七一年　一月二九〜三〇日、「釣魚台保衛行動委員会」がワシントンの在米日本大使館、ニューヨーク・ロサンゼルス・サンフランシスコ各地の日本総領事館に抗議デモ。

二月一八〜二〇日、在香港日本総領事館文化センターに中国人学生・青年デモ、抗議文書を提出。

二月二三日、台湾当局外交部長魏道明、立法院で「釣魚台諸島は歴史・地理・使用実態から『中華民国』領土」と表明。

二月二四日、台湾当局、駐台湾日本大使板垣修に対し「釣魚台諸島は地理的にも歴史的にも中国（国府）領土と主張、日本の立場を拒否。

三月一六日、「日本・韓国・台湾三国連絡委員会海洋開発研究連合委員会」、民間ベースでの尖閣諸島を含む大陸棚共同開発の協力推進で合意。

四月　一日、ワシントンで華商・中国人学生二五〇〇人が「釣魚台列島は中国領土であり、米・日反動派による侵略に抗議する」集会・デモ。

四月　九日、プレイ米国務省報道官、事態の混乱で四月八日尖閣諸島海域での石油開発は好ましくないとパイフィック・ガルフ社に対し開発中止を申し入れたと発表。

四月一〇日、台湾当局外交部、「釣魚台はわが国領土の一部であり、米軍施政終了の時点でわが国に返還すべきである」と主張。

四月一〇〜二〇日、ワシントンで駐米日本大使館に向け中国人留学生の抗議デモ、このデモで中国国民党機関紙『中央日報』社論が学生は学業に専心せよと指摘。

四月一一日、新華社、沖縄返還に触れて「日本が中国領土侵犯の準備」と報道。

四月二〇日、台湾当局外交部、釣魚台列嶼の主権声明。

四月二一日、台湾当局外交部長周書楷、国立台湾大学で「政府は釣魚台などの主権は絶対に護持し、譲歩しないことを確約する」と演説。

五月　一日、『人民日報』論評「中国の領土主権に対する侵犯は許さない」。

五月二三日、『ニューヨーク・タイムズ』に釣魚台を沖縄とともに日本に返還しないよう求める広告。

六月一一日、台湾当局外交部、六月一七日調印予定の沖縄返還協定には尖閣諸島を返還区域に含めていると抗議声明。

六月一六日、台北に「保衛釣魚台委員会」成立、日本大使館に抗議デモ。

六月一七日、沖縄返還協定調印。

六月一七日、プレイ米国務省報道官、「尖閣諸島が日本に返還されても、台湾の立場は少しも損なわれない」と発言。

六月一七日、台北で国立台湾大学学生が抗議デモ、日本政府あて抗議書提出、全国同胞あて告書採択。

六月二九日、台湾当局軍部が釣魚台周辺海域を三時間半にわたり巡視、七月二日公式発表。

七月　七日、香港ビクトリア公園で香港学生連合会の約五〇〇人デモ、代表二名が在香港日本総領事館に抗議文書提出。

七月二〇日、佐藤栄作首相、参議院本会議で尖閣列島の日本領有権を確認、その領有権と大陸棚問題は別、後者については関係国と協議と答弁。

八月二三日、香港大学で日本の釣魚島領有に抗議する集会。

九月一八日、香港で中国人青年約一〇〇〇人、「日本帝国主義の釣魚島侵犯反対」デモ。

一一月　七日、北京放送、「釣魚島などの諸島は中国の神聖な領土」と主張。

一一月一二日、政府、「日本社会党」の質問に対し「尖閣列島は日本領土」の統一見解を表明。

一二月一五日、佐藤首相・福田赳夫外相、尖閣問題で①尖閣列島はわが国領土、②周辺の大陸棚については関係国と協議の方針を表明。

一二月三〇日、中国外交部、中国の釣魚島に対する権利を主張し「中国は台湾を解放して、釣魚島などの台湾領土を解放する」と声明。

一九七二年

一月一三日、『人民日報』、一九七一年一二月三〇日中国外交部声明の確認報道。

二月一〇日、台湾当局、釣魚台などの島嶼を台湾省宣蘭県の管轄に編入、二月一一日『中央日報』が報道。

二月一七日、日本、台湾当局の二月一〇日編入措置に厳重抗議。

三月　三日、中国代表安致運、国連海底平和利用委員会で日本の釣魚島など島嶼の不法占領を指摘、日本代表が反論、三月一〇日中国代表が再反論。

三月　三日、琉球立法院、尖閣諸島の要請決議で尖閣諸島に対する日本の領土主権を確認。

三月　七日、「日本国際貿易促進協会」定期会員総会、「尖閣列島を中国から窃取する策動に反対し、領有権問題の正しい理解を深める」計画を採択。

三月　八日、福田赳夫外相、衆議院沖縄・北方問題特別委員会で外務省基本見解「尖閣諸島の領有権問題」を表明。

三月二一日、一九七一年六月一七日沖縄返還協定批准。

三月二三日、日本石油開発公団が尖閣諸島大陸棚での海底資源調査に入ると発表。

三月二五日、台湾国民大会、「二つの中国」と「一つの中国・二つの政府」にともに反対、同時に、「釣魚台などの島嶼は『中華民国』領土であり、『中華民国』はこれを絶対に放棄しない」宣言採択。

三月三〇日、『人民日報』、日本の基本見解に反論、歴史的事実は変更できるものではないと指摘。

四月一二日、沖縄県八重山警察署の警邏隊、尖閣諸島付近で操業中の台湾漁船六隻を発見・追跡、領海侵犯の二隻に退去命令。

四月一七日、荒畑寒村・井上清・羽仁五郎ら、「日帝の尖閣列島阻止のための会」結成、「尖閣列島は日清戦争で日本が強奪したもので、歴史的にみれば、中国固有の領土である。われわれは、日本帝国主義の侵略を是認し、その侵略しを肯定してしまうことはできない」と主張。

五月　二日、日本、領海一二カイリ、二〇〇カイリ漁業専管水域令公布、六月一七日施行。

五月　三日、防衛庁、沖縄の防空識別圏ＡＤＩＺとして沖縄本島とともに尖閣諸島を含む三万四〇〇〇平方キロ拡大を決定、五月一〇日公布、五月一五日実施。

五月一五日、沖縄返還協定発効。

五月一八日、『人民日報』、「日・米両国は沖縄返還地域に釣魚島などの島嶼を組み入れた」と非難。

五月二〇日、中国国連大使黄華、国連安全保障理事会当番議長ブッシュ（米国）に対し、沖縄の施政返還地域に中国領土の釣魚島などの島嶼が含まれており、その移管を中国政府と人民は決して認めないと通告。

五月二四日、日本国連大使中川融、国連安全保障理事会当番議長ブッシュ（米国）に対し、尖閣列島に対する日本の領土主権を確認した文書を提出。

七月　七日、「日中友好協会正統本部」、いわゆる尖閣諸島は中国領土であり、日本政府の領有権主張は誤りとの見解発表、無主地の先占は成立しないと指摘。

九月二二日、赤尾嶼を中心とした半径五マイル海域で米軍が空地対ミサイルＡＧＭ12の投下訓練を実施中と、沖縄人民党党首瀬長亀二郎が公表。


【資料】


南方同胞援護会編『沖縄問題基本資料集』。

南方同胞援護会編『沖縄復帰の記録』。

中野好夫編『戦後資料・沖縄』。

浦野起央・他編『釣魚台群島（尖閣諸島）問題　研究資料匯編』。


【文献】


宮里政玄「琉球返還をめぐる政治過程」『国際政治』第二六号。

宮里政玄『日米関係と沖縄　一九四五―一九七二』東京、岩波書店、二〇〇〇年。

三木健『ドキュメント沖縄返還交渉』日本経済評論社、二〇〇〇年。

X　防空識別圏編入措置

一九六九年八月防空識別圏が日本周辺を飛行する航空機の識別を容易にするために設定され、その狙いは領空侵犯の防止にあった。ただし、防空識別圏は、国際法上、確立した概念ではなく、各国が自国の安全を維持するために、国内措置として領空に接続する公海上空に設定しているもので、領空ないし領土の限界ないし範囲を定めたものではない。

元来、日本の防空識別圏は、米軍が日本の防空・航空管制を実施していた当時に設定され、運輸省航空局が一九五六年米国の要請で防空識別圏内の飛行規則を定め、これを公表した。日本の航空管制は一九五九年に米軍から運輸省へ移管され、防衛庁がこれまでの防空識別圏を踏襲して、一九六九年に防衛庁訓令で定めた。

一九七二年改正で、琉球および周辺（尖閣諸島海域）の航空管制が日本に移り、前記の防衛庁訓令が改正された。その改正規定第二条は、以下のとおりである。

> 二　外側線は、次の（一）から（二八）までの地点を順次直線（…）によって結ぶ線とする。……
>
> （九）北緯二八度　東経一二三度
>
> （一〇）北緯二三度　東経一二三度
>
> （一一）北緯二三度　東経一三二度……。

ちなみに、この尖閣列島海域が日米安全保障条約の適用地域である点は、米議会調査局ニクシュ報告も認めている。この空域での領空侵犯事件としては、一九七九年一一月一五日ソ連機が尖閣諸島上空を侵犯した。また、一九九四年三月二五日台湾機の侵犯事件が起きた（↓7章Ⅷ）。

台湾は、一九九二年一〇月一四日進入制限区域を設定した公告が出されたが、台湾の飛行情報区の範域には、彭佳嶼を含めているものの、尖閣諸島は含めていない。一九九六年九月二三日の『自由時報』に「軍方要求防空識別区向東納入釣魚台海域」の主張があった。

ちなみに、与那国島への航空機着陸では、台湾飛行情報区と一部重複しているが、問題は生じていない（一九九二年一〇月一五日『中国時報』記事）。

防空識別圏の設定は図のとおりである。

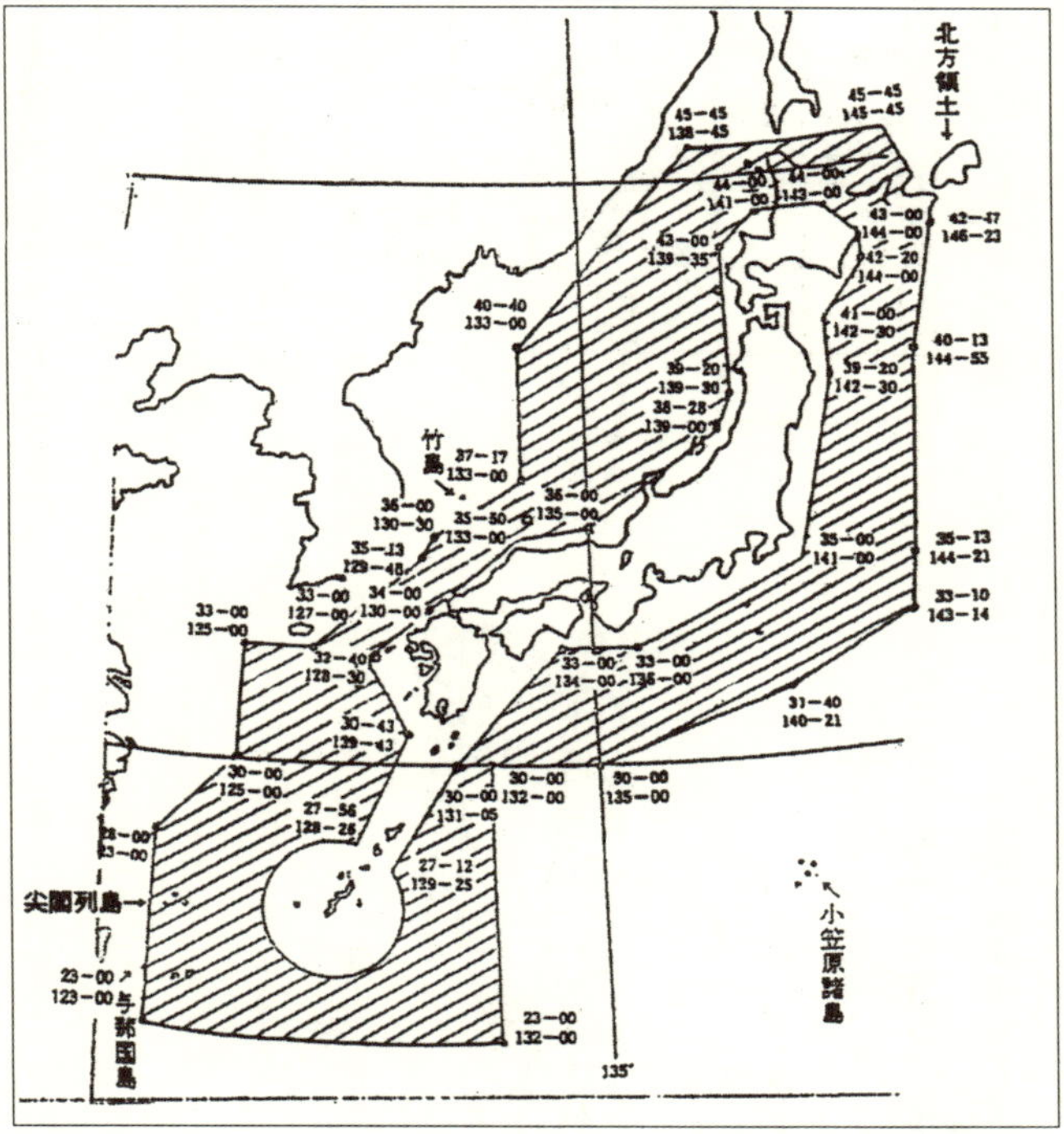

▲防空識別圏

（出所）防衛庁資料。

ちなみに、台湾飛行情報区は、図のとおりである。

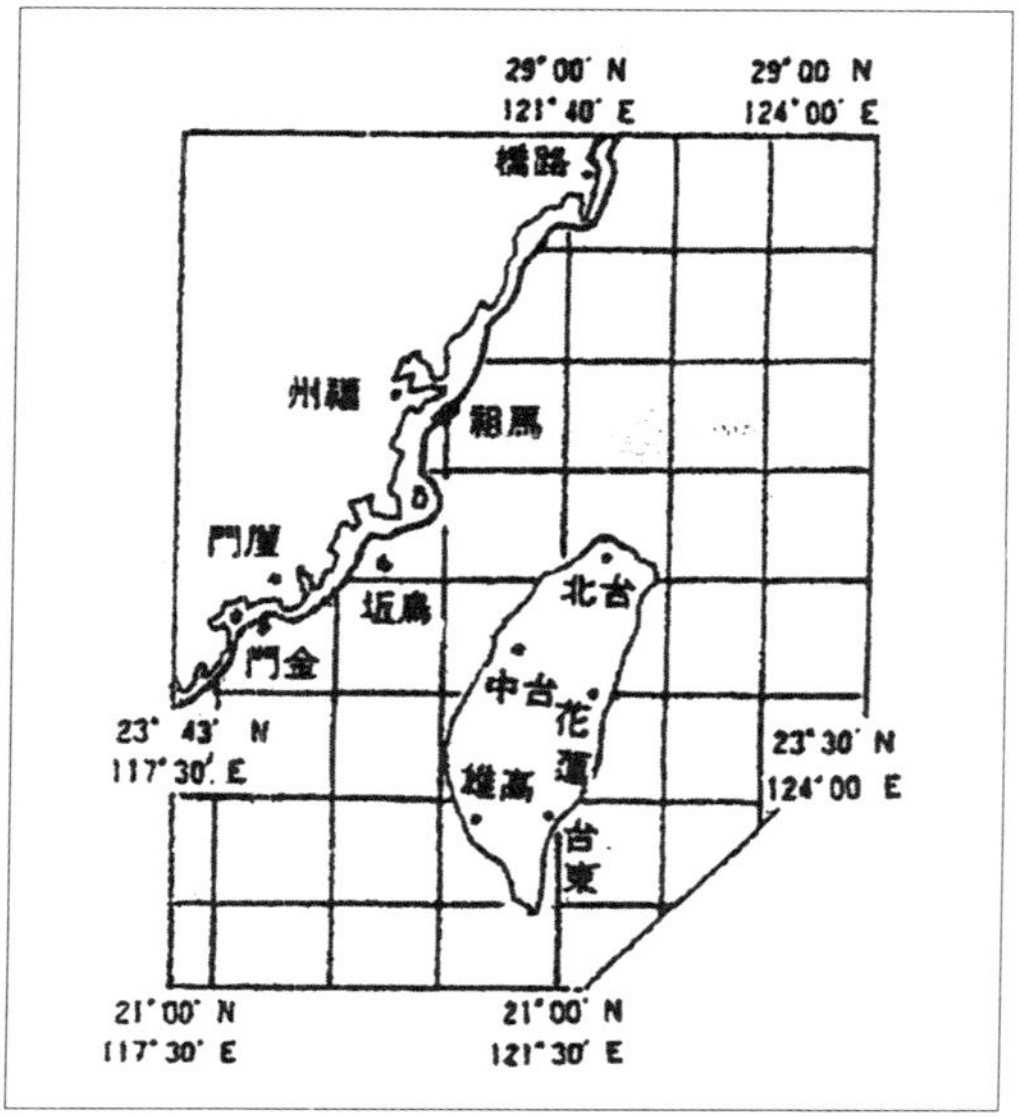

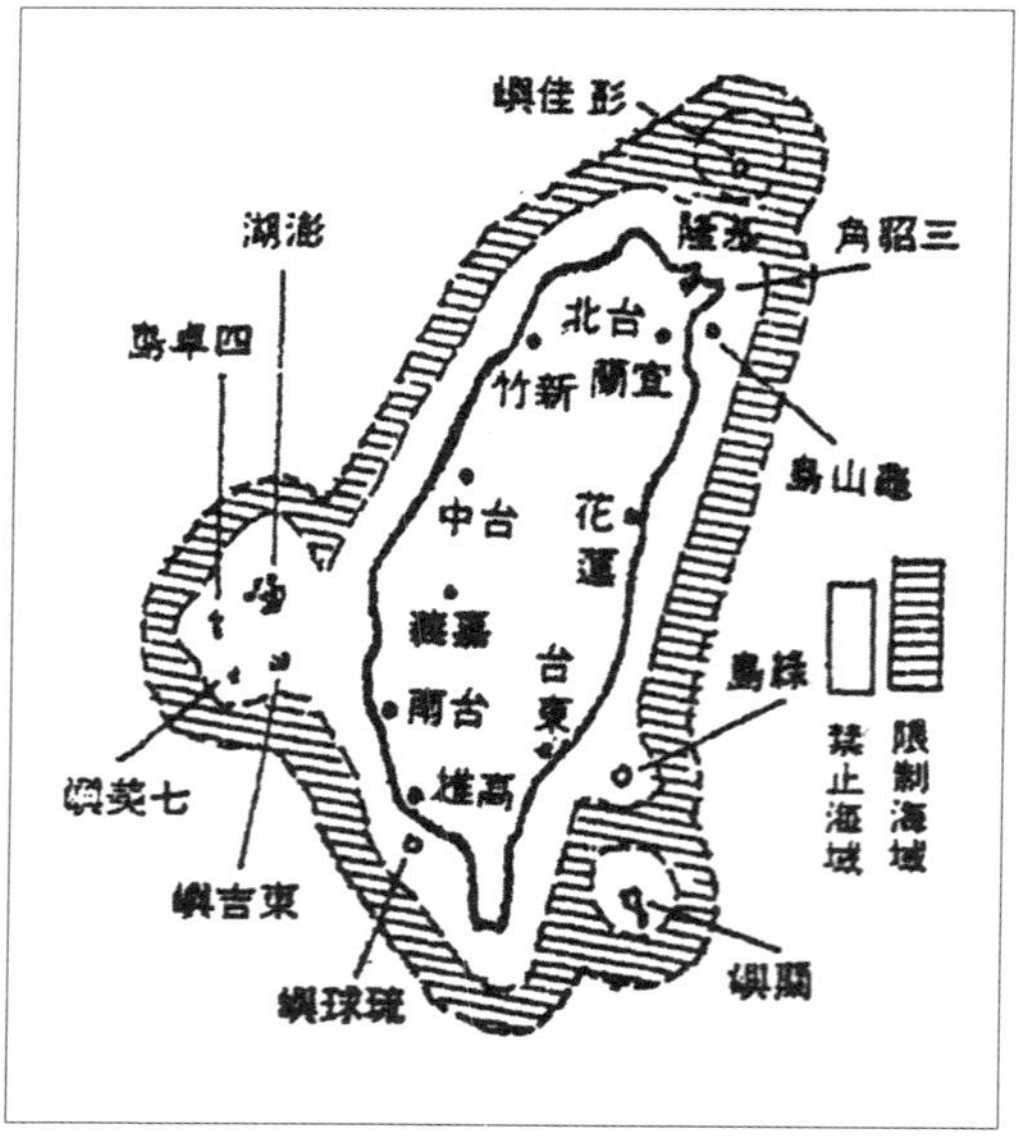

▲台湾飛行情報区

（出所）『中国時報』1992 年 10 月 14 日。

一九九二年一〇月一五日の『中国時報』記事は、図のとおりである。

【経過】

一九六九年　八月二九日、防衛庁訓令で防空識別圏を設定。
一九七二年　五月　二日、領海一二カイリ、二〇〇カイリ漁業専管水域令公布、六月一七日施行。
　　　　　　五月　三日、防衛庁、沖縄の防空識別圏ＡＤＩＺとして沖縄本島とともに尖閣諸島を含む三万四〇〇〇平方キロを決定、五月一〇日実施。
一九七九年一一月一五日、ソ連機、尖閣諸島上空を侵犯。
一九九四年　三月二五日、台湾機、尖閣諸島上空を侵犯。

【資料】

防空識別圏における飛行要領に関する防衛庁訓令、一九六九年八月二九日制定、一九七二年五月三日改正。
『中國時報』記事「国防部公告台澎金馬周圍二四浬為我制限海域」一九九二年一〇月一四日。
『中國時報』記事「契默有日中疊重區報情航飛」一九九二年一〇月一五日。

【文献】

安田淳「東シナ海の空域をめぐる諸問題」『民主主義研究会紀要』第二五号。
Larry A. Niksch, *Senkaku (Diaoyu) Islands Dispute: The U. S. Legal Relationship and Obligations*, Washington, D. C.: Congressional Research Service, The Library of Congress, September 30, 1996.

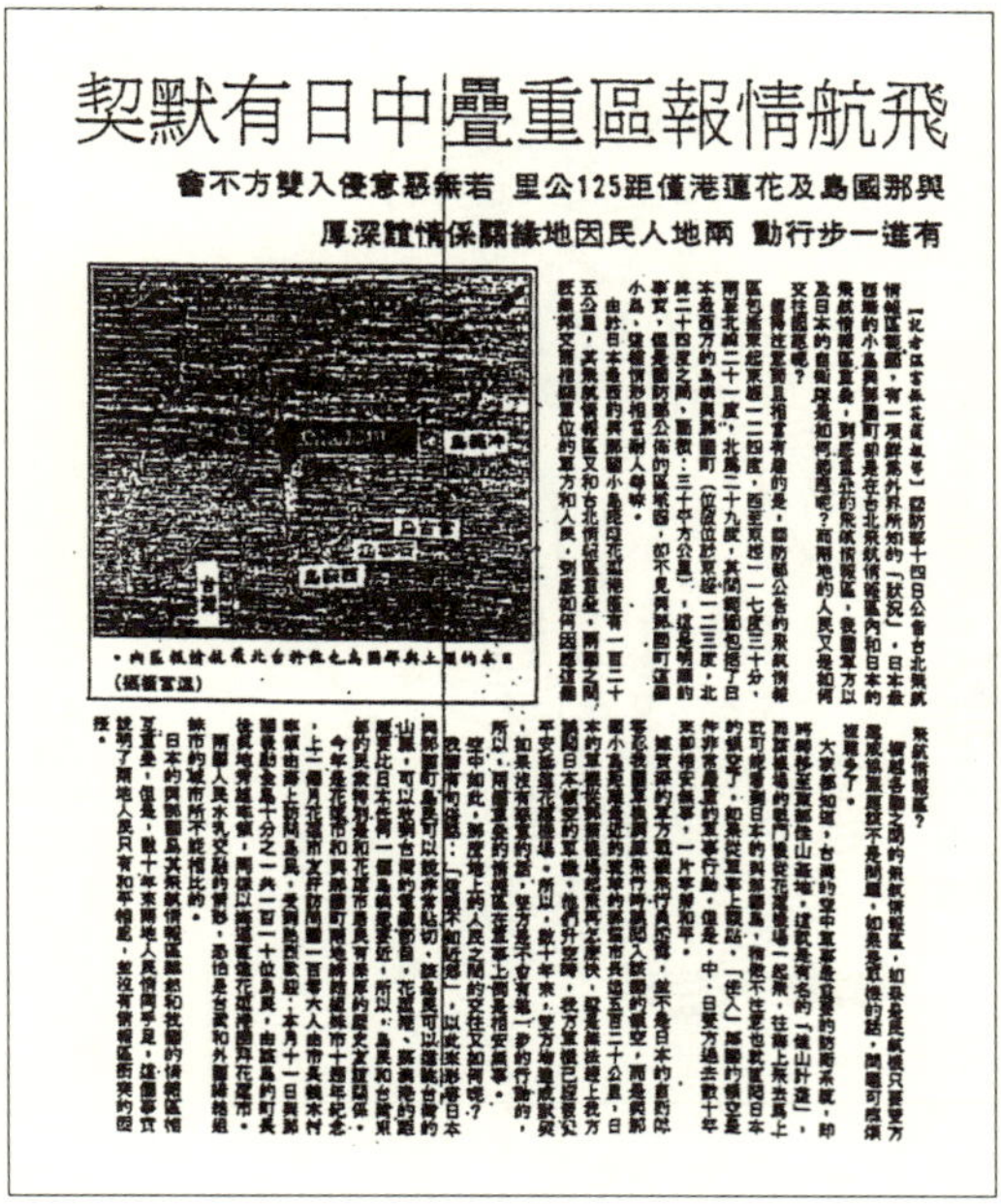
飛航情報區重疊中日有默契
與那國島及花蓮港僅距125公里　若無惡意侵入雙方不會
有進一步行動　兩地人民因地緣關係情誼深厚

▲『中国時報』1992年10月15日記事

7章　尖閣諸島をめぐる事件

Ⅰ 台湾海憲丸事件

一九七〇年九月二日、台湾水産試験所の海憲丸が魚釣島に接近し、青天白日満地紅旗の中華民国国旗が掲げられ、領土権を主張した。この国旗は、一五日琉球政府が日本・米国政府と打ち合わせの上、撤去された。

【経過】

一九七〇年　八月三〇日、『台北新生報』社論「尖閣群島付近の大陸棚はわが国の主権に属する」。
九月　二日、中華民国国旗を魚釣島に掲揚して領土権を主張。
九月一五日、琉球政府、日本・米国政府と打ち合わせにより掲揚の青天白日満地紅旗を撤去。
一〇月一六日、台湾当局、釣魚台島嶼の大陸資源領有の声明。

【資料】

中國國民黨中央委員會編『釣魚臺列嶼問題資料匯編』。
中國國民黨中央委員會編『釣魚臺列嶼問題資料彙編』。

Ⅱ 台湾の釣魚台編入措置

一九七一年一二月三〇日中国外交部が釣魚嶼に対する権利を主張し、「中国は台湾を解放して、釣魚島などの台湾領土を解放する」と声明し、一九七二年一月一三日の『人民日報』はこの声明を確認した（→1章Ⅳ）。こうしたなか、二月一〇日台湾が釣魚台などの島嶼を台湾省宣蘭県の管轄に編入したと、翌一一日の『中央日報』が報道した。この報道に対し、日本政府は二月一七日、台湾のかかる編入措置につき厳重に抗議した。

【経過】

一九七一年一二月三〇日、中国外交部、中国に釣魚島に対する権利を主張し、「中国は台湾を解放して、釣魚島などの台湾領土を解放する」と声明。


一九七二年　一月一〇日、台湾当局、釣魚台列嶼は台湾省宣蘭県に帰属するとの教育部令公布。

一月一三日、『人民日報』、一九七一年一二月三〇日中国外交部声明を確認。

二月一〇日、台湾、釣魚台などの島嶼を台湾省宣蘭県の管轄に編入、二月一一日『中央日報』が報道。

二月一七日、日本、台湾のかかる編入措置に厳重抗議。

五月　九日、台湾当局外交部、釣魚台列嶼の主権声明。

五月一六日、海上保安庁巡視船さつま、魚釣島で日本国旗を掲げている「愛国青年連盟」代表小林建に退去要請。

六月二九日、台湾軍部が釣魚台周辺海域を三時間半にわたり巡視行動、七月二日公式発表。


【資料】


台湾当局省政府教育部令、一九七二年一月一〇日。

『學粋雑誌』第一四巻第二号。

浦野起央・他編『釣魚台群島（尖閣諸島）問題　研究資料匯編』。

【文献】

張嘉言「我們反對日本侵呑琉球和釣魚台列嶼」『国家論壇』第五巻第六期。

Ⅲ 尖閣諸島信書事件

一九七二年五月二九日台湾から尖閣諸島の「住民」あての郵便が八重山郵便局に数通届いていることが判明した。沖縄郵政管理事務所は、「信書の秘密」を理由に、公表を避けた。

【経過】

一九七二年　五月二九日、台湾から尖閣諸島「住民」あての郵便を発見。

Ⅳ 日本右翼の魚釣島上陸

一九七二年一～二月の台湾による釣魚台編入措置をみるなか（→7章Ⅱ）、五月一六日日本の政治結社「愛国青年連盟」代表小林建が魚釣島に上陸し、日本国旗を掲げているのを海上保安庁巡視船さつまが発見し、退去を要請した。

翌七三年五月一二日日本人民族派青年の「尖閣諸島領有決死隊」数人が魚釣島に上陸した。これは、台湾の領有権主張がなされるなか（→7章Ⅱ）、日本人による最初の抵抗事件であった。

これらに対しては、とくに対外的反応はなかった。

【資料】

一九七二年　五月一六日、海上保安庁巡視船さつま、魚釣島で日本国旗を掲げている「愛国青年連盟」代表小林建に退去要請。

一九七三年　五月一二日、日本人民族派青年「尖閣諸島領有決死隊」、魚釣島上陸。

【文献】

徳松信男「侵略される尖閣列島」一～一〇『祖国と青年』第二五三号、第二五四号、第二五五号、第二五七号、第二五八号、第二五九号、第二六〇号、第二六一号、第二六二号、第二六三号。

V　中国武装抗議船事件

一九七八年四月中国武装船が尖閣諸島海域で日本の尖閣諸島領有に対し抗議行動を決行し、日本の実効的支配と対決するデモ行動に出た。日本政府はこれに強い抗議をしたが、中国は、釣魚島は中国領土であるとして、その抗議を拒否した。日本領海に侵入した中国船は四日間で引き揚げ、事件は終わった。

この事件に抗議して、翌五月日本右翼が魚釣島に上陸し、さらに八月灯台を建設した（→7章Ⅵ）。

【経過】

一九七八年　四月一二日、中国武装船が多数（最大時二〇〇隻）尖閣諸島海域に集結。

四月一三日、最大四〇隻が日本領海に侵入、「釣魚島は中国領土」の垂れ幕で操業を強行、外務省中国課長が駐日中国大使館に対し日本領海からの退去を要求、中国大使館一等書記官は日本政府の抗議を拒否。

四月一五日、中国漁船、日本領海から退去。

五月、「愛国青年連盟」一名が魚釣島に上陸、日章旗を掲揚。

八月一二日、園田直外相、日中平和友好条約調印直後の記者会見で尖閣諸島事件の再発はないと発言。

六月一四日、『人民日報』記事「わが国大陸棚への侵犯は容認できない」。
八月一二日、中国副総理中国副総理鄧小平が魚釣島問題の棚上げを示唆。
八月、「日本青年社」、中国武装船事件で魚釣島に灯台建設。

【資料】

「日中平和友好条約に関する園田外相談話〔一九七九年〕八月一二日」『世界週報』一九七八年八月二九日号。田桓主編『戦后中日関係文献集一九七一―一九九五』。

Ⅵ 日本右翼の灯台建設

一九七八年四月中国武装船事件（↓7章Ⅴ）を契機に、五月日本の政治結社「愛国青年連盟」分子が魚釣島に上陸し、日章旗を掲揚した。そして八月政治結社「日本青年社」（衛藤豊久会長）が魚釣島に灯台を建設した。以後も、日本青年社は、灯台の保守・点検を行ってきたが、台風で灯台が破損したこともあって、一九八八年六月第二灯台を建設した。この第二次灯台建設は台湾と中国が抗議し、問題となった。そこでの中国の主張は、灯台建設は尖閣諸島を領有する中国の主権侵犯行為であるというものだった。

今度は、一九九六年九月「日本青年社」が北小島に灯台を設置し、九月台風で倒壊したことにより再建した。この事件は中国の抗議とともに、香港を中心に大規模な保釣運動を引き起こした（↓1章Ⅷ）。「日本青年社」は同九六年九月、航路標識としての灯台許可を正式に海上保安庁に提出したが、一〇月不許可となった。その決定には、日中関係全般への配慮があった。これに先立ち、九月二四日日本政府は、日中外相協議で、灯台は事実上不許可と中国に通告した。

ちなみに、「日本青年社」は一九六九年三月設立され、最大限二〇〇〇人の動員力を有し、日教組撲滅を闘争目標とし、自衛隊は憲法違反であるので、憲法改正を進めるべきである、と主張している。

【経過】

〈前史〉


一九七八年　四月一二日、中国武装船多数が尖閣諸島海域に集結。

　四月一三日、最大四〇隻が日本領海に侵入、外務省が日本の領海からの退去を要求、中国は日本の抗議を拒否。一五日中国漁船は日本の領海から退去。

　五月、「愛国青年連盟」一名が魚釣島に上陸、日章旗を掲揚。

　八月、「日本青年社」が中国武装船事件で魚釣島に灯台建設。

一九八二年　八月三〇日、日本青年社が魚釣島上陸。


〈第一次事件〉


一九八八年　六月　八日、「日本青年社」が魚釣島に第二灯台建設。

一九八九年一〇月二四日、台北で「中国統一聯盟」「保衛釣魚台行動委員会」が日本に対し抗議行動。

一九九〇年一〇月一二日、台湾当局行政院長郝柏村、日本の尖閣諸島の灯台建設で、同諸島は台湾領土と主張、必要な措置をとると発言。

　一〇月一八日、中国外交部、「釣魚島は中国固有領土」と声明、「日本右翼が魚釣島に建設した航路標識灯は中国の主権侵犯行為」と非難、直ちに有効な措置をとるよう日本政府に強く要請。


〈第二次事件〉


一九九六年　五月一五日、中国、国連海洋法条約批准、領海基線の声明。

　七月一四日、「日本青年社」が北小島に簡易灯台設置。

　七月二〇日、台湾宣蘭県蘇澳漁会、日本の灯台設置で抗議行動を決定。

　七月二〇日、台湾当局外交部、釣魚台の灯台建設で抗議声明。

　七月二三日、中国外交部長銭其琛が七月一四日灯台設置事件で池田行彦日本外相に抗議（ジャカルタ）。

　七月二四日、台湾当局外交部、釣魚台の灯台建設で非難声明。

九月　九日、「日本青年社」、北小島に灯台再建。
九月　九日、香港学者九〇〇名が釣魚台保衛声明、学生委員会も声明。
九月一〇日、中国外交部、灯台建設で駐中国日本代理大使に抗議、一一日駐日中国大使徐敦信が日本外務省に抗議。
九月一〇日、日本青年社、海上保安庁に対し灯台の正式航路標識としての認可申請。
九月一二日、外務省が灯台許可で政府内での慎重な対応を要請。
九月二四日、日本政府、日中外相協議で灯台は事実上不許可と中国に通告。
一〇月　四日、日本当局、尖閣諸島の灯台につき事実上の不許可の決定。
一九九七年　六月一一日、日本右翼三名、北小島に上陸。

【資料】

一九九六年一〇月三日『朝日新聞』社説「尖閣問題で考えること」。

一〇月一五日田久保忠衛、『世界週報』巻頭言「尖閣諸島問題には毅然として臨め」。

浦野起央・他編『釣魚台群島（尖閣諸島）問題　研究資料匯編』。


【文献】

間行棚「『尖閣諸島問題』をめぐる右翼等の動向」『治安フォーラム』第六巻第一号。

徳松信男「侵略される尖閣列島」一～一〇『祖国と青年』第二五三号、第二五四号、第二五五号、第二五七号、第二五八号、第二五九号、第二六〇号、第二六一号、第二六二号、第二六三号。

Ⅶ　台湾船の尖閣諸島海域侵犯事件

一九九〇年一〇月二一日台湾船舶二隻が、日本右翼の灯台設置事件（↓7章Ⅵ）に抗議して日本の領海を侵犯して尖閣諸島海域に侵入した。海上保安庁巡視船せっつなど数隻が出動して退去を要求し、台湾船は領海外に出た。

この事件では、一〇月に香港で対日抗議行動が起こり、一一月に日本でも対日抗議行動が起きた。

【経緯】


一九九〇年一〇月二一日、台湾船二隻が日本の領海侵犯、海上保安庁巡視船せっつなど数隻出動、台湾船は領海外に退去。

一〇月二二日、日本政府が一〇月二一日事件で台湾に抗議。

一〇月二二日、台湾当局国防部長陳履安、一〇月二一日事件で日本を仮想敵とみなすと発言。

一〇月二三日、日華関係議員懇談会（藤尾政行会長）、台湾船二隻の侵入問題で政府当局に解決申し入れ。

一〇月二八日、台湾で一〇月二一日事件に対する抗議行動。

一〇月二八日、香港で市民約四〇〇〇人が一〇月二一日事件で反日抗議デモ、教員組合・キリスト教関係者が釣魚島を守る市民大会。

一〇月三〇日、台北で「台湾進歩学生聯盟」が抗日抗議行動。

一一月一八日、東京渋谷で一〇月二一日事件での対日抗議行動。


【資料】


『聯合報』記事「確保釣魚台台湾主権」一九九〇年一〇月一三日。

『聯合報』記事「首次行動鄭重宣示主権属中華民國、船団護聖火今晨航向釣魚台」一九九〇年一〇月二一日。

『聯合報』記事「釣魚台列嶼外海一二里、日海上保安庁布陣、我聖火船隊遭日方艦艇阻止折回」一九九〇年一〇月二二日。

『聯合報』記事「陳履安、視日本為仮侵略敵」一九九〇年一〇月二三日。


【文献】


平松茂雄『続中国の海洋戦略』。

王暁波『尚未完成的歴史——保釣二十五年』。

徳松信男「侵略される尖閣列島」一〜一〇『祖国と青年』第二五三号、第二五四号、第二五五号、第二五七号、第二五八号、第二五九号、第二六〇号、第二六一号、第二六二号、第二六三号。

Ⅷ 尖閣諸島海域の国籍不明船事件

一九九二年以降、尖閣諸島海域で国籍不明船による日本船に対する発砲事件が続き、一九九二年は三四件、一九九三年は二五件に達した。台湾船も被害を受けた。

国籍不明船の一部は中国船であることが判明した。

その背景には、中国による海洋調査行動との関連もあった（→7章XI）。

この事態に、一九九三年二～三月海上保安庁職員が訪中し、中国と国籍不明船の取締りにつき協議した。

【経過】


一九九一年　三月一八日、尖閣諸島北方約二五〇キロで操業中の日本延縄漁船八幡丸を国籍不明船が臨検。

四月　五日、漁船八幡丸を国籍不明船の軍人が臨検。

四月　六日、漁船第二繁好丸へ向け発砲。

四月　七日、漁船第二繁好丸に向け中国警備艇が発砲、海上保安庁巡視船もとぶが追跡、中国国旗掲揚を確認。

四月一五～一七日、台湾漁船三隻が襲撃・発砲、四月一八～一九日『聯合報』が報道。

四月一五日、漁船第三福洋丸に向け国籍不明船が威嚇発砲。

四月二一日、日本漁船に向け発砲。

四月二五日、日本漁船に向け発砲。

五月一四日、日本漁船に向け中国海軍高速艇が発砲。

六月　五日、日本漁船に向け発砲。

七月一七日、日本漁船に向け発砲。

五月一四日、日本漁船に向け中国海軍高速艇が発砲。

一九九二年　四月　九日、日本漁船を国籍不明船が追尾。
六月三〇日、中国、東シナ海大陸棚の日・中中間線の中国側海域二カ所に鉱区設置。
一二月　六日、日本貨物船に向け中国船が威嚇発砲、一〇日中国政府は事実を確認。
一二月　八日、パナマ船籍タンカーに向け国籍不明船の発砲、タンカーは五発被爆。
一二月二六日、インドネシア船籍貨物船を国籍不明船二隻が追尾、威嚇射撃、日本船籍貨物船にも威嚇射撃。
一二月二七日、日本船に対して威嚇射撃。
一九九三年　一月一四日、宮古島北方で操業中の日本漁船に国籍不明船が威嚇射撃、国籍不明船を海上保安庁巡視船が捕捉し中国公安船と判明。
二月二二日〜三月　二日、海上保安庁職員が訪中、国籍不明船の取締りにつき日中協議。
三月　八日、パナマ船籍貨物船に向け中国船が威嚇射撃。
七月一三日、『聯合晩報』、中国が台湾に対し魚釣諸島周辺の石油合同探査につき提案と報道。

【文献】

平松茂雄『中国の海洋戦略』。

Ⅸ 台湾軍機の尖閣諸島領空侵犯事件

一九九四年三月二五日、台湾軍機が尖閣諸島上空を、六分間侵犯した。日本の防空識別圏ＡＤＩＺの設定（→6章Ⅸ）を承知した上での台湾による行動として、日本はその意図の判断に苦慮した。

【経過】

一九九四年　三月二五日、台湾軍機、尖閣諸島の領空侵犯。
四月　七日、日本政府、台湾に抗議。
四月一五日、日本政府、領空侵犯事件を公表。

【資料】
史料調査会編『世界軍事情勢』一九九五年版。

【文献】
安田淳「東シナ海の空域をめぐる諸問題」民主主義研究会紀要、第二五号。

X 保釣運動突撃隊の魚釣島上陸事件

一九九〇年の保釣運動（→1章Ⅷ、→7章Ⅶ）に続いて、一九九六年の日本右翼による灯台事件（→7章Ⅵ）を契機に、再び第二次保釣運動が香港、さらに台湾で起きた（→1章Ⅷ）。

発端は一九九六年七月日本右翼の灯台建設にあった（→7章Ⅵ）が、日本が沿海二〇〇カイリ排他的経済水域を設定したことにも関連があった。

香港で学生が日本総領事館にデモをかけたが、その行動は、九月の柳条湖六五周年も重なって大規模な抗日運動となった。二二日香港と台湾から「全球華人保釣大連盟」の突撃隊が尖閣諸島に突入し、次いで一〇月にも突撃隊第二陣の抗議船の突入事件が起きた。これは、中国愛国主義の発揚として注目された。

尖閣諸島海域での台湾漁民の抗議も一つの要因であったが、その漁業操業の問題は日本との間で解決した。にもかかわらず、満州事変をめぐる対日認識も作用して大規模な国民運動となった。

釣魚台淪陷了？
張文光：釣魚台實際遭日軍佔領
台防長說軍事不能解決

▲『明報』1996年9月5日

【経過】


一九九六年　七月一四日、「日本青年社」が北小島に灯台設置。

七月二〇日、「台湾宣蘭県蘇澳漁会」が、日本の簡易灯台設置で抗議行動を決定。

七月二三日、日本が沿岸二〇〇カイリ排他的経済水域を設定、北京放送が「日本が釣魚群島を囲い込んだ」と非難。

七月二三日、中国外交部長銭其琛が七月一四日灯台事件で日本外相池田行彦に抗議(ジャカルタ)。

七月二五日、沖縄県石垣市議会、尖閣諸島の領有権に関する意見書採択、「尖閣列島は日本の固有領土で石垣市の行政区域」と確認、毅然たる措置を要望、八月五日沖縄県議会に提出、次いで外務省、海上保安庁にも提出。

八月　二日、劉文宗『法制日報』論文「釣魚島に対する中国の主権は駁論を許さない」、二〇日『北京周報』。

八月二八日、池田外相、香港で「尖閣諸島は日本領土」と発言。

八月二九日、池田発言で香港で学生が駐香港日本総領事館に抗議デモ。

八月三一日、『人民日報』記事「日本は愚かなことをしてはならない」。

九月　三日、水産庁と台湾当局外交部、台北の協議で尖閣諸島周辺での台湾漁民の操業を認める民間漁業協定の締結で合意。

九月　六日、香港の親中国派と民主派、台湾の中国統一派が結集して尖閣諸島海域に突入、警備の海上保安庁巡視船が排除。

九月　六日、香港の親中国派と民主派の数団体が日本総領事館前で「釣魚台は中国のものだ」「日本軍国主義反対」の横幕を張って抗議行動。

九月　七日、香港で民主派議員の「一二三民主同盟」が日系デパート前で日本製品ボイコット運動。

九月　八日、香港で左派労働者・学生約四〇〇〇人が反日デモ。

九月　八日、台湾で「保釣連盟準備会」結成。

九月　九日、「日本青年社」が北小島に灯台再建、一〇日中国外交部、駐北京日本代理大使に抗議、一一日駐日中国大使徐敦信が日本外務省に抗議。

九月　九日、香港学者九〇〇名が釣魚台保衛声明、学生委員会も声明。

九月一〇日、「日本青年社」、海上保安庁に正式航路標識としての灯台認可申請、一〇月四日政府、灯台は事実上の不許可と決定。

九月一二日、『東周刊』記事「米国は日本の釣魚台略奪を助け、中国に敵対している」。

九月一五日、香港で「領土防衛」、「日本軍国主義打倒」を叫ぶデモ隊数千人が三越など日系デパートに押しかけ。

九月一五日、台湾で「建国釣魚臺防衛同盟」が日本製品ボイコット運動。

九月一六日、香港で「民主党」議員らの「保衛釣魚台聯合行動」が約一万人を動員、「日本は出ていけ、中国の島守れ」の集会・抗議デモ、民主派議員の「一二三民主同盟」が日本製品ボイコット運動。

九月一六日、北京大学学生全員の釣魚台抗議書発表。

九月一七日、達君、『北京周報』論文「日本がまたしても釣魚台に手を伸ばしたのはなにを物語るか」。

九月一八日、北京大学で柳条湖事件六五周年の反日集会・デモ。

九月一八日、香港で満州事変九・一八記念日の反日集会、日本人学校に「日本軍国主義打倒」デモ隊が押しかけ。

九月一八日、「香港澳門各界釣魚台保衛大同盟」が『明報』に全面広告。

九月一八日、『人民日報』論評「歴史の警告」「日本は重大な選択を迫られている」。

九月二一日、在米の親台湾系二〇余団体はワシントンの在米日本大使館に抗議行動、抗議文書を提出。

九月二二日、香港と台湾から「全球華人保釣大連盟突撃隊」が尖閣諸島に向けて船出、二三日日本領海侵入を海上保安庁巡視船が阻止、この領土奪還の英雄的行動を中国当局が支持、二六日海上保安庁による彼らの突入阻止に抗議して香港貨物船保釣号から五名が海に飛び込み、突撃隊長デビッド・チャン（陳毓祥）が溺死、死体は台湾経由で二七日香港着、二九日デビッド・チャン追悼式。

九月二六日、『読売新聞』社説「『尖閣』は筋を曲げずに冷静な対応を」。

九月三〇日、米議会調査局ニクシュ報告「尖閣列島紛争――米国の法的関係と責務」作成。

一〇月　一日、黎海波『北京周報』記事「釣魚島事件は激化するだろうか」。

一〇月　四日、日本政府、尖閣諸島の灯台は事実上の不許可決定。

一〇月　七日、台湾・香港・マカオの活動家約三〇〇名乗船の漁船四九隻が尖閣諸島海域に出現、四一隻が日本領海に侵入、海上保安庁巡視船が規制措置、「全球華人保釣大連盟」突撃隊第二陣、議員台湾人三名と香港人一名が抗議船から釣魚島に強行上陸、五星紅旗の中華人民共和国国旗と青天白日満地紅旗の中華民国国旗を掲揚、「釣魚島は歴史的に中国領土」と主張、五〇分で退去。

一〇月　九日、在香港日本総領事館に民主派議員と「全球華人保釣大連盟」突撃隊分子が不法侵入、香港治安当局が排除、侵入者は一九九七年五月一二日罰金四〇〇〇香港ドルの判決。

一〇月一三日、『朝日新聞』社説「尖閣問題で考えること」。

一〇月一三日、中国深圳で工場労働者が釣魚島問題で対日抗議集会。

一一月二三日、池田外相の訪中による日中外相会談、尖閣諸島問題の「実質棚上げ」で合意。

【資料】

『中国時報』記事「宣蘭漁民赴釣魚台挿宣示主権」一九九六年七月二一日。

劉文宗『北京周報（日本語版）』記事「釣魚島に対する中国の主権は駁論を許さない」一九九六年八月二〇日。

『人民日報』記事「別于蠢事」、「釣魚島是中国的固有領土」一九九六年八月三一日。

達君『北京周報（日本語版）』主張「日本がまたしても釣魚台に手を伸ばしたのはなにを物語るか」第三六号、一九九六年九月一七日。

『人民日報』論評「歴史的警告」一九九六年九月一八日。

『人民日報』論評「面臨厳重抉選」一九九六年九月一八日。

『読売新聞』社説「『尖閣』は筋を曲げずに冷静な対応を」一九九六年九月二六日。

黎海波『北京周報（日本語版）』記事「釣魚島事件は激化するだろうか」一九九六年一〇月一日。

『朝日新聞』社説「尖閣問題で考えること」一九九六年一〇月一三日。

鐘厳『人民日報』論文「論釣魚島主権帰属」一九九六年一〇月一八日、『北京周報（日本語版）』論文「釣魚島の主権の帰属について論じる」第四四号、一九九六年一〇月二九日。

劉文宗『法制日報』論文「中国対釣魚列島主権具有無可争辯的歴史和法理依据」一九九六年七月二一日。

明報出版社編輯部編『釣魚台――中國的領土』。

浦野起央「第二次保釣運動（尖閣諸島）に関する中国側資料」『法学紀要』第四一巻。

浦野起央・他編『釣魚台群島（尖閣諸島）問題　研究資料匯編』。

【文献】

新井ひふみ「尖閣諸島問題と香港の大衆ナショナリズム」『国際問題』第四四五号。

中川昌郎「尖閣諸島問題の過去と未来――台湾の動向（一九九六年八月一日―九日）」『東亜』一九九六年一一月号。

鈴木祐二「尖閣諸島領有権問題の発生」『海外事情』一九九六年一二月号。

若林正丈「尖閣問題をめぐる台湾政治の内実」『世界週報』一九九六年一二月三日号。

林田富「關於釣魚台列嶼主權之爭議與対前之保釣運動」『静宣人文學報』第九期。

劉泰雄「従釣魚台事件看日本擴大經濟海域與我之因應措施」『國防雜誌』第一二巻第五期。

XI 中国の海洋調査船と尖閣諸島海域侵犯事件

一九九〇年代に入ると、東シナ海海域での外国海洋調査船の活動が目立ち、日本の二〇〇カイリ排他的経済水域における中国海洋調査船の活動が注目されるところとなった。日本海上保安庁により確認されたその状況は、以下のとおりであった。

一九九〇年	確認隻数　七一	うち特異な行動をした隻数　一二
一九九一年	三二	二
一九九二年	一八	二
一九九三年	九	一
一九九四年	二四	七
一九九五年	一二	六
一九九六年	二二（中国一五）	一九（中国一五）
一九九七年	一〇（中国　四）	九（中国　四）
一九九八年	一九（中国一五）	一六（中国一四）
一九九九年	三八（中国三三）	三一（中国三〇）
二〇〇〇年	三三（中国二四）	二〇（中国二〇）
二〇〇一年	一四（中国一一）＊	四（中国　四）＊

（注）＊は七月三一日現在。

その中国の活動方針は、人民解放軍海軍による東海大陸棚の測量調査にあると指摘されており、一九九二年六月一四日の『解放軍報』がこれについて報じた。

一九九四年以降、とくに著しくなった中国の海洋調査船の活動は、日本の二〇〇カイリ経済水域での調査活動のみならず、尖閣諸島海域を含む、日本の領海に対する広範な侵犯行動をも生じており、日本の巡視船・航空機による追尾活動がより著しくなった。

その一九九八年時における中国海洋調査船の調査活動海域は、『海上保安白書』によると、図のとおりである。

この中国の調査活動は、東シナ海における海底油田開発に関連しており、日中中間線の中国側で、一九九五年七月試掘が成功した。そして採掘された石油は一九九八年一一月上海へ送られた。一九九八年五月には、日中中間線の日本側経済水域での中国調査船向陽紅六号の活動がみられ、それへの領海侵犯に対する日本側の抗議は無視され

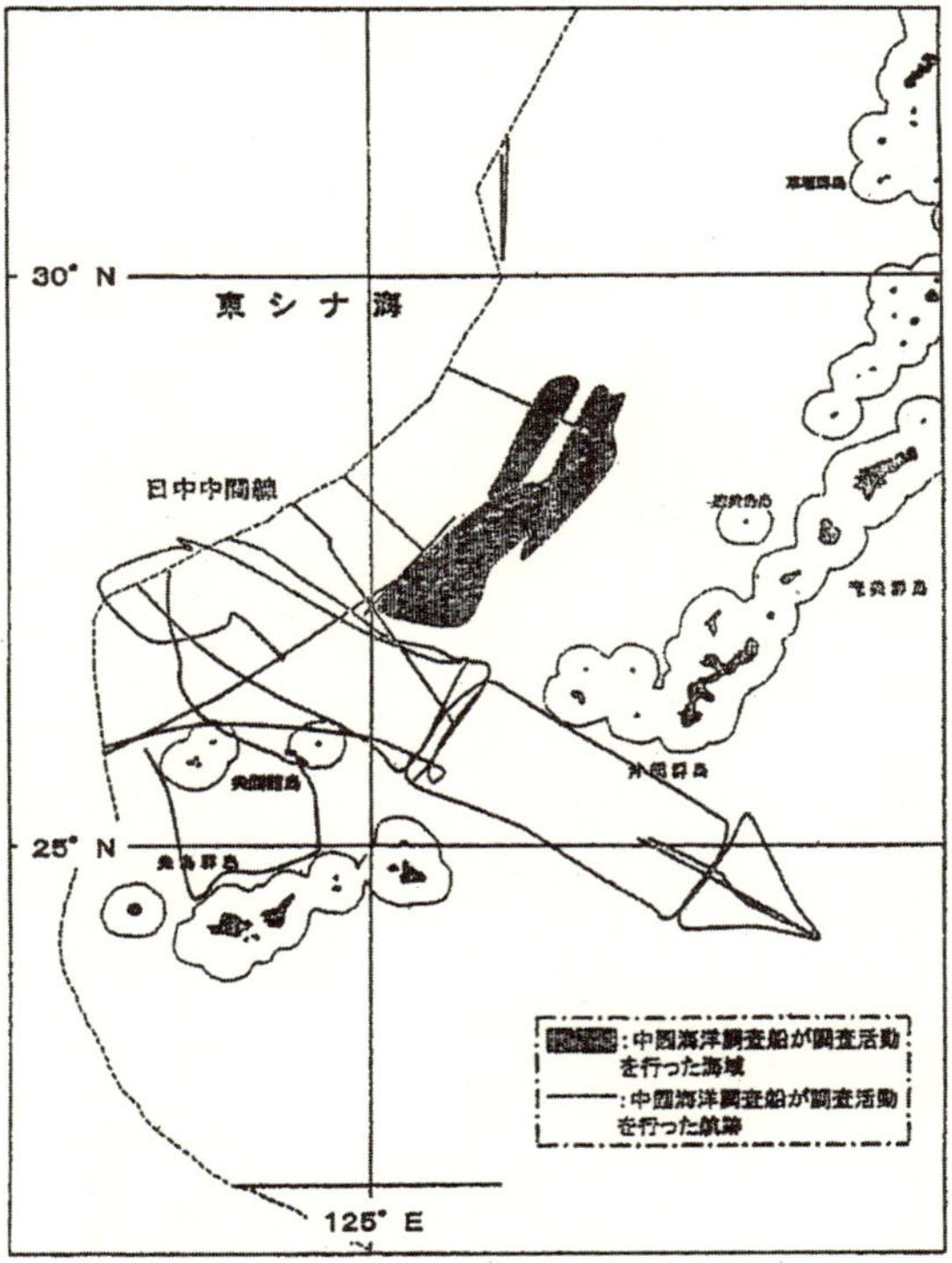

▲中国調査船の尖閣諸島海域活動、1998年

（出所）『海上保安庁白書』1999年。

た。こうした調査活動は、とりわけ日中中間線の中央の日本側海域、とりわけ尖閣諸島海域で起こっており、そのために二〇〇〇年五月と八月に参議院外交・防衛委員会でとりあげられ、外務省当局は、かかる行為は日本の領海侵犯において遺憾であるとした。

その結果、この海洋調査船活動の問題で、両国は、八月二八日の合意で政府間協議に入った。九月一五日第一回協議で、境界の画定に影響を与えないとする前提を確認して、海洋調査活動に関する相互事前通報の枠組みの検討に入り、日本としては、中国調査船の活動は遺憾である、と申し入れ、中国はそのための枠組みに合意するとの確認がなされた。そして二〇〇一年二月一三日両国は事前相互通報制度の枠組みにつき、合意した。

以後における事前通報制度による海洋調査船の「科学調査活動」(日本では海洋調査活動)は、二〇〇一年二月より実施され、二〇〇一年七月までに五回に通報があった。その活動は、二月一六日、二二日、二三日、四月二七日、五月二九日の五回で、一三隻の海洋調査船が参加した。ただし、その運用は通報の遅れ、期間の変更などで的確でなかった。とりわけ、第二次通報のあった実践号と海監五二号の調査海域は、尖閣諸島の久場島と大正島、そして久米島、硫黄鳥島、硫黄島の日本領海内であった。当初の目的は気象観測であったが、実際は、海底地異質調査、水深海底地形調査、地質構造調査であった。また、第三次、第四次、第五次通報のあった科学一号、向陽紅九号、向陽紅一四号の調査海域は、尖閣諸島の領海にもわたっており、それは西表島の南方海域にも広がっていた。その上、その通報のあった調査海域はすべて日中中間線の日本側海域であった。そうしたところから、その調査の目的は、(1)大陸棚の沖縄トラフト調査、(2)海底油田の探索、(3)四〇〇〇メートルの深海調査であった、と判断された。(3)の点の調査は、原子力潜水艦の航行調査と関連している。そうした海洋調査は、日中合意の事前通報による調査の枠組みの域を逸脱していると解されるところもあるが、この逸脱は、調査海域とその調査内容についての両国の見解の相違に起因していた。相互事前通報の枠組みは、二〇〇一年四月一四日までの予定で、それぞれの口上書の内容は以下のとおりにあった。

（一）通報の対象水域　東海（東シナ海）における相手国の近海（領海を除く）。

中国側　日本側が関心を有する水域である日本国の近海。

日本側　中華人民共和国の近海。

（二）事前通報の時期　外交ルートを通じ、調査開始予定の少なくとも二カ月前までに、口上書により通報する。

（三）通報事項。

①海洋の科学的調査を実施する機関の名称、使用船舶の名称・種類、責任者。

②当該調査の概要（目的、内容、方法および使用器財）。

③当該調査の期間および区域。

その中国の基本的立場は、一九九二年二月二五日の領海法及毗連区法、および一九九六年五月一五日の基線声明、六月二六日の専管経済区域・大陸棚法に従っており、そこには、「中華人民共和国の大陸棚は、中華人民共和国の領海の外側で、本国陸地領土を基礎とする自然延長部分のすべてであって、大陸縁辺外線の海底区域の海床および底土まで広がっている」とあり、それは基線から二〇〇カイリの領海を越えて外線を設定でき、三五〇カイリまでとされた。この規定は、東シナ海の大陸棚は沖縄トラフに至るとする中国の立場に従っており、加えて、中国当局にとり尖閣諸島は「自国の主権領土」であるとの立場から、こうした調査活動は中国の主権に基づく活動であって、関係国の日本に通報しているにすぎないということになる。

その中国調査活動による日本の領海侵犯の一例は、図のとおりである。

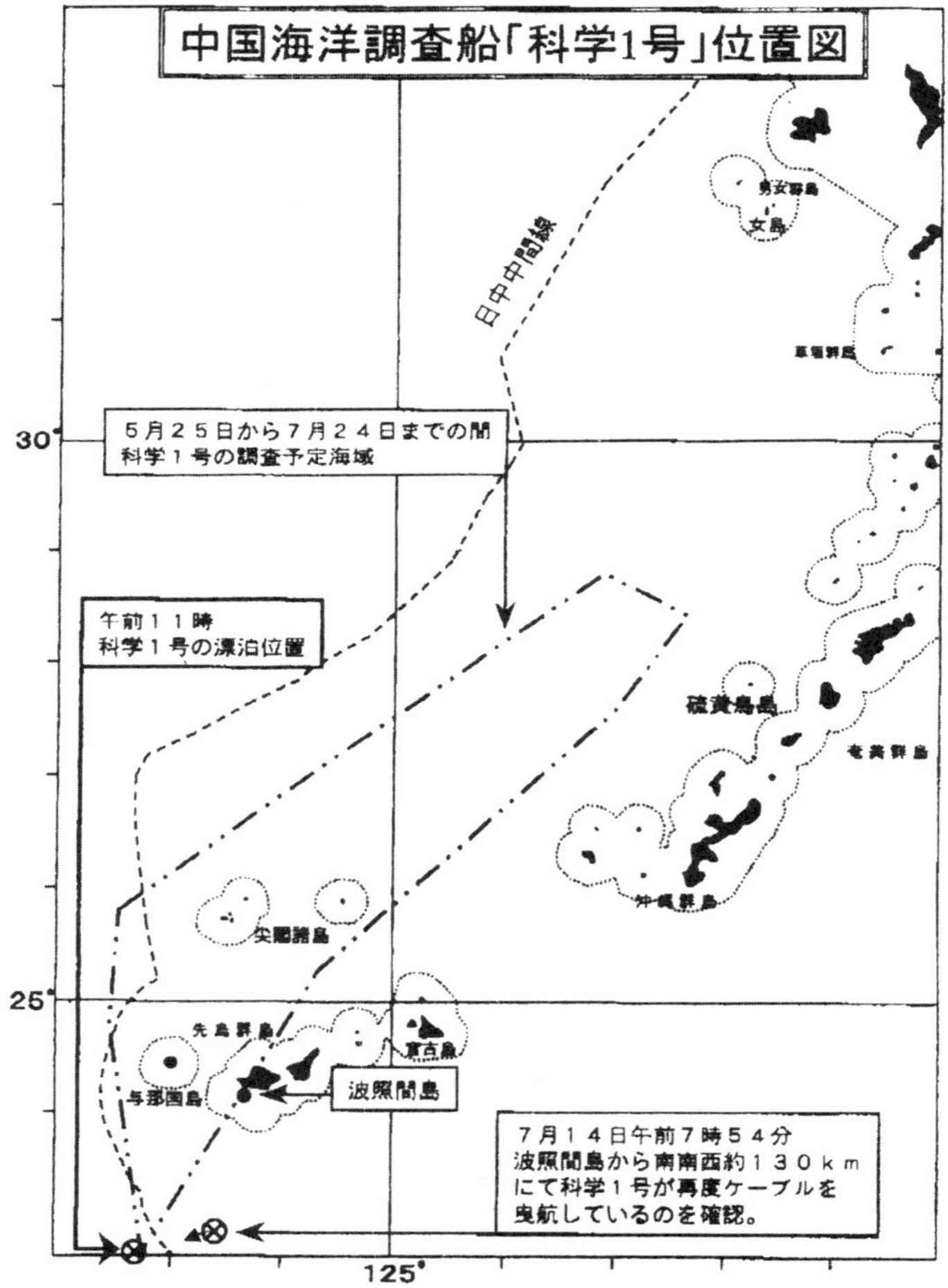

▲中国海洋調査船科学１号の行動

（出所）海上保安庁、2001 年 7 月 14 日公表。

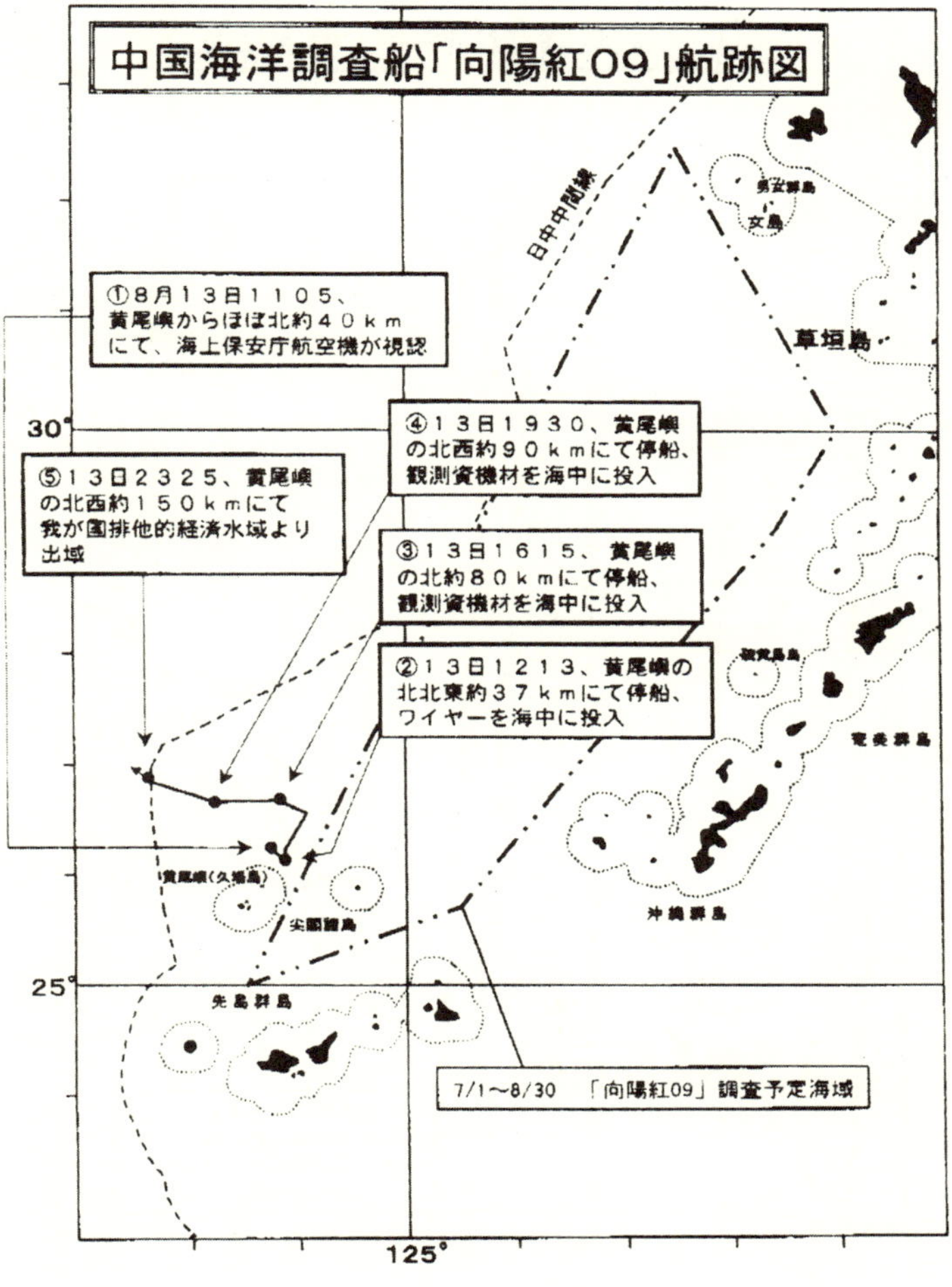
中国海洋調査船「向陽紅09」航跡図
①8月13日1105、
黄尾嶼からほぼ北約40km
にて、海上保安庁航空機が視認
②13日1213、黄尾嶼の
北北東約37kmにて停船、
ワイヤーを海中に投入
③13日1615、黄尾嶼
の北約80kmにて停船、
観測資機材を海中に投入
④13日1930、黄尾嶼
の北西約90kmにて停船、
観測資機材を海中に投入
⑤13日2325、黄尾嶼
の北西約150kmにて
我が国排他的経済水域より
出域
日中中間線
男女群島
女島
草垣島
奄美群島
沖縄群島
黄尾嶼(久場島)
尖閣諸島
先島群島
30°
25°
125°
7/1〜8/30　「向陽紅09」調査予定海域

▲中国海洋調査船向陽紅09の行動

（出所）海上保安庁、2001年8月14日公表。

日本は、一九九六年六月二〇日国連海洋法条約の批准に続く七月二〇日施行とともに、排他的経済水域および大陸棚に関する法律を制定し、これに併せて「わが国の領海、排他的経済水域または大陸棚における外国による科学的調査の取り扱いについて（ガイドライン）」を作成した。それは、「外国による科学的調査に対するわが国の同意」手続きを定めたものであり、実際、事前通報制度は、このガイドラインに従って設定されたものであった。これに対して、中国は自国支配地域での外国による調査活動や開発行為をいっさい認めていない。ここに、日本領域での中国の調査活動が起きることになる。

【経過】

一九九二年　二月二五日、中国、領海法及毗連区法公布・施行。
一九九三年　五月　二日、中国海洋調査船向陽紅一六号、東シナ海でギリシャ・タンカーを衝突して沈没。
一九九五年一二月　一日～一九九六年二月一四日、中国石油掘削船、日中中間線の日本側水域に停泊、日本巡視船の警告を無視して作業。
一九九六年　四～　五月、中国海洋調査船五隻とフランス海洋調査船一隻、沖縄群島西方海域の日中中間線の日本側で調査活動。
一九九六年　五月一五日、中国、基線声明。
　　　六月二〇日、日本、国連海洋法条約の批准、七月二〇日施行。
　　　六月二六日、中国、専管経済区域・大陸棚法公布・施行。
　　　七月二〇日、日本、「わが国の領海、排他的経済水域または大陸棚における外国による科学的調査の取り扱いについて（ガイドライン）」作成。
　　一一月　九日、中国、石油掘削船南海六号、東シナ海の日中中間線の中国側、上海東南方の平湖ガス海底油田で掘削開始。
一九九八年　四月二八日～五月一日、中国海洋調査船奮闘七号、尖閣諸島海域で海洋調査、領海侵入三回。
　　　四月、中国、東シナ海の日中中間線の中国側、上海東南方の平湖ガス海底油田で操業開始。
　　　五月二八～二九日、中国海洋調査船向陽紅九号、硫黄島北西海域で海洋調査。
　　　六月　九～一一日、中国海洋調査船海洋一三号、先島群島海域で海洋調査。

六月二二〜二五日、中国海洋調査船海監四九号、久米島北西海域で海洋調査。

六月二九日〜七月九日、中国海洋調査船海監四九号、久米島北西海域で海洋調査。

七月一五〜一九日、中国海洋調査船奮闘七号・探宝号、沖縄群島南方海域で海洋調査。

七月二八〜二九日、中国海洋調査船向陽紅九号、尖閣諸島西方海域で海洋調査。

七月二九日〜八月一日、中国海洋調査船探宝号、尖閣諸島北方海域から久米島西方海域で海洋調査、二回領海侵入。

七月二九日〜八月四日、中国海洋調査船海監四九号、硫黄島北西海域で海洋調査。

七月三一日〜八月二日、中国海洋調査船奮闘七号、宮古島北方海域で海洋調査。

八月一一〜一七日、中国海洋調査船海監四九号、硫黄島北西海域で海洋調査。

八月三一日〜九月一日、中国海洋調査船海監四九号、久米島北西海域で海洋調査。

一〇月二七〜二八日、中国海洋調査船海監四九号、大隈群島海域で海洋調査。

一九九九年

四月　五〜　八日、中国海洋調査船海監四九号、久米島海域で海洋調査。

四月一四〜二〇日、中国海洋調査船海監四九号、久米島海域で海洋調査。

五月一〇〜一七日、中国海洋調査船海監四九号、久米島海域で海洋調査。

五月二〇日〜六月三日、中国海洋調査船科学一号、尖閣諸島海域で海洋調査。

五月二二日〜六月二日、中国海洋調査船海監四九号、奄美大島海域で海洋調査。

五月三〇日〜六月四日、中国海洋調査船奮闘四号、尖閣諸島海域で海洋調査、領海侵入。

六月一〇〜一一日、中国海洋調査船勘四〇七号、尖閣諸島海域で海洋調査、領海侵入。

六月一一〜一九日、中国海洋調査船奮闘四号、魚釣島海域で海洋調査、領海侵入。

六月一二〜一三日、中国海洋調査船勘四〇七号、尖閣諸島海域で海洋調査。

六月一四〜二一日、中国海洋調査船東方紅二号、久米島海域で海洋調査。

六月二一〜二五日、中国海洋調査船海監四九号、奄美大島海域で海洋調査。

六月二四〜二五日、中国海洋調査船勘四〇七号、尖閣諸島海域で海洋調査。

七月　二〜　八日、中国海洋調査船海監四九号、奄美大島海域で海洋調査。

七月一三日、台湾海洋調査船海研二号、尖閣諸島海域で海洋調査、領海侵入。

七月一六〜一七日、中国海洋調査船奮闘四号、尖閣諸島海域で海洋調査。

八月一三〜二〇日、中国海洋調査船海監四九号、奄美大島海域で海洋調査。

八月二六～二七日、中国海洋調査船海監四九号、奄美大島海域で海洋調査。

一〇月一四～一五日、中国海洋調査船海監四九号、奄美大島海域で海洋調査。

一〇月二一～二六日、中国海洋調査船海監四九号、奄美大島海域で海洋調査。

二〇〇〇年

四月　五～一〇日、中国海洋調査船大洋一号、尖閣諸島海域で海洋調査。

四月二一～二二日、中国海洋調査船奮闘七号、尖閣諸島海域で海洋調査。

五月　一～　三日、中国海洋調査船海監一八号、男女群島海域で海洋調査。

五月　二～　三日、中国海洋調査船青海五一一号、尖閣諸島海域で海洋調査。

五月一八日、参議院外交・防衛委員会で中国海洋調査船問題の質疑。

五月三一日、中国海洋調査船奮闘七号、魚釣島海域で海洋調査。

六月　二日、中国海洋調査船大洋一号、宮古島南西海域で海洋調査。

六月　四～一九日、中国海洋調査船科学一号、男女群島南方海域で海洋調査。

六月　七日、中国海洋調査船海監六二号、男女群島西方海域で海洋調査。

六月　九～一五日、中国海洋調査船海監一八号、男女群島西方海域で海洋調査。

六月二〇日、中国海洋調査船海監六二号、男女群島南西海域で海洋調査。

六月二一～二八日、中国海洋調査船大洋一号、奄美群島西方海域で海洋調査。

六月二七～二八日、中国海洋調査船大洋一号、奄美諸島海域で海洋調査。

七月一六～一七日、中国海洋調査船大洋一号、男女群島南方海域で海洋調査。

七月二一～二四日、中国海洋調査船海洋四号、尖閣諸島南方海域で海洋調査。

八月　二～　四日、中国海洋調査船海洋四号、尖閣諸島海域で海洋調査。

八月　九日、参議院外交・防衛委員会で中国海洋調査船問題の質疑。

八月一七日、中国海洋調査船大洋一号、奄美諸島海域で海洋調査。

八月二二～二三日、中国海洋調査船海監一八号、男女群島南西海域で海洋調査。

九月　五～　七日、中国海洋調査船海監四九号、トカラ群島西方海域で海洋調査。

九月一五日、北京で海洋調査船活動に関する相互事前通報の枠組みについての日中事務レベル協議。

九月二八日北京で海洋調査船活動に関する第二回日中事務レベル協議。

二〇〇一年　二月一四日、日中相互事前通報の枠組みで合意成立。
三月一五～二八日、中国海洋調査船海監五二号、事前通報の尖閣諸島海域で海洋調査、六月二〇日まで男女群島南方海域で海洋調査。
五月　八日～六月　四日、中国海洋調査船大洋一号、事前通報の男女群島南方海域で海洋調査。
五月二三日～七月三一日、中国海洋調査船海監四九号、事前通報の硫黄鳥島を含む海域で海洋調査。
五月二五日～七月二四日、中国海洋調査船科学一号、事前通報の与那国島海域で海洋調査。
七月　一日～八月三〇日、中国海洋船向陽紅九号・向陽紅一四号、事前通報の尖閣諸島海域で海洋調査。
七月　九～一一日、中国海洋調査船奮闘四号、事前通報なしに尖閣諸島海域で海洋調査。
七月一八～一九日、中国海洋調査船奮闘四号、事前通報なしに尖閣諸島海域で海洋調査。
八月　一日～九月一〇日、中国海洋調査船海監五二号、事前通報の男女群島南方海域で海洋調査。
八月一三日、中国海洋調査船向陽紅九号、事前通報なしに尖閣諸島海域で海洋調査。

【資料】


『解放軍報』「深海間道　踏浪千里　海軍基本完成東海大陸架測量任務」一九九二年六月四日。

『解放軍報』「我国海洋地質勘定探走向世界」一九九二年五月一七日。

『東京新聞』「中国調査船が活動再開、事前通報の三隻『資源目的』の指摘も、東シナ海」二〇〇〇年四月二三日。

『産経新聞』「事前通報を盾に近海で資源調査、中国船〝野放し〟」二〇〇〇年六月七日。

海上保安庁『海上保安白書』。

外務省文書「海洋調査活動に関する相互事前通報の枠組みについての日中事務レベル協議（概要）」アジア局中国課、二〇〇〇年九月一五日。

日中相互事前通報の枠組みの交換公文、二〇〇一年二月一四日。

浦野起央・他編『釣魚台群島（尖閣諸島）問題　研究資料匯編』。


【文献】


平松茂雄「中国の領海法と尖閣諸島問題」上・中・下、『国防』第四一巻第九号、第一〇号、第一一号。

平松茂雄「進展する中国の深海底調査」『東亜』一九九三年一一月号。

平松茂雄『中国の海洋戦略』。

平松茂雄「本格化する中国の東シナ海石油開発」『東亜』一九九四年五月号。

平松茂雄「活発化する中国の東シナ海資源探査」『東亜』一九九六年七月号。

平松茂雄「拡大する中国の東シナ海進出」『東亜』一九九九年四月号。

平松茂雄「ここまで来た中国の東シナ海開発」『東亜』二〇〇〇年六月号。

平松茂雄「海洋実行支配の拡大を目指す中国」『東亜』二〇〇一年七月号。

平松茂雄「『事前通報』による中国の海洋調査活動」『東亜』二〇〇一年一〇月号。。

平松茂雄「日本近海に迫る中国の軍艦」『問題と研究』二〇〇一年一〇月号。

平松茂雄「尖閣諸島の領有権問題と中国の東シナ海戦略」『杏林社会科学研究』第一二巻第三号。

平松茂雄『続中国の海洋戦略』。

平松茂雄『中国の戦略的海洋進出』。

当代中国的海洋事業編集委員会編『当代中国的海洋事業』。

『毎日新聞』記事「日中海洋調査　通報境界は『両国近海』

口上書交換『中間線、中国が理解』」二〇〇一年二月一四日。

XII 魚釣島の日本国旗板建立事件

一九九六年八月、保均運動の最中(→7章X)、石垣市の政治結社、「尖閣列島防衛協会」は魚釣島に縦二メートル、横三メートルの木製による日の丸旗の日本国旗を建立し、尖閣諸島は日本の領有であるとアピールした。

▲日本国旗建立、1996年

(出所)恵忠久『尖閣諸島・魚釣島　写真・資料集』。

【経過】

一九九六年　八月一八日、石垣市の「尖閣列島防衛協会」、魚釣島に木製の日本国旗板建立。

【文献】

牧野清・仲間均『尖閣諸島　尖閣上陸――日本領有の正当性』。

XIII 石垣市議の尖閣諸島調査事件

一九九六年八月一八日に「尖閣列島防衛協会」が魚釣島に木製の日本国旗を建立したのに続き（↓7章XII）、二三日石垣市議会議長石垣宗正、同議員仲間均が行政管轄下にある北小島・魚釣島を調査した。


【経過】

一九九六年八月一八日、「尖閣列島防衛協会」、魚釣島に木製の日本国旗板建立。

八月二三日、石垣市議会議長石垣宗正、同議員仲間均が北小島・魚釣島調査。

【文献】

牧野清・仲間均『尖閣諸島　尖閣上陸――日本領有の正当性』。

XIV 石垣市議の魚釣島再上陸事件

一九九六年八月二三日石垣市議会議長石垣宗正、議員仲間均が北小島・魚釣島を調査した（↓7章XIII）。仲間は再び一九九七年四月二七日、『産経新聞』記者を同行して魚釣島に上陸した。これに対し、二八日古川貞二郎官房副長官が遺憾の意を表明した。五月一日『産経新聞』は「日本政府の『遺憾』表明は遺憾」と題する社説を掲載した。

【経過】

一九九七年　四月二七日、仲間均、『産経新聞』記者を同行して魚釣島上陸。

四月二八日、古川貞二郎官房副長官が遺憾の意を表明。

五月　一日、『産経新聞』社説「日本政府の『遺憾』表明は遺憾」。

【資料】

『産経新聞』社説「日本政府の『遺憾』表明は遺憾」一九九七年五月一日。

【文献】

牧野清・仲間均『尖閣諸島　尖閣上陸――日本領有の正当性』。

XV 新進党代議士の尖閣諸島上陸事件

一九九六年八月二三日石垣市議会議長石垣宗正、議員仲間均が北小島・魚釣島に上陸した（↓7章XIII）。仲間は一九九七年四月二七日、再び魚釣島に上陸した（↓7章XIV）。

さらに、仲間の案内で、五月五日「新進党」国会議員西村真悟ら三名が魚釣島に上陸した。この上陸事件は、六日橋本龍太郎首相が批判し、中国外交部が中国駐在日本大使佐藤嘉恭に抗議した。

五月七日の『朝日新聞』社説「独り善がりは国益を損なう」は、この行動を批判した。

【経過】

一九九六年　八月二三日、石垣市議会議長石垣宗正、同議員仲間均が北小島・魚釣島踏査。

一九九七年　四月二七日、仲間が魚釣島上陸。

五月　五日、「新進党」国会議員が魚釣島上陸
五月　六日、橋本龍太郎首相、五月五日事件で遺憾の意表明。
五月　六日、中国外交部、中国駐在日本大使佐藤嘉恭に抗議。
五月　七日、朝日新聞社説「独り善がりは国益を損なう」。

【資料】

朝日新聞社説「独り善がりは国益を損なう」一九九七年五月七日。

浦野起央・他編『釣魚台群島（尖閣諸島）問題　研究資料匯編』。


【文献】

牧野清・仲間均『尖閣諸島　尖閣上陸——日本領有の正当性』。

XVI　香港・台湾の保釣運動抗議船事件

一九九七年五月六日「新進党」国会議員西村真悟ら三名が魚釣島に上陸する事件が起きた（→7章XV）。今度は同月二六日、香港・台湾の釣魚島領有権主張の活動家が漁船三〇隻に乗船して尖閣諸島海域で抗議行動を展開し、香港の抗議船釣魚台号ら三隻が日本領海に侵入した。海上保安庁巡視船が退去命令を発し、これに抗議して活動家二名が巡視艇に乗り移り、彼ら二名は強制退去処分を受け、別の抗議船に引き渡され、強制退去となつた。


【経過】

一九九七年　五月　六日、「新進党」の上陸事件。

五月二六日、香港・台湾の釣魚島運動活動家の漁船三〇隻が尖閣諸島海域で抗議行動、強制退去。

六月一一日、日本右翼三名、北小島に上陸、海上保安庁が警告。

七月　一日、台湾抗議船一隻が尖閣諸島海域に侵入。
七月　七日、台湾で釣魚台団体約二〇名が台北の交流協会台北事務所に抗議行動。

XVII 日本右翼の魚釣島上陸事件

一九九七年六月日本右翼三名が北小島に上陸した。海上保安庁が警告を発し、問題は解決した（↓7章Ⅵ）。再び一九九九年九月五日魚釣島に「日本青年社」三名が上陸し、数時間滞在し外交問題となった（↓7章XVIII）。

【経過】
一九九七年　六月一一日、日本右翼三名、北小島に上陸、海上保安庁が警告
一九九九年　九月　五日、魚釣島に「日本青年社」三名上陸。
　　　　　　九月　七日、中国外交部が九月五日事件で抗議。

【資料】
『人民日報』記事、一九九九年九月七日。
浦野起央・他編『釣魚台群島（尖閣諸島）問題　研究資料匯編』。

XVIII 日本右翼の尖閣諸島再上陸事件

一九九七年六月「日本青年社」三名が北小島に上陸した。海上保安庁が警告を発し、問題は解決した（↓7章XVII）。
一九九九年九月五日魚釣島に「日本青年社」三名が上陸し、数時間滞在した。これに対し、九月七日中国外交部は、

駐中国日本大使谷野作太郎に対し抗議した。
二〇〇〇年四月二〇日「日本青年社」社員が魚釣島に上陸し、神社を建立した。これに対し、二九日中国外交部が非難した。

【経過】

一九九七年　六月一一日、「日本青年社」三名、北小島に上陸。
一九九九年　九月　五日、「日本青年社」三名、魚釣島に上陸。
九月　七日、中国外交部が抗議。
二〇〇〇年　四月　五日、中国外交部副部長、釣魚島は古来、中国帰属と再確認。
四月二〇日、「日本青年社」社員が魚釣島に上陸、神社を建立。
四月二九日、中国外交部、日本右翼の釣魚島上陸を非難。
五月一〇日、中国外交部長唐家璇、釣魚島は古来、中国領土と再発言。

【資料】

浦野起央・他編『釣魚台群島（尖閣諸島）問題　研究資料匯編』。

8章　領有権の法理

Ⅰ 先占の法理

日本の国際法の先達立作太郎は、「先占の完成の為めに先占を為さんとする国の行う所の実権は、命令強制力の権力たる意義に於ける主権たるを要せざるも、土地其のものを実力の下に置くと認むべき程度、即ちホールの所謂土地の実効的支配、ハイドの所謂土地の物体的支配Physical controlの行はるると認むべき程度の国家の実力の樹立を要すると為すのである」と論じた。この先占の法理は、日本政府が適用し、大寿堂鼎、奥原敏雄、松井芳郎らの国際法学者が適用している論拠となっている（→1章Ⅰ、Ⅱ）。

この先占の法理は、領有権処理のルールとして登場してきたもので、これまで領域取得をめぐる国際対立は、この先占の法的有効性に従い処理されてきた。

その事例の判決は、以下のとおりである。

一九二八年のパルマス島事件――常設国際司法裁判所の判決では、オランダの東インド諸島の一部に対する主権行使が確認された。つまり、先占にあたって主権行使の事実を他国に通告すべき義務はないとされた。そして、米国が主張した接続性の原則は、領有権を決定する法的手段としては確認されなかった。

一九三一年クリッパートン島事件――フランスの実効的支配がなくとも、先占の意思表示の宣言をもって、仲裁裁判の判決は、領有権の有効性を認めた。

一九三三年東部グリーンランド島事件――常設国際司法裁判所は、ノルウェーが公布した無主地に対する先占の宣言は、デンマークの継続的使用に対しても、無効であるとした。

一九五三年マンキエ・エクレオ島事件――英国、フランスの両国が歴史的領有権を主張したが、常設国際司法裁判所は、その実効的支配をもって判断した。

中国は、尖閣諸島に対する先占の法理は成立していないとしている（↓2章Ⅳ、Ⅴ）が、これに対する結論は、先占の適用にあたっての措置、およびそれに関連した実効的支配措置に照らして判断されるべきところといわなくてはならない。この点は、台湾の学者丘宏達も指摘している（↓1章Ⅶ）。

これに対する日本の立場は、先占により領域取得をしており、さらに、実効的支配をも行っているという立場にある（↓1章Ⅰ）。

【経過】

一九二八年　四月　四日、パルマス事件判決。
一九三三年　四月　五日、東部グリーンランド事件判決。
一九五三年一一月一七日、マンキエ・エクレオ諸島事件判決。
一九九三年　六月一四日、グリーンランドとのヤン・マイエン海境事件判決。

【資料】

「無人島先占に関する国際判決――クリッパートン島の主権に関する仲裁裁判判決」『国際法外交雑誌』第三一巻第七号、一九三三年。

深津栄一「パルマス島事件」『綜合法学』第二五号、一九六〇年八月。

皆川洸編『国際法判例集』有信堂、一九七五年。

田畑茂二郎・太寿堂鼎編『ケースブック国際法』有信堂高文社、一九八〇年。

波多野里望・筒井若水編『国際判例　領土・国境紛争』東京大学出版会、一九七九年。

波多野里望・松田幹夫編『国際司法裁判所　判決と意見』第一巻（一九四八―六三年）、国際書院、一九九九年。

波多野里望・尾崎重義編『国際司法裁判所　判決と意見』第二巻（一九六四―九三年）、国際書院、一九九六年。

【文献】

立作太郎「無主の島嶼の先占の法理と先例」『国際法外交雑誌』第三二巻第八号。

横田喜三郎「無人島先占に関する研究」『国際法外交雑誌』第三二巻第八号。

横田喜三郎「東部グリーンランドの法律的地位に関する事件」『国際法外交雑誌』第三二巻第八号。

太寿堂鼎「国際法上の先占について――その歴史的研究」『法学論叢』第六一巻第二号。太壽堂『領土帰属の国際法』東信堂、一九七八年。

太寿堂鼎「極地の帰属」『法学論叢』第六三巻第二号。太寿堂『領土帰属の国際法』東信堂、一九七八年。

太寿堂鼎「先占に関するわが国の先例」『法学論叢』第七〇巻第一号。太寿堂『領土帰属の国際法』東信堂、一九七八年。

太寿堂鼎「領土問題――北方領土・竹島・尖閣諸島の帰属」『ジュリスト』第六四七号。

太寿堂鼎「明治初年における日本領土の確定と国際法（一）」『法学論叢』第一〇〇巻第五・六号。太寿堂『領土帰属の国際法』東信堂、一九七八年。

奥原敏雄「尖閣列島の法的地位」『季刊・沖縄』第五二号。

仲里譲「国際法判例 Palmas 島事件」上・下『六甲台論集』第二三巻第三号、第四号。

深津栄一「領土取得の法理」『国際法外交雑誌』第六〇巻第三号。

深津榮一「孤島の帰属に関する法理」『日本法学』第三五巻第三号。

伊津野重満「尖閣列島の帰属に関する法理」、『創価大学開学論文集』。

芹田健太郎「島と大陸棚境界協定」『神戸法学雑誌』第三〇巻第一号。

芹田健太郎『島の領有と経済水域の境界画定』。

Ⅱ 歴史的権利の主張

先占の法理（↓8章Ⅰ）に対する領有権の主張は、歴史的記録による申し立てである。中国は、歴史的文書・記録を根拠に、「釣魚嶼は古来、中国領土」とその領有を主張することで、日本の尖閣諸島の奪取は正統でないとしている。冊封使の記録、その他では、古くこれら島嶼が琉球領でなかったことは、確認できる（↓3章Ⅰ、Ⅴ、↓4章Ⅰ）。また、中国が海洋を制し、この辺海の防衛に関心があったことは、事実であったろう（↓3章Ⅶ）。この地域は、永らく中国—琉球間の海上航路の目標であった。その記録は、季節風と黒潮の道筋からも、この地域が重要な地点であったことを確認づけている。これは、歴史的な公海指針の文献『順風相送』以来、いわれてきたところである（↓3章Ⅰ）。

にもかかわらず、そうした記録からは、この地域が、防衛の辺界、つまり版図を確認するものだと断定することはできない。これまでの中国による辺界の防衛問題は、航海と海上の匪賊に対する防衛行動の一部にすぎなかった（↓3章Ⅶ）。台湾の学者楊仲揆は、「釣魚台は『盛家』の土地である」と一八八三年の詔書をもって、その中国の領有を主張している（↓3章Ⅷ）。この点における実効的支配と詔書の解釈の間には、多くの議論がある。それは、詔書の形式が特異なものだからであり、その実態が不明だからである。

これと並んで、歴史的証拠とされるのが、日本人林子平の『三國通覽圖説』の付図「琉球三省并三十六島之圖」である。その色分けから、尖閣列島は中国と同色をもって中国領土と認定したとする見解である。台湾の国際法学者、丘宏達も、同様の指摘をする。だが、この『三國通覽圖説』それ自体も、中国の文献に従ったものであり、それは一つの説明材料にすぎない（↓3章Ⅴ）。

また、丘宏達の分析では、一八九五年以前に日本で刊行された地図、関口備正編「府縣改正大日本全圖」(一八七五年)、井出猪之助編「大日本地理全圖」(刊行年不明)には、琉球の部分に尖閣列嶼が記入されていないことをもって、中国領と指摘するが、琉球に属さない記述をもってそれが中国領であるとは断定できないし、日本の現地調査以前には、その記入さえ欠いていた。他方、一八七九年の「大日本府縣管轄圖」には、琉球列島の中に花瓶島(魚釣島)が入っている。一八九〇年の嵯峨野彦太郎編「大日本全圖」も同じである(→3章Ⅵ)。

それで、結局、中国の学者が主張するこうした歴史的事実に対する検証には、その実効的支配に対するものとしての確認が不可欠である。そこで議論となるのは、一八七九年に日本が琉球を不法占領し、そして一八九五年に釣魚台を不法占領したという主張、つまり下関条約で、台湾の付属島嶼たる尖閣諸島を日本が奪取したという議論である(→4章Ⅸ)。この問題をめぐっては、三つの議論が成立する。すなわち、第一は、尖閣諸島は台湾の付属島嶼であるかについてであり、この点は、歴史記録でも証明されない。第二は、地質的に台湾あるいは中国本土の大陸棚の一部であるかの問題であり(→2章Ⅳ)、この主張は領土帰属の問題とは関係ない。そして、第三に、下関条約をめぐる交渉の局面と尖閣諸島の領有についての関連である。呉天穎のかかる主張に対して、日本は、それ以前からの意思の行使を通じて、内政措置として支配を確認していたと反論できる(→5章Ⅱ)。それは、呉天穎が根拠として主張する台湾征討に際しての武力による占領ではないのである(→4章Ⅸ)。それは、それに先立つ先占による取得であって、そして実態的に人の活動とその公的意思の関与によるところでなくてはならない(→5章Ⅰ〜Ⅵ)。

この地域には、台湾人の活動もあり(→3章Ⅳ)、琉球への中国人の移民もあったであろう(→3章Ⅲ)。しかし、この活動や移民をもって、琉球に対する中国(台湾)の支配が成立していたと断定することはできない。そして、井上清説のいう琉球の非合法的併合（→1章Ⅲ）には同意できない。琉球支配層の併合への抵抗にもかかわらず、その併合を「奴隷解放」と解する見解（→4章Ⅶ）もあって、井上清説は、通説的見解とは対立している。さらに、これと同列に、この文脈で、尖閣諸島の非合法な軍事占領（→4章Ⅸ）を論じるのは、その歴史的経緯から難しく、またこの併合を日本帝国主義の犯罪と断定することで、帰属の非合法性を取り上げることはできない。

【文献】

井上清「釣魚列島（尖閣列島等）の歴史と帰属問題」『歴史学研究』第三八一号。

井上清「琉球処分とその後」、新里恵二編『歴史編―沖縄文化論叢第一巻』。

井上清「釣魚諸島（尖閣列島など）の歴史とその領有権（再論）」『中国研究月報』一九七二年六月号。

井上清『尖閣列島――釣魚諸島の歴史的解明』。

井上清『関于釣魚島等島嶼的歴史和帰属問題』内部資料、一九七三年。

井上清『釣魚列島的歴史和帰属問題』香港、一九九〇年。

井上清『釣魚島与歴史的主権』北京、一九九七年
楊仲揆『中國・琉球・釣魚臺』。

楊仲揆『琉球古今談――兼論釣魚臺問題』。

丘宏達「日本對於釣魚台列嶼主權問題的論據分析」『明報月刊』第七五期。

丘宏達「日本對於釣魚台列嶼主權問題的論據分析」『政大法学評論』第五期。

丘宏達「關於『日本對於釣魚台列嶼主權問題的論據分析』――一文的補充説明」『明報月刊』第七七期。

丘宏達「中國對於釣魚台列嶼主權問題的論據分析」『明報月刊』第七八期。

丘宏達「從國際法觀点論釣魚臺列嶼問題」『大學雑誌』第六〇巻第一期。

丘宏達「釣魚台列嶼問題研究」『政大法学評論』第六期。

丘宏達『關於中國領土的國際問題論集』。

丘宏達『釣魚台列嶼主權争執問題及其解決方法的研究』。

吳天穎『甲午戦前釣魚列嶼帰属考――兼質日本奥原敏雄諸教授』。水野明訳『甲午戦前釣魚列嶼帰属考――奥原敏雄諸教授への反証』。

王琳「从国際法論中国対釣魚島群島拥有無可争辨的主権」『中国辺疆史研究』一九九九年第四期。

Donald R. Allen & Patrick H. Mitchell, "The Legal Status of the Continental Shelf of the East China Sea," *Oregon Law Review*, Vol. 51.

Peter N. Upton, "International Law and Sino-Japanese Controversy over the Territotial Sovereignty of the Senkaku Island," Boston *University Law Review*, Vol. 52.

Tao Cheng, "The Sino-Japanese Dispute over the Tiao-yu-t'ai (Senkaku) Islands and the Law of Territorial Acquisition," *Virginia Journal of International Law*, Vol.14 No. 一.

John K. T. Chao, "East China Sea: Boundary Problems relating to the Tiao-yu-t'al Islands," *Chinese Yearbook of International Law and Affairs*, Vol. 3.

Ⅲ 実効的支配の現実と解決

尖閣諸島に対する歴史的確認は可能であろう。問題は、そこでの権力支配の意思と行使がどうであったか、ということが議論の主題である。日本も、周囲の環境に対応したその権力の行使においては、外務卿が深く懸念していたところであった。そこでの中国人の関心は、一八八五年九月六日の『申報』記事「台湾警告」が報じているとおりであった。その過程のなかで、日本は編入措置をとった。台湾の領有放棄を余儀なくされつつあった状況下の清国にとっては、それに対する抵抗の判断もあったかったかもしれない。しかしながら、清国は、これに対する対応措置をとらなかったし、その事実に対しなんら異議は唱えなかった。こうして、尖閣諸島に対する日本の権力行使がなされ、日本の支配が固まり、そこでは、日本人の生活が営まれてきた（↓5章Ⅰ～Ⅵ）。

そして、一九七〇年代に入り、東シナ海の大陸棚石油資源が注目されるところとなって、中国と台湾による、そしてそれに連動して香港人による中華愛国主義のもとこの地域の領有主張をめぐる日本の領土主権に対抗する申し立てが行われるようになった。

ここに、「古来の主権」という申し立てが、権力の行使の確認ではなく、民族感情の発露の文脈で展開されるところとなった。そしてその視点は、日中戦争をめぐる中国の歴史認識に問題を据えたところにおかれた。そこに、日本と中国との間で、中華ナショナリズム／愛国主義を射程にした申し立てによる領土対立から、歴史認識のギャップがいよいよ増幅され議論も高調するところとなった。しかしながら、尖閣諸島をめぐる事件への対応の主張は、歴史認識の問題ではない。その対応は、現に存在している「実効的支配」の実態を確認した上での現実的な処理でしか方策はない。

そこでの領土権の変更は、あるとすれば、「力の行使」しかない。尖閣諸島に対しても、そうした議論が起きている。しかし、力の行使による解決はとるべきでない。ここに、政府の強い領有権申し立てをナショナリズム／愛国主義の次元に移した形で保釣運動が展開されるところとなってきた。とはいえ、その領土権をめぐる対立とその解決は、運動の次元ではなく、関係国による既成事実の確認の下での交渉、国益の調整によるしかない。その反面、ナショナリズムは、その調整による妥協を許さない面がある。そのため、当該政府も、その国民的運動への対応から強硬姿勢をとるところとなり、国内処理を優先させざるをえない。これにより、問題の処理をめぐる政府の決断も、いっそう難しいものとなっている。鄧小平中国副総理は、一連の対応をとってきた――その基本姿勢は、領土主権を「放置した」現実的処理にあった――が、解決をもたらすにはいたらなかった。その間にも、中国政府による申し立てと取り組みがいっそう強化され、海上での異常な活動や激突も続発してしまうこととなった。

尖閣諸島をめぐる事件への対応は、ナショナリズム／愛国主義に巻き込まれないよう、政府間交渉により実務的に対処していくべきものである。今後考えられうる対応としては、領土主権の係争問題ではなく、同問題を噴出させてきた資源開発をめぐる方策の調整次元においてとられるべきところであって、そのような観点から、関係国間での対応策を考えていくことが是非とも必要である。これは領土主権を否定しあるいは回避するものではなく、それを実効的支配のままにしておき実務的解決へと問題を移すということである。いいかえれば、領土主権の争点を直接問わない形のものとし、かついわゆる歴史認識の議論とは別の次元で問題を処理すべきところであって、当事国相互の立場としては、現在、この視点で国益の確認と問題処理をめぐる調整の方向へ進んでいくものと解されねばならない。

【経過】

一九七四年一〇月　三日、日中友好協会訪問に対し中国副総理鄧小平が釣魚島主権に関する発言。
一九七八年一〇月二五日、中国副総理鄧小平、釣魚島主権に関する発言。
一九七九年　五月三一日、中国副総理鄧小平、釣魚島主権に関する発言。
一九八四年一〇月二二日、中国副総理鄧小平、釣魚島主権に関する発言。

【資料】

田恒主編『戦后中日関係文献集一九七一―一九九五』。
浦野起央・他編『釣魚台群島（尖閣諸島）問題　研究資料匯編』。

【文献】

浦野起央『日・中・韓の歴史認識』南窓社、二〇〇二年。

〔付〕中国の尖閣諸島戦争シナリオをめぐるコメント

私は、一九九七年に『南海諸島国際紛争史』を刊行し、その中で中国の南沙問題解決の一つのシナリオを書いた。それは、中国は二〇一〇年までに南沙諸島の問題を解決する認識があり、その支配回復の方策は武力による回復を究極の手段としており、「二〇一〇年計画」のもとで想定される南沙群島作戦のシナリオとその準備状況につき言及した。それは、中国人民解放軍の内部資料『中国人民解放軍　能打贏下場战嗚？』に依拠していた。

日本で、一九九三年に戸丸廣安の『日本を孤立に追い込め――中国・韓国・ロシア「反日三国同盟」密約――尖閣列島は中国に武装占領される』が出版された。同書は右派的認識の過激なものであったが、一九九五年七月台湾の李登輝総統の訪米に抗議して、台湾周辺地域へ中国人民解放軍がミサイルを発射し、続いて翌九六年三月中国は、台湾の総統選挙を恫喝する形で台湾海峡へミサイルを発射し、三軍合同演習を実施した。

中国は、台湾海峡をめぐる中台戦争をもってする、台湾統一の原則方針のもとでの武力の行使を否定していないだけでなく、その決意を軍事演習を通じ表明し、実現してきた。実際、中国では、その膨大な軍事費の増強と南海艦隊の充実、さらにミサイル配備が著しく進捗しており、今日、中国の軍事的選択が注目されるところとなっている。というのも、中国は、その人民中国の建国以来、予告の上で、実際の軍事行動をとってきたからである。鄧小平中国副総理・中央軍事委員会主席は、一九七九年一月の訪米に続く訪日を通じて、「ベトナムに教訓を与えなければならない」と強調し続けていた。その意味するところを世界は理解できずにいたが、二月、ベトナムに対する懲罰作戦が決行され、中国人民解放軍がベトナムへ大規模侵攻した。中国は、一九五〇年の朝鮮戦争への参戦以来、一九七四年一月の西沙群島の軍事回復作戦、一九九五年一月の南沙群島の美済環（ミスチーフ環礁）作戦を含めて、計一一回の軍事力の対外行使を行なってきており、必要であれば、軍事作戦を辞さないとする国民性の国家であることのスタイルをみせてきており、その軍事力行使の意図と決断を見抜くことが、われわれの課題となっている。こうしたなか、二〇〇〇年一二月ペンシルバニア州カーライルの米陸軍大学が、そうした中国の軍事介入の場合における「戦争の代価」をめぐって中国人民解放軍の検討セミナーを開催し、その報告『戦争の代価――中国の将来の戦争に関するインパクト』が米陸軍大学戦略研究所から翌一年一〇月に刊行された。

同書は、西欧的思考で、中台戦争での代価から、中国は戦争を仕掛けられないのではないか、そして米艦隊の緊急出動がかかる戦争の発動を抑制していると、判断しているが、私としては、中国指導者にとっては、その作戦、つまり台湾制圧のチャンスが大きいと考えれば、戦争の高い代価も支払う用意があるとみなければならないだろう。同書も、こう指摘している。「中国にとって、台湾との統一は、国家安全保障上の重要な目標であるので、必要なら武力によって達成するとした中国の主張を単なる大言壮語であると片づけてしまうことは、はなはだ賢明でない。……台湾は、重要な戦略資産であるばかりでなく、北京の現体制の正統性を示す上で死活的に重要である」（陸軍大学戦略研究所のスタッフ、アンドルー・スコーベルと戦略研究所の前所長、ヘリテージ財団アジア研究センター所長、ラリー・M・アーツェルによる総括的な序論）。この評価は正しい。要は中国の決断ということになる。

それで、実際に、中国の尖閣諸島への侵攻可能性はどうなのか。中国は、日本に対して一度も軍事展開をしていない。それは、日本が国際紛争の解決において軍事力の行使をとっていないこともあって、日本に対しては、中国にとり軍事力の行使の敷居がとても高いということであろうが、中国の軍事容認思考に対して、日本は、非軍事の思考にある。このことから、中国の思考・認識について日本が十分な判断ないし理解できない以上に、日本として、中国の軍事容認思考を理解できないでいる。だが、一般的に、中国が釣魚島は「中国領土」であると主張し続ける限り、「軍事行動による回復の可能性は否定されていない」と解することが重要である。ただし、両国間の国際関係においてそれぞれその原則的立場に立ちつつも、かかる目標の達成解決においては、その原則的立場から懲罰的作戦を決行する状況判断に中国はないということである。

そうした意味において、中国の外交判断を、日本は常に適確に見極めておくことが定則である。尖閣諸島は台湾問題とは区別されるところであり、しかも中国にとっての戦略的条件をまったく異にしており、同じ文脈では議論ができないことは判然としているが、中国の行動原則における軍事容認思考は十分理解すべきところであろう。

同時に、指摘すべきは、日中間の尖閣諸島をめぐるイメージ・ギャップを増幅させてしまわないことである。そして中国に軍事容認の思考に走らせないためにも、両国間の歴史認識を固める必要がある。

【文献】

『中国人民解放軍　能打赢下場战鳴?』重慶、西南師范大学出版社、一九七三年。

戸丸廣安『日本を孤立に追い込め――中国・韓国・ロシア「反日三国同盟」密約――尖閣列島は中国に武装占領される』。

中静敬一郎「『尖閣有事』に対処せよ」『Voice』一九九六年一二月号。

浦野起央『南海諸島国際紛争史――研究・資料・年表』、刀水書房、一九九七年。

浦野起央『日・中韓の歴史認識』

SSI, The Cost of Conflict: The Impact on China of a Future War, 一九九一、富山泰・渡辺孝訳『中国は戦争を始める――その代価をめぐって』恒文社、二〇〇二年。

増補　尖閣諸島をめぐる最近の動向

尖閣諸島の管理、二〇〇二〜二〇〇五年

尖閣諸島の魚釣島には、一九七八年に日本の民間政治団体が灯台を建設し、一九八八年に立て替えられた。この灯台は一九九〇年以降、石垣市の漁業関係者が保守・管理してきたが、二〇〇五年二月漁業関係者が灯台の所有権を放棄した。政府は、同二月九日この所有権移転の手続き完了を確認し、この灯台は、現在、海上保安庁が管理する。

尖閣諸島は、魚釣島など四島（他に二島は国有地）が日本人の私有地であるが、二〇〇二年四月に政府が借り上げ、現在、政府の管理地となっており、二〇〇四年三月中国人による不法上陸事件で、政府は日本人を含む上陸禁止措置をとった。

この政府の借り上げで、二〇〇三年一月三日、「二〇〇二年四月から二〇〇三年三月まで一年間の賃貸契約料二、二〇〇万円」という内容と、政府は「民有地を借り上げることにより『固有の領土』とした政府の明確な立場を示す」ということが報道され、その段階で、中国外交部は同三日、程永中国外交部アジア司副司長が隅丸優次在中国日本大使館公使に対し「中国の主権を損なう行為に不満を表明する」と抗議した。さらに、中国外交部は五日、阿南惟茂駐中日本大使に対し「中国領土を窃取する画策は決して容認できない。中日関係に危害を与える端緒をつくることを止めるよう

要求する」と申し入れた。六日武大偉駐日中国大使が竹内行夫外務事務次官に対し「日本政府の一方的行為は不法かつ無効で受けいれられない」と抗議した。

尖閣諸島の日本支配の現状は以下の通りである。

魚釣島　政府が二〇〇二年四月借り上げた。

久場島　一九七二年から二〇年の賃貸契約を防衛庁が地主一人と締結し、その間、一九七八年、一九八八年、一九八九年と所有者が代わったものの、一九九二年に再び二〇年の契約が更新された。同島は米軍射撃爆撃場となっているが、一九七九年以降は、訓練が行われていない。これは米軍が領有権を配慮しての措置である。

大正島も米軍の射撃場であるが、同島は国有地である。

北小島　政府が二〇〇二年四月借り上げた。

南小島　政府が二〇〇二年四月借り上げた。

魚釣島の野生化ヤギ問題、二〇〇一年

一九七八年、日本の民間政治団体が魚釣島に放逐したヤギが増殖し、植物の喪失による生態系の崩壊が問題となり、二〇〇一年三月一日川内博史衆議院議員が政府に質問主意書を提出した。それに対する政府答弁書は、その状況は把握できないし、「尖閣諸島の実効的な支配を担保することを目的として、ヤギの除去等の措置を講ずることが必要であるとは考えていない」と回答した。この問題は、二〇〇二年日本哺乳学会大会でも提起され、環境省に対し野生化ヤギの対

策を求める要望書が提出された。

李登輝前台湾総統の「尖閣は日本の領土」発言、二〇〇二年

二〇〇二年九月一六日李登輝前台湾総統は、釣魚台は日本の領土であると発言し、九月二四日『沖縄タイムズ』がこの発言を報道した（本書二八二〜二八三頁）。九月二六日台湾の国民党機関紙『中央日報』は社論「尖閣は日本の領土なのか」で、「台湾の父には台湾の主体性がいったいどこにあるのか」と論じた。『聯合晩報』は、領土権を主張する反対派の議員が台湾立法院前で抗議し、その後、李前総統の住む翠山荘前で「売国奴、岩里政男（李登輝）よ！日本へ帰れ」のシュプレッヒコールを繰り返し、さらに李前総統に見立てた人形に火を放った、と報じた。李前総統は、帰宅後、自ら黄主文台湾団結聯盟主席に電話をして「事実を話しただけ」と述べ、前総統に対する非礼につき胸の痛みを打ち明けた。『中国時報』は、李前総統は、六年前に日本の関係者と会談し、その際、「尖閣は、明朝以来、台湾漁民の伝統的な漁業海域」と発言した立場に戻れ、と述べた。

一〇月二〇日台湾で開催の研討会で、李登輝前台湾総統は「釣魚台は日本領土であり、台湾にあるのは漁業権のみ」と再び主張した。彼の主張は、以下の通りであった。「一九七〇年に海底油田説が浮上してから、この島をめぐる争いが始まった。清朝は「台湾」を日本に譲渡した時、釣魚台はその範囲に含まれておらず、当時の地図を見てもこのことは明らかである。釣魚台はもともと琉球王国の中山王の土地であり、琉球王国は中国明朝の一部ではない。琉球は現在、日本の県であるから、どこに領土権があるかは明らかだ。」

一〇月二五日台湾外交部は、この李前総統の発言に対し、「国際法の角度からみて、釣魚島は中華民国の管轄地区であ

り、妥協できない」と反論した。

中国海洋調査船の活動、二〇〇三～二〇〇四年

外国調査船が日本の排他的経済水域又は大陸棚において海洋の科学的調査を行う場合は、国連海洋法条約に基づき日本の事前の同意が必要であるが、中国は尖閣諸島海域を「自国の主権下」にあるとして、一九九〇年代半ば以降、その手続きなしに活動してきた。この混乱で、二〇〇一年二月日・中両国は海洋調査活動の相互通報の枠組みにつき合意したが、以後も、事前申請などの内容と異なる、又は事前申請などのない調査といった特異行動が続いた。

その状況は、次の通りで、活動は尖閣諸島海域から拡がった。（　）は沖ノ鳥島周辺である。

	視認隻数	特異行動件数
二〇〇三年	一一（三）	九（三）
二〇〇四年	一四（五）	一五（五）

その具体的状況は次表の通りである。

特異行動を行った中国海洋調査船状況（二〇〇三年）

番号	船名	視認日	視認場所	事前申請などの有無
一	東方紅二	五月三日	硫黄島の西方約三九〇キロ（太平洋）	事前申請海域と異なる

二	東方紅二	五月九日	沖ノ鳥島の南西約三九〇キロ（太平洋）	事前申請海域と異なる
三	向陽紅〇九	八月一七日	西表島の南方約八〇キロ（太平洋）	事前申請なし
四	向陽紅〇九	八月二九日	石垣島の南方約一八五キロ（太平洋）	事前申請なし
五	向陽紅〇九	一〇月一七日	沖ノ鳥島の北西約三八〇キロ（太平洋）	事前申請なし
六	向陽紅〇九	一〇月一九日	宝島の北西約一一五キロ（東シナ海）	事前通報なし
七	東方紅二	一一月二日	沖ノ鳥島の北西約二九〇キロ（太平洋）	事前申請海域と異なる
八	奮闘七号	一一月八日	波照間島の南方約九〇キロ（太平洋）	事前申請なし
九	科学一号	一二月一〇日	喜界島の南東約二二〇キロ（太平洋）	事前申請なし

（注）太平洋八件（沖ノ鳥島周辺三件）、東シナ海一件。
（出所）海上保安庁のデータ。

特異行動を行った中国海洋調査船状況（二〇〇四年）

番号	船名	視認日	視認場所	事前申請などの有無
一	向陽紅一四	一月二日	石垣島の南南東約二五五キロ（太平洋）	事前申請なし
二	向陽紅一四	一月九日	沖ノ鳥島の北北東約四二〇キロ（太平洋）	事前申請海域と異なる
三	向陽紅〇九	一月二七日	西表島の南東約一四五キロ（太平洋）	事前申請なし
四	向陽紅〇九	一月三〇日	西表島の南南西約一二〇キロ（太平洋）	事前申請なし
五	向陽紅〇九	二月一一日	尖閣諸島久場島の北方約二二キロ（東シナ海）	事前申請なし（領海内）

六	東方紅二	二月一七日	小笠原諸島西ノ島の西方約二七〇キロ（太平洋）	事前申請なし
七	東方紅二	三月四日	沖ノ鳥島の北東約二九〇キロ（太平洋）	事前申請なし
八	奮闘七号	五月七日	魚釣島の北北西約六三キロ（東シナ海）	事前通報なし
九	向陽紅一四	五月一一日	沖ノ鳥島の北方約二八〇キロ（太平洋）	事前申請なし
一〇	奮闘七号	五月一二日	魚釣島の北西約六九キロ（東シナ海）	事前通報なし
一一	奮闘七号	五月一三日	魚釣島の西北西約六五キロ（東シナ海）	事前通報なし
一二	向陽紅一四	五月一五日	宮古島の南方約二三〇キロ（太平洋）	事前申請なし
一三	向陽紅〇九	七月一二日	沖ノ鳥島の南南西約三四〇キロ（太平洋）	事前申請なし
一四	海監四九	八月五日	沖縄本島の北西約三六〇キロ（東シナ海）	事前通報なし
一五	科学一号	一二月一〇日	沖ノ鳥島の南方約三一〇キロ（太平洋）	事前申請なし

（注）太平洋一〇件（沖ノ鳥島周辺五件）、東シナ海五件（領海内を含む）。
（出所）海上保安庁のデータ。

台湾の尖閣諸島測量方針、二〇〇三年

二〇〇三年五月二七日余政憲台湾内政部長は、テレビで釣魚島の地形・面積・経緯度など詳細な測量の実施を検討していることを明らかにした。同二七日『中国時報』は、人工衛星による測量を企画中で、測量結果を基に当局作製の地図の釣魚島部分を更新し、台湾の領有権を改めて主張する意向である、と解説した。さらに、台湾当局は、最近、二〇〇カイリ経済水域の設定で領有権の主張を企図し、台湾の漁業権を守るとの方針を固めたが、関係国との外交関係を配

慮して見送った、と同紙は報じた。

中国人活動家の尖閣諸島侵入事件、二〇〇三〜二〇〇四年

二〇〇三年六月二三日中国と香港の釣魚島の中国領有権を主張する活動家が「日本政府が尖閣諸島三島（魚釣島・北小島・南小島）の民有地借り上げを行ったことに抗議して」尖閣諸島への上陸を目指した行動をとった。同日午前〇時、海上保安庁が警戒発動に入ったところ、午前八時四六分、尖閣諸島の北西約六五キロ沖を航行中の中国旗を掲揚した抗議船を発見し、巡視船は退去勧告を発した。

六月二四日台湾内政部は、この事実を確認して、釣魚島は中華民国（台湾）領土である、と確認した。

六月二六日彼ら活動家らは、北京で記者会見して、抗議行動の目的は達成されたとの認識を示した（北京発二六日共同電）。

さらに、中国民間保釣聯合会／釣魚島防衛連合（会長童増）の抗議船二隻が二〇〇四年一月一五日午後、日本の領海に侵入したが、日本の巡視船の高圧放水砲の攻撃に遭い引き返した。この事件は『新京報』が一六日伝えた。

中国の釣魚島開発申請、二〇〇三年

二〇〇三年七月一日中国政府は、「無人島の保護と管理に関する規定」を施行し、全土約六〇〇〇の無人島の開発・利用を個人・企業に認めるとした。これを受けて、中国人活動家が釣魚島の土地借り上げを申請したと、広東省週刊誌『南方周末』七月一七日号が報じた。中国誌『経済』二〇〇三年九月号は、釣魚島に対する四件の賃貸申請が国家海洋局に

提出されていることを確認した。九月二〇日『沖縄タイムス』夕刊は、この事実を確認して「賃貸申請は愛国意識に基づく行動で、商業開発の意図は薄い」と解説した。

日本青年社の尖閣諸島上陸事件、二〇〇三年

二〇〇三年八月二五日、日本青年社の社員が尖閣諸島に上陸し、孔泉中国外交部報道官は、尖閣諸島は中国領土であると強く非難し、同種の事件の再発防止を求め、同時に日本政府への抗議を行ったことを明らかにした。

一二月二七日中国政府は、釣魚島の主権に関する原則的立場を確認した。

中国人活動家の尖閣諸島上陸事件、二〇〇四年

二〇〇四年一月、釣魚島の領有権を主張する中国人活動家童増らが、尖閣諸島海域に向かい、海上保安庁の退去警告で彼らは引き返した。さらに、童増は三月一日、今月末に同島に航海する計画を明らかにし、このため中国福建省アモイで一週間、救助技術の訓練を行った。なお、三月一六日中国新聞社は、二〇〇四年一月に民間船二隻を現地調査の名目で三月派遣し、「釣魚島観光路線を試験的に開通させる」計画がある、と報じた。釣魚島防衛連合は、インターネット上でこのツアー参加者二〇人を募集したが、七〇〇人が応募したので、釣魚島防衛連合の会員を中心に選抜する予定と伝えられた。

三月二三日中国浙江省を一〇〇トン級の中国籍漁船、浙普漁二一一四号（女性一人、カナダ在住の中国人一人を含む活動家一六人が乗船）が出航し、同船は同二三日午後、尖閣諸島海域に到着し、八時間停泊した後、二四日早朝、暗

やみのなか魚釣島に接近し、同船から降ろされた手こぎボート二隻で、中国人活動家七人が上陸した。午前七時二〇分、海上保安庁はこの上陸を確認した。上陸した馮錦華らは、約一〇時間にわたり島内を歩き回り、中国国旗を振った。一方、その漁船は、正午頃に領海から外に出た。同船は午後四時二〇分再び領海に侵入したが、海上保安庁の警告で、領海の外に出た。一方、沖縄県警は海上保安庁のヘリコプターで、警察官一八人が石垣島から一時間をかけて午後四時三〇分頃現場に到着し、同日五時二五分から七時七分までに、山頂に登って下山した一人を含む上陸者七人全員を入管難民管理法（不法入国）違反の現行犯で逮捕した。

翌二四日中国民間保釣聯合会は同日午前六時三三分、釣魚島の上陸に成功し、活動家は非常食などを携帯しているとネットで報じた。

二四日午前、竹内行夫外務事務次官は武大偉駐日中国大使を外務省に招き、「日本政府としては、関連法令に従い、厳正に対処する。事態は重大かつ緊急を要する。中国側に適切な対応を取るよう求める」と抗議した。これに対し、同大使は、「中国には、中国の立場がある」と反論した。張業遂外交部副部長は、原田親仁駐中日本臨時代理大使に対し活動家七人の安全確保に努めるよう求めた。孔泉外交部報道官は二四日、この事実を確認し、「日本側は冷静に対応し、彼らに危害を加えないよう求める」との談話を発表した。

二五日午後二時三〇分、中国籍漁船、浙普漁二一一四号は帰港し、浙江省楽清市で記者会見し、同胞の釈放を求める声明を行った。なお、逮捕者は二六日午後、那覇空港から上海へ強制送還となった。

三月三〇日衆議院安全保障委員会は領土保全決議を採択した。これに対し、同日、孔泉報道官は、日本側の行為は違法であると反発した。

この事態で、日本青年社は二五日第一次魚釣島上陸隊が羽田から石垣島に向かったが、上陸は断念した。二七日石垣市議会は、不法上陸再発阻止の決議を採択した。四月六日日本青年社の第二次上陸隊が石垣島に入り、八日魚釣島に向かったが、気象条件の悪化で上陸できなかった。

台湾政府の釣魚島登記事件、二〇〇四年

二〇〇四年四月一四日の『中国時報』は、宜蘭県当局が釣魚島を「中華民国領土」として登記した、と報じた。

尖閣諸島海域の中国民間調査船活動、二〇〇四年

二〇〇四年六月一三日中国の民間グループが日本の排他的経済水域（ＥＥＺ）、日中中間線の日本側で海洋調査活動を行い、これは四月から三度目の事件であった、いずれも日中間取決めに基づく事前通告はなかった。同日劉建超中国外交部報道官は、この調査活動は完全に合法なものであると主張した。

一二月八日日本政府は、中国海洋調査船科学一号が日本の最南端沖ノ鳥島周辺の排他的経済水域（ＥＥＺ）で活動していることで、中国に抗議した。

中国クラッカーのサイト攻撃、二〇〇四年

二〇〇四年七月二七日尖閣諸島をめぐる対立から中国保釣聯合会のサイト、「日本ハッカーＷｉｌｌ」と自認するクラッカーによって、日本の尖閣諸島をめぐるサイトが改ざんされた。中国保釣聯合会は、これは日本右翼の仕業であると

のコメントを発表した。

中国原子力潜水艦の領海侵犯、二〇〇四年

中国は二〇〇一年末から二〇〇三年末まで、南西諸島近海から小笠原諸島までの海域で、潜水艦の航行や機雷敷設のためと思われる海洋調査を実施してきた。二〇〇四年以降、沖ノ鳥島周辺でその海洋調査が活発になったが、その調査はグアムの米軍基地付近にも拡がった。

二〇〇四年一〇月中旬に中国青島を出航した中国海軍の漢級攻撃型原子力潜水艦一隻が沖縄本島と宮古島のあいだを通ってグアム島に接近した後、石垣島付近に戻って、一一月九日海上自衛隊が同船のスクリュー音で中国原子力潜水艦と確認した。一〇日同船は尖閣諸島海域を侵犯し、日・米両国が協力して追尾するところとなり、午前八時四五分に「国籍不明の潜水艦の領海侵犯」に対する海上警備行動が海上自衛隊に対し発令された。その後、同原子力潜水艦は初め、沖縄本島に向かい、真北の宮古島と石垣島の日本領海に入った。この海域はV字峡谷のように地形が複雑で、この海域をソナーの音波が送付される反響音でパニック状態が生まれるなかで、同潜水艦は北へ向かい時速一九キロで通過した。この同海域を自在に潜行できるかのテスト行動は、日本列島からフィリピンを結ぶ線を第一列島線とし、これをさらに広げた第二列島線を含めて、潜水艦の航行に必要なデータの収拾と訓練を目的としたところの、日本・米国に対抗した実戦的な訓練と想定された。一方、日本海上自衛隊（哨戒機と護衛艦）が二日間にわたる原子力潜水艦の完全追跡の成功は、海底と水深が複雑で、音波の伝達確認が難しい海域でのそのソナー追跡の技術水準が世界の最高水準にあることを証明した。

この領海戦犯事件での対応の遅れから、二〇〇五年一月一九日政府は、外国の潜水艦が日本領海を侵犯した場合の即時の海上警備行動の発令の対処方針を決定した。

防衛庁は二〇〇五年一月二日東シナ海の離島防衛強化の方針を打ち出し、離島侵攻を想定し、離島拠点の設置や共同訓練で自衛隊と米軍の共同作戦の検討に入った。先島諸島に輸送機の離着陸が可能な共同輸送拠点の設立も検討され、伊良部島の下地島への下地島空港建設案が浮上した。

一月一七日この西南諸島有事構想に対し、孔泉中国報道官が釣魚島は中国固有領土であり、中国としては協議を求めると発言した。

一月二五日中国海軍のソブレメンヌイ級駆逐艦二隻が春暁ガス田群付近の公海に出現した。防衛庁は「海洋資源の獲得に向けた示威行動」と解した。

中国の日中中間線付近のガス田開発、二〇〇三～二〇〇五年

中国は東シナ海で一九七〇年代に大陸棚の石油探査を実施し、一九八〇年代に入ると、日中中間線（国連海洋法条約に従う排他的経済水域（ＥＥＺ）の日本と中国のあいだの中間線）近くの中国側海域の二十数カ所で試掘を行い、日中中間線から中国側七〇キロのところにある平湖ガス田が有望となった。これは天然ガス田で、総面積二四〇平方キロ、確認されている形質原油とコンデセート油の埋蔵量は八二六万トン、天然ガスの埋蔵量は一四六億五〇〇〇立方メートルである。一九九二年に上海石油天然ガス公司が設立され、一九九四年九月海上工事の基本設計が完成し、一九九六年一一月石油採削船南海六号が掘削を開始した。二本のガス井と四本の原油井で、原油年産八〇万トンと天然ガス生産五

億三〇〇〇立方メートルを目指した。海底石油採掘・採油プラットフォームは、一九九八年四月までに韓国の現代重工業によって完成した。上海に輸送する石油と天然ガスのパイプラインは一九九八年六月までに工事が完成し、一一月検査を終えた。工事の総経費は五〇億元、約六億ドルで、アジア開発銀行から一億三〇〇〇万ドル、日本輸出入銀行から一億二〇〇〇万ドル、欧州投資銀行から六九〇〇万ドルの借款によって賄われた。一九九八年一一月最初のガスが採掘され、上海浦東新区に送られた。

東シナ海の大陸棚は、中国大陸から日本の西南諸島の西一〇〇キロメートルの地点にまで拡がっており、その地点、沖縄トラフは西南諸島とほぼ並行して走っており、長さ一〇〇〇キロメートル、深さ一〇〇〇~二〇〇〇キロメートルである。中国政府は中国大陸から沖縄トラフまでを一つの大陸棚とみて、東シナ海大陸棚全域に対する主権的権利を主張しており、同大陸棚に位置しない日本には、この大陸棚に対する主権的権利はないとの立場をとる。これに対して、日本は、東シナ海の大陸棚は西南諸島の外洋に向かい、太平洋の南西海溝で終わっているとの認識にあり、したがって東シナ海の大陸棚画定は、日本・韓国・中国三者の中間で等分するという中間線の原則に立っている。尖閣諸島はこの日中中間線の日本側にあり、その中国側に平湖ガス田がある。ちなみに、東シナ海の埋蔵石油は推定七二億トンとされ、あるいは二四〇億トンとの情報もあり、その推定は難しいが、ともあれヨーロッパの北海油田に匹敵するとの見解である。

一九九五年に東シナ海の石油試掘を行ってきた中国国務院地質鉱山局上海地質調査局から日本の石油企業に対し、日中中間線の日本側大陸棚開発に関する共同調査の申し込みがあった。同企業は、日中中間線の日本側は日本の主権にあり、既に四つの企業が石油開発鉱区の開発申請を行っているので、共同調査はできない、と回答した。この中国側の打診は、平湖及び周辺大陸棚の試掘が完了したので、次の試掘地点を求めているものと解された。この東シナ海大陸棚で石油が最も豊富に埋蔵されている地域は、日中中間線の日本側である。それで、中国海洋調査船向陽紅九号（四五〇〇トン）が一九九五年六月奄美大島から尖閣諸島までの海域、つまり沖縄トラフを包む形で大規模な資源調査を行った。さらに、一九九六年四月、日中中間線の日本側海域をフランスの海洋調査船アテランテ号（五〇〇〇トン）がケーブルを引っ張って中国との共同調査を行った。アテランテ号は那覇に寄港して、ここで乗船していた中国海洋学者が下船し、さらに台湾の基隆で台湾の海洋科学者が乗船して与那国島を含む海域で海底調査を実施した。

以来、日中中間線の日本側海域での中国による海洋調査は激しくなり、中国海洋調査船の日本領海侵犯が続いた。とりわけ、尖閣諸島海域は東シナ海大陸棚で最も石油が有望視される地区であり、そこへの中国の関心は大きい。そこでの中国の関心は、単に大陸棚の石油資源の開発のみでない。宮古島から沖縄に至るこの海域の航行は、太平洋への出口とともに台湾海峡を制する戦略地域としての重要性があることから、その東シナ海調査は不可欠の課題となっている。一九九二年二月の中華人民共和国領海及び接続水域法に続いて、一九九八年六月中華人民共和国専管経済区及び大陸棚法が制定され、中国は「大陸棚の自然延長」の原則を確認して、いよいよ海洋戦略に着手した。日本としては、中国との対立を終始避け、開発調査に着手せず事態を静観する方針で対処してきた。その間にも、中国の日中中間線までの中国側の石油探査・開発は大きく進捗し、その開発が同中間線の日本側にも影響を及ぼすところの事態となった。

こうした事態に、二〇〇三年八月中国が着手した日中中間線ぎりぎり五キロの距離にある中国側海域の春暁ガス田の本格的開発で、経済産業省資源エネルギー庁が中国側にデータの提供を求めたが、拒否された。二〇〇四年五月二三日春暁ガス田施設の完成が確認され、いよいよ問題とされるにいたった。というのは、同油田開発は日本側資源の窃取ではないかと懸念されるところとなったからである。その日本政府の方針としては、中国側の求める共同開発には応じないという点につき、六月二二日経済産業省が確認した。

資源エネルギー庁はこの東シナ海のガス田開発問題で、二〇〇四年七月から民間探査船ランフォーム・ビクトリー号（ノルウェー、一万トン）が北緯二八度から三〇度の中間線（延長約二百数一〇キロ、幅三〇キロ）付近での同ガス・石油田海域で三次元地底探査（機器を付けた六〇〇〇メートルのケーブルを船尾から一〇本引いて行う調査）を実施し、その中間報告が二〇〇五年二月一八日明らかになった。その骨子は、以下にあった（【資料三五】をみよ）。

一、春暁ガス田・断橋ガス田は、構造が日中中間線の日本側まで連続している蓋然性が高いという結論を得た。

一、天外天ガス田は、日本側まで連続しているかどうかは、現時点では、確認できなかった。

一、沖縄北西海域で把握していなかった石油・天然ガスを含みうる構造の存在が明らかになった。

一、中間線の日本側で複数の断層が確認された。但し、断層について得られた解釈結果は、中国側の資源開発が日本側の資源に影響を与えるという懸念を払拭するものではない。

中国が生産開始を予定している春暁と断橋の二つのガス田は日本の主張する排他的経済水域（ＥＥＺ）の境界線内側まで続いていることが判明した。中川昭一経済産業相は、すでに二〇〇四年六月二三日東シナ海ガス田海域を視察しており、前記二〇〇五年二月一八日の記者会見で、中国側は「日本の資源は侵食しない」としてきたが、「その資源は日本側まで続く」と発言し、「日本側のガスが採掘される恐れ」を認めた。この調査によりこれまでの日本側の主張である「海底地下ガス田は日本側と繋がっており、（中国の開発は）日本側の資源を中国側が吸い取る可能性があること」が実証された。

一方、中国はすでの地質鉱山部海洋地質統合大隊がこの地域の海底地質調査を行い、一九八六年に『東海石油地質図集』を刊行し、その資源の埋蔵状況は、同書に所収の「東海大陸棚石油・天然ガス展望評価図」に明らかになったとされる。その情報によると、春暁鉱区は南北三五キロ、東西六キロの楕円状で、埋蔵の可能性が最大の赤色で描かれており、この資源を明示した赤線は日中中間線と重なっており、六対四の割合で日本側に広がっていたといわれる。そのことはともあれ、二〇〇五年二月二日春暁ガス田について、中国海洋石油（ＣＮＯＯＣ）は、予定通り、本〇五年後半に生産を開始するとの見通しを明らかにした。総延長四七〇キロの海底パイプラインは同年五月第一期工事が完成する見通しで、このパイプラインの開通で年間二五億立法メートルトンの天然ガスが浙江省と上海市に供給される。思えば、一九九三年に石油輸入国となってしまった中国は、国内需要への対応が急務となっている。なお、一九九二年、上海近くの大陸棚での国際入札には石油資源開発と帝国石油が鉱区を取得し、試掘に成功した経緯があった。

日本と中国は、この問題で一九九八年から、海洋法に関する日中協議を行っているが、決着をみていない。二〇〇四年一〇月の日中協議で、日本側が日中中間線付近で開発を進める春暁ガス田につき、詳細な情報の提供を中国に求めたが、中国側は応じず、中国側は「大陸棚の広がる沖縄トラフまで」中国側の海域である、と主張した。一一月日本は日中協議でこれまでの消極的な立場を一変して、春暁ガス田を含む殆どの中国ガス田を包括する二〇〇カイリ領海線の主張を行った。一二月日本政府は従来計上していた試掘調査費一〇〇億円を一三〇億円として本格的な試掘調査に入ることになった。前記の中間報告はこの調査に従うもので、三月に最終報告が出されることになっている。

東シナ海の日中中間線日本側の暫定鉱区の総面積は約二五万平方キロで、石油会社四社が一九六六年以降、相継いで鉱区開発を申請してきており、その開発権を分割取得してきた。以来、四〇年近くその開発許可を待っていたが、その一社、石油資源開発は二〇〇四年一一月丸紅系の芙蓉石油開発の全株式を取得し、二〇〇五年一月一六日社名を尖閣石油開発と変更して早期の試掘着手の準備を整えた。帝国石油もこの地区の石油開発で同一六日政府と調整に入った。いま一つ、日商岩井を中心に三和グループが設立したうるま資源開発は帝国石油か石油資源開発に吸収されるとの情報である。

四月一日政府は、これまで四〇年近く留保されたままになってきた国内石油会社への試掘権付与の手続きに入る方針を固めた。これまでの三次元物理調査結果を中国にも通報し、日本としては、中国との誠意ある交渉を進めることになる。その試掘に当たっては、日本の民間船舶の安全について万全を期する努力が求められよう。また、試掘は一年近くを要し、その埋蔵状況が確認されて以後、本格的採掘に入る。

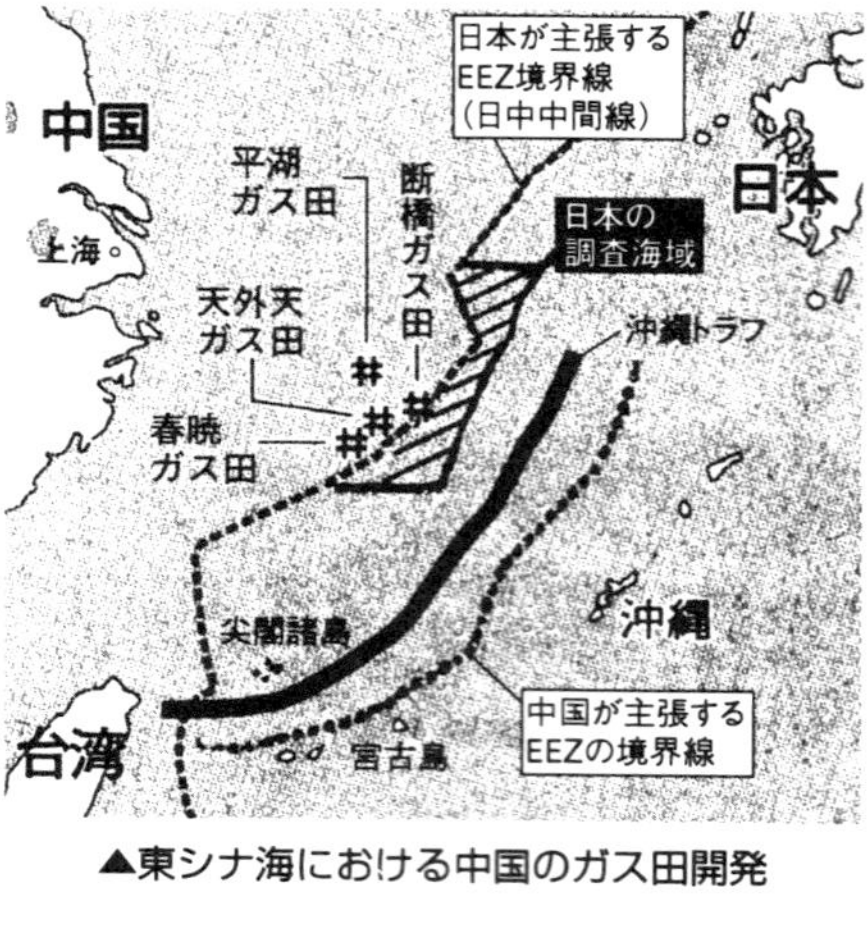

▲東シナ海における中国のガス田開発

資料

【資料一】

日本沖縄県令西村捨三より内務卿山県有朋あて久米赤嶋・久場嶋・魚釣島文書

一八八五（明治一八）年九月二二日送付（首里）

第三百十五号

久米赤島外二島取調ノ儀ニ付上申。

本県ト清国福州間ニ散在セル無人島取調之儀ニ付先般在京森本県大書記官へ御内命相成候趣ニ依リ取調致候処概略別紙ノ通ニ有之候抑モ久米赤嶋久場嶋及魚釣島ハ古来本県ニ於テ称スル所ノ名ニシテ而モ本県所轄ノ久米宮古八重山等ノ群島ニ接近シタル無人ノ島嶼ニ付沖縄県下ニ属セラルルモ敢テ故障有之間敷ト被存候得共過日及御届候大東嶋（本県ト小笠原島ノ間ニアリ）トハ地勢相違中山傳信録ニ記載セル釣魚台黄尾嶼赤尾嶼ト同一ナルモノニ無之哉ノ疑ナキ能ハス果シテ同一ナルトキハ既ニ清国モ旧中山王ヲ冊封スル使船ノ詳悉セルノミナラス夫々名称ヲモ附シ琉球航海ノ目標ト為セシ事明カナリ依テ今回大東島同様踏査直ニ国標取建候モ如何ト懸念仕候間来十月中旬両先嶋へ向ケ出帆ノ雇汽船出雲丸ノ帰便ヲ以テ不取敢実地踏査可及御届候条国標取建等ノ義尚御指揮ヲ請度比段兼テ上申候也。

明治十八年九月二十二日

沖縄県令　西村捨三

内務卿伯爵山県有朋殿

【資料二】

日本沖縄県知事より内務卿あて「魚釣島外二島ノ所轄決定ニ関シ伺ノ件」

一八九〇（明治二三）年一月一三日提出（首里）

魚釣島外二島ノ所轄決定ニ関シ伺ノ件

甲第一号

管下八重山群島ノ内石垣島ニ接近セル無人島魚釣島外二島ノ儀ニ付十八年十一月五日第三百八十四号伺ニ対シ同年十二月五日付ヲ以テ御指令ノ次第モ有之候處右ハ無人島ナルヨリ是迄別ニ所轄ヲモ不相定其儘ニ致置候處昨今ニ至リ水産取締ノ必要ヨリ所轄ヲ被相定度旨八重山役所ヨリ伺出候次第モ有之旁此際管下八重山島役所々ニ相定度此段相伺候也。

明治廿三年一月十三日

知事

内務大臣宛

【資料三】

久場島・魚釣島の「標杭建設に関する閣議決定」

一八八五（明治一八）年一月一四日決定（東京）

標杭建設ニ関スル件

秘別第一三三号

別紙標杭建設ニ関スル件閣議提出ス

明治廿八年一月十二日

内務大臣子爵　野村靖　㊞

内閣総理大臣伯爵　伊藤博文殿

秘別第一三三号

標杭建設ニ関スル件

沖縄県下八重山群島ノ北西ニ位スル久場島魚釣島ハ従来無人島ナレトモ近来ニ至リ該島ヘ向ケ漁業等ヲ試ムル者有之レカ取締ヲ要スルヲ以テ同県ノ所轄トシ標杭建設致度旨同県知事ヨリ上申有之右ハ同県ノ所轄ト認ムルニ依リ上申ノ通標杭ヲ建設セシメントス。

右閣議ヲ請フ

明治廿八年一月十二日　　内務大臣子爵　野村靖　印

明治廿八年一月十四日　　内務書記官　印

内閣総理大臣　花押　　内閣書記官長　花押

外務大臣　花押　大蔵大臣　花押　海軍大臣　花押　文部大臣　花押　逓信大臣　花押
内務大臣　花押　陸軍大臣　花押　司法大臣　花押　農商務大臣　花押

別紙

内務大臣請議沖縄県下八重山群島ノ北西ニ位スル久場島魚釣島ト称スル無人島ヘ向ケ近来漁業等ヲ試ムルモノ有之為メ取締ヲ要スルニ付テハ島ノ儀ハ沖縄県ノ所轄ト認ムルヲ以テ標杭建設ノ儀会県知事上申ノ通許可スヘシトノ件ハ別ニ差支モ無之ニ付請議ノ通ニテ然ルヘシ。

指令案

標杭建設ニ関スル件請議ノ通

明治廿八年一月廿日　印

【資料四】

日本政府文書「久米・赤島、久場島及魚釣島版圖編入経緯」

一八九五（明治二八）年一月作成（東京）

明治十八年十月九日文書附記

明治二十八年一月

沖縄県ト清国福州トノ間ニ散在スル久米赤島（久米島ヨリ未申ノ方大凡七十里ヲ距テアリ清国福州ヲ去ル或ハ二百里ニ近カラン歟）久場島（久米島ヨリ午未ノ方大凡百里ヲ距テ八重山島ノ内石垣島ニ近接セル大凡六十里余ニ位ス）及魚釣島（方位久場島ト同一ニシテ只十里程遠シ）ノ三島ハ別ニ国所属ノ証跡見エス且ツ沖縄所轄ノ宮古八重島等ニ接近セル無人島嶼ナルヲ以テ国標取建ニ関シ沖縄県知事ヨリ上申アルタルヲ以テ右ノ詮議方太政大臣ヘ上申スルニ先ケ明治十八年十月九日山縣内務卿ヨリ井上外務卿ヘ意見ヲ徴シ来レリ外務卿ハ熟考ノ結果本島嶼カ清国国境ニ近接セルコト叢爾タル島嶼ナルコト、当時清国新聞紙等ニ於テ本邦政府カ台湾近傍ノ清国所属島嶼ヲ占拠セシ等ノ風説ノ掲載セラレ清国政府ノ注意ヲ促シ居ルコト等ノ理由ニ拠リ国標ノ建設島嶼ノ開拓ハ他トノ機会ニ譲ル方然ルヘキ旨、十月二十一日回答セリ、依テ十二月五日内務財務両卿ヨリ目下建設ヲ要セサル儀ト可心得旨沖縄県知事ヘ指令アリタリ。

明治二十三年一月十三日沖縄県知事ヨリ本件島嶼ハ従来無人島ナルヨリ別ニ所轄ヲ定メス其儘ニ存シ置キタル所近時水産取締ノ必要ヨリ所轄ヲ定メラレ度キ旨八重山島役所ヨリ伺出アリタルニ付旁管轄所定方内務大臣ヘ上申アリタリ。

明治二十六年十一月二日更ニ沖縄県知事ヨリ当時ニ至リ本件島嶼ヘ向ケ漁業等ヲ試ムル者アルニ付之カ取締ヲ要スルヲ以テ同県ノ所轄ト存シ標杭建設シタキ旨内務外務両大臣ヘ上申アリタリ依テ二十七年十二月二十七日内務大臣ヨリ本件閣議提出方ニ就キ外務大臣ヘ協議アリタルモ異議ナカリシヲ以テ閣議ヘ提出ノ上明治二十八年一月二十一日閣議ノ決定ヲ経テ内務外務両大臣ヨリ曩ニ上申中ノ標杭建設ノ聞届ク旨沖縄県知事ヘ使命アリタリ

【資料五】

琉球政府声明「尖閣列島の領土権について」

一九七〇年九月一日発表（那覇）

琉球政府立法院は、尖閣列島が我が国固有の国土であることから、他国のこれが侵犯を容認することは、日本国民である県民として忍びず、ここに「尖閣列島の領土権防衛に関する決議」を行いました。

最近、尖閣列島の海中油田が話題を呼び世界の石油業者が同島を注目するようになりましたことは御承知のとおりであります。報道によりますと台湾の国民政府がパーシフィックガルフ社に鉱業権を与え、大陸ダナ条約に基づき、尖閣列島は国民政府の領有であると主張しているとのことであります。このことは明らかに領土権の侵害を意図するものであり、看過できない由々しい問題であると思います。

琉球列島の範囲に関しては、アメリカ合衆国の統治基本法たる琉球列島の管理に関する行政命令前文は、「合衆国は、対日平和条約の第三条によって領水を含む琉球列島（この命令において、『琉球列島』は、平和条約の同条による合衆国のすべての権利及び利益を日本国に譲渡した奄美群島を除く北緯手十九度以南の南西諸島を意味する。）」と規定してあります。即ち北緯二十八度東経百二十四度四十分の点を起点として北緯二十四度東経百二十二度、北緯二十四度東経百三十三度、北緯二十七度東経百三十一度五十分、北緯二十七度東経百二十八度十八分、北緯二十八度東経百二十八度十八分の点を経て起点に至る（米国民政府布告第二十七号）と規定し、琉球列島米国民政府及び琉球政府の管轄区域を前述の地理的境界内の諸島、小島、環礁及び岩礁並びに領水に指定すると規定されている。

因みに、尖閣列島は、歴史的には一四世紀の後半ごろにはその存在を知られ、すなわち、一九七二年から一八六六年の約五百年間、琉球の中山王朝と中国とは朝貢、冊封の関係にあったため、朝貢船、冊封船が中国大陸の福州と那覇との間をしばしば往来し、尖閣列島はこれらの船舶の航路上のほぼ中間に位置していた。

しかも列島中の魚釣島及びその付近に点在する小島、岩島は、尖岩突起し、航路の目標としては、絶好のものでありました。

このように中山伝信録、琉球国志録などのような歴代冊封使録、指南広義付図、中山世鑑などに尖閣列島の島々の名があらわれています。

当時には島々の名称は、釣魚台、黄尾嶼、赤尾嶼といった名称であらわされ、沖縄の先島では、中国名の釣魚台、黄尾嶼をそれぞれユクン、クバシマ、赤尾礁を久米島に近いところから久米赤島と呼ばれてきました。

その他、久場島をチャウス島、魚釣島を和平山とも呼んできました。尖閣列島は、種々の歴史上の文献に記され、また、多くの人々によってさまざまに呼称されてきたが、同列島は明治二十八年に至るまで、いずれの国家にも属さない領土として、いいかえれば国際法上の無主地であったのであります。

十四世紀以来尖閣列島について言及してきた琉球及び中国側の文献のいずれも尖閣列島が自国の領土であることを表明したものはありません。これらの文献はすべて航路上の目標として、たんに航海日誌や航路図においてか、あるいは旅情をたたえる漢詩の中に便宜上に尖閣列島の島喚の名をあげているにすぎません。本土の文献として林子平の「三国通覧図説」があります。これには、釣魚台、黄尾嶼、赤尾嶼を中国領であるかの如く扱っています。しかし、三国通覧図説の依拠した原典は、中山伝信録であることは林子平によって明らかにされています。

かれはこの伝信録中の琉球三六島の図と航海図を合作して、三国通覧図説を作成いたしました。このさい三六島の図に琉球領として記載されていない釣魚台、黄尾などを機械的に中国領として色分しています。しかし伝信録の航海図からはこれらの島々が中国領であることを示すいかなる証拠も見出しえないのであります。……航海図もあくまでも航路の便宜のために作成されたものであり、領土を意識して書かれたものではありません。

明治五年、琉球王国は琉球藩となり、明治七年内務省の直轄となりました。

明治一二年県政が施行され、明治一四年に刊行、同一六年に改訂された内務省地理局編纂の大日本府県分割図には、尖閣列島が、島嶼の名称を付さないままにあらわれ、尖閣列島は明治一〇年代の前半までは無人島であったが、一〇年代の後半一七年頃から古賀辰四郎氏が、魚釣島、久場島などを中心にアホウ鳥の羽毛、綿毛、ベッ甲、貝類などの採取業を始めるようになったのであります。こうした事態の推移に対応するため沖縄県知事は、明治一八年九月二二日、はじめて内務脚に国標建設を上申するとともに、出雲丸による実地踏査を届け出ています。

さらに、一八九三年（明治二六年）一一月、沖縄県知事よりこれまでと同様の理由をもって同県の所轄方と標杭の建設を内務及び外務大臣に上申してきたため、一八九四年（明治二七年）一二月二七日内務大臣より閣議提出方について外務大臣に協議したところ、外務大臣も異議がなかった。そこで一八九五年（明治二八年）一月一四日閣議は正式に、八重山群島の北西にある魚釣島、久場島を同県の所属と認め、沖縄県知事の内申通り同島に所轄標杭を建設せしめることを決定し、その旨を同月二一日県知事に指令しております。

さらに、この閣議決定に基づいて、明治二九年四月一日、勅令十三号を沖縄県に施行されるのを機会に、同列島に対する国内法上の編入措置が行われております。沖縄県知事は、勅令十三号の「八重山諸島」に同列島が含まれるものと解釈して、同列島を地方行政区分上、八重山郡に編入させる措置をとったのであります。沖縄県知事によってなされた同列島の八重山郡への編入措置は、たんなる行政区分上の編入にとどまらず、同時にこれによって国内法上の領土編入措置がとられたことになったのであります。

次に編入された尖閣列島の範囲でありますが、明治二八年一月の閣議決定は、魚釣島と久場島に言及しただけで、尖閣列島は、この島の外に南小島及び北小島と、沖の北岩、沖の南岩ならびに飛瀬と称する岩礁、それに久米赤島からなっておりますが、閣議決定はこれらの小諸島及び岩島について全くふれていません。しかし、久米赤島を除く他の小諸島及び岩島は、国際法上当然わが国の領有意思が及んでおります。

久米赤島の場合は、もっとも近い久場島からでも約五〇マイル離れていますので、さきに述べた小諸島及び岩島とは別個に領有意思を表明する必要がありました。前述の閣議決定が、魚釣島、久場島にふれながら、なぜ久米赤島に言及しなかったかは、明らかではありませんが、明治一八年及び二三年の沖縄県知事の上申は、魚釣島及び久場島とともにつねに久米赤島にも触れており、また、明治二八年の閣議において原案のとおり決定をみた閣議提出案には県知事の上申通りに沖縄県の所轄と認めるとして、久米赤島をとくに除外する理由は何も述べていません。

魚釣島、久場島の編入経緯に関する公文書記録をまとめている日本外交文書においても、久米赤島の編入は、当然に編入されたものとして扱われております。尖閣列島はこのような経緯をたどっております。

そもそも、尖閣列島は八重山石垣市字大川在住の古賀商店が、自己の所有地として戦争直前まで伐木事業と漁業を営み、行政地域も石垣市に属していることは、いささかの疑問の余地もありません。具体的に説明いたしますと、尖閣列島中の南小島の地番は、石垣市字登野城南小島二三九〇番地で地積は三二町七反三畝一歩、所有者は古賀善次、同じく古賀善次所有の字登野城北小島二三九一番地の二六町一反歩、同じく字登野城魚釣島二三九二番地の三六七町二反三畝、同じく字登野城久場島二三九三番地の八八町一反三畝一〇歩、それから官有地として字登野城大正島二三九四番地の四町一反七畝四歩以上が公簿に記載されているのであります。

このように歴然たる事実を無視して国府が尖閣列島の領有を主張することは、沖縄の現在のような地位に乗じて日本の領土権を略取しようとたくらむものであると断ぜざるを得ません。残念ながら琉球政府には外交の権限がなく、どうしても日本政府並びに米国政府から中華民国と交渉をもってもらう外ありません。よって両政府あての要請決議を行なった次第であります。

わが国の国土を保全する立場から、なにとぞ日本政府におかれても、アメリカ合衆国政府及び中華民国政府と強力な折衝を行うようお願いいたします。

【資料六】

衆議院議員楢崎弥之助君提出の尖閣列島に関する質問に対する日本政府答弁書

一九七一（昭和四六年）一一月一二日回答（東京）

昭和四十六年十一月十二日受領

答弁第二号

内閣衆質六七第二号

昭和四十六年十一月十二日

内閣総理大臣　佐藤栄作

衆議院議長　船田中殿

衆議院議員楢崎弥之助君提出尖閣列島に関する質問に対し、別紙答弁書を送付する。

尖閣列島は、歴史的に一貫してわが国の領土たる南西諸島の一部を構成し、明治二十八年五月発効の下関条約第二条に基づきわが国が清国より割譲を受けた台湾及び澎湖諸島には含まれていない。

したがって、サンフランシスコ平和条約においても、尖閣列島は、同条約第二条に基づきわが国が放棄した領土のうちには含まれず、第三条に基づき南西諸島の一部としてアメリカ合衆国の施政下におかれ、本年六月十七日署名の琉球諸島及び大東諸島に関する日本国とアメリカ合衆国との間の協定（沖縄返還協定）によりわが国に施政権が返還されることとなっている地域の中に含まれている。以上の事実は、わが国の領土としての尖閣列島の地位を何よりも明瞭に示すものである。

右答弁する。

【資料七】

『台湾新生報』社論「尖閣群島付近の大陸礁層はわが国の主権に属する」

一九七〇年八月二〇日（台北）

中国石油公司が米国数社と契約して台湾東北方の尖閣群島付近海域で進めている海底石油探査について、日本外務省は、「尖閣群島は沖縄諸島の一部である」として、わが国の当該島付近の石油探査権利に異議を表明している。日本側のこの無理な主張は、わが国各方面の一致した重視と反駁を激起している。

われわれがまず指摘しなければならないのは、尖閣群島の海底にある石油鉱床は、わが大陸の揚子江、黄河から海に流出した大量の沖積物が長い間に沈殿して形成したものという点である。この台湾に隣接し、初歩的探査によって石油資源が豊富に埋蔵されている、と併定された地区は、地理上「台湾盆地」と称され、発見された沈殿物地層は「大陸礁層」あるいは「大陸棚」と称され、事実上、わが国の大陸領土の自然延長であり、その主権は、わが国に属するというのは絶対に疑う余地がない。

「大陸礁層」の定義および限界に関しては、一九五八年の国連海洋法会議で採択された大陸棚条約に具体的に規定されており、わが国は調印国の一員でもある。わが行政院は昨年（一九六九年）七月一七日、わが国に隣接する大陸礁層の天然資源の探査および開発を進めるため、同条約に規定する原則に基づいて声明を発表し、そのなかで「中華民国政府は、海岸に隣接している領海外の海床および底土のあらゆる天然資源に対し、すべて主権上の権利を行使することができる」と強調しており、わが国が尖閣群島付近海域において、海底石油の探査および開発を進めるのは「大陸棚条約」に基づいて、主権上備わる合法的権利の行使にあることを宣明している。

わが国は、「大陸棚条約」の調印に当たり、同条約の大陸礁層限界の画定に関する規定に対して保留条項を提出し、（1）海岸隣接および二つ以上の国家が相向かっている大陸棚限界線の画定は、その国家の陸地領土の自然延長の原則に合致するものでなければならず、ている。

(2)中華民国の大陸棚画定については、いかなる海面突出の礁嶼をも含めてはならない、と主張した。わが立法院の外交・経済両委員会は、先頃、同条約およびわが国が提出した保留条項を審査し通過させ、間もなく立法院で正式批准の手続きの完成をみることになっている。

わが国が提出した上述の保留条項の主旨は、大陸礁層の限界は大陸陸地の自然延長とすべきことを、より明確に宣明することにある。そして、大陸棚条約に「島嶼嶋海岸に隣接する海底区域に類似したいかなる海床および底土も大陸棚に属する」と規定しており、そこでの「島嶼」は、「大島」「陸島」を指すもので、海面に突出した礁嶼あるいは珊瑚嶼は含まれない。尖閣群島は、単なる海面に突出した礁嶼にすぎず、その付近の海底の大陸棚は同島に属するとは認められない。まして、該群島は、わが国の漁民が俗に「尖頭群島」と称し、台湾基隆の東北方一三〇カイリの距離にあるが、琉球群島とは二五〇カイリのはるか遠くにあるから、なおさらのことである。

同島は、淡水が欠乏し、居住者はいないが、わが国の漁民は常時、基隆・蘇澳などから操業に赴いており、わが国の重要な漁場の一つと見なしてからすでにかなり長い。しかも、わが国の漁民は、頻繁に該島に赴いて操業している、いまだに沖縄人を該島上で見かけたことがなく、琉球人が同島を琉球とつながりがあると認めていないことは証明できる。

かりに「大陸棚条約」に規定する「範囲」に属するとしても、尖閣群島付近の海底区域は台湾に属しており、琉球には属していない。その理由は、数年前から、わが中国石油公司は、台湾の苗栗・通霄一帯の陸地で石油を採取していて、この油層が台湾東北方の海底に伸びていることを確認したがため、釣魚台群島付近の海底に石油が埋蔵されいるものと断定し、同時にこの海域の大陸棚は、わが大陸領土の自然延長であるばかりでなく、台湾島とも一体にする、と証明したところにある。

上述の如く、いずれおいても、尖閣群島は、わが中華民国領土の一部で、その付近の海床と底土はわが国の主権にする大陸棚であり、わが国は、歴史上、地理上、および四〇数カ国が調印した「大陸棚条約」のいずれにも基づいて外国業者と契約して、同島付近で協力して海底石油資源の探査と開発を進める絶対的権利があり、いかなる国も干渉する権利がないことは、明らかである。特に、日本は、ポツダム宣言およびサンフランシスコ平和条約に基づいて国外の地を再取得することができず、明確に、わが中華民国の領土主権に属する釣魚台群島に対し、いかなる異議であれ提出する権利はない。

【資料八】

馬廷英「釣魚台列嶼がわが国に属する歴史証拠」

一九七〇年八月三〇日『自立晩報』(台北)

一、一九〇〇年にドイツで出版された *Andrees Hard Atlas* 、第四版一七九頁にある釣嶼と花瓶嶼は、日本人が戦後名づけた尖閣諸島で、花瓶諸小島は尖閣諸島の大部分を占める。釣嶼と花瓶嶼の西南方にあるAgincourt, CragおよびPinnacleの三つの小島の中のPinnacleも、花瓶嶼と呼ばれている。それは、島の形が似ているからである(この方面は、別の論文で発表する)。Agincourt Iは彭佳嶼であり、Crag Iは棉花嶼であり、その三島は日本語でそれぞれBaka-sho(彭佳嶼)、Merka-sho(棉花嶼)、およびKabin-sho(花瓶嶼)といっている。日本人が北の方を尖閣島と名称を変えたのは、多分、島の名称が重複していたからかもしれないけれども、名前が変わっても、国際社会は、やっぱりこの地区が台湾の漁場であることを認めて、いうまでもなく台湾本島と一緒に抗戦勝利の際に祖国に返還すべきであった。一九二四年にドイツで新たに出版した地図の第八版、一六五頁に、嘉義と台北などを日本語のTai hok ku とKa Ji, Tiauに変えたけれども、Hwa pin suはやはりそのままで変わっておらず、このあたりはずっと台湾漁民の地区である。

二、ロンドンのHerfert Joseph Limitedが一九三五年に出版した *Joseph's Reference Atlas* の六五頁では、日本人がいっている尖閣諸島は釣魚嶼と花瓶嶼と改称されているだけである。ロンドン地理学会とGeorge, Philip & Sonが先に出版した *The Reader Reference Atlas of the World*(台湾省地質調査所が保存していて、部分的に破損している)の三六頁のTia-usaとHoa-pin-suは、台湾方言の釣魚嶼と花瓶嶼であり、その地点は釣魚嶼と同じである。

三、戦後(一九五一年)に米国で発行された *Rand McNally-Cosmopolitan World Atlas* の三七頁では、初めてSenkaku Island(尖閣諸島)が出てきており、釣嶼(Tiau-su)と花瓶嶼(Hwa-Pin-su)の名前に変わっていて、そしてそれぞれが小島をUoturi(日本語の釣魚)、Kobi(日本語の黄尾)諸島と呼んでいる。一番無理なのは、国際的に通じるために、彭佳嶼をBokaと略していることで、一番痛ましいのは米国に迎合するために、わが国もこの名前を使ったことである。

英オクスフォード大学が戦後(一九五一~一九五二年)に出版した *The Oxford Atlas* の六三頁も、Senkaku Islands(尖閣諸島)の名前で釣魚嶼と花瓶嶼区域と名前を変えている。これは、日本学者の研究文献が特に多かったからである。立ち遅れた恐ろしさが分かろうというものである。

四、大日本地理学会が一九三九年に出版した『大日本府縣別地名集録』は、各府県の地図が詳しい。琉球列島は三頁を占めていて、島・村・町はすべてあるけれども、釣魚嶼と花瓶嶼はなく、尖閣諸島の名称もない。台湾方面は、常例とおり、花瓶嶼と彭佳嶼があって、発音字母（カタカナ）と同時にPinacle CragとAgincout島の名がちゃんと書き入れてある。小川琢治教授が一九二四年に東京の成象堂で出版した『日本地圖集』の二頁では、釣魚島と花瓶島は「尖閣諸島」と呼ばれているが、尖閣島とか尖閣諸島とかの名称はない。同じ頁の台湾の北の海に三つの小島があり、彭佳嶼と棉花嶼だけは名前が付けられているが、Pinnacleという島があるものの、名前はない。以上は筆者が二回、午前の時間を利用して、台湾大学地質学系台湾地質調査所が所蔵する外国資料を参照し整理したものである。資料は少ないけれども、尖閣諸島というのは、日本学者が戦後に台湾漁場の一つのTiau-su（釣嶼）とHwa-pin-su（花瓶嶼）に変えた新しい名前に過ぎないことが分かろう。

筆者は、釣魚嶼と花瓶嶼一帯に聳え立つ群島の奇壮な風景を思いつつ、研究報告に及ばないにしても収集工作をし、尖島一帯の形成とその名称の沿革の一文をここに認めた。現在、海図などを求めており、資料を収集中である。

【資料九】

台湾当局省議会の釣魚台列嶼主権維持の臨時決議

一九七〇年九月三〇日採択（台中）

次のとおり、四つの理由と見解を提案する。

一、釣魚台列嶼は、わが国の領土主権に属するところであり、日本政府はわが国に対していかなる要求をも持ち出す理由はまったくない。

二、日本占領時代の歴史資料によって、釣魚台列嶼は台湾州の管轄にあった。日本政府は、この歴史事実を否定することはできない。

三、何十年以来、釣魚台列嶼は一貫して本省〔台湾〕の漁民の漁場であり、そしてそこは主要な作業区であり、このことはこれまで他の国によって干渉されてきたことはない、という否定できない事実がある。

四、マスコミの報道では、日本船がわが国漁船の作業に干渉したとのことであるが、それが事実であったら、外交部は、干渉を中断し中日国交を維持してもらうよう、日本政府に対し強烈に抗議すべきである。

【資料一〇】

釣魚台列嶼の主権に関する台湾当局外交部声明

一九七一年四月二〇日発表（台北）

一、中華民国の釣魚台列嶼に対する領土主権は、歴史、地理、使用、および法理のいかなる観点からいっても、疑問の余地がない。この立場は、終始一貫して、絶対に変わるものではない。ここでとくに説明しておきたいことは、第二次世界大戦後、同列嶼は、米国が軍事占領はしたが、当欺、わが政府は、海域安全の共同保衛のため必要な措置として、これ認めた。その後、中・米両国は、自ら範囲を区切ることで協議を達成し、以来、わが漁民は、同区域で操業を続けている。しかし、最近、米国政府が、将来、琉球を日本に返還するに当たり、釣魚台列嶼もそれに含めんとしているので、わが政府は、これに強力な反対をしている。この国際性の問題に対て、わが政府は、国際法による平和解決に関する原則に照らして、処理している。政府は、数カ月来、たえず外交ルートを通じて、わが国の同列島に対する主権の主張を貫いている。したがって、米・日両国政府の発表したわが立場と異なる言論あるいは声明に対しては、わが国は、すべてそれらに強く反対している。

二、最近、政府は、日本が釣魚台列嶼に気象台を建設するとの消息を聞いたので、これに密接な注意を払うとともに、関係国政府に強く反対を表明し、厳正な交渉を行って、わが釣魚台列嶼の主権の護持に努めている。

三、中・日・韓三国民代表が海底資源の共同開発を話し合ったことに関しては、三月一八日張〔群〕総統府秘書長が〔台湾〕総統を代表して在米学者に回答した書簡、および中日合作策進委員会谷正綱の三月五日本件に関する説明、さらに四月一〇日発表した会談の内容において、すでに詳細に説明している。中・日・韓三国民間団体は確かに海底資源開発について話し合ったが、まったく釣魚台列島の主権及び同地区に関することには触れていない。

四、中・米・韓三国の一部の石油会社が契約したことに関しては、これは、三国それぞれの法人の間で締結した契約であって、純然たる技術性のものである。国際商業慣例に基づき、その内容は、競争を引き起すことを回避するために、公表しない。しかし、同契約がすべて確かにわが国の権益を護持できるものであることを、政府は保証できる。

総じて、このことに関して、わが政府が主権についてとっている強固な立場は、すでに明らかであり、かつ引続き関係国政府と積極的に考慮中である。

【資料一二】

香港文教界の共同声明「釣魚台列嶼はわが国の領土である」

一九七一年四月一九日発表（香港）

一九七一年四月二〇日『香港時報』

中国と米日両国間にある釣魚台列嶼の主権論争について、われわれは、中国国民の立場に立ってわれわれの共同意見を表明する。

この事件は、戦後の日本領土の処理問題に及んでおり、中国・米国・英国のカイロ会議宣言およびポツダム文書に従わなければならない。カイロ宣言は、「日本はまた武力あるいは貪欲で奪い取ったあらゆる土地から追い出される」と規定され、ポツダム文書はこの条件を重ねて述べており、「日本の主権は本州、北海道、九州、四国、およびわれわれが決める小島に限定される」ことを明らかにした。この原則に従えば、日本は、戦後、琉球列島の主権を持つことにはならない。琉球列島は、昔、中国を宗主国としていた独立王国であって、米国、ドイツ、オランダと友好条約を締結していた。一八七九年、日本は松田道之らを派遣し、琉球に立ち入り、尚氏王朝を廃位し、日本は琉球を併合した。この問題について、中・日両国が激しい論争を交わしているとき、グラント米大統領もアジアを訪問して調停に当たった。日本は、一度は、正式な覚書で南部の宮古・八重山両群島を中国の管轄に移すことを照会した。しかし、琉球列島の人民が泣き悲しみ、数千年来の自主的独立を救うために、使者を数多く派遣した。民族自決の原則によれば、戦後に琉球列島に対する処置は、自治・自主を原則とするはずである。サンフランシスコ平和条約で、琉球を米軍統治としたのは、原則に合致していない。しかし、米国は、国際連合憲章の管理制度の原則を尊重せず、琉球人民を助けて「自治又は独立に向けて発展を促進する」（憲章第七六条第二項をみよ）こともしないで、かえって一方的に琉球列島に対して「残存主権」を持つと声明し、そして米日協議において一九七二年に琉球列島を日本に引き渡すことを決めたが、この密かに与え受取ることは、琉球人民の自由意志を軽視しただけでなく、日本戦後領土を処理する各種の国際協定にも違反している。琉球住民は、これに対し深い不安を持ち、当地人民がもう一度決めるべきだと要求した。中華民国政府も、しばらく棚上げにしておき、米日協議の制限をしなくてはならない、と声明した。今回、米国政府が釣魚台列嶼を琉球列島と一緒に日本に「返還する」と声明したことは、絶対に中国人民及び政府にとって同意がえられないところである。

釣魚台列嶼の場合は、また、琉球列島と違っている。釣魚台列嶼は中国大陸の礁層にあり、台湾島北部近くのある彭佳嶼・棉花嶼と同一系列にあり、しかも琉球列島(その内には宮古・八重山島を包括する)との間は、一〇〇〇メートルの琉球海溝で隔てられていている。かつ、釣魚台列嶼は、昔から一貫して台湾に隷属し、台湾省の漁民が漁労をし、風浪を避けるところの重要な地域であり、その主権はわが国に属することは否定できない。日本政府の主権保持の声明と、米国政府が列島を日本に引き渡す行為は、法理上も事実面でも証拠がなく、中国人民と政府に堅く反対されているところである。中華民国政府がこの事件のために何度も厳粛な立場を表明して、米国と日本に抗議したことを、われわれは完全に支持する。政府が最後までがんばり、わが国の釣魚台列嶼の主権を維持するために適切な行動を行うことを希望する。

遺憾ながら、米国当局は、この事件について不公平な態度をみせている。琉球列島に対する措置は歴史を誤魔化し、戦時の協定を度外視し、かつ琉球人民の自由意志と共同に作戦した同盟国の立場を尊重していない。釣魚台列嶼事件についても、事実といろいろな力強い証拠を度外視し、いきなりそれを琉球列島と一緒に日本に渡すと決めたことは、米国の正義公道を守る立国の伝統に違反している。われわれは、米国政府に抗議を提出すると同時に、中華民国政府が立場を堅持し、国家の領土主権を守るために交渉を続けるよう、呼びかける。

【資料一二】

釣魚台列嶼の主権に関する台湾当局外交部声明

一九七一年六月一一日発表（台北）

中華民国政府は、近年来、琉球群島の地位問題に対し、深い関心を寄せ続けており、一再ならずこの問題についての意見およびそのアジア太平洋地域の安全確保の問題に対する憂慮を表明し、関係各国政府の注意を促してきた。

この度、米国政府と日本政府が間もなく琉球群島移管の正式文書に署名し、甚だしきに至っては、中華民国が領土主権を有する釣魚台列嶼をも包括していることを知り、中華民国政府は、再びこれに対する立場を全世界に宣明しなければならない。

一、琉球群島に関して、中・米・英など主要同盟諸国は、一九四三年に共同してカイロ宣言を発表しており、さらに一九四五年発表のポツダム宣言およびカイロ宣言の条項を実施すべきことが規定され、日本の主権は本州、北海道、九州、四国、および主要同盟国が決定したその他の小島だけに限られる、と定めている。したがって、琉球群島の未来の地位は、明らかに主要同盟国によって決定されるべきである。

一九五一年九月八日に締結されたサンフランシスコ対日平和条約は、すなわち上述の両宣言の内容要旨に基づいたものであり、同条約第三条の内容によって、琉球の法律地位およびその将来の処理については、すでに明確に規定されている。中華民国の琉球の最終的処置に対する一貫した立場は、関係同盟国がカイロ宣言及びポツダム宣言について協議決定すべきとするものである。この立場は、もともと米国政府が熟知している。中華民国は、対日交戦の主要同盟国の一国であり、当然に、この協議に参加すべきである。しかるに、米国は、いまだこの問題について協議せず、性急に琉球を日本に返還すると決定しており、中華民国としては、きわめて不満である。

二、釣魚台列嶼に関して、中華民国政府は、米国の釣魚台列嶼を琉球群島と一括して移管する意向の声明に対し、とくに驚いている。

該列嶼は、台湾省に付属して中華民国領土の一部分を構成しているものであって、地理的位置、地質構造、歴史的連繫、ならびに台湾省住民の長期にわたる継続的使用の理由に基づき、すでに中華民国と密接につながっており、中華民国政府は、領土保全の神聖な義務に基づき、いかなる情況下にあっても、絶対に微小領土の主権を放棄することはできない。

これが故に、中華民国政府は、これまで絶え間なく米国政府および日本政府に通告して、該列嶼は歴史上、地理上、使用上、および法理上の理由に基づき中華民国の領土であることは疑う余地がないため、米国が管理を終結した時点では、中華民国に返還すべきである、と述べてきた。

いま、米国は、直接、該列嶼の行政権を琉球群島と一括して日本に引き渡そうとしており、中華民国政府としては、絶対にこれは受け入れられないところと認めており、かつこの米・日間の移管は、絶対に中華民国の同列嶼に対する主権の主張に影響するものではないことを認めて、これに強硬に反対する。

中華民国政府は、従来どおり、関係各国が該列嶼に対するわが国の主権を尊重し、直ちに合理かつ合法の措置をとり、アジア太平洋地域において重大な結果を導くのを避けるべきである、と切望する。

【資料一三】

釣魚島などの主権に関する中華人民共和国外交部声明

一九七一年一二月三〇日発表（北京）

日本の佐藤〔栄作〕政府は、近年来、歴史の事実と中国人民の激しい反対を無視して、中国領土の釣魚島などの島嶼に対して「主権をもっている」と一再ならず主張するとともに、アメリカ帝国主義と結託して、これら島嶼を侵略し併呑するさまざまな活動を行ってきた。このほど、米・日両国の国会は、沖縄「返還」協定を採択した。この協定のなかで、米・日両国政府は、公然と釣魚島などの島嶼をその「返還区域」に組み入れている。これは、中国の領土と主権に対するおおっぴらな侵犯である。このことは、中国人民には絶対に容認できないものである。

米・日反動政府がぐるになってでっちあげた、日本への沖縄「返還」というペテンは、米・日の軍事結託を強め、日本の軍国主義復活に拍車をかけるための新しい重大な段取りである。中国政府と中国人民は一貫して、沖縄「返還」のペテンを粉砕し、沖縄の無条件かつ全面的な復帰を要求する日本人民の勇敢な闘争を支持するとともに、米・日反動が中国領土の釣魚島などの島嶼を使って取引きをし、中・日両国人民の友好関係に水をさそうとしていることに、激しく反対してきた。

釣魚島などの島嶼は、昔からの中国領土である。早くも明代に、これら島嶼は、すでに中国の海上防衛区域の中に含まれており、それは、琉球、つまり現在の沖縄に属するものではなくて、中国の台湾に付属する島嶼であった。中国と琉球のこの地区における境界線は、赤尾嶼と久米島との間にある。中国台湾の漁民は、昔から釣魚島などの島嶼で、漁労に携わってきた。日本政府は、中日甲午戦争〔日清戦争〕を通じて、これら島嶼をかすめ取り、さらに、当時の清朝政府に圧力をかけて、一八九五年四月、「台湾とそのすべての付属島嶼」および澎湖列島の割譲という不平等条約「馬関〔下関〕条約」に中国を調印させた。今日、佐藤政府は、なんとかって中国領土を略奪した日本侵略者の侵略行為をもって、釣魚島などの島嶼に対して「主権をもっている」根拠にしているが、これは、まったくむきだしの盗の論理である。

第二次世界大戦ののち、日本政府は、不法にも、台湾の付属島嶼である釣魚島などの島嶼を米国に渡し、米国政府は、これら島嶼に対していわゆる「施政権」を持っていると、一方的に宣言した。これは、もともと非合法なものでる。中華人民共和国の成立後まもなく、一九五〇年六月二八日、周恩来外交部長は、中国政府を代表して、アメリ帝国主義が第七艦隊を派遣して台湾と台湾海峡を侵略したことを激しく糾弾し、「台湾と中国に属するすべての領の回復」をめざす中国人民の決意について、厳かな声明を発した。いま、米・日両国政府は、なんと不法にも、再びわが国の釣魚島などの島嶼を引継いだ。中国領土と主権に対するこのような侵犯行為は、中国人民のこのうえない憤激を引き起こさずにはおかないであろう。

中華人民共和国外交部は、厳かに、次のとおり、声明する。釣魚島・黄尾嶼・赤尾嶼・南小島・北小島などの島嶼は、台湾の付属島嶼である。これら島嶼は、台湾と同様に、昔から中国領土の不可分の一部である。米・日両国政府が沖縄「返還」協定のなかで、わが国の釣魚島などの島嶼を「返還区域」に組み入れることは、まったく不法なものあり、それは、釣魚島などの島嶼に対する中華人民共和国の領土の主権をいささかも変えうるものではない。中国民は、かならず台湾を解放する！ 中国人民は、かならず釣魚島など台湾に付属する島嶼をも回復する！

【資料一四】

釣魚台列嶼は台湾省宣蘭県に属するとの台湾当局教育部令

一九七二年一月一〇日通達（台北）

教育部令　六一年一月一〇日台（六一）中字第〇八一〇号

受文者　台湾省政府教育庁・全国公私立以上学校

台北市政府教育局・国立編訳館

部属各機関学校
事由——釣魚台列嶼は台湾省何県に属するかについて、お知らせする。
一、行政院六〇年一二月二日台湾六十丙字第一一六七六号令と内政部副本に従って「(1)内政部六〇年一〇月二七日台内民字第四四二五九八号に掲載している、わが国の一部に直属する釣魚台列嶼がいったい台湾何県に属するかについて、後に政府がそれが宣蘭県に属すると明確に主張していた。(2)内政部は、この提案を弁理し、周知方を各種単位にお願いしていた。」等による。
二、周知方をお願いする。
三、副本は国防部政務局及び本部各部単位に送付する。

部長　羅雲章

【資料一五】

尖閣諸島の領有権問題についての日本外務省基本見解（福田赳夫外務大臣の声明）

一九七二（昭和四七年）三月八日発表（東京）

衆議院沖縄・北方問題特別委員会　昭和四七年三月八日
尖閣諸島は、明治一八年以降政府が沖縄県当局を通ずる等の方法により再三にわたり現地調査を行ない、単にこれが無人島であるのみならず、清国の支配が及んでいる痕跡がないことを慎重確認の上、明治二八年一月一四日に現地に標杭を建設する旨の閣議決定を行って正式にわが国の領土に編入することとしたものである。
同諸島は爾来歴史的に一貫してわが国の領土たる南西諸島の一部を構成しており、明治二八年五月発効の下関条約第二条に基づき、わが国が清国より割譲を受けた台湾および澎湖諸島には含まれていない。
従って、サン・フランシスコ平和条約においても、尖閣諸島は、同条約第二条に基づきわが国が放棄した領土のうちには含まれず、第三条に基づき南西諸島の一部としてアメリカ合衆国の施政下に置かれ、昨年六月一七日署名の琉球諸島および大東諸島に関する日本国とアメリカ合衆国との間の協定（沖縄返還協定）によりわが国に施政権が返還されることとなっている地域の中に含まれている。以上の事実は、わが国の領土としての尖閣諸島の地位を何よりも明瞭に示すものである。

なお、中国が尖閣諸島を台湾の一部と考えていなかったことは、サン・フランシスコ平和条約第三条に基づき米国の施政下に置かれた地域に同諸島が含まれている事実に対し従来何等異議を唱えなかったことからも明らかであり、中華民国政府の場合も中華人民共和国政府の場合も一年後半東シナ海大陸棚の石油開発の動きが表面化するに及びはじめて尖閣諸島の領有権問題とするに至ったものである。

また、従来中華民国および中華人民共和国政府がいわゆる歴史的地理的ないし地質的根拠等として掲げている諸点はいずれも尖閣諸島に対する中国の領有権の主張を裏付けるに足る論拠とはいえない。

【資料一六】

尖閣諸島問題に対する「自由民主党」の公式見解

一九七二年三月二八日作成（東京）

一九七二年四月一一日『自由新報』（東京）

愛知揆一自由民主党政調会外交調査会長は三月二八日、党所属国会議員に対して、尖閣諸島の領有問題に関し、つぎのような通達を出した。

尖閣諸島の領有権について、わが党は歴史的にも国際法的にもその領有権がわが国にあることはきわめて明瞭であることを確認する。すなわち、わが国政府は明治一八年いらい、沖縄県当局などを通じて現地調査を行ない、この諸島が無人島であることを慎重に確認したうえ、明治二八年一月一四日、現地に標杭を建設するむねの閣議決定を行ない、いわゆる国際法上の先占の法理にもとづき、わが国の領土に編入した。いらい同諸島は、わが国の領土たる南西諸島を構成してきている。

この事実は、尖閣諸島が明治二八年五月発効した下関条約第二条にもとづいてわが国が清国より割譲された台湾および澎湖諸島に含まれていないこと、さらに対日平和条約（サンフランシスコ平和条約）第二条にいうわが国が放棄した領土のうちに含まれず、その第三条にもとづき南西諸島の一部としてアメリカ合衆国の施政下に置かれてきたことによって明確に立証されている。

したがって、沖縄返還協定（「琉球諸島および大東諸島に関する日本国とアメリカ合衆国との間の協定」昭和四六年六月一七日署名、本年三月一五日批准）により、きたる五月一五日に返還される地域に含まれることは、国際法的になんら疑義の存する余地はない。

また、中国が尖閣諸島を台湾の一部と考えていなかったことは、対日平和条約第三条によりこの諸島がアメリカ合衆国の施政権下におかれている事実につき、これまでなんらの異議をとなえなかつたことからも明らかである。しかるに東シナ海大陸棚の石油開発問題に関連して尖閣諸島の領有権につき中国側より問題が提起されていることは注目すべきである。しかし、その提起されている歴史的、地理的ないし地質的理由は中国の領有権を立証する国際法上の合法的な根拠とはならない。

わが党は、中国との親善友好関係を推進することを、もとよりその外交上の基本姿勢としているが、本問題についてはとくに中国側の理解と認識を求めるものである。

【資料一七】

尖閣列島問題に関する「日本共産党」の見解

一九七二年三月三〇日発表（東京）
一九七二年三月三一日『赤旗』（東京）

一、近年、尖閣列島地域の海底油田問題がいろいろ取りざたされるなかで、台湾の蒋介石の側から、ついで中華人民共和国政府の側から、にわかに尖閣列島の帰属問題がもちだされている。沖縄の立法院は〔一九七二年〕三月三日の本会議で、「尖閣列島が日本の領土であることは明白な事実であって、領土権を争う余地はまったくない」むねを決議した。わが党はこの主張を妥当なものと考えてきたが、この時点で、あらためてわが党の尖閣列島問題での見解をあきらかにした。わが党はかねてから、この問題について、歴史的経過や国際法上の諸関係などにわたって調査、研究をすすめてきた。それによれば、尖閣列島が日本の領土であることはあきらかである。

二、尖閣列島についての記録は、ふるくから、沖縄をふくむ日本の文献にも、中国の文献にも、いくつかみられる。しかし、日本側も中国側も、いずれの国の住民も定住したことのない無人島であった尖閣列島を自分に属するものとは確定していなかった。
日本人古賀辰四郎氏が尖閣列島中の魚釣島を一八八四年（明治一七年）にはじめて探検し、翌八五年に日本政府にこれらの島の貸与願いを申請した。領有という点では、一八九五年（明治二八年）一月に日本政府が魚釣島、久場島を沖縄県の所轄とすることをきめ、翌九六年四月に尖閣列島を八重山郡に編入して、国有地に指定した。歴史的にはこの措置が尖閣列島にたいする最初の領有行為であり、それ以後日本の実効的支配がつづいてきた。これが、国際法上「先占」にもとづく取得および実効的支配とされているもので、一九七〇年までの七五年間、外国からこれに異議が公式にもちだされたことはない。

三、この間に、さきの古賀氏が一八五五年についで一八九五年にも貸与願いを再申請し、翌一八九六年（明治二九年）九月に四島（魚釣、久場、南小島、北小島）の三〇年間の無償貸与をうけた。それ以来、開拓労働者が毎年数十名派遣され、「古賀村」が久場島にうまれた。これが人びとの最初の居住である。のち魚釣島にかつお節工場などがつくられた（第二次大戦後は再び無くとなっている。）

四、尖閣列島の領有の明確化は、日・清両国の支配層が朝鮮支配をめぐって争った日清戦争（一八九四～五年）と同時期に重なっていた。この戦争で日本が勝ち、台湾とその付属諸島、澎湖列島などを日本に割譲させた。これが正当化できないことはあきらかであるが、そのなかに尖閣列島ははいっていなかった。交渉過程でも尖閣列島の帰属問題はとりあげられていない。

一九四五年の日本の敗戦により、カイロ宣言およびポツダム宣言にしたがって、「台湾および澎湖島」など略取地域の中国返還がきめられたが、そのなかに尖閣列島はふくまれていない。したがって、中国側も日本のポツダム宣言受諾後に尖閣列島を要求することはなかった。

五、一九四五年以降、尖閣列島は沖縄の一部としてアメリカ帝国主義の政治的、軍事的支配下におかれ、列島中の大正島（赤尾礁＝せきびしよう＝または久米赤島）および久場島（黄尾礁＝こうびしよう）の両島も米軍射撃場にされ、一定の地代（古賀氏の息子の善次氏への）とひきかえに、侵略的軍事目的に使用されてきた。日本政府は、一九五一年のサンフランシスコ条約第三条で、沖縄県民の意思と利益をかえりみずに、尖閣列島をふくむ沖縄をアメリカ帝国主義の軍事占領下にゆだねるという重大な誤りをおかした。さらに、今回の「沖縄協定」でも、自民党政権は沖縄県民の意思をじゅうりんして、尖閣列島の久場・大島両島をふくむ沖縄県の米軍事基地の継続保持に同意している。沖縄県民をはじめとして日本国民が長期にわたってつづけてきた沖縄全面返還闘争、日本全域からの米軍事基地撤去闘争の課題のなかに、尖閣列島の米軍射撃場撤去もふくまれていることはいうまでもない。

六、一九七〇年以降、台湾の蒋介石一派が尖閣列島の領有権を主張しはじめ、ついで中華人民共和国も、一九七一年一二月三〇日の外交部声明で領有権を主張するにいたっているが、それらの根拠はなりたちがたい。

①中国側の文献にも、中国の住民が歴史的に尖閣列島に居住したとの記録はない。明国や清国が尖閣列島の領有を国際的にあきらかにしたこともない。尖閣列島は「明朝の海上防衛区域にふくまれていた」という説もあるが、これは領有とは別個の問題である。

②中国側が尖閣列島の日本領有に歴史的に異議を申し立てた先例はない。

③従来の中華人民共和国発行の全中国の地図（たとえば、一九六六年、北京地図出版杜刊）にも、尖閣列島の記載はみられない。台湾省図にも尖閣列島ははいっていない。また尖閣列島の地理的位置、経度（東経一二三・一四度ないし一二五度の間）は、中国の地図にしめされた「領海」外にある。

④尖閣列島が、いわゆる「中国の大陸棚」の先端に位置することを「中国領」の論拠の一つにする向きもあるが、水深二〇〇メートルを基準としたいわゆる「大陸棚」は海底資源にかんする説であって、海上の島の領有とは別問題である。

七、尖閣列島の日本帰属は、以上の諸点からも明確である。この地を射爆場として侵略的軍事的目的に利用しつづけてきたアメリカは、「沖縄協定」発効後もひきつづきこれを保持しようとしている。われわれは、久場・大正両島の米軍射撃場を撤去させ、尖閣列島が平和な島となることを要求する。

【資料一八】

釣魚台列嶼の主権に関する台湾当局外交部声明

一九七二年五月九日発表（台北）

中華民国は、琉球諸島の地位問題について以前から一貫して関心があり、加えて何度も、この問題についての態度を宣言してきた。米国政府が本（六一）年五月一五日に琉球列島を日本に交付し、そして敢えて中華民国の領土主権に隷属する釣魚台列嶼も含まれることについて、中華民国政府は、ここに再び世界に自らの立場をお知らせする。

琉球諸島について、中華民国は、中華民国を含めた第二次世界大戦期間の同盟国によるカイロ会議の宣言とポツダム会議の宣言を根拠におく原則に従って共同して定義されるべきだと存じており、現在、米国は協商の段取りを経て処理せず一方的に琉球諸島を日本に交付したことにつき、中華民国は深く遺憾とする。

釣魚台列嶼については、それは中華民国領土の一部に属している。この領土主権は、地理的位置、地質構造、歴史的淵源、長期の継続使用、および法理の各方面の理由からして、すべて否定できない事実である。現在、米国は、釣魚台列嶼の行政権と琉球を一緒に日本に「返還」するということに対して、中華民国は断固反対する。中華民国政府は、領土保全を維持するべく、どんな状況にあっても絶対に釣魚台列嶼の領土主権を放棄しない。

【資料一九】

尖閣列島に関する中川融日本国連代表より国連安全保障理事会議長あて書簡　S/10661

一九七二年五月二四日送付（ニューヨーク）

文書　S/10661

一九七二年五月二十日付けで中華人民共和国代表から安全保障理事会議長に提出された書簡に関し、私は、日本政府から、中国が沖縄の日本返還に関し尖閣列島に言及した主張は全く根拠のないものであることを指摘するよう指示された。

尖閣列島は昔から南西諸島の一部である日本領土であり、この事実はつい最近までいかなる他国からも異論の出たことはない。

私は、この文書を安全保障理事会の公式文書として配布されるよう希望する。

【資料二〇】

釣魚台列嶼の主権に関する台湾当局外交部声明

一九七一年六月一七日声明（台北）

一九七一年六月一八日『中央日報』（台北）

わが国政府が琉球群島及び釣魚台列嶼に対してとった毅然たる態度は、さきの六月一一日の外交部声明で明確に説明した。領土主権を保持する釣魚台列嶼が今回の移転で琉球群島と一緒に日本へ引き渡されたことについては、中華民国政府と人民は絶対に認めない。

今度こそ、中国政府は、もう一度厳粛に、米国と日本政府は直ちにわが国列嶼の主権を尊重するべく、合理的かつ合法的な措置を講ずるよう、要求する。

【資料二一】

釣魚島主権問題に関する日中友好協会訪中団との鄧小平中国副総理の発言

一九七四年一〇月三日報道（北京）

鄧小平副総理は一〇月三日人民大会堂で、訪中した日中友好協会（正統）本部代表団の黒田寿男団長ら一二人、および日中文化交流協会代表団の中島健蔵団長ら一〇人と会見し、会談は約一時間持たれた。

鄧小平副総理は、会見にあたり、中日平和友好条約について、次のとおり自分の見解を表明した。「(1)できるだけ早くいっさいの障碍を取り除いて、条約の締結を実現する。(2)交渉は事務的な協定の調印後に開始してもいいし、事務的な協定と同時にやってもいい。(3）釣魚島の主権問題は暫く放置した方がいい。」

最近、中国の指導者は、平和友好条約の問題について、相次いで積極的な発言を行い、鄧小平副総理の見解を通じて、さらに中国側の考えが明らかにされた。とくに釣魚島主権問題を放置するという提案が初めて出され、このことは注目に値する。

鄧小平副総理の提案の要点は、以下のとおりである。

一、(中日の間に)事務的な協定は一つ残っているが、これらの協定を締結してから、直ぐに平和友好条約の交渉に入ることになる。事務的な協定を締結する前でも、これと同時にでも交渉してよい。

二、交渉にあたっては、釣魚島主権問題を放置した方がよい。この問題に言及すると、何年も解決できないことになる。

三、友好条約に対して、日本政府の内部に積極的な勢力も消極的な勢力もいるが、田中角栄先生と大平正芳先生はとても熱心である。みなさんの力で、「条約の締結を推進する」という幅広い国民運動を起こせば、田中さんと大平さんにとってはとても有利である。

四、いっさいの困難を排除し、できるだけ早く平和友好条約を締結すべきである。みなさんは、いいご意見をいっぱい持っておられるが、これは大多数の日本人の考え方です。少数の人の反対はいつでもある。全然なくなることはありえない。

【資料二二】

釣魚島問題に関する鄧小平中国副総理の日本人記者への発言

一九七八年一〇月二五日報道（東京）

一〇月二五日鄧小平は、記者会見で訪日および中国の内政・外交について記者の質問に答えた。

日本の時事通信社の一記者は「尖閣諸島の帰属問題について、われわれは、それがわが国の固有領土と存じており、われわれは、これを固く信じておりますが、この問題について、副総理はどんな意見をお持ちですか」と質問した。これに対して、鄧小平は、こう答えた。「われわれは、尖閣諸島を釣魚島などと島嶼を呼んでおり、だから、名称から見れば、意見の相違があります。中日の国交回復のとき、双方はこの問題を話し合わない、と約束しました。今回の日中平和友好条約の交渉を行なう際、双方ともに、この問題を話し合わないと、一致して同意しました。中国人の知恵からいうと、こんな弁法を選ぶしかありません。なぜかというと、この問題に及ぶとはっきりできなくなるからです。一部の人たちは、中日両国間の協力を離間させるために、この問題を利用しており、中日両国は、交渉するときは、やはりこの問題を回避した方がいいと思います。この問題を暫く放っておいてもかまいません。一〇年放置しておいてもかまわないのです。私たち今の世代は知恵が不足で、この問題について一致した合意に達することはできませんが、次の世代の人間は必ず私たちより頭がよいから、きっと双方が受け入れられる良い方法を見つけ出すことでしょう。」

【資料二三】

釣魚島の共同開発に関する鄧小平中国副総理の発言

一九七九年五月三一日報道（北京）

五月三一日鄧小平副総理は、人民大会堂で日本自民党衆議院議員鈴木善幸と会談した。日本が渤海湾で中国と協力して石油開発をする用意があるということについて尋ねられた際に、鄧小平は、こう答えた。「私たちは、この方面で多くの国と話し合ったが、日本と協力して開発する渤海湾の南部は大変にすばらしい地域で、私たちは、すぐにでも日本と話し合いに入ることを希望しています」。

このように述べた後、鄧小平は、こう述べた。「最近、うるさいことが多くありましたが、現在、わが両国がこの問題で混乱しているのはよくありません。この問題は両国の領土主権問題に関連しており、私は、東京で、これは放置しておいた方がよいと発言しました。園田〔直〕外相のいい方は、私たちにはとって受け入れられるご意見です。いま、両国の関係を大切にするために、この問題を突出させてはいけません。」

鄧小平は、日本官房長官のこの問題についての発言は受け入れないといい、「われわれ政府は、この問題について、われわれの立場を表明した。こうしたことは止めて、いけないことである」と述べた。

そして、鄧小平は、新しい概念で一つの提案をした。「わたしたちは、やはりこの問題を放置すべきで、この地域の資源をともに開発することを考えていけばどうか」といって、彼は鈴木さんに大平〔正芳〕首相に伝えて頂くよう、こう述べた。「まず双方とも宣伝しないで、両方が協議して共同開発を行い、領土主権問題に言及しない。技術については、もちろん日本から提供する。われわれ双方が、渤海湾で連合開発を行い、連合会社を設けてはどうか。」

鈴木は、「さっき、先生は一つ独特のご意見を出されました。首相に考えさせましょう」と言及した。

そして、鄧小平は、「共同開発というのは、この島嶼周辺の石油などのことにすぎません。合資経営し、一緒に利益をうるといいでしょう。南沙諸島についてもこうした方式を講じてもいい」と発言した。

【資料二四】

釣魚島問題に対する中央顧問委員会第三回全体会議における鄧小平中国副総理の発言

一九八四年一〇月二二日発言（北京）

われわれはまた、外国の友人と話し合うとき、国際的紛争を解決するために、必ず新しい状況と問題によって新しい弁法を考えなければならない、と述べた。「一国両制」というのは、わたしたちの実情によって決められたが、この考えを一部の国際問題の処理を活用してもいい。解決できないと爆発点となって新しい紛争を起こす国際問題は多い。だから、ある問題は「一国両制」の弁法で処理し、ある問題は「共同開発」の弁法を利用したら良いということだ。私たちの「共同開発」という発想は、実際的な状況に応じて提案したものである。中国は、まだ交渉中の問題があり、例えば、釣魚島問題や南沙諸島問題などがそれである。訪日の際、記者会見で釣魚島問題についての質問を受け、両方の呼び名からみれば、釣魚島を日本は尖閣諸島と呼んでいて、確かに相違がある。この問題は暫く放置した方がいい、次の世代の人間は多分、私たちよりも聡明であるから、よい解決の弁法を見付けることになる、といった。そのとき、この問題について、暫く両国の主権紛争に波及させないで、共同開発できないかと考えていた。共同開発というのは、あの島嶼付近の海底石油だけを、合資経営して共同の利益をうる方法がよろしいということだ。一連の交渉は止めた方がいい。南沙諸島は、今までの世界地図のなかでは、すべて中国に属していたが、現在、台湾が一つの島を占めている以外は、フィリピンがまたいくつかの島を占拠し、ベトナムとマレーシアもいくつかの島を占めている状況にある。これをどうするか。一つの方法は、私たちが武力で回収することであるが、もう一つの方法は、主権問題を放置しておき、共同開発をすることである。この弁法は、数年以来の問題を解決できる。この問題は、遅かれ早かれ解決しなければならない問題である。世界にはこのような紛争が多い。わが中国人は、平和を主張し、平和的な方式で紛争を解決することを希望している。どんな平和的な方式かというと、「一国両制」、「共同開発」である。私と話し合う外国の友人はみんなが、これは新しい思想で意味があるといっている。

【資料二五】

釣魚台灯台建立事件に対する台湾当局外交部声明

一九九六年七月二四日発表（台北）

本月一四日、日本青年社は勝手に釣魚台列島で灯台を建立し、また日本政府は七月二〇日から一九八二年海洋法条約の二〇〇カイリ専管経済水域の規定を発効させた、この二つの事件は、国内各界に注目され、中華民国外交部はこの度こそ、次のとおり声明する。

一、釣魚台列嶼は、昔から中国の固有領土の一部であり、明朝嘉靖年間にもうわが国の海防範囲に含まれていたが、中国の領土範囲に属する歴史事実は多い。そして、地理的位置、地質構造、歴史連繫、および台湾住民が長い間使用し続けてきたことなどの理由で、釣魚台列嶼は中華民国台湾省と深く繋っている。わが政府は、釣魚台列嶼の主権帰属に対して繰り返し声明していたが、この度、いま一度、声明する。釣魚台列嶼は、わが国固有の領土の一部であり、わが政府は国土を守る責任を担っており、いかなる状況においても絶対に領土主権を放棄するものでない。

二、日本青年社が勝手に釣魚台列嶼に灯台を建立した事件に対し、わが政府は、いろいろなルートを通じて日本側に対し深い関心を表明してきた。また、日本政府は、本年七月二〇日から二〇〇カイリ専管経済水域の規則を施行すると発表したが、釣魚台列嶼が含まれるときは、あるいはその列島を起点にして二〇〇カイリ専管経済水域を制定すれば、このことは、すべて受け入れられないという要求である。わが政府は、力を尽くしてわが国漁民が釣魚台列島海域で作業する権益を維持し、国民は平和・堅定・厳正な立場で政府を支持し、領土を守る行動に同意している。

三、日本政府に対し、日本政府が二〇〇カイリ専管経済水域を制定する方面で、一九八二年国連海洋法条約第七四条の規定に従って合理的に解決できるように、日本とわが国の重なる部分を事前に協議するべく、訴えている。そして、わが政府は、わが国の利益および中日両国の友情と共同利益を損なわないように、国際連合憲章に基づく平和方式で紛争を解決する精神および国際法の一般的原則に従って、理性的な実行に与る態度を続けて、積極的に日本と厳かに交渉し、日本の節刹を促進する。

四、早期に、わが国の領海基線を画定し、これによって二〇〇カイリ専管経済水域を定めるために、わが国の経済権益を擁護するために、行政院は、積極的に立法院の仕事に協力し、立法院は立法手続きを仕上げるべく「中華民国領海・隣接区法」草案及び「中華民国専属経済海域・大陸礁層法」草案を審議する。

五、わが政府は、注意深く状況の進展と日本の行動を見つめ、これに応じて行動を選択する。

六、中日両国は、各方面で多年にわたる両側人士の共同努力を通じて実質的な増進を得てきたが、いまだうまく解決していない問題が存在している。例えば、台湾籍元日本兵案および慰安婦案などについて、われわれは、いく度も日本とさらなる交渉を希望したが、日本から正式の返事は得られていない。その時点で、日本政府は、再び国民が釣魚台列嶼での事件の発生を容認してしまえば、中日両国の友情と友好関係の進展が厳しく影響されるので、わが政府は、懇切に日本が適切に処理することを希望している。

【資料二六】

劉文宗「釣魚島に対する中国の主権は弁駁を許さない」

一九九六年八月二日『法制日報』（北京）

一九九六年八月二〇日『北京周報（日本語版）』第三四号（北京）

今年七月、日本の右翼分子が釣魚群島（釣魚島と略称）のある島に灯台をつくった。これは、中国の領土権をゆゆしく侵犯する行為である。

釣魚島群島は、昔から中国固有の領土である。これには、歴史的・法律的根拠が十分ある。

釣魚島が昔から中国の領土であるというのには、次の理由がある。

（一）中国が最初に釣魚島を発見し、それを中国の版図に入れた。周知のように、一五世紀にコロンブスらがアメリカ新大陸を発見したとき、「発見」そのものをアメリカ大陸取得の根拠とした。当時、ヨーロッパ人がアメリカ大陸へ行き、その地にインディアン土着住民が住んでいるにもかかわらず、一律に「無主の土地」と見なしてそれを占領した。このルール〔先占の原則〕は、一九世紀後半になって、からようやく徐々に改められ、「発見」と同時に、かならずそれを有効に「占有」するべく要求し、こうしてはじめて、領土に対する主権を確立できる。釣魚島については、中国人によってそれが最初に発見されたものであると、完全に肯定できる。なぜなら、一五世紀から、中国の歴史的文献には、すでに釣魚島についての記載があるからである。一五三四年、明朝政府が琉球に派遣した冊封使陳侃は、その使節として外国へ赴く記録の中で、赤尾嶼(釣魚群島の島の一つ)を過ぎてさらに東へ進むと、「琉球に属する古米山が見えてくる」（古米山は、つまり、琉球の久米島）と書いている。これは、つまり、古米山以西の赤尾嶼などの島嶼は中国領土ということである。一五六二年、明朝のもう一人の冊封使郭汝霖は、「赤尾は、琉球地方と界する山なり」と書いている。つまり、赤尾嶼は中国と琉球が堺を接するはずれの島だということである。明の嘉慶年間に出版された『日本一鑑』も、「釣魚島は、小東小嶼なり」と書かれている。「小東」とは、同書の付図の指す台湾であり、ここでは「釣魚島は台湾に付属する小さな島である」という意味である。清朝の時期になると、別の冊封使江揖は、一八六三年に琉球へ赴く記録の中で、赤尾嶼と古米山の間には深い海溝（つまり、沖縄海溝）があり、これが「内外の界」である、といっそうはっきり書いている。以上の事実は、釣魚群島は中国人が最初に発見したものであり、しかも、一五世紀から、すでに中国の版図に入ったことを物語っている。在来の国際法の「発見」を領土取得の根拠とすることができるという規定に基づくと、釣魚群島は、遅くとも一五世紀から中国領土となっている。

では、当時、日本人あるいは琉球人が釣魚群島を発見できたかどうか。答えは否である。なぜなら、琉球諸島と釣魚島の間に深さ二千メートルの沖縄海溝があるからである。その一帯は、年中、風が強く、波が高く、風が西から東に吹き、琉球諸島にとっては逆風である。日本の有名な歴史学者井上清の考証によると、沖縄海溝一帯の風波がきわめて強く大きいため、古代の木造船が琉球諸島から釣魚島へ行くのは、まったく不可能である。台湾を出航した漁船は、出掛けて西から東に進んでのみ、釣魚島に行ける。釣魚群島付近の魚類資源が豊富であるため、台湾の漁船は、よくこの一帯へ行って漁労してきた。そのため、中国の史書は、その島を「釣魚島」または「釣魚台」と称してきている。日本に至っては、最初はこれら島嶼の名称すらなく、ただ中国古書の名称を借りて「魚釣島」（文法規則の違いで逆になっている）と称しただけで、日本が中国の釣魚島を不法占有してからはじめて「尖閣列島」に改称した。これらすべては、中国が最初に釣魚群島を発見した国であることを裏付けている。

(二) 歴史の記載によると、一五五六年、中国の明朝政府が胡宗憲を倭寇討伐総督に任命したあと、彼は、その編さんした『籌海圖編』の中で、釣魚島・黄尾嶼・赤尾嶼などの島嶼を中国福建省海防区域に入れ、倭寇が騒擾し、侵犯したときは、中国の水師は防衛と出撃の権利がある、と書いている。これをみても、当時、釣魚群島が福建省の管轄下にあったことがわかる。

一八九三年、慈禧太后は、太常寺正卿の盛宣懐が献上したリューマチを治す丸薬がよく効くとして、丸薬原料産地の釣魚島を盛宣懐に下賜する詔書を出した。今世紀の六〇年代後期になって、中・日両国が釣魚島の主権をめぐって確執が発生したあと、盛宣懐の孫娘盛毓真（のちに徐逸と改名し、米国に帰化した）は、上述の慈禧詔書を写して、当時、米国ハワイ州上院議員だった鄺友良に渡し、鄺友良は米上院公聴会で読み上げるとともに、同院の記録に収められた。これは、中日甲午戦争〔日清戦争〕勃発前の一八九三年になっても、釣魚群島が中国領土であり、中国政府の主権管轄を受けており、日本のいうような「無主の土地」でなかったことを物語っている。したがって、日本の「占有」は不法である。

(三) 釣魚群島は、中国台湾省の付属島嶼であって、琉球諸島に属さない。歴史の記載から見ると、釣魚群島は、琉球諸島の限界以外にある。地質構造から見ると、釣魚島と琉球諸島は、深い海溝である沖縄海溝によって隔てられ、両者は同一島群ではない。一九一八年に、日本海軍水路誌は、釣魚群島の位置は「ほぼ沖縄諸島と支那福州の間にある」と明記しており、これは、日本海軍も釣魚群島が沖縄諸島に属していると見ていないことを示している。外交面からみると、一八七九年から一八九〇年にかけて日本が清朝と琉球問題について交渉したとき、双方は、琉球の範囲は三六の島嶼に限られ、釣魚群島がまったくその中に入っていないことを、一致して認めた。法律上からみると、日本の東京裁判所は、一九四四年に判決を下した時点で、釣魚群島は「台北州」が管轄するもので、琉球諸島に属さない、と断定した。日本支配期の「台湾警備府長官」日本人福田良三も、その当時、釣魚群島が彼の管轄区内にあり、台湾漁民が釣魚一帯へ行って漁労する場合、「台北州」が許可証を発給した、と語った。以上の事実が示しているように、釣魚群島は、中国台湾省の一部分であり、従来から中国の主権管轄を受け、琉球諸島とは何ら関係がない。

次に、日本側の釣魚群島「占有」は、はたして同群島に対する「領有権」を確立したのか、それとも侵略行為なのか。

（一）国際法によると、ある土地がある国によって発見され、同国が主権管轄を実施すれば、同国領土の一部となる。同国が自動的に放棄しないかぎり、他のいかなる国も、それを改めて占領してはならない。さもなければ、同国に対する侵略行為を構成する。（オッペンハイム『国際法』を参照）

事実、甲午戦争〔日清戦争〕前、日本政府は、すでに釣魚群島が中国領土であることを知っていた。日本側によれば、釣魚群島は、日本福岡県出身の古賀辰四郎が一八八四年に「発見」したという。当時、彼は「無主の土地」であることを理由に、沖縄県に同地の借用を申請した。しかし、沖縄県知事、内務省と外務省が古賀の申請書を検討したのち、これらの島嶼は「清国冊封使旧中山王の使節船がすでに詳しく知っているばかりでなく、それぞれ命名して、中国船舶が琉球へ行く道標とした」ことを認めた。日本政府は、釣魚群島をすぐ日本の版図に「入れる」と、清朝政府と国際世論の非難を浴び、日本が一歩進んで中国を侵略する野望があると疑われることを憂慮した。そのため、釣魚群島に国標を立てる必要がない、と主張した。一八九四年の甲午戦争勃発の前夜に、沖縄県知事は、また一同列島が日本帝国に属するかどうかはまだ不明である」と行って、古賀の上述の申請を却下した。

しかし、古賀が申請を出してから一〇年後、つまり甲午戦争が勃発した翌年、清朝は敗戦した。日本は時機が来たとみて、まず勝手に釣魚群島を日本の版図に「入れ」、続いて清朝政府に迫って不平等の「馬関〔下関〕条約」を締結させ、「台湾全島とそれに付属するすべての島嶼」を割譲させた。その時の日本のやり方は、かけ値なしの侵略行為である。近代国際法によれば、侵略行為は合法的権利を生み出すことができない。第二次世界大戦の終結後、日本は釣魚島を台湾・澎湖列島などと一緒に中国に返還しなければならなかったのである。

(二) 当時、釣魚島は、人が住んでいない島であったが、「無主の土地」ではなかった。日本側は、意識的に「人が住んでいない島」と「無主の土地」を混同させた。国際法によれば、「人が住んでいない島」イコール「無主の土地」ではない。国際法は、国が「人が住んでいない島」と「人が住んでいる島」に対し、程度の異なる管轄権を行使するよう、要求している。通常「人が住んでいる島」に対する管轄権は連続しているものでなければならない。人が住んでいない島については、カギは主権が誰に属しているかにあり、管轄に至っては断続的に行使することができる。例えば、一九二八年、米国とオランダのパルマス島紛争に関する国際仲裁の裁決は、この原則を明らかにしており、しかも、その原則は、国際法上、普遍的に承認されている。そのため、明・清時期に、釣魚群島のような辺ぴな小島に中国人が定住していたかどうかは、これら島嶼に対する中国の主権に影響しない。日本側が故意に人が住んでいない島嶼を「無主の島」のようにいいくるめるのは、まったく中国領土をかすめとるためである。

(三) 一九四五年の日本降伏後、米軍は、沖縄を占領し、沖縄に対し「施政」を実行し、釣魚島も、その「施政」範囲に入れられた。「カイロ宣言」と「ポツダム宣言」によると、日本は降伏後、台湾・澎湖列島などの島嶼を中国に返還しなければならず、台湾の付属島嶼としての釣魚島も、本来ならば一緒に返還すべきである。しかし、米国は、当時の政治目的から、沖縄を日本に返還する時点で、釣魚島も日本に渡すことにした。中国政府と台湾当局は、これに対し、いずれも抗議を申し入れた。米国務省スポークスマンのマクロフスーは「沖縄を返還するとき、米国は尖閣列島を含めた施政権を日本に返還するが、米国としては、施政権と主権が別個のものであると考える。主権問題をめぐって食い違いが生じた場合は、当事国が協議して解決すべきである」と解釈した。これをみても、日本が釣魚群島に対し主権を擁していることを米国政府が承認していないことがわかる。

一九七一年一二月三〇日中国外交部は、釣魚島・黄尾嶼・赤尾嶼・南小島・北小島などの島嶼が台湾の付属島嶼であり、台湾と同じように、昔から中国領土の不可分の一部である、と厳正に声明した。

一九七二年、中・日両国が国交を回復する時点で、両国の指導者は、中・日友好の大局を配慮することから出発して、釣魚島主権の帰属問題を一時棚上げにし、子孫に残して解決させることに、一致して同意した。しかし、日本当局は、中・日両国指導者の合意を無視し、島内に各種施設を建設し、中国漁民が釣魚島周辺一二カイリ範囲内での漁労すらも禁止するとともに、日本が釣魚島に対しすでに「実効ある支配」を行っていると公言し、まるで釣魚島を日本領土としている。日本当局が長期にわたり釣魚島を支配しているその有利な地位を利用し、国際法上のいわゆる「時効」理論を引用し、最後に、同島に対する所有権を取得しようとしているのは、明らかである。しかし、「時効」理論は、国際法上、普遍的に承認されていないため、日本が中国領土に不法侵入し、それを占領している客観的事実を洗いすすぐことはできない。国際法によれば、領土帰属の問題は、長期にわたり沈黙を保ってのみ、はじめて黙認の効果をあげられるものである。しかし、一般の法律原則によれば、所有者が当該物件に対する所有権が完全であることを証明できさえすれば、すぐ態度を表明しなかったということで、当該物件に対する所有権を失うことはない。これは、国際法上、領土主権の問題にかかわった時点で普遍的に承認されるものである。いわんや、新中国の成立後、中国政府は、ずっと間断なく日本が中国の釣魚島を不法占領している行為に対し抗議を申し入れてきた。そのため、日本が長期にわたって釣魚島を「占有」しても、いかなる法的効果も生み出せない。一九九二年二月二五日の中国第七期全国人民代表大会常務委員会第二四回会議で採択された「中華人民共和国領海及び隣接区法」は、すでに「台湾及びその釣魚島を含む付属諸島」は「中華人民共和国に属する島嶼である」と明文化している。これは、一歩進んで立法面から、釣魚島を中国台湾に付属する島としての地位を固定したものである。

【資料二七】

『人民日報』記事「日本は愚かなことをしてはならない」

一九九六年八月三一日『人民日報』（北京）

近年来、日本は、中国領土である釣魚島をめぐって一連の挑発行動に出てきている。八月一八日、沖縄県の右翼団体「尖閣列島防衛協会」は、なにはばかるところなく釣魚島の南側に日の丸を描いた立札を立てた。それ以前の七月一四日「日本青年社」は、同島に灯台を再設置した。同月二〇日、日本政府は、二〇〇カイリに属する排外的経済水域を施行すると宣言したが、そのなかには、中国領土である釣魚島も入っていた。その後、日本外相は、釣魚島は「昔から日本領土であつて」「特に説明と解釈をする必要はない」と、公然と言明した。他の報道によれば、橋本〔龍太郎〕日本首相は「不測の事態」にっいての検討を指示し、「準備を怠らないように」と命じた。関係当局は、あろうことに、必要な時には「実力を行使して排除する」といいふらしている。このことからも分かるように、以上の点は、日本が中国領土の釣魚島をわがものにしようとする企みである。これについて、中国人民は、絶対に容認するものでない。

釣魚島などの島嶼は、昔からの中国領土であって、台湾と同じように、中国領土の分割不可能な一部である。早くも明の時代に、これら島嶼は、中国の海上防衛区域に入つており、中国台湾の付属島嶼であって、中国台湾の漁民が早くから釣魚島などの島嶼で漁労に携わってきた。中日甲午戦争〔日清戦争〕の際、日本は、これら島嶼をかすめ取り、一八九五年四月に清朝政府に迫って「馬関〔下関〕条約」に調印させ、「台湾およびすべての付属する島喚」を割譲させた。日本は、第二次世界戦争で敗北し投降してのち、台湾を中国に返還したが、台湾の付属島嶼である釣魚島などを、こっそりと米国に渡してしまった。一九七一年米・日両国が沖縄返還協定に調印したとき、あろうことか、釣魚島などの島嶼も、ひそかに「返還区域」に組み入れられた。これに対し、中国政府は、厳正に声明を発表し、米国と日本が中国領土を取引の対象にしていることに強く反対し、米・日のこうしたやり方は完全に非合法である、と指摘した。一九七二年に中日国交正常化が成立し、一九七八年に中日平和友好条約が締結されたとき、両国は、中日関係の大局に立って、釣魚島の問題を棚上げにすることにした。

しかるに、日本側は、この承諾に背いて、一度ならず釣魚島の問題で、小細工を弄してきた。最近の一時期には、日本は、さらに激しさを増し、事件をでっち上げ、「自分が占領したところは自分のものだ」というならず者の技量をもてあそび、釣魚島を占領したなどと印象付けようと、やっきになっている。

衆知のように、国と国の関係において、領土の帰属は、もっとも敏感な問題である。日本は、この時点において、一度ならず回を重ねて、領土の帰属というこの敏感な問題を持ち出すのは、一体何をしようとしているのか、と質さざるをえない。明らかなことは、冷戦終結後の東アジア地域における情勢の変化を利用して、対外的に実力を誇示し、中国が領土主権を守るかどうかの決意をさぐっているのである。

中国は、これまでも大局をおもんばかって、中・日の友好関係を心から大切にしているが、領土主権に関しては、いささかの曖昧さも許さない。釣魚島の問題については、中国は係争を棚上げにし、共同で開発することを主張しているが、その前提は、釣魚島の主権は中国にあるということである。一〇〇余年来、中国人民は、狂暴を恐れず、先の者の意思を継いで次々に進み、百千百万の人びとが鮮血と生命をもって国家の独立と主権を勝ち取ってきた。それが今日に至って、一二億中国人民に一寸の領土でもあろうと放棄させようと夢見る者がいるならば、それは、実現不可能な妄想であり、中国人民を強権の前に屈伏させようと幻想を抱く者がいれば、それは、白昼夢であり、海峡の両岸の関係に水をさそうとする者がいるのであれば、それは、算盤をはじきそこねているというものである。はっきりと断言できることは、こと国家領土の主権に関しては、中華民族の心は一つである。いかなる中国人といえども、手をこまねいて領土を人に渡すことは願ってもいないし、そうすることはしないし、ましてや万世に汚名を残すようなことは決してしない。

日本が釣魚島の問題で、中国の主権に挑戦しているのは、決して偶然なことではなく、日本国内における政治の右傾化、対外的には実力の誇示であって、必然的な行動である。近年来、日本においては、一部の者が侵略の歴史をたえず歪曲し、侵略戦争を美化し、国民に軍国主義の意識を注ぎ込んでおり、いわゆる「中国からの脅威論」を大々的に宣伝し、中国と隣国との関係を挑発しようとやっきになっており、国外に向けて勢力を拡張する口実をつくり、日米安保体制を強化し、防衛の範囲を拡大し、ひいては防衛白書に「中国の軍隊の動向に注意せよ」と喧伝し、たえず防衛費を増やし、軍備を拡大し、何とかして海外に軍隊を派遣しようとしている。このようなことは、いまさら例をあげるまでもない。長年来、アジアの諸国は、日本が軍国主義の古い道を歩むのではないか、と憂慮している。これは、決して取り越し苦労といったことではない。一連の日本の行動は、この種の心配を現実に変えるものである。

日本の一部の者は、頭に血がのぼり、われを忘れているのであろう。アジア各国の人民は極力、彼らの頭を冷し、彼らが愚かなことをしでかさないようにしなければならない。と同時に、日本の動向に対して、高度の警戒を保ち続けなければならない。

【資料二八】

香港学者八〇〇人の釣魚台保衛声明

一九九六年九月九日『明報』（香港）

日本政府は、強暴にも釣魚台群島を不法占拠して、中国人民の憤慨と強い抗議を引き起こした。香港の知識分子として、われわれは、次のとおり声明する必要がある。

一、釣魚台群島は、昔から中国に属している。「釣魚台の主権をめぐる紛争」というのは、日本政府が中国領土を不法に占拠する口実にある。日本政府の最近の行動の目的とするところは、いわゆる論争を、中国領土を不法占拠する既成事実へとエスカレートしてしまうことである。

二、われわれは、日本政府が中国の主権を侵犯する言行を、厳しく譴責する。ここにおける釣魚台事件の激化は、日本の右翼的政治勢力が台頭したからである。これは、必ず日本軍国主義の拡張を助長し、アジア太平洋地域と世界の平和に影響するところである。

三、われわれは、中国人が団結し、民族の権利を維持するよう、呼びかける。われわれは、中国領土の保全を保衛するべく、政府が直ちに実情に即した実行をとり促進して、日本政府は、覇権主義の路から戻って、早めに釣魚台群島から引き揚げるよう、要求する。

【資料二九】

『東周刊』論評「米国は日本が釣魚台を略奪するのを助け、中国に敵対している」

一九九六年九月一二日『東周刊』（香港）

釣魚台列島の主権問題は、目前において、中・日両国間の紛争であるが、その禍いの種を蒔いたのは、まぎれもなく米国である。第二次世界大戦で、日本は、戦いに破れ、米国の占領下におかれた。一九五一年、米国は、同じく戦勝国である中国をさし置いて日本と「サンフランシスコ条約」を結び、中国領土に属していた釣魚台列島を米国管轄の琉球群島に帰属させてしまった。

一九七〇年に米国は、日本と共同謀議を謀って、当時すでに国内外の中国人が釣魚台を守る行動を起こしていたにもかかわらず、琉球群島の行政権を日本に返還せんと企てた。一九七一年四月、ブレイ米国務省報道官は、その声明で、「ニクソン大統領と佐藤（栄作）首相が琉球と西南群島の返還に関して、一九七二年に交換した協定に基づき」、現在、米国の手中にある釣魚台列島（尖閣群島）を日本に返還することになった、と述べた。中華民国（当時、米国は中華民国と国交があった）と日本の釣魚台に関する紛争についてのブレイの見解は、関係ある双方が解決すべきであり、双方が望むならば第三者が調停して決める、というものだった。

釣魚台列島は中国領土であって、米国がひそかに処理するということは、日本が中国の領土を略奪するのに手を貸すことになる。この種の非合法にも侵略して占領するといった侵略行為に対しては、「第三者の調停」などまったく必要とするものではない。いわゆる「第三者の調停」なるものが現実にもなれば、思い出されるのは、往年、国際連盟で演じられた「リットン調査団」による茶番劇であり、それは、日本の後押しで、わが国東北三省を日本の侵略下に置いてしまったということである。

そうしたところから、釣魚台列島の主権に関する紛争は、米国が一手に作り出したものである。当時の中国は、まだ強大とはいえず、台湾当局は、米国のいうなりにで、「弱国は外交の権限がなく」、釣魚台を守る勇壮な運動が起こっても、米・日反動派がこそこそと闇取引をする局面を変えることはできなかった。

米国は、日本の侵略に力を貸した後で、ほこりのついた手をはたいて身を退き、この紛争を中・日間の紛争にしてしまった。一九七〇年代半ば、中国と日本が国交正常化を協議する過程で、釣魚台の主権処理については、「紛争は脇において共同で開発する」と提議されたのみで、問題は棚上げにされた。

それから二〇年問、中・日両国の間では、小規模の紛争はあったものの、基本的には、中国人の普遍的な反響を招くことはなかった。その主な原因は、日本の動きがなく、この問題は静止状態を保っていたからである。

近頃、日本は、国内のいわゆる右翼団体のいうなりになり、釣魚台列島に灯台を建て、そこに日の丸を描いた行為を放任し、池田行彦外相は高飛車な態度に出ている。日本当局は、政府の艦艇を釣魚台列島海域に派遣して、主権を行使し、香港・台湾の船を駆逐し、中国人が中国の領土に渡るというのにパスポートの提示を求めるなどの行為に出て、気炎を上げ、人々を極度に憤慨させた。

近頃、日本は、過去の静止状態を破り、再び紛争を引き起こそうとしているが、これは、軍国主義の幽霊が完全に消失していない証拠である。近年来、日本は、中国侵略の史実を再三書き変えて、中国人民を侮辱し、首相や閣僚が公然と第一級戦犯を祭った靖国神社を参拝している。これは、軍国主義の兆しが復活したものである。そのほか、米国は、さらに、日本に力を貸し、東西地域の軍事力を強めることによって中国に牽制を加え、対抗しようとしている。

よって、日本が再び釣魚台列島の主権に関する紛争を巻き起こそうとするなれば、それは、独立した事件としてではなく、米・日が共同して中国に対抗することであって、日本の軍国主義の復活を意味するものである。

【資料三〇】

北京大学学生全員の抗議書

一九九六年九月一六日発表（北京）

中国駐在日本大使館気付、日本国政府へ

今年〔一九九六年〕七月以来、日本における右翼勢力の中国に対する挑発行為は日増しに狂暴となり、軍国主義の招魂活動はますます激しくなっている。橋本龍太郎首相は、公職にありながら、靖国神社に参拝したのと相前後して、内閣の閣僚が戦犯の霊を供養している。それと時を同じくして、日本の右翼分子が何回も釣魚島に上陸し、公然と中国領土を侵犯している。

これに対し、わが国政府は、外交部を通して、何度も日本側に厳正な交渉をし、日本政府が日本の右翼勢力を容認して中国の領土主権を侵犯することに対し、激しい抗議を表明してきた。わが北京大学の全学生も、わが国政府の厳正な立場をあくまでも支持し、日本政府に強烈な抗議を示すものである。

日本政府が右翼団分子を容認して、わが国領土である釣魚島を侵犯することに抗議する！

日本の首相および内閣の閣僚が靖国神社に参拝することに抗議する！

日本国内における軍国主義の復活すべてに抗議する！

釣魚島は、昔から中国の領土であって、この事実については、何ら弁駁の余地はない。日本の右翼分子は、幾度となく公然と釣魚島を侵犯したことは、決して孤立した事件ではない。これは、日本政府が一貫して右翼勢力を放任し、容認している結果であって、日本の軍国主義復活の現れである。かえりみれば、第二次世界大戦この方、日本の政府は、侵略戦争が犯した罪業およびアジアの人民にもたらした災難と苦痛に対して反省が足りず、それのみならず一部の者は、南京大虐殺、教科書事件などのさまざまの問題について横車を押し、黒白を転倒し、視聴を混乱させ、正邪の判断がつかなくなっている。なかでも注目すべきは、日本経済の発展に伴って、日本は、アジアにおける指導的地位を狙い、国際的政治大国にのしあがろうと策謀をめぐらせていることであり、このことは、火を見るより明らかである。しかしながら、日本の右翼勢力が侵略戦争の罪業を改めようとしない事実と結びつけるのであれば、この種の政治的意図は、滑稽きわまりないものといえる。このまま発展していくのであれば、結果は、その逆を赴くものとなり、他国人民を傷つけるだけでなく、日本自らが蒔いた種を自分で刈り取らねばならなくなるであろう。

今日、日本の右翼勢力は、またしても、世界人民の平和と発展を求める潮流を無視し、中・日両国人民の世々代々の友好を求める願望をかえりみようとはせず、利欲に目がくらんで我を忘れ、公然とわが国領土である釣魚島を侵犯し、中国の主権を無視し、そして中国人民の感情と尊厳を蔑視している。全中国人民は、この事態を決して容認するものではなく、絶対に承知するものではない。

国家の興亡に対しては、何びとといえども、責任がある。今日、われわれ北京大学の万を数える学生は、日本の右翼勢力がわが領土を侵犯する卑劣な行為を決して傍観するものではない。いついかなるときも、国家の主権を守る最前線に立って青春の熱血をもって民族の尊厳を守るものである。

われわれは、再度、日本の右翼勢力に告げる。君らが手を出している釣魚島のさまざまな努力は、いずれも非合法であり、徒労なことである。釣魚島を盾にとつて、日本の軍国主義の亡霊をいざない、再び侵略の道を辿ろうとしても、それは、白昼夢であり、妄想でしかない。中国人民は、それを許しはしないし、善良な日本の人民も許すはずがない。今日の中国は、六五年前の中国ではない。今日の中国人民は、祖国の領土保全・民族の尊厳を守る決意と能力を持っている。中国の古くからの言葉に「悪行を重ねれば、必ず自ら身を滅ぼす」というのがある。日本の右翼分子は、その言葉を戒めとしなければならない。

日本政府は、中日友好と世界の平和という大局に立って、日本の歴史上に発生した侵略戦争の罪業を深く反省し、右翼勢力を厳しく取り締まり、中国人民を傷つけるようなことも、日本人民の根本的な利益を損なうことも、してはならない。われわれは、ようやく実現した中日友好関係を、心から大切に思っている。われわれは、大学生として、中・日両国人民が世々代々、友好関係にあることを願って、努力を怠らない。だが、日本がかつて行った中国に対する侵略の歴史、領土主権については、いささかも曖昧な態度をとるものではなく、何びとであろうと、歴史を書き変え、中国の神聖な領土の侵犯を思いどおりにするのを決して許すものではない。今回の釣魚島事件は、完全に日本が造りだしたものであって、日本政府は、直ちに効果ある措置をとって、この行動を止めさせ、ここから発生する悪い結果と消極的な影響を取り除かなければならない。ことは、日本の関係当局と右翼勢力の算盤どおりに運ばない。どの道を歩むのか、日本政府は、熟考しなければならない。

北京大学学生全員

一九九六年九月一六日

【資料三一】

達君「日本がまたしても釣魚島に手を伸ばしたのはなにを物語るか」

一九九六年九月一七日『北京周報（日本語版）』第三八号（北京）

今夏、日本政府の放任と支持の下で、日本の右翼分子が、中国固有の領土釣魚島へ行き、灯台を建てたり国旗を揚げたり、頻繁に活動したりした。中国人民に対するこの重大な挑発行為は、中国人民の強い憤慨を引き起こさないわけにはいかず、同時に、日本のこうしたほしいままに中国の主権をふみにじる行為は、人びとに思考させないわけにいかない。

日本は昔から釣魚島に非望を抱いていた

中・日両国の関係史を回顧すれば、日本が釣魚島問題を利用して中国側を挑発するのは、今日に始まったものでないことに気がつくであろう。

一九六〇年代末期、釣魚島付近に石油と天然ガスが大量に埋蔵されていることが発見されると、日本側は、すぐさま一方的に行動をとった。まずは、多くの石油会社が探査に行き、続いて翌年には巡視船を派遣し、元から島内にあった中国の標識を破壊し、代わりに沖縄県の境界石をおき、また釣魚島列島の八つの島嶼に日本の呼び名をつけた。

一九七八年に中・日両国が中日平和友好条約締結について交渉したとき、中国を敵視する日本の一部国会議員は、釣魚島列島に対する日本の主権を中国に認めさせるべきだと提案した。日本政府は、右派の要求に順応し、巡視船と航空機をくり出して、釣魚島列島海域で作業する中国漁民を監視した。

翌年五月、日本政府は、巡視船で人員と器材を釣魚島に運び、島内にヘリポートを建設し、また同島に調査団と測量船を派遣した。

一九九〇年一〇月、西側が理不尽にも中国に対し制裁を実行するという背景の下で、日本の右翼分子は、政府の黙許を得て、釣魚島列島のある島に灯台をつくった。日本側は、さらに、船舶二一艘とヘリコプター一機を繰り出して、台湾漁船が釣魚島列島に近づくのを阻止し妨害した。

前述の事実が物語るように、日本が釣魚島に手を伸ばすたびに、それは、同島一帯の資源を横取りしようとするか、さらに、この問題を利用して中国に反対し、中国を牽制する目的をもっていた。今夏以来、日本が釣魚島列島に対しとった行動は、こうした意図をいっそう明らさまにしている。

今年、日本が急に第二次世界大戦前の国定祝日、七月二〇日の「海の日」を復活させたことに、人びとは注意を払っている。意味深長なのは、この日に、日本が「国連海洋法条約」を正式に施行し、同時に二〇〇カイリ排外的経済水域を実施したことである。こうして、日本は、自国の海域を一遍に十数倍も拡大して、総面積は六〇〇余万平方キロメートルに達し、世界第六位となった。どうやら、日本が「海の日」を復活させた背後には、企みが隠されているようである。日本がこれを基礎として釣魚島を横取りすれば、広大な海域と海底大陸棚の資源を手に入れることになる。そのため、日本政府は、右翼が釣魚島へ行って活動するのを放任し、占領という既成事実を強化している。

日本の右翼勢力が台頭

右翼が釣魚島へ行って活動しているとき、日本の内閣は、一九九六年度版の防衛白書を通過させた。同白書には、「中国軍隊の動向に引き続き注意する必要がある」「ロシアはもはや前ほど日本を脅かさなくなった」「米国との軍事協力をいっそう強化しなければならない」といった内容が盛り込まれている。白書は、特に、今年〔一九九六年〕三月、中国人民解放軍が台湾海峡で行った軍事演習が「台湾海峡情勢を緊張させた」としている。世論は、クリントン米大統領が今年四月訪日したあと、日本は軍事協力体制を強化し、日・米の軍事活動範囲を拡大した。これと同時に、日本の仮想敵のリストでは、中国が前の方に移された。こうした思想に導かれて、日本が釣魚島の帰属問題で中国を刺激する狙いはいわずとも明らかである。

日本の右翼が中国の釣魚島に手を伸ばす前後に、自民党国会議員の奥野誠亮が、慰安婦は政府と関係がないなどとでたらめをいい、そのすぐ後に、橋本龍太郎は、公然と首相の資格で靖国神社を参拝した。アジア諸国の世論が一斉に橋本のこの挙を非難している際、大阪府枚方市は、右翼勢力の脅迫で、日本軍の南京大虐殺の犯罪行為を反映した美術展を取り止めた。第二次世界大戦の終結から半世紀以上もたった今日、人びとは、心を痛めた過去を思い起こしたくはないものである。しかし、日本の政界と右翼は、間断なく紛争を引き起こし、人びとの記憶の中にある傷跡をつついている。これは、正義の怒りを引き起こした。今年〔一九九六年〕八月一五日、靖国神社で軍国主義をわめき立てる茶番劇が再演された。この日は朝早くから、東条英機らA級戦犯の位牌が祀られている靖国神社で、侵略には道理があり軍国主義者には功績があると宣伝する茶番劇が始まった。皇軍だった人たちが昔の軍服を着用し、軍刀を引っ下げて、威勢をあげた。国会の右翼議員たちは「大東亜戦争は聖戦だ」「東条英機は無罪だ」などと叫んだ。そして、政府の一部高官は、アジア諸国人民を殺害し、凌辱した下手人の「位牌」に最敬礼した。

昨年は、日本敗戦五〇周年で、この特殊な歴史的意義のある重要な年に、日本は、自らの以前の犯罪行為と血の債務を真剣に清算しなかったばかりか、逆に前にもまして、アジア、さらに世界各国の人民に対決した。日本では、日本の侵略の歴史を否定し、中国の核実験にやっきに反対し、「中国脅威論」を鼓吹し、なんとかして人びとの視線をそらそうとする大臣や国会議員が少なくない。いわゆる「日本敗戦五〇周年国会決議」は、右翼勢力の妨害で、衆議院で採択されただけで、しかも全編三〇〇余字しかなく、言葉使いもいい加減で、まったく不合格の答案である。近年、日本は、政治大国＝軍事大国の地位を追求している。このため、自らの侵略の歴史を極力否定し、美化するほか、軍事費はその年のGNPの一パーセントを超えてはならない、海外に派兵してはならない、などのタブーを破った。長年の「整備」を経て、日本の自衛隊は世界にあってあなどれない軍事力となり、最先進の攻撃型兵器を擁し、年間軍事費は五〇〇億ドルに達している。今年に入ってから、日本は、米国とともに〔日米〕安全保障条約を強化し、両国間の軍事協力の範囲を拡大し、防衛範囲を中国を含むアジア太平洋地域全体にまで拡大した。これらの挙動は、中国を含めてアジアの多くの国に警戒心を引き起こしている。

日本政治右傾化の根源

これらの現象は、孤立したものではなく、偶然的なものでもない。これは、近年における日本政治右傾化の集中的表れである。日本政治右傾化には、深い歴史的根源がある。

第二次世界大戦の終結後、東条英機を頭とするA級戦犯が絞首刑に処せられたとはいえ、日本の起こした侵略戦争に逃れられない責任を負っている多くの軍国主義中堅分子が、アメリカの戦後の冷戦政策にはぐくまれ、庇護された。戦後まもない頃、多くの戦犯は、自分の罪悪を真剣に反省せず、自分の軍国主義思想を清算しないまま、米国、または米国の斡旋で、同盟国の監獄から釈放された。これらのものは、財界と右翼勢力の支持で政壇に返り咲き、要職をかすめとった。首相になった者もいる。そのため、正義の戦争とはなにか、不正義の戦争とはなにかという問題が、日本では、いまなお徹底的に解決されていない。

同じく第二次世界大戦中のファッショ国家であったドイツは、戦後、自国の犯したファッショ暴行の問題に対し非常に明朗な態度をとっており、日本と明らかな対照をなしている。当時のブランド西独首相は、ワルシャワのユダヤ人殉難者記念碑の前で跪いて、世界人民から大いに称賛された。これは、ドイツが降伏すると、同盟国が共同で占領、管制し、ドイツが徹底的に非軍国主義化、非ナチス化を実行したからである。ドイツでは、戦犯ないしナチスと関係あった人は、政府と社会から大きな圧力を受けており、戦犯を追及し懲罰する消息が、近年になっても、時として新聞に出る。このようなやり方は、ドイツ人にファシズムの犯罪行為と重大な結果を見てとらせ、その中から教育を受けさせ、こうしてドイツのナチス復活を企む勢力を弱め、ファッショ侵略戦争の「功績」をたたえようとする勢力が活動できないようにしている。

経済面での堀起と国際情勢の変化は、日本の保守政治勢力に勢いを得させ、右翼思想を氾濫させ、国粋主義を台頭させている。近年、日本政府の一部の人は、得意げに自国の経済成果と実力をひけらかし、日本は政治大国になるべきだ、と公言している。このようなきわめて誘惑的でしかも扇動的なスローガンによって、一部の日本人は、自国の以前の罪悪を正視できないでいる。そのため、アジア・その他の国の人民の第二次世界大戦問題に対する感情を無視するのも、当然である。日本政府の一部の人は、極力、教科書とマスメディアで第二次世界大戦中の侵略犯罪行為を覆い隠そうとし、また日本が原爆にやられたことを強調して戦争の因果関係を混同させ、加害者と被害者のけじめを曖昧にしている。これらの人は、強い民族優越感をもっており、ますますアジアの他の国と民族を眼中におかなくなっている。一部の日本人の間で「大国」意識が急速にふくれ上がつており、「経済大国」「科学技術大国」「安全大国」「衛生大国」などの言葉が印刷物にあふれている。これらすべては、軍国主義思潮の存在と蔓延にいちだんと条件を提供している。

野望を膨らませている日本の一部の人は、実力と実用主義を信奉し、「信」「義」など人類の美徳を口にするが、彼らに有利でさえあれば、「信義」や「友好」や原則などはまったく顧みなくなる。しかし、これらの人は、彼らの個人の打算や常軌を逸した行為が、結局は、自分自身に悲しむべき結果をもたらすだけだ、ということをわきまえておくべきである。

【資料三二】

台湾・澳門各界釣魚台保衛大同盟のアピール

一九九六年九月一八日『明報』（香港）

厳正な声明

一、釣魚台群島が中国領土である歴史的証拠と法理は、十分であって、このことは、日本政府が改竄できない。

二、第二次大戦で日本は敗北した。米国が勝手に釣魚台を日本に「割り当てる行為」は歴史の事実を無視したもので、国際法に違反する行為であるから、これは、日本占有の口実にはならない。

三、日本人が釣魚台に灯台と国旗を設置し、中国領土を侵した行動に対しては、日本政府が早急に排除すべきである。

四、釣魚台諸島を巡視し、香港・台湾の船舶を阻止し、中国の領海を侵犯している日本軍艦は、直ちに撤収しなければならない。

五、日本の官僚が公然と「釣魚台は日本領土だ」という謬論を発表したことに対して、日本政府は謝罪しなければならない。

六、世界の中国人の厳正な抗議において、敢えて「米国が釣魚台の主権をもつ国家を一つも認めない」という謬論を発表した米国政府は、謝罪しなければならない。

〔以下のとおり〕切望し、アピールする。

一、われわれは、両岸が民族の大義からして、領土を保衛し、外侮に抵抗するよう、呼びかける。

二、世界中の平和愛好の人士、および正義感を持っている日本人は団結して、日本軍国主義の復活を制止するよう、呼びかける。

三、世界中の中国人が団結し、「釣魚台を守る熱情」を「愛国力量」と化して、共同して新中国を建設するよう、呼びかける。

【資料三三】

鐘厳「釣魚島の主権の帰属について論じる」

一九九六年一〇月一八日『人民日報』（北京）

一九九六年一〇月二九日『北京周報（日本語版）』第四四号（北京）

釣魚島の問題は、中・日両国間で懸案となっている領土主権をめぐる係争問題である。今年に入ってから、日本の右翼団体がしばしば釣魚島に上陸し、不法な施設と標識を設置して、再び両国間でこの紛争を引き起した。本文では、歴史と国際法の角度から釣魚島の主権の帰属問題について述べる。

一、釣魚島は昔からの中国領土である

釣魚島とその付属島嶼は、わが国台湾省基隆市の北東約九二カイリのところに位置している。日本の琉球諸島から約七二カイリ離れており、両者は深い海溝によって隔てられている。釣魚島列島は、黄尾嶼、釣魚島、赤尾嶼、南小島、北小島、および三つの小島礁からなり、総面積は約六・三平方キロメートルで、うち釣魚島が最大の島で、面積は四・四平方キロメートル、海抜約三六二メートルである。島の南東側は断崖絶壁で魚叉状をなし、東側の岩礁は生の尖った塔の形をし、長年にわたり、無人島であった。

中国では、早くも明朝当時から、歴史文献に、釣魚島に関する記載があった。釣魚島は沖縄県の管轄下にある、と日本はいっているが、日本の沖縄県は、一二二五年以前は、独立した琉球国であった。日本が一八七一年に琉球国を併合する以前に、中国は、すでに琉球国と約五〇〇年の友好・往来の歴史があり、そして最初に釣魚島などの島嶼を発見し、それに名前をつけた。明の永楽元年（一四〇三年）の本『順風相送』には「釣魚嶼」に関する記載がある。

中国は、明の太祖当時に、琉球に冊封使を派遣し始めた。冊封使は、もっぱら当時の中国政府を代表して琉球王を冊封する使節のことである。一五三四年、明朝の第一一次冊封使陳侃が著した『使琉球録』には、彼らが琉球の使者と一緒に船に乗って琉球に赴いたとする記述の一節がある。「一〇日、南風甚だ強く、舟は飛ぶように進み、流れに沿い下っても余り揺れることはなかった。平嘉山、釣魚嶼、黄毛嶼、赤嶼を次ぎ次ぎと通り過ぎ、見る暇もない位であった。一昼夜で三日間の道を進み、夷の舟は帆が小さく、われわれの舟には及ばなかった。その後、一一日夕方に、古米山が見えた。これは、琉球に属していて、それで、夷の人は、舟の上で歌い踊り、家に着いたと喜んだ」。(一) 古米山は、姑米山（島）ともいい、つまり現在の沖縄の久米島である。夷の人は、当時、船に乗っていた琉球人のことである。文中の琉球人が古米山を見て「舟の上で歌い踊り」、家に着いたと喜んだという下りは、当時の琉球人が釣魚島を通り過ぎ、久米島に着いて後ではじめて自分の国に帰り着いたと思っていた点であって、この記述は、釣魚島、黄尾嶼、赤尾嶼などは、まったく琉球に属していなかったことを、はっきりと示している。

一五六二年に、明朝の断江省提督胡宗憲が編纂した『籌海圖編』の本にある「沿海山沙図」には、中国福建省の羅源県・寧徳県の沿海各島が明示されており、そのなかには「釣魚嶼」、「黄尾山」、及び「赤嶼」などの島嶼があった。これからみてもわかるように、早くも明代から、釣魚島は、中国領土として中国の防衛区域に組み入れられていた。

その後、一五六二年に冊封使郭儒霖が著した『重編使球琉録再編』には、こう記載されている。「閏五月一日に釣魚嶼を通り過ぎ、三日に赤嶼に着いた。赤嶼は、琉球地方の境を仕切るところの山である。さらに一日進めば、姑米山（久米山）が見えてくる」。この一文は、当時、中国がすでに釣魚島列島の中でも最も琉球に近い赤嶼、つまり現在の赤尾嶼を、琉球との境界の目印にしていたことを、よりはっきりと裏づけている。

清朝に移ると、中国と琉球との境界線が釣魚島の南の海溝一帯にあることは、すでに中国人航海者の常識となっていた。清朝の第二次冊封使汪揖は、一六八三年に琉球に赴き、『使琉球雑録』を記した。同書第五巻には、汪揖が途中で釣魚島、赤尾嶼を通り過ぎてから、海難を避けるために祭祀を行った際、舟の上にいた人が彼に、舟が通り過ぎた海溝（当時は「過郊」ないし「過溝」と呼ばれていた）は、つまり「中国と外国の境界」である、と教えた。その後、一七五六年に琉球に赴いた周煌も、その『琉球國誌略』第一六巻の中で、汪揖が「溝はなにを意味するかと、尋ねると、他の人は、中国と外国の境界であるといった」と記述している。このことは、「黒水溝」が「閩海〔福建省〕」との境であり、海溝によって隔てられていて、赤尾嶼より西に位置する釣魚島などの各島すべてが中国領土であることを裏づけている。

一七一九年、琉球に赴いた清朝康熙年代の冊封使徐葆光が著した『中山傳信録』は、当時、日本と琉球に極めて大きな影響を及ぼした。この本は、徐葆光が琉球で心を打ち込んで研究し、琉球の地理学者、王府執政官らと切磋琢磨して書き上げたもので、非常に厳密でかつ信頼のおけるものである。この本は、日本語にも翻訳され、日本人が琉球のことを知るための重要な資料の出所となっている。この本のなかに、冊封使が琉球に赴く海上ルートは、福州を出発し、花瓶・彭佳・釣魚各島の北側を通って赤尾嶼から姑米山へ行く、と記載されている。そして、姑米山は「琉球西南方界上鎮山」、つまり、琉球の辺境である関所を鎮守する山であるとの注が付されており、現在の八重山諸島の「与那国島」を「琉球南西の最果ての境界」である、と称している。

以上の事柄は、明・清の両王朝政府が一貫して釣魚島を中国領土と見做していたことを、はっきりと物語っている。清の光緒一九年（一八九三年）一〇月、つまり甲午戦争〔日清戦争〕の前年に、慈禧太后は詔書を下し、釣魚島を薬草採取の地として郵傳部尚書の盛宣懐に与えた。その詔書には、こう書いている。「盛宣懐の進上した丸薬は、大変に効能がある。上奏によると、原料とする薬材は、台湾から離れた釣魚台という小さな島で採取したものであるといわれる。霊薬は海上に産出したものであるが、その効能は本土のものよりもよい。盛家は、代々、薬局を設け、患者を診察して薬を与え、貧しい者、病気にかかった者を救済してきたと聞くが、このことは、とりわけ称賛に値する。よって、釣魚台、黄尾嶼、赤嶼の三島を薬材の採取に供するため、財産として盛宣懐に与える」。(二)

釣魚島は、明代以来、中国領土であった。これは、中国政府の立場であるばかりでなく、日本の著名な歴史学者井上清教授が厳格かつ真剣な考証を経て引き出した結論でもある。井上清教授は一九七二年、『「尖閣」列島――釣魚諸島の史的解明』と題する専門著作を著した。同教授は、この著作の中で、自分は、歴史学者として、歴史的文献を調べた結果、釣魚島は日本が手を染める前は、「無主の地」でなく、中国領土であった、と断定した。井上清教授のいうように、日本の明治維新(一八六八年)以前に、日本と琉球では、中国文献を除いて、単独で釣魚島に言及した文献は、事実上、一つも探し出せない。日本でもっとも早く釣魚島の記載がある書面の材料は、一七八五年、林子平が著した『三国通覧図説』の付録の図「琉球三省并三十六島の図」のはずである。しかし、それも、林子平が中国清朝康熙年間の冊封使徐葆光の『中山傳言録』を拠り所としたもので、この図も中国の「釣魚島」を島名とし、また、釣魚島と中国の福建省、浙江省を同じ薄い赤色で示し、久米島は琉球と同じ黄褐色で、しかも徐葆光の言葉をそのまま引用して、久米島は「琉球西南方界上鎮山」であるとしている。一七一九年に日本の学者新井君美が著した『南島誌』という本に、琉球が管轄する三六の島が言及されているが、そのなかには釣魚島はない。一八七五年に出版された『府県改正大日本全図』にも釣魚島は載っていない。ひいては一八七九年、中国清朝の北洋大臣李鴻章と日本側が琉球の帰属について交渉したときも、中・日双方は依然として、琉球は三六の島からなり、そのなかには釣魚島などの島嶼はまったく含まれていないことが確認されていた。

向象賢の著した琉球王府の権威ある史書『琉球国中山鑒』(一六五〇年)も、中国明朝の冊封使陳侃の記述を取り入れて、久米島は琉球領土で、赤嶼とその西にあるものは琉球領土ではない、としている。向象賢は、当時の琉球宰相で、最も権威のある学者で、その観点は、いうまでもなく当時の琉球統治者の立場を代表していた。その後、琉球の学者程順則は、一七〇八年に著した『指南広義』の中で、久米山(久米島)を「琉球西南界上之鎮山」と称した。つまり、国境を鎮守するという意味がそれである。察温が一七二六年に著した『改訂中山世譜』などの史書はいずれも琉球領土には釣魚島が含まれていないことが指摘されている。往時、琉球国が康熙帝に献上した『中山世譜』の図譜のなかにも、釣魚島などの島嶼がなかった。日本の国際貿易促進協会前常任理事高橋荘五郎〔庄五郎〕は、考証を経て、次の見解を示した。釣魚島などの島名は、中国が先につけたものであり、そのなかの黄尾嶼・赤尾嶼などの固有の島名は、間違いなく中国の名称であり、台湾の付属島嶼としての花瓶嶼・綿花嶼・彭佳などと同じである。日本には「嶼」と称する島名はなく、福建・澎湖列島・台湾省には「嶼」を島名とする島が二九あり、中国古代の地図にはなおさら多い。赤尾嶼は、中国の古書では「赤嶼」と書かれており、これは、この島が水成岩でできているためで、人びとが島の岩石色に基づいて赤嶼あるいは赤尾嶼と称したものである、としている。

日本では、中国で刊行された地図にも、かつて「尖閣列島」という名称が使用されたことがあるとか、釣魚島と明記していないではないかとの指摘があり、その点を日本が主権を有している根拠とする者がいる。中国の歴史地図集には、清の時代のものには釣魚台が釣魚台と明記されており、今日でも台湾で使われ続けている。日本軍の〔中国〕占領時期に中国で出版された地図のなかで、釣魚島はみな「尖閣列島」に改められたか、それ自体明記されなかった。例えば、当時、上海『申報』によって刊行された中国『新地圖』はそのようなものであった。第二次世界大戦後ないし中華人民共和国成立後の期間に印刷された中国の地図には、依然としてそれを踏襲するか、またはある程の影響を受けたものがあった。例えば、一九五六年第一版と一九六二年第二版の『中国省別地圖』のなかでは、最後のところに、抗日戦争期あるいは解放前の『申報』の地図のもとづいて作成したものであるという説明が付け加えられていた。ほかならぬ上述の日本軍の中国占領という歴史的要因によって、中国の地図には、釣魚島についての記述がかならずしも一致しないところがあった。これらは、近代中国の半植民地史の残した痕跡にすぎず、日本が釣魚島などの島嶼に対し主権を保持していることを絶対に証明することはできないものである。

日本の地図と政府文書は、中国の島名を使用したことがある。おおまかな統計によれば、一九三五年から一九七〇年にかけて日本で出版された三種の地図と大百科事典のうち「尖閣列島」と記載していないものが三分の二を占め、「魚釣島」と称するものもあった。日本側の釣魚島に対する所属各島の呼称は、甚だ混乱している。日本がもっとも早く「尖閣列島」と称したのは、一九〇〇年五月、沖縄師範学校教諭の黒田岩恒がイギリス人が称した「尖頭諸島」から変転してきたものであるといわれている。一九二一年七月二五日日本政府は、この島を「国有地」として日本の地籍に組み入れたとき、赤尾嶼を「大正島」と改めたが、日本政府は、長年、それを正式に使用しなかった。第二次世界大戦後、日本が連合軍司令部に資料を手渡した際、日本海上保安庁水路部の海図では、いぜんとして中国の命名した黄尾嶼・赤尾嶼が使用されていた。一九六九年、米軍占領下の琉球政府の公式文書と告示板にも、黄尾嶼・

赤尾嶼などの島名が使用されていた。一九六九年五月、釣魚島海域に石油があるというニュースが伝わってから、沖縄地方政府は、石油会社の探査申し入れを多く受けた。そのとき、琉球の石垣市市長の指示に基づき、日本側は、釣魚島に標識の柱を立てるとともに、再び黄尾嶼を「久場島」と改め、赤尾嶼を「大正島」と改称した。しかし、これら島嶼の名称は、勅令による命名を経ていないため、一九七二年以前、日本政府は、各島の詳しい島名を挙げて主権を強調したことはなく、以来、ずっとおおざっぱに「尖閣列島」あるいは「尖閣群島」と呼んでいた。今日に至っても、日本の一部の地図は、これら島嶼に対し、依然として中国の地名を使っている。例えば、一九八四年、日本の平凡社が出版した『世界大地図帳』には、日本語の読み方をつけ、漢字で書いた魚釣島(Uoturijima)・黄尾嶼(Kobisho)・赤尾嶼(Sekibisho)などの記述がある。そして、現在、沖縄県地方政府と日本政府も公式文書でも、黄尾嶼・赤尾嶼という呼称を使つている。一九九五年二月、防衛庁が衆議院予算委員会に提出した「防衛庁資料」のなかでも、まだ中国の島名、つまり、黄尾嶼・赤尾嶼が使われている。(三)

二、日本が不法にも釣魚島をかすめ取った経緯

(一)日本が釣魚島に手を染めたのは、日本の明治政府の対外拡張政策の延長であり、戦争を背景として長く企まれた行動である。

日本がもっとも早く釣魚島を「発見した」のは、日本が琉球を併合し、琉球国を「沖縄県」と改称した後の一八八四年のことであり、中国の文献がもっとも早くこの島を記載したときよりも約五〇〇年後のことであった。

日本の史書の記載によると、日本の福岡人古賀辰四郎が一八八四年に「久場島(黄尾嶼)にアホウドリが多く棲息しているのを発見し、それをヨーロッパに輸出することができるので、一八八五年に沖縄県令に対し、この島を開拓し、島の上に「黄尾島は古賀が開墾した」と書いた標識を立てることを許可するよう求めた。日本政府は、これを根拠として、釣魚島は「無主の地」であると称し、日本人が先に占有したものであって、甲午戦争のとき、中国から奪い取ったものではない、と称した。では、歴史的事実は一体どうなっているのか。

日本政府の公文書資料『日本外交文書』第一八巻の記載によれば、一八八五年九月二二日、沖縄県令の西村は日本内務省の指示に基づいて調査を行ったあと、次のように語った。「本県ト清国福州間ニ散在セル無人島取調之儀ニ付先般在京森本県大書記

官へ御内命相成候趣ニ依リ取調致候処概略別紙ノ通ニ有之候抑モ久米赤嶋九場嶋及魚釣島ハ古来本県ニ於テ称スル所ノ名ニシテ……沖縄県下ニ属セラルルモ敢テ故障有之間敷ト被存候得共過日御届及候大東島（本県ト小笠原島ノ間ニアリ）トハ地勢相違中山傳信録ニ記載セル釣魚台黄尾嶼赤尾嶼ト同一ナルモノニ無之哉ノ疑ナキ能ハス果シテ同一ナルトキハ既ニ清国モ旧中山王ヲ冊封スル使船ノ詳悉セルノミナラス夫々名称ヲモ附シ琉球航海ノ目標ト為セシ事明カナリ依テ今回大東島同様踏査直ニ国標取建候モ如何ト懸念仕候」。(四)

この秘密調査は、これらの島嶼が無主の地でなく、少なくとも中国との間で領土紛争が起こる可能性のある地域であることを、日本の明治政府がすでに知っていたことを物語っている。しかし、内務卿山県有朋らは、なおそれに甘んずることなく、日本の「国標」建立に利するべく再調査を求めた。その理由は、これら島嶼は『中山傳信録』に述べられていることと同じであるが、清国は、これらの島嶼を航海の方向を見分けるために使っただけで、「別ニ清国所属ノ証跡見エズ」こと、島名について、日本と中国にはいくらか違うところはあるが、それは大局にさしさわりがないものであること、そしてこれら無人島は八重山諸島に近いこと、からである。当時、日本が表向きに打ち出した琉球二分案は、八重山を中国に帰属させることを示していたが、実際には、日本は早くからこれが手に入れば、次はあれもという考えがあった。ところが、調査の結果から、山県は、逆にあえて軽挙妄動しなくなった。

日本外務卿井上馨は一八八五年一〇月二一日、内務卿山県有朋あての書簡で、次のように述べた。「熟考候処右嶋嶼ノ儀ハ清国国境ニモ接近致候嚢ニ踏査ヲ遂ケ候大東島ニ比スレハ周回モ小サキ趣ニ相見ヘ殊ニ清国ニハ其嶋名モ附シ有之候際ニ就テハ近時清国新聞紙等ニモ我政府ニ於テ台湾近傍清国所属ノ嶋嶼ヲ占拠セシ等ノ風説ヲ掲載シ我国ニ対シテ猜疑ヲ抱キ頻ニ清政府ノ注意ヲ促シ候モノモ有之候ニ付此際遽ニ公然国標ヲ建設スル等ノ処置有之候テハ清国ノ疑惑ヲ招キ候間差向実地ヲ踏査セシメ港湾ノ形状并ニ土地物産開拓見込有無詳細報告セシムルノミニ止メ国標ヲ建テ開拓等ニ着手スルハ他日ノ機会ニ譲候方可然存候。」井上は、また、山県に、中国と世界各国の異議ないし反対を避けるため、日本側の秘密調査を新聞に発表しない方がよく、密かに行うように、といい含めた。同年一一月二四日沖縄県令西村〔捨三〕は、命を奉じて調査結果を内務卿に報告し、「国標建設ノ儀ハ嘗テ伺書ノ通清国ト関係ナキニシモアラス万一不都合ヲ生シ候テハ不相済候ニ付如何取計可然哉」と請訓した。翌日、内務卿と外務卿の連名で「目下（国標）建設ヲ要セサル儀ト可心得事」との命令を下した。（五）当時、日本帝国が軍備拡張と戦争準備に拍車をかけ、機をみて朝鮮を侵略・併合し、最後に清朝政府と勝敗を決しようとしており、早まって「やぶへび」のようなことをしたくなかったのは、明らかである。

一八九三年、つまり、甲午戦争〔日清戦争〕の一年前に、日本の沖縄県知募が釣魚島などを沖縄県に組み入れることを要求した時点では、日本の内務卿と外務卿は、これを一年間引き伸ばした。はては甲午戦争が起った年に、日本にまだ勝利をかちとる自信がなかったため、政府は、相変わらずその島が果たして帝国に属するものであるかどうかがなおはっきりしていないことを理由に、拒否していた。

だが、一八九四年一一月末に、日本軍は、旅順口を占領し、清軍の北洋水師を威海衛の湾内に封じ込めた。日本の明治政府は、対清戦争での勝利は間違いないと確信したため、講和の条件として中国が台湾を割譲するよう迫ることを考えるとともに、中国側に通告しないで、先ず釣魚諸島をかすめ取った。同年一二月二七日、日本の内務卿野村靖が外務卿陸奥宗光に出した秘密文書は、「久場島」（黄尾嶼）、「魚釣島」に標識を建てることについては、暫時停止の命令を下したとはいえ、「其当時ト今日トハ事情モ相異候ニ付」、これらの島に対し、「取締ヲ要スル」、そのため、あらためて討議すべきである、と述べていた。この時点では、〔日本〕外務省は異議を唱えなかった。そして「御見込ノ通リ御取計相成可」と述べた。その結果、一八九五年一月一四日日本政府は、戦争の終結を待たずに、釣魚列島を沖縄の管轄に組み込み、標識の柱を立てる「内閣決議」を採択した。（六）同年四月一七日、中・日両国が「馬関〔下関条約〕」に調印し、中国は台湾とその周辺島嶼の〔日本〕割譲を余儀なくされた。〔以後、〕日本は敗戦となり降伏するまで、台湾を五〇年も統治し、釣魚島など台湾周辺の付属島嶼も、日本に長期にわたって占領した。

〔二〕第二次世界大戦の後、中・日問の懸案であった釣魚島の主権に関する係争は、米国が中・日両国の間に残した領土の「トゲ」である。

米軍は、琉球を占領して以後と一九四六年一月二九日に「連合国最高司令部訓令第六六七号」を発布し、その第二項のなかで、日本の版図に含まれる範囲は、つまり「日本の四つの主要な島（北海道、本州、四国、九州）、及び対馬列島、北緯三〇度以南の琉球諸島を含む付近の約一〇〇〇の小島である」と明白に規定しており、そのなかには、釣魚島はまったく含まれていなかった。

冷戦局面の出現に伴い、米国は、ようやく一九五三年一月二五日に米民政府第二七号命令、つまり「琉球諸島の地理的境界線」に関する布告を発した。この布告は「一九五一年九月八日に調印した対日講和条約に基づいて」、改めて琉球諸島の地理的境界線を画定するとともに、当時、米国政府と琉球政府が管轄していた区域を、北緯二四度、東経一二二度の区域内の各島、小島、環礁、岩礁と領海を含むと指定する必要がある」と述べている。これは、米国の釣魚島に対する不法侵犯・占拠といえるものであった。一九七一年六月一七日、日・米両国が調印した沖縄返還協定(「琉球諸島及び大東諸島に関する日米協定」)のなかで明らかにされた日本領土の範囲は、一九五三年の米民政府第二七号命令とまったく同じであった。こうして、釣魚島は、日本の沖縄県に割譲された。日本政府は、これに基づき、同島が沖縄県の一部分であると主張するとともに、釣魚島とその周辺海域を日本自衛隊の「防空識別圏」に編入した。米国は、釣魚島をひそかに勝手に日本に渡した結果、一九七〇年代に米国を含む世界各地の中国系人民による釣魚島防衛運動の高まりを招いた。

こうした状況のもとで、米国政府は一九七一年一〇月、次のように表明せざるを得なくなった。「米国としては、以前、日本から取得したこれらの島嶼に対する行政権を日本に返還したことは、〔中国の〕主権に関する主張をいささかも損なうものでない、と考える。米国は、日本のとり、そのことがこれら島嶼の行政権をわれわれに引き渡す以前に保持していた法的権利を拡大することもできなければ、行政権を日本に返還するためにその他の主権要求者の権利を縮小することもできはしない。……これら島嶼についてのいかなる係争の要求も、当事者が互いに解決すべき事項である。」(七)一九九六年九月一一日、バーンズ米国政府スポークスマンは、なおも「米国としては、釣魚列島の主権に対するいかなる国の主張をも認めもしなければ、支持もしない」と表明した。(八)

三、国際法から釣魚島の主権帰属をみる

(一)日本がかすめ取ったわが国の釣魚島は、根底から、いわゆる「無主の地」ではない

釣魚島が無主の地であり、日本が釣魚島を「先占した」のだから、釣魚島、いわゆる日本の「固有領土」であるという日本政府のいい方は、史実と法的根拠のないものである。いわゆる固有とは、元からあるものであって、他から来たものでないことを指

すものである。だが、釣魚島が当時の日本帝国によってかすめ取られたのは明らかであるから、「固有」という二字はまったく話にならない。日本政府は、明治一八年（一八八五年）以後に、沖縄県当局などを通じ、さまざまな方式で現場調査を行った結果、その島が無人島であることを発見したばかりでなく、清国が支配した痕跡がないことも確認したので、明治二八年（一八九五年）一月一四日になってはじめて現地で標識を立て、正式に日本領土に組み入れることを決定したい、と称した。しかし、本文にこれまでに引用した数々の史実が証明しているように、こうしたいい方は、まったく根も葉もないことである。

まず最初に、釣魚島は、明代から「無主の地」ではなく、中国の明朝政府によって海上防衛区域として、支配権が確立されていた。これら島嶼は環境が悪く、長い間人が住んでいなかったが、これらの無人島は無主の地ではなく、いわんやこれらの島は中国が真先に名をつけ、歴史版図に組み入れたものであり、中国が最初に発見し、記載し、利用し、管轄し、防衛してきたものである。

次に、日本は、甲午戦争以前のおよそ一〇年間を通じて、すでに前述の事実を十分知っており、日本は、釣魚島に対して「先占した」のではなく、後にそれをこっそりとかすめ取ったのである。なぜなら、日本が当時これら島嶼を沖縄県に組み入れるとともに、島の上に標識を立てることを決定したが、それは極秘裡にこっそりと行われたのであって、事後も世界に公表していなかったからである。明治二九年（一八九六年）三月五日、伊藤博文首相の沖縄に県郡を設置する命令も、釣魚島あるいは「尖閣列島」については、一字も触れていなかった。

（二）米・日両国間のいかなる条約あるいは取決めも、釣魚島の領土主権帰属を決定する法的効力を有しない

日本政府は、こういっている。「サンフランシスコ講和条約」は「尖閣列島」（釣魚島）を、同条約第二条に基づいて日本が放棄すべき領土のなかに入れず、第三条に基づき米行政管理の下に置いた。だから、米国が信託統治地域を日本に引き渡した以後は、自ずと日本領土となる。しかも、中国がこれに対していかなる異議も唱えなかった。そのために、このことが、「尖閣列島」は台湾の一部であると中国が考えていないことを示している。ただ一九七〇年に東海〔東シナ海〕大陸棚で石油開発の動きが現れて以後、中国は、初めて釣魚島の主権を保持しているとの問題を持ち出した。

このことは、明らかに歴史的事実に合致しない。一九四三年一二月一日、中・米・英三国の「カイロ宣言」は、日本が中国か

らかすめ取った領土、例えば、満州・台湾・澎湖列島などは中国に返還しなければならないし、日本は、その武力あるいは貧欲で奪い取ったすべての土地から追い出されるべきである、と明確に定めた。一九四五年七月二六日、中・米・英三国が日本に降伏を促すために発表した「ポツダム宣言」は、カイロ宣言の条件は実施されなければならず、日本の主権は本州、北海道、九州、四国、およびわれわれの決定したその他の小島に限られる、と強調した。日本が「ポツダム宣言」を受け入れたからには、その奪い取ったすべての中国領土を放棄することを意味する。これには、いうまでもなく、台湾に属していた島、釣魚島が含まれる。

中華人民共和国政府は、従来から、第二次世界大戦後、米国が釣魚島などの島嶼に対しいわゆる「施政権」を擁していると一方的に発表したのは不法である、と考えている。早くも一九五〇年六月、当時の周恩来外交部長は、米国のやり方をきびしく非難し、中国人民は台湾及び中国に属するすべての領土を取り返す決意を固めている、と声明した。「サンフランシスコ講和条約」は一九五一年九月八日、米国が中華人民共和国を排除した状況下に一手に引き受けて締結した単独の対日講和条約である。同年九月一八日、周恩来外交部長は、中国政府を代表して、このいわゆる講和条約は、中華人民共和国が準備に参加し、制定し、調印していないため、不法なものであり、無効であり、中国は決してこれを受け入れない、と言明した。そのことが、どうして中国には異議がなかったとでもいえるのか。

日本政府はまた、しばしば一九七一年六月一七日に調印された日・米「沖縄返還協定」には「尖閣列島」が含まれていると提起しており、この点は、国際法上、日本が釣魚島に対する主権を擁していることの主な根拠とする企みである。しかし、この点は、米国政府さえも、今日に至るまで認めていない。いわんや、中国領土は、日・米両国の取決めによって決定できないものである。戦後の領土帰属問題では、日本は、一九四五年に受け入れた「ポツダム宣言」と「カイロ宣言」を厳守するしかないのである。

最近、日本の『産経新聞』は、一九二〇年五月二〇日に駐長崎中華民国政府領事の「感謝状」を掲載し、次のように書いた。これは「第一級の史料価値があり」、中国の主張を崩すことのできる「有力な資料」である。なぜなら、この「感謝状」は、「民国八年、福建省恵安県の漁民、郭合順ら三一人が遭難し、日本帝国沖縄県八重山郡尖閣列島の和洋島に漂泊した」ことに触れており、これは、中国が積極的に尖閣諸島を日本領と認めていた何よりの証拠」であるとしている。(九)

歴史的事実にほんの少しの分析を加えるだけで、次の結論を引き出すことができる。このいわゆる「感謝状」は、まったく証拠とすることのできないものである。なぜなら、日本が早くも一八九五年に不平等な「馬関条約」を通して中国台湾省を占拠し、しかもその前に釣魚島をかすめ取っていたからである。そして、釣魚島が台湾に附属する島嶼であり、そしてこのような状態が一九四五年の日本の敗戦・降伏まで続いたからである。したがって、この期間におけるいわゆる「感謝状」の記述は、せいぜい当時日本が台湾及び釣魚島を占拠していた状況下での、一部の人のある種の認識を反映しているにすぎないし、これにより、釣魚島が日本の「固有領土」であることを証明することはまったくできない。史料の記載によると、一九四一年に同じく日本の統治下にあった沖縄と台湾間の漁業問題で、釣魚島をめぐり紛争が発生し、東京の裁判所は釣魚島を「台北州」の管轄にあるとの判決を下した。(一〇) これをみても分かるように、当時、日本は、法律の上でも釣魚島が沖縄県に属することを認めていなかったのである。

(三)日本がいわゆる「時効取得」のいい方で、釣魚島に対する主権を獲得するのは難しく、日本の右翼団体はたえず釣魚島でもめごとを起こしているが、これは徒労といえるものである。

一部の分析家は、日本がたえず釣魚島で事を荒立てている原因のひとつは、日本が今後国際法のいわゆる「時効取得」(Positive Prescription) の概念を引用して、釣魚島を占有するために基礎づくりをすることにある、とみている。その実、いわゆる「時効取得」という説は、国際的に領土を取得する際に現れる可能性のある方式の一種にすぎず、それは、これまで大多数の国際法学者が受け入れていないばかりか、真にいわゆる「時効取得」の原則に基づいて判決を下した国際判例などもない。ましてや「時効取得」自体には、「連続して妨害を受けることなく」国家権力を行使するとの基本的原則がある。(一一)

中・日間の釣魚島の領土主権をめぐる係争問題は、本来なら、政府間の腹を割った、冷静かつ実務的な話合いを通じて処理できるものであった。しかし、日本では、たえず政府の放任の下に、釣魚島に上陸してさまざまな標識を設置し、それによって日本が実際的支配権を擁していることを誇示しており、一回また一回と、中国を刺激するものが、次々と出現している。日本の一部の役人は、中国の釣魚島のことを、日本の「個人の土地」と言いくるめ、日本政府は、右翼団体の活動に関与できないでいる。中国からみれば、これは引き続き日本の右翼が釣魚島でもめごとを起こすために青信号を発しているに等しい。しかも、釣魚島は、日本の主権下にある「個人の土地」であるとのいい方を認めるよう中国政府に求めるといった含みも、そこには潜んでいる。

中・日両国は、和すれば双方に利するが、闘えば双方ともが傷つけられる。そうである以上、歴史によって中・日両国に残された懸案を前にして、両国の有識者はともに思考し、歴史と法の理念を尊重し、そして誠意と知恵でもって、それが引き続き中日関係を悪化させる不安定の要素にならないようにし、もってこの問題を平和的に創造的に解決するよう、努めるべきである。

〈注〉

（一）陳侃『使琉球録』二五頁。
（二）「釣魚台群島資料」『明報月刊』香港、一九七九年五月、八七頁。
（三）日本『政治経済総覧』一九九六年、月刊誌『前衛』五月臨時増刊号、一〇九頁。
（四）（五）『日本外交文書』第一八巻雑巻をみよ。
（六）「八重山群島魚釣島ノ所轄決定ニ関スル件」、『日本外交文書』第二三巻。
（七）米上院外交委員会聴聞会、第九二回会議文書、一九七一年一〇月二七日〜二九日、九一頁。
（八）一九九六年九月二一日『東方日報』香港など。
（九）一九九六年九月二三日『産経新聞』日本。
（一〇）一九九六年八月一八日『文匯報』香港など。
（一一）端木正主編『国際法』北京大学出版社、一九八九年、一三二頁。

【資料三四】

海洋調査活動の相互事前通報の枠組みにかかわる日中合意

二〇〇一年二月一三日成立（北京）

二〇〇一年二月一三日

口上書

中華人民共和国外交部は、日本国大使館に敬意を表するとともに、東海海域の境界画定前に両国が当該海域において海洋の科学的調査を行う場合、相互事前通報を実施することにつき、以下のとおり中国政府の意向を通報する光栄を有する。

一、相互事前通報は両国関係の大局に着目した、中日双方の相互信頼の増進を目的とした自主的措置であり、本件相互事前通報の枠組み及びこの枠組みの下で行われる双方のやりとりは、海洋法に関する諸問題についてのいずれの一方の側の立場に影響を与えるものとみなしてはならない。

二、日本側が関心を有する水域である日本国の近海（領海を除く）において海洋の科学的調査活動を行う場合、日本国に対し、外交ルートを通じ、調査開始予定日の少なくとも二カ月前までに口上書により通報を行う。

三、上記二における通報事項は以下のとおりとする。なお、通報後、これら事項に変更がある場合は、直ちに中国側へ通報する。

（i）海洋の科学的調査を実施する機関の名称、使用船舶の名称、種類、責任者、

（ii）当該調査の概要（目的、内容、方法及び使用機材）、

（iii）当該調査の期間及び区域。

四、本件枠組みの円滑な運用及び個別調査活動に伴う問題の処理のため、中日双方で協議を行う。

五、本件枠組みに基づく通報は、二〇〇一年二月一四日より行う。

なお、二〇〇一年四月一四日までに行われる予定の海洋の科学的調査については、当該調査計画が明らかになり次第、上記手順に従い直ちに通報する。

六、本件枠組みのあり方については、運用の実績を踏まえ、必要に応じ、中日双方で協議を行う。

二〇〇一年二月一三日

口上書

日本国大使館は、中華人民共和国外交部に敬意を表するとともに、東海海域の境界画定前に両国が当該海域において海洋の科学的調査を行う場合、相互事前通報を実施することにつき、以下のとおり中国政府の意向を通報する光栄を有する。

一、中華人民共和国の近海（領海を除く）において海洋の科学的調査活動を行う場合、従来通りの措置を実施する。この措置における通報は、中華人民共和国に対し、外交ルートを通じ、調査開始予定日の少なくとも二カ月前までに口上書により通報を行う。

二、上記一における通報事項は以下のとおりとする。なお、通報後、これら事項に変更がある場合は、直ちに日本側へ通報する。

（ｉ）海洋の科学的調査を実施する機関の名称、使用船舶の名称・種類、責任者、

（ii）当該調査の概要（目的、内容、方法及び使用機材）、

（iii）当該調査の期間及び区域。

三、本件枠組みの円滑な運用及び個別調査活動に伴う問題の処理のため、中日双方で協議を行う。

四、本件枠組みに基づく通報は、二〇〇一年二月一四日より行う。

なお、二〇〇一年四月一四日までに行われる予定の海洋の科学的調査については、当該調査計画が明らかになり次第、上記手順に従い直ちに通報する。

五、本件枠組みのあり方については、運用の実績を踏まえ、必要に応じ、中日双方で協議を行う。

六、本件相互事前通報の枠組み及びこの枠組みの下で行われる双方のやりとりは、海洋法に関する諸問題についてのいずれの一方の側の立場に影響を与えるものとみなしてはならない。

【付】

李登輝台湾前総統の「尖閣諸島は日本領土」発言

二〇〇二年九月一六日発言（台北）
二〇〇二年九月二四日『沖縄タイムズ』（那覇）

『沖縄タイムス』は企画「アジアからの視点」で、二〇〇二年九月一六日台湾前総統の李登輝に対しインタビューを行い、その記事が「沖縄の海図」第六四回に「尖閣諸島は日本領土」と題して九月二四日掲載された。そのインタビューで李登輝は、初めて「沖縄は日本の領土」と明言した。

ちなみに台湾当局外交部は、九月二五日「尖閣は中華民国の管轄」と反論した。中国国民党機関紙『中央日報』は二六日社論「尖閣は日本の領土なのか！」で批判し、『聯合晩報』は強く抗議し、『香港商報』は売国奴行為と李登輝を批難した。

以下は、インタビュー記事の抜粋である。

□よかった「日本帰属」

琉球の帰属問題について、私の考えは非常にたん白である。結論は「日本に帰属してよかった」と思う。小学生のときに学んだ記憶だと、たしか琉球処分は一八七二年（明治五）年から始まる。歴史的に複雑な経緯はあるが、現実的な側面から見ると、中国文化の多少の影響はあったとしても、やはり、沖縄独特の地方的色彩が残っているように感じる。

沖縄の人々のオリジナリティーを考えた場合、「招け」（受け入れること）にある。中国の冊封支配とも関係しているように思う。また、本土復帰後の

特別編
沖縄の海図
「尖閣諸島は日本領土」
台湾　李登輝
独自モデルを提示
白色テロから民主化

▲『沖縄タイムス』2002年9月24日

沖縄について言えば、沖縄の人々が「琉球民族」を主張しても、少しもおかしくない。一つの国が、単一民族から構成されるということは大変難しい。……

□根拠欠く中国の主張

尖閣諸島の領土は、沖縄に所属しており、結局日本の領土である。中国が、いくら領土権を主張しても証拠がない。国際法的にみて、何に依拠するのかが明確でない。国際法的な根拠「中国の領土権」があって、第二に「兵隊が駐屯した事実」がないと、領土権をうんぬんする資格はない。

過去の、いわゆる「国共合作」の事実も知っている。香港の工作員が蘇澳（スオウ）の漁民を扇動していた。漁民が騒ぎ立てたとき、私は軍艦を出動させ阻止した。

それよりも、台湾の漁民にとって、もっと重要な問題に漁業権がある。戦前の日本の国会は、尖閣諸島と与那国、基隆（キールン）の漁業権を台湾に譲っている。戦後になって、日本政府は何も言ってこない。真剣に考えてほしい。……

資料（増補）

【資料三五】

平成一六年度基礎物理探査「沖縄北西海域（３Ｄ）」解釈作業中間報告について

二〇〇五年二月一八日経済産業省・資源エネルギー庁公表

平成一六年七月より、経済産業省は、沖縄北西海域において、三次元物理探査を行っている*。

＊資源エネルギー庁から独立行政法人石油天然ガス・金属鉱物資源機構（ＪＯＧＭＥＣ）への委託により実施。データ取得作業にはランフォーム・ヴィクトリー号（ノルウェー船籍）を傭船。

今般、これまでの作業により物理探査データを取得した海域の一部について、地質構造の解釈結果が得られたところ*、概要以下の通り（別添参照）。

＊今回解釈を終了した物理探査データは、中間線から平均約三キロメートル（最大六キロメートル）東側以東のもの。春暁油ガス田に関連する部分は、中間線から約二〜三キロメートル東側以東のもの、天外天ガス田に関連する部分については、同じく約四キロメートル東側以東のもの、断橋ガス田に関連する部分に関しては、同じく三〜四キロメートル東側以東のもの。

なお、今回の解釈結果は、物理探査予定海域の一部に係るものであり、引き続きデータ取得を進めるとともに、解釈作業を速やかに行っていく予定である。

別添　物理探査データの解釈結果

一、油ガス田に係る構造の位置

（一）春暁油ガス田、断橋ガス田については、その構造が中間線の日本側まで連続している蓋然性が高いという結論を得た。ただし現実に構造の日本側にも日本側にも石油又はガスが存在するのか否かについては、物理探査データでは確定できない。

（二）天外天ガス田については、その構造が中間線の日本側まで連続しているか否かは、現時点では確認できなかった。

（三）これまで国が実施した二次元物理探査では把握できなかった石油・天然ガスを含みうる構造の存在及び形状が明らかになった。さらに、過去に把握していた構造についても、その詳細を把握することができた。

二、断層の存在及びその影響

（一）春暁油ガス田、断橋ガス田の中間線日本側の構造に東西方向及び南北方向に走る複数の断層が確認された。ただし、物理探査だけでは、構造の中における油層またはガス層の存在及び精密な位置が特定できないため、断層が現実に油層及び又はガス層を通っているのか、石油またはガスの移動を遮断しているのかなど、その影響は明らかにできない。

（二）また、中間層に沿って地質構造を分断する形で現実に断層があるか否かは中間線間真際の海域に係る解釈結果を待つ必要がある。

（三）したがって、断層について得られた解釈結果は、中間線の中国側の資源開発が日本側の資源に影響を与えるという懸念を払拭するものではない。

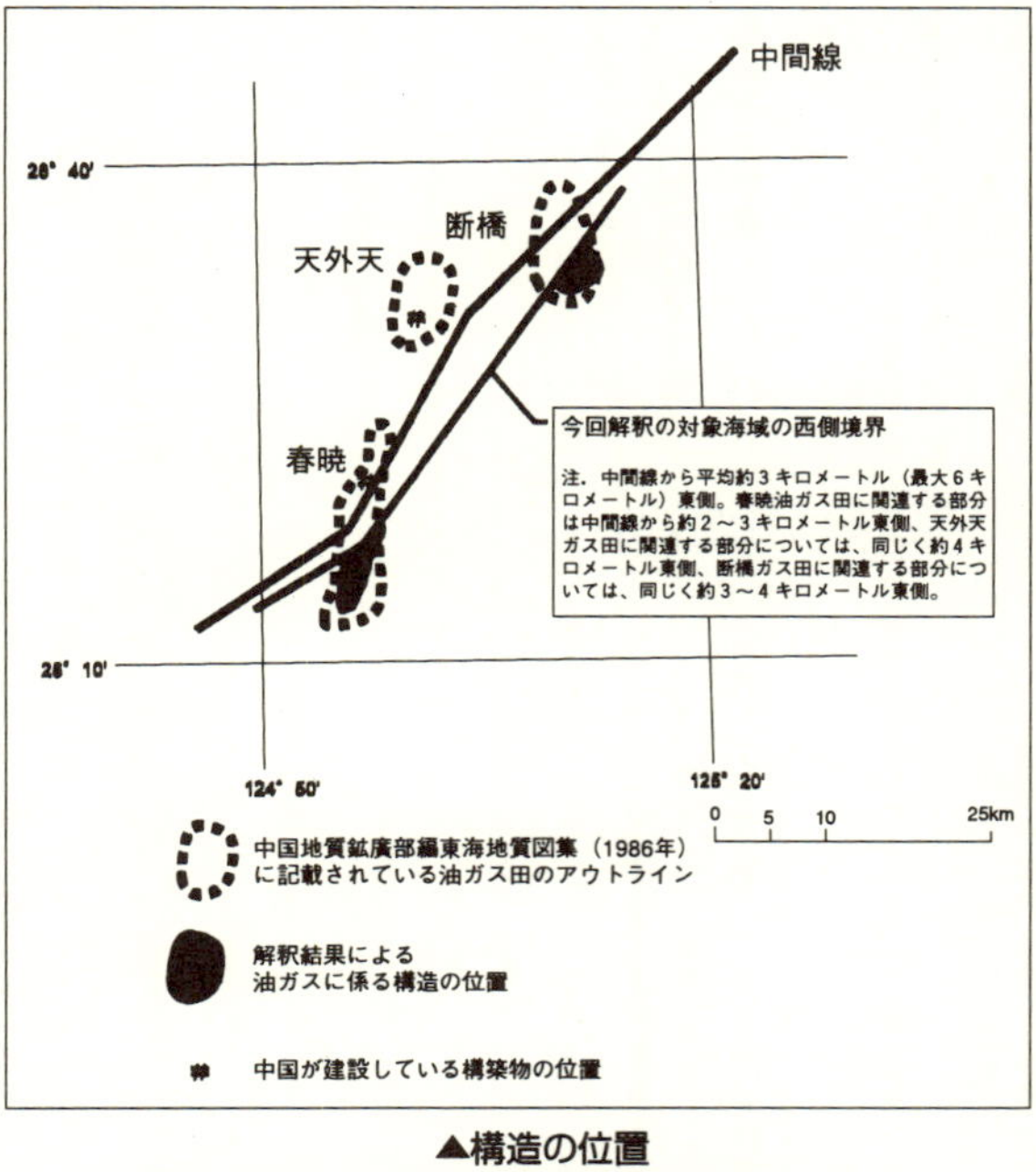

▲構造の位置
（春暁油ガス田、天外天ガス田、断橋ガス田に係るものに限る）

あとがき

尖閣諸島は日本に帰属しているが、依然、中国の領土主張の要求は収まっていない。日本政府は、中国を刺激しないように細心の注意を払っている。それも一つの外交スタイルであるかもしれないが、主張すべきはきちんと主張すべきである。これが私の立場であるが、この尖閣諸島問題について、そうした関心から、北京大学の研究者らと資料の検討を通じた共同研究を重ねてきた。その成果が二〇〇一年九月、『釣魚臺群島（尖閣諸島）問題　研究資料匯編』として香港の勵志出版社から刊行され、同書は、日本では、刀水書房から同時刊行された。

この研究過程で、私は、尖閣諸島をめぐる国際関係史に着手し、各当事者の主張をめぐる比較検討をしてきた。この研究は、幸い日本の代表的な研究機関、日本国際フォーラムの支援を受けて研究プロジェクトとして実施された。この研究にあたっては、伊藤憲一日本国際フォーラム理事長の特別なご配慮を賜った。その成果の一部は、『政経研究』第三八巻第一号、第二号に「尖閣諸島に関する資料と分析」と題して研究ノートとして発表された。その後も尖閣諸島問題に関する関心の高まりから、三和書籍の高橋考社長のご理解とご支援を得て、『尖閣諸島・琉球・中国――日中国際関係史［分析・資料・文献］』と題して刊行されることになった。本書は、これまでの研究を推敲し、できるかぎりに補整した。本書は客観的立場で記述されており、特定のイデオロギー的立場を代弁していない。それぞれ当事者の立場を明確に理解できるように十分配慮した記述がとられており、問題の理解の一助となれば幸いである。本書の刊行にあたり伊藤憲一理事長のご配慮に感謝を申し上げる。

二〇〇二年八月

浦野起央

付記　本書の校正中、九月一六日に李登輝台湾前総統による「尖閣諸島は日本領土」の発言があった。関係の報道記事は資料に【付】として加えた。（一一月）

増補版あとがき

尖閣諸島は、ここ最近、新しい争点を形成しつつある。中国は、一九九〇年代半ば以降、中国の大陸棚は沖縄トラフまで続いており、そこまで自国の排他的経済水域であるとの考え方で、日本領土尖閣諸島海域での海洋調査を公然と進めてきた。そして、上海沖合での最初の石油・天然ガスの発掘で、一九九八年一一月上海へ送油がなされた。さらに、一九九六年には日本側の主張する排他的経済水域と中国の排他的経済水域とが重複する部分の日中中間線ぎりぎりの春暁油ガス田での本格開発に入った。中国は日本領土尖閣諸島に対する歴史的主権を主張し、さらに、日本の排他的経済水域での資源を窃取しかねない事態となった。二〇〇五年五月には、その開発拠点から中国本土への海底パイプラインも完工とされる。主権をめぐる主張対立から、二〇〇三年の中国人活動家の尖閣諸島上陸事件、そして台湾との対決をふまえた尖閣諸島海域での中国海軍の軍事訓練・調査へと事態は進展し、さらに二〇〇五年には石油・天然ガスの資源戦争へと局面が移ってきた。

われわれは、尖閣諸島への国民的関心をきちんと高めなければならない。そして、海洋国家としての日本の平和と安全の維持の責任を完全にかつ整然と遂行しなければならない。

これに関連して、中国軍の尖閣諸島上陸は、その地政的条件において以外に考えられない。しかし、日本の自衛隊機が沖縄から緊急発進し、一時間半で宮古島の現地に到着するまでに、宮古島が外国軍機に占領される可能性は極めて大きい。というのも、ここを押さえて拠点とすれば、台湾を容易に制圧できるし、現在問題である尖閣諸島海域油田地帯の制空権を握ることも、いとも容易であるからである。その軍事シナリオに対しては、一刻も早く宮古島の下地島に自衛隊機を配備し、海洋国家日本の防衛を固め、併せてシーレーンの防衛を完全なものとしなければならない、というのがわれわれの課題である。

海洋国家日本にとって、尖閣諸島の問題は日本の生存の鍵となる論点にある。この視点をふまえて、本書『尖閣諸島・琉球・中国』増補版を理解の一助として頂ければ幸いである。

浦野起央

二〇〇五年四月

日本海軍省水路局編『日本水路誌』第2巻、東京、海軍省水路部、明治27年／1894年7月。

日本水路部編『日本水路誌』第2巻下、東京、水路部、明治41年／1908年10月。

日本水路部編『日本水路誌』第6巻、東京、水路部、大正8年／1919年7月。

臺北廳編纂『臺北廳誌』下、台北、臺北廳、大正8年／1919年。

沖縄縣内務部編『沖縄縣産業要覧』那覇、沖縄縣、大正9年／1920年。

沖縄縣編『沖縄縣治要覧』那覇、沖縄縣、大正10年／1921年。

日本水路部編『臺灣南西諸島水路誌』東京、水路部、1941年。

宮良当壮『八重山語彙』1930年、東京、平凡社、東洋文庫、1966年。

外交時報社編『支那及び満洲関係　條約及公文書集』東京、外交時報社、1934年。

沖縄縣総務部統計課編『縣勢要覧』那覇、沖縄、1935年。

國民精神文化研究所編『グラント将軍との御對話筆記』東京、國民精神文化研究所、1937年。

『グラント将軍御対話筆記』、州立ハワイ大学宝玲叢刊編纂委員会編、琉球所属問題関係資料、第3巻、東京、本邦書籍株式会社、1980年。

日本水路部編『臺湾南西諸島水路誌』東京、水路部、1941年。

日本外務省「琉球所属問題第一・第二」、琉球政府・沖縄県教育委員会編『沖縄縣史』第15巻雑纂2、那覇、琉球政府、1966年、東京、国書刊行会、1989年。

州立ハワイ大学宝玲叢刊編纂委員会編『琉球所属問題第一・第二』琉球所属問題関係資料、第1巻～第2巻、東京、本邦書籍株式会社、1980年。

Conference for the Conclusion and Signature of the Treaty of Peace with Japan, San Francisco, California, September 4-8, 1951, Record of Proceeding, Washington, D. C.: US GPO, 1951.

毎日新聞社図書編集部編『対日平和条約』東京、毎日新聞社、1952年。

中華民國基隆市文献委員會編『基隆市・概述』基隆、基隆市、1954年。

琉球政府立法院事務局法規課編『琉球法令集（布告布令編）』那覇、琉球政府立法院事務局、1959年。

南方同胞援護会編『沖縄問題基本資料集』東京、南方同胞援護会、1959年、改訂増補版1968年。

中野好夫編『戦後資料・沖縄』東京、日本評論社、1969年。

琉球政府・沖縄県教育委員会編『沖縄縣史』第1巻～第23巻、別巻1、那覇、琉球政府、1965－77年。東京、国書刊行会、1989年。

那覇市企画部市史編集室編『那覇市史』第1巻～第3巻、那覇、那覇市役所、1966－74年。

Kenneth O. Emery et al., “ECAFE Committee for Co-ordination of Joint Prospecting for Mineral Resources in Asian Offshore Areas (CCOP),” *Technical Bulletin*, Vol. 2, May 1969.

日本海上保安庁水路部編『日本水路史』東京、海上保安庁、1971年。

中國國民黨中央委員會編『釣魚臺列嶼問題資料匯編』台北、中國國民黨中央委員會、1971年。

『季刊・沖縄』特集・尖閣列島、第56号、1971年5月。

『祖國』釣魚臺問題資料專輯、1971年10月号、11月号、12月号。

七十年代月刊編『釣魚島事件真相』香港、七十年代月刊社、1971年。

『釣魚列嶼問題』台北、海外出版社、1971年。

南方同胞援護会編『沖縄復帰の記録』東京、南方同胞援護会、1972年。

前進社出版部編『釣魚台略奪阻止』東京、前進社、1972年。

當代中國研究所編『中共關於解放臺灣的文件集』香港、當代中國研究所、1972年。

『祖國』釣魚臺問題重要補充資料、1972年2月号。

中國國民黨中央委員會編『釣魚臺列嶼問題資料彙編』台北、中國國民黨中央委員會、1972年。

『季刊・沖縄』特集・尖閣列島第2集、第63号(第61・62合併号)、1972年12月。

世界政経調査会編『尖閣諸島問題に関する関係各国の態度と論調』正・続、世界政経調査会、1972年。

『アジア・レビュー』特集・尖閣列島問題、第10号、1972年。

孙淡寧編『釣魚島群島資料』香港、明報出版社、1979年。

州立ハワイ大学宝玲叢刊編纂委員会編『琉球處分』上・中・下、琉球所属問題関係資料、第6巻—第7巻、東京、本邦書籍株式会社、1980年。

『アメリカの沖縄統治関係法規総覧』第1巻〜第4巻、那覇、月刊沖縄社／池上商会、1983年。

国際地域資料センター編『日本の領土と日ソ関係』東京、日本の平和と安全を考える会、1986年。

丘宏達「釣魚台列問題嶼資料彙編」『中國國際法與國際事務年報』第5巻、1992年。

竹内実編『日中国交基本文献集』上・下、東京、蒼蒼社、1993年。

恵忠久『尖閣諸島魚釣島　写真・資料集』那覇、尖閣諸島防衛協会、1996年。

明報出版社編輯部編『釣魚台——中國的領土』香港、明報出版社、1996年。

田恒生編『戦後中日関係文献集1945－1970』北京、中国社会科学出版社、1996年。

田恒生編『戦後中日関係文献集1971－1995』北京、中国社会科学出版社、1997年。

浦野起央「第二次保釣運動(尖閣諸島事件)に関する中国側資料」『法学紀要(日本大学法学部法学部研究所)』第41巻、2000年。

浦野起央・劉甦朝・植榮邊吉（張植栄）編『釣魚群島（尖閣諸島）問題　研究資料匯編』香港、勵志出版社／東京、刀水書房、2001年。

■古典書籍

『順風相送』永楽元年／1403年。向達校注『兩种海道針経』北京、中華書局、1961年。

『明實録』2909巻、永楽9年／1411年—。『明實録』1～14、京都，中文出版社、1984年。

陳侃撰『使琉球録』1巻、附1巻、嘉靖13年／1534年。

『使琉球録』台北、商務印書館、1965年。『使琉球録』台北、藝文印書館、1966年。『使琉球録』、『那覇市史』資料編第1巻3、那覇、那覇市企画部市史編集室、1977年。『使琉球録』1～2、北京、中華書局、1983年。原田禹雄訳『陳侃　使琉球録』宜野湾、榕樹社、1995年。

鄭舜功『日本一鑑』嘉靖36／1557年。大友信一・木村晟編『日本一鑑』東京、笠間書院、1974年。

郭如霖『重刻使琉球録』2巻、嘉靖40年／1561年。原田禹雄訳『重刻使琉球録』宜野湾、榕樹書林、2000年。

厳従簡『殊域周咨録』万暦11年／1583年。『殊域周咨録』北京、故宮博物院圖書館、1930年。

鄭若曽撰『籌海圖編』嘉靖41／1562年。鄭若曽編『籌海圖編』中国兵書集成第15巻、北京、解放軍出版社／遼瀋書社、1990年。鄭若曽編『籌海圖編2海防国論』中国兵書集成第16巻、北京、解放軍出版社／遼瀋書社、1990年。

蕭崇業・謝杰『使琉球録』2巻、附1巻、万歴7年／1579年。『使琉球録』台北、臺湾學生書房、1969年。

夏子陽・王士楨『使琉球録』2巻、附1巻、万歴34年／1606年。『使琉球録』台北、臺湾學生書局、1969年。

胡靖撰『琉球記』／『杜天子冊封琉球真記奇観』1巻、崇禎6年／1633年。『那覇市史』資料編第1巻3、那覇、那覇市企画部市史編集室、1977年。

向象賢(羽地朝秀)『中山世鑑』1650年。東恩納寛惇・他編『中山世鑑』琉球史叢書第5巻、東京，名取書店，1942年、東京、井上書房、1962年、東京、東京美術、1972年、東京、鳳文書館、1988年。沖縄県教育委員会編『琉球国中山世鑑』1～6、那覇、沖縄県教育委員会，1982－83年。

張學禮撰『使琉球記』1巻、康熙2年／1663年。原田禹雄訳『使琉球記』東京、言叢社1985年。原田禹雄訳『張学礼　使琉球記・中山紀略』宜野湾、榕樹書林、1998年。

汪楫『使琉球雑録』1～5巻、康煕22年／1683年。台湾銀行経済研究室編『使琉球録三種』1～2、台湾文献史料叢刊、台北、台湾銀行、1970年、台北、大通書局、1984年。『使琉球雑録』那覇、郷土史研究会、1967年。原田禹雄訳『汪楫　冊封琉球使録三篇――中山沿革志・使琉球雑録・冊封疏鈔――』宜野湾、榕樹書林、1997年。
汪楫『中山沿革志』康煕26年／1687年。台湾銀行経済研究室編『使琉球録三種』1～2、台湾文献史料叢刊、台北、台湾銀行、1970年、台北、大通書局、1984年。嘉手納宗徳訳『中山沿革志』上・下、那覇、松濤書屋、1984年。『原田禹雄訳『汪楫　冊封琉球使録三篇――中山沿革志・使琉球雑録・冊封疏鈔――』宜野湾、榕樹書林、1997年。
『歴代寶案』1697年旧案修訂。『歴代寶案』1～15、台北、國立臺灣大學、1972年。楊亮功・周憲文・連震東・洪炎秋主編『琉球歴代寶案選録』台北、臺湾開明書店、1975年。沖縄県立図書館史料編集室編，和田久徳訳注『歴代宝案　訳注本』1－13、那覇、沖縄県教育委員会、1992－94年。
蔡鐸『中山世譜』1701年。東恩納寛惇・他編『中山世譜』琉球史叢書第4巻、東京，名取書店，1942年、東京、井上書房、1962年、東京、東京美術、1972年、東京、鳳文書館、1988年。原田禹雄訳『蔡鐸本　中山世譜　現代語訳』宜野湾、榕樹書林、1998年。
程順則（名護寵文）『指南廣義』1708年。嘉手納宗徳編『指南廣義』那覇、球陽研究会、1970年。
新井君美『南嶋志』上・下、亨保4年／1719年。原田禹雄訳『新井白石　南島志　現代語訳』1997年。
徐葆光撰『中山傳信録』1～6、1719年。1～6、京都、銭屋善兵衛、1766年。沖縄県立図書館編『中山傳信録』上・下、那覇、沖縄県立図書館、1976年。原田禹雄訳『中山伝信録』東京、言叢社、1982年。『中山傳信録』台北、大道書局，1987年。原田禹雄訳『中山伝信録』新訳注版、宜野湾、榕樹書林、1999年。
蔡温『改定中山世譜』1726年。東恩納寛惇・他編『中山世譜・中山世譜訂正案』琉球史叢書第5巻、東京、名取書店，1942年、沖縄県教育文化課編『蔡温本中山世譜』正巻、那覇、沖縄県教育委員会、1986年。
張廷玉等撰『明史』1～332巻、雍正13年／1735年。『明史332巻附考証』24冊、中華書局、1892年。『明史』14冊、台北、臺湾中華局、1965年。『明史』28冊、北京、中華書局、1974年。『明史』6冊、長春、吉林人民出版社、1995年。
鄭秉哲『球陽（球陽會記）』1～22巻・附巻1～3巻、延享2／1745年。宮里榮輝校訂『球陽』首里，親泊正博、1929年。池宮城秀栄訳『繹註球陽』1～11、那覇、琉球史料研究会、1961－62年。球陽研究会編『球陽』1～7、那覇、球陽研究会、1965－66年。桑江克英訳『球陽・全』那覇、球陽研究会、1969年、『球陽』東京、三一書房、1971年。球陽研究会編『球陽』東京、角川書店、1974年。
周煌撰『琉球國志略』1～16巻、首1巻、乾隆21年／1756年。『琉球國志略』台北、藝文印書館、1964年。台湾銀行経済研究室編『琉球國志略』台北、華文書局、1968年、1～2、台北、台湾銀行、1971年。嘉手納宗徳編『琉球国志略』上、那覇、球陽研究会、1969年、沖縄県立図書館編『琉球国志略』中・下、那覇、沖縄県立図書館、1974年。平田嗣全訳注『琉球国志略』東京、三一書房、1977年。『琉球國志略』台北，大道書局，1984年。
李鼎元撰『使琉球記』1～6巻、嘉慶5年／1800年。『使琉球記』台北、文海出版社、1970年。原田禹雄訳注『李鼎元　使琉球記』東京、言叢社、1985年。書建培校点『使琉球記』西安、陝西师范大学出版社、1992年。
斎鯤・費錫章撰『續琉球國志略』1～5巻、首1巻、嘉慶13年／1808年。沖縄県立図書館編『續琉球國志略』上・下、那覇、沖縄県立図書館，1978年。
趙新・于光甲撰『續琉球國志略』1～2巻、首1巻、同治5年／1866年。台湾銀行経済研究室編『琉球國志略』第2冊、台北、華文書局、1968年。沖縄県立図書館編『續琉球國志略』

那覇、沖縄県立図書館，1979年。

小林居敬編『琉球藩史』1～2、明治7年／1874年。青江秀刪補『琉球藩史』東京、有隣堂、[1874年]。

餘宏淦『沿海険要図説』光緒28年／1902年。

林復斎編『通航一覧』1～8、東京、國書刊行会、1912年、東京、泰山社、1940年、大阪、清文堂、1967年、東京、鳳文書舘、1991年。

島津斎彬文書刊行会編『島津斎彬』上・下1、東京、吉川弘文舘、1959年。

東恩納寛惇『尚泰侯實録』那覇、櫛引成太、1924年、東京、原書房、1971年。

王彦威纂輯・王亮編『清季外交史料』1932－33年。『清季外交史料』1～9、台北，文海出版社、1964年。『清季外交史料』1～5、北京、書目文献出版社、1987年。

故宮博物院『清光緒朝中日交渉史料』1932－33年。『清光緒朝中日交渉史料』上・下、台北，文海出版社、1962年。

台湾銀行経済研究室編『清代琉球記録集輯』1～2、『清代琉球記録續輯』台湾文献叢刊、台北、台湾銀行、1971－72年。

潘相輯『琉球入學見聞録』台北、文海出版社、1973年。

『流求與鶏籠山』台北、成文堂出版社、1984年。

中国第一歴史档案館編『清代中流関係档案選編』『清代中流関係档案選編二編』『清代中流関係档案選編三編』『清代中流関係档案選編四編』北京、中華書店、1994－2000年。

第一歴史档案館編『中国清代琉球國王表奏文書選録』合肥、黄山書社、1997年。

■政府文献・他

『日本外交文書』東京、外務省。

外務省条約局編『旧條約彙纂』第3巻朝鮮・琉球、東京、外務省条約局、1934年。

外務省条約局編『条約集』東京、外務省条約局。

明治期外交資料研究会編『日清講和関係調書集』1～13、東京、クレス出版、1994年。

大蔵省編『琉球藩雑誌』東京、大蔵省、1879年。

内務省編『琉球處分提綱』東京、内務省、1879年。

大蔵省主税局編『沖縄法制史』東京、大蔵省主税局、1903年、東京、東京税務監督局、1904年、那覇、三光社、1931年。新垣清輝編『沖縄法制史』那覇、荒木書店、1933年、東京、農林省農政局、1941年。

『琉球史料1949－1955』1～8、琉球政府文教局、1956－65年。沖縄・南風原町、那覇出版社、1989年。

琉球政府編『沖縄縣史』1～12資料編2、那覇、琉球政府、1966年、東京、国書刊行会、1989年。

外務省アジア局編『日中関係基本文献集1970年－92年』東京、霞山会、1993年。

中華民國外交部編『中外條約彙編』南京／台北、文海出版社。

中華人民共和国外交部編『条約集』北京、世界知識出版社。

「台湾警信」申報、光緒11年7月28日／1885年9月6日。

「尖閣群島標柱建立報告書」1969年5月15日、『季刊・沖縄』第56号、1971年3月。

■著作

大槻文彦『琉球新誌』1～2、東京、煙雨楼、明治6年／1873年。『琉球新誌』東京、国書刊行会、1973年。

伊地知貞馨『沖縄志――琉球志』1～5、東京、有恒斎、明治10年／1877年。『沖縄志――琉球志』福岡，福岡地誌研究会、1972年，東京、国書刊行会、1973年、熊本青潮社，1982年。

笹森儀助『南嶋探検――琉球漫遊記』明治27年／1894年、東喜望校注『南嶋探検――琉球

漫遊記』1 ～ 2、東洋文庫、平凡社、1982 － 83 年。

幣秦坦『南島沿革史論』東京、富山房、明治 32 年／ 1899 年。

伊波普猷『琉球人種論』那覇、小沢博愛堂、1911 年。『伊波普猷全集』第 7 巻、東京、平凡社、1976 年。『琉球人種論』宜野湾、榕樹書林、1997 年。

伊波普猷『琉球古今記』東京、刀江書院、1926 年。『伊波普猷全集』第 7 巻、東京、平凡社、1976 年。

伊波普猷『南島史考――琉球ヲ中心トシタル』私立大学郡教育会編、名瀬、沖縄、1931 年。『伊波普猷全集』第 2 巻、東京、平凡社、1974 年。

加藤三吾『琉球之研究』上・下、長崎県平戸。早川孝太郎校訂『琉球の研究』東京、文一路社、1941 年、東京、未来社、1975 年。

恒藤規隆『南日本之富源』東京、博文館、明治 43 年／ 1910 年。

喜舎場朝賢『琉球見聞録(一名廃藩置県)』那覇、親泊朝擢、1914 年。『琉球見聞録』東京、東汀遺著刊行会、1952 年、東京、至言社、1977 年。

真境名安興・島倉龍治『沖縄一千年史』東京、日本大学、1923 年。『沖縄一千年史』那覇、沖縄新民報社、1952 年、東京、松尾書店、1965 年、那覇、琉球史料研究会、1966 年。那覇、琉球新報社／東京、栄光出版社、1974 年。

真境名安興『沖縄現代史』琉球新報社、1957 年。『真境名安興全集』4、琉球新報社、1999 年。

伊能嘉矩『臺湾文化志』上・下、東京、刀江書院、1928 年、東京、刀江書院、1965 年。『台湾文化誌』上・中・下、東京、大空社、1994 年。『臺湾文化志』台北、南天書局、1994 年。

信夫清三郎『日清戦争――その政治的・外交的課題』東京、福田書房、1934 年、東京、南窓社、増補版 1970 年。

秋山謙蔵『日支交渉史話』東京、内外書籍、1935 年。

石原道博『明末清初日本乞師の研究』富山房、1945 年。

藤田元春『日支交通の研究・中近世篇』東京、富山房、1938 年。

小葉田淳『中世南島通交貿易史の研究』東京、日本評論社、1939 年、東京、刀江書院、1968 年、東京、臨川書店、1993 年。

安里延『日本南方発展史・沖縄海洋発展史』東京、三省堂、1941 年。『沖縄海洋発展史・日本南方発展史序説』那覇、琉球文教図書、1967 年。

東恩納寛惇『黎明期の海外交通史』東京、帝國教育会、1941 年。

東恩納寛惇『南島論攷』東京、實業之日本社、1941 年。

東恩納寛惇『南島風土記――沖縄・奄美大島地名辭典』那覇、沖縄文化協会・沖縄財団、1950 年、那覇、沖縄郷土文化研究会南島文化資料室、1974 年。

東恩納寛惇『琉球の歴史』東京、至文堂、1957 年、増補版 1966 年。

東恩納寛惇『沖縄渉外史』東京、南方同胞援護会、1957 年。

藤田豊八、池内宏編『東西交渉史の研究――南海篇――』東京、萩原星文館、1943 年。

鄭励倹『琉球地理誌略』上海、商務印書館、1948 年。

入江啓四郎『日本講和条約の研究』東京、板垣書店、1951 年。
F. P. Shepard, Kenneth O. Emery, & H. R. Gould, *Distribution of Sediments on East Asiatic Continental Shelf*, Allan Hancock Foundation, Occasional Paper 9, 1949.
George H. Kerr, *The Ryukyu Islands*, Tokyo/ Washington, D. C.: USGPO, 1952.『琉球の歴史』那覇、琉球列島米民政府、1956 年。

楊錫福編『臺灣省通志稿』台北、臺灣省文献委員会、1953 年。

陳大端『雍乾嘉時代的中琉關係』台北、明華書局、1956 年。

稲村賢敷『琉球諸島における倭冦史跡の研究』東京、吉川弘文館、1957 年。

比嘉春潮『沖縄の歴史』那覇、沖縄タイムス社、1959 年、東京、三一書房、1959 年。

『新稿沖縄の歴史』東京、三一書房、1970年。

比嘉春潮・霜多正次・新里恵二『沖縄』岩波書店、1963年。

山里永吉『沖縄歴史物語』東京、勁草書房、1967年。

Samuel Eliot Morison, *"Old Bruin": Commodore Matthew C. Perry, 1794-1858 : The American naval officer who helped found Liberia,* Boston: Little, Brown, 1967.（抄訳）後藤優訳『ペリーと日本』東京、原書房、1968年。

大城立裕『琉球処分』東京、講談社，1968年。

鹿島守之助『日本外交史』第4巻，東京、鹿島研究所出版会、1970年。

蔡璋『琉球亡國史譚』台北、正中書局、1970年。

大熊良一『異国船琉球来航史の研究』東京、鹿島研究所出版会，1971年。

井上清『尖閣列島——釣魚諸島の歴史的解明』東京、現代評論社、1972年、東京、第三書館、1996年。『関于釣魚島等島嶼的歴史和帰属問題』内部資料、北京、生活・読書・新知三聯書店、1973年。『釣魚列島的歴史和歸屬問題』香港、天地圖書公司、1990年。賣俊琪訳『釣魚島嶼歴史的主権』北京、中国社会科学出版社、1997年。

楊仲撥『中國・琉球・釣魚臺』香港、友聯研究所、1972年。

楊仲揆『琉球古今談——兼論釣魚臺問題』台北、臺灣商務印書館、1990年。

新川明『異族と天皇の国家——沖縄民衆史への試み』東京、二月社、1973年。『琉球処分以後』上・下、朝日新聞社、1981年。

藤村道生『日清戦争——東アジア近代史の転換点』東京、岩波書店、1973年。

丘宏達『關於中國領土的國際問題論集』台北、臺灣商務印書館、1975年。

丘宏達『釣魚台列嶼主權爭執問題及其解決方法的研究』台北、國立政治大學国際關係研究中心、1991年。

野口鐵郎『中国と琉球』東京、開明書院、1976年。

須藤利一『異国船来琉記』法政大学出版局、1977年。

仲原善忠『琉球の歴史』那覇、文教図書、1977年、東京、吉川弘文館、1996年。

宮城栄昌『琉球の歴史』東京、吉川弘文館、1982年。

宮城栄昌『琉球使節の江戸上り』東京、第一書房、1982年。

Seling S. Harrison, *China, Oil, and Asia: Conflict Ahead?,* New York: Carnegie Endowment for International Peace, 1977. 中原伸之訳『中国の石油戦略——大陸棚資源開発をめぐって』東京、日本経済新聞社、1978年。

上地竜典『尖閣列島と竹島　中国·韓国との領土問題』東村山、教育社、1978年。

金城正篤『琉球処分論』那覇、沖縄タイムス社、1978年。

高橋庄五郎『尖閣列島ノート』東京、青年出版社、1979年
Jeanette Greenfield, *China and the Law of the Sea, Air, and Environment,* Alphen/ den Rijn: Sijthoff & Noordhoff, 1979.

安良城盛昭『新・沖縄史論』那覇、沖縄タイムス社、1980年。

安岡昭男『明治維新と領土問題』村山、教育社、1980年。

西里喜行『沖縄近代史研究——旧慣温存期の諸問題』那覇、沖縄時事出版、1981年。

西里喜行『バウン号の苦力と琉球王国』宜野湾、榕樹書林、2001年。

山口栄鉄『異国と琉球』東京、本邦書籍，1981年、宜野湾、榕樹書林、1999年。

徐玉虎『明代琉球王國對外關係之研究』台北、學生書房、1982年。

竹原孫恭『城間船中国漂流顛末——八重山・一下級士族の生涯よりみた琉球処分前後』石垣、竹原房、1982年。

Choon-ho Park, *East Asia and the Law of the Sea,* Seoul: Seoul National U. P., 1983.

緑間栄『尖閣列島』那覇、ひるぎ社、1984年。

中田易直『近世対外関係史の研究』東京、吉川弘文館、1984 年。

宮田俊彦『琉球・清国交易史——二集『歴代宝案』の研究』東京、第一書房、1984 年。

宮田俊彦『琉明・琉清交渉史の研究』東京、文献出版、1996 年。

当代中国的海洋事業編集委員会編『当代中国的海洋事業』北京、中国社会科学出版社、1985年。

馬英九『従新海洋法——論釣魚臺列嶼與東海劃界問題』台北、正中書局、1986 年。

林金莖『戦後の日華関係と国際法』東京、有斐閣、1987 年。

横山學『琉球国使節渡来の研究』東京、吉川弘文館、1987 年。

Kriangsak Kittichaisaree, *The Law of the Sea and Maritime Boundary Delimitation in South-East Asia*, Oxford: Oxford U. P., 1987.

赤嶺誠紀『大航海時代の琉球』那覇、沖縄タイムス社、1988 年。

浦添市教育委員会編『琉球——中国交流史をさぐる——浦添市友好都市締結記念学術・文化討論会報告書』浦添、浦添市教育委員会、1988 年。

琉中歴史関係国際学術会議[台北]／琉中歴史関係国際学術会議実行委員会編『琉中歴史関係論文集』那覇、琉中歴史関係国際学術会議実行委員会、1989 年。

琉球新報社編『新琉球史』古琉球編、近世編上、近世編下、近代・現代編、那覇、琉球新報社、1989— 92 年。

紙屋敦之『幕藩制国家の琉球支配』東京、校倉書房、1990 年。

紙屋敦之『大君外交と東アジア』東京、吉川弘文館、1997 年。

Byron N. Tzou, *China and International Law: The Boundary Disputes*, New York: Preager Publisher, 1990.

除恭生、西里喜行・上里賢一訳『中国・琉球交流史』那覇、ひるぎ社、1991 年。

柳炳華『東北亜地域と海洋法』ソウル、真成社、1991 年。

邊土名朝有『「歴代宝案」の基礎的研究』東京、校倉書房、1992 年。

邊土名朝有『琉球の朝貢貿易』東京、校倉書房、1998 年。

琉球新報社編『新琉球史——近代・現代編』那覇、琉球新報社、1992 年。

田名真之『沖縄近世史の諸相』那覇、ひるぎ社、1992 年。

沖縄県立博物館編『琉球王国——大交易時代とグスク』那覇、沖縄県立博物館友の会、1992年。

三谷茉沙夫『波乱の琉球王朝——南洋王国に迫る嵐』東京、廣済堂、1992 年。

Robert G. Sutter, *East Asia: Disputed Islands/ Offshore Claims Issues for U. S. Policy*, Washington, D. C.: Congressional Research Service, Library of Congress, July 28, 1992.

高倉倉吉『琉球王国』岩波書店、1993 年。

平松茂雄『中国の海洋戦略』東京、勁草書房、1993 年。

平松茂雄『続中国の海洋戦略』東京、勁草書房、1997 年。

平松茂雄『中国の戦略的海洋進出』東京、勁草書房、2002 年。

戸丸廣安『日本を孤立に追い込め——中国・韓国・ロシア「反日三国同盟」密約——尖閣列島は中国に武装占領される』東京、第一企画出版、1993 年。

沖縄県立図書館史料編集室編『琉球・中国交渉史に関する論文集』那覇、沖縄県立図書館、1993 年。

吴天穎『甲午戦前釣魚列嶼帰属考——兼質日本奥原敏雄諸教授』北京、社会科学文献出版社、1994 年。青山治世訳『甲午戦前釣魚列嶼帰属考——奥原敏雄諸教授への反証』北京、外文出版社、1998 年。

朴椿浩『亜太地区海洋辺界問題引論』北京、北京大学出版社、1994 年。

中国福建省・琉球列島交渉史研究調査委員会編『中国福建省・琉球列島交渉史の研究』東京、第一書房、1995 年。

沖縄県立図書館史料編集室編『第二回琉球・中国交渉史に関するシンポジウム論文集』那

覇、沖縄県立図書館、1995年。

呂一燃編『中国海彊歴史与現状研究』哈尔浜、黒龍江教育出版社、1995年。

王暁波『尚未完成歴史——保釣二十五年』台北、海峡学術出版社、1996年。

比嘉実『「唐旅」紀行——琉球進貢使節の路程と遺跡、文書の調査』東京、法政大学沖縄文化研究所、1996年。

沖縄県立図書館史料編集室編『第三回琉球・中国交渉史に関するシンポジウム論文集』那覇、沖縄県立図書館、1996年。

領土返還国民協議会同人編『日本の領土——北方四島・竹島・尖閣列島の諸問題』東京、領土返還国民協議会、1996年。

江戸雄介『尖閣諸島——どうする日本』東京、恒久出版、1996年。

謝必震『中国与琉球』福州、厦門大学出版社、1996年。

Larry A. Niksch, *Senkaku (Diaoyu) Islands Dispute: The U. S. Legal Relationship and Obligations*, Washington, D. C.: Congressional Research Service, The Library of Congress, September 30, 1996.

Dalchoong Kim et al. eds., *UN Convention on the Law of the Sea and East Asia*, Seoul: Institute of East and West Studies, Yonsei University, 1996.

嶋津与志『琉球王国衰亡史』東京、平凡社、1997年。

牧野清・仲間均『尖閣諸島上陸——日本領有の正当性』石垣、尖閣諸島を衛る会、1997年。

臺灣法學會·臺灣國際法學會合編『1997釣魚台國際法研討會論文與討論紀實彙編』台北、臺灣法學會·臺灣國際法學會、1997年。Taiwan Law Society and Taiwan Institute of International Law ed., *International Law Conference on the Dispute over Diaoyu/ Senkaku Island, 2-3 April 1997*, Taipei: I-Lan Taiwan, 1997.

安里進『グスク・共同体・村』宜野湾、榕樹書林、1998年。

宮國文雄『宮古島民台湾遭難事件』沖縄・南風原、那覇出版社、1998年。

夫馬進編『使琉球録解題及び研究』京都、京都大学文学部東洋史研究室，1998年、宜野湾、榕樹書林、増訂版1999年。

程家瑞主編『釣魚台列嶼之法律地位——釣魚台列嶼問題學術研討會論文集』台北、東呉大学法学院、1998年。

林田富『釣魚台列島主權歸屬之研究』台北、五南圖書出版有限公司、1998年。

Greg Austin, *China's Ocean Frontier: International Law, Military Force, and National Develop-ment*, St. Leonards, Australia: Allen & Unwin, 1998.

沖縄県立図書館史料編集室編『第四回琉球・中国交渉史に関するシンポジウム論文集』那覇、沖縄県立図書館、1999年。

山下重一『琉球・沖縄市研究序説』御茶の水書房、1999年。

田島信洋『石垣島唐人墓事件——琉球の苦悩』東京、同時代社、2000年。

恵隆之介『誰も書かなかった沖縄——被害者史観を超えて』東京、PHP研究所、2000年。

原田禹雄『冊封使録からみた琉球』宜野湾、榕樹書林、2000年。

比嘉朝進『最後の琉球王国——外交に悩まされた大動乱の時勢』那覇、閣文社、2000年。

■論文

菊池謙二郎「琉球が本邦及び支那に対せし関係を論ず」1～2『史學雑誌』第7巻第9号、第10号、明治29年／1896年。

幣原坦「維新の影響としての沖縄の変遷」1～2『史學雑誌』第9巻第4号、第5号、明治31年／1898年。

伊波普猷「琉球処分は一種の奴隷解放也」、喜舎場朝賢『琉球見聞録(一名廃藩置県)』那覇、

親泊朝擢、1914年、東京、東汀遺著刊行会、1952年、東京、至言社、1977年、序文。

新里恵二編『歴史編』東京、平凡社、1972年。

山本美越乃「誤れる植民政策の畸形児　琉球の廃藩と日支両属関係の終末」『経済論叢（京都大学経済学部）』第25巻第3号、1927年。

平塚篤「日清間の琉球談判」『明治文化研究』第5巻第5号、1929年。

秋山謙蔵「隋書流求國傳の再吟味」『歴史地理』第54巻第2号、1929年。

秋山謙蔵「流求即台湾説成立の過程——隋書流求國傳解釈に関する第二論」『歴史地理』第58巻第5号、1931年。

渡辺薫太郎「琉球國進貢表と西域荘阿國降表に就て」、西田直二郎編『内藤博士頌壽記念史学論叢』東京、弘文堂書房、1930年。

三浦周行「明治時代における琉球所属問題」1～2、史學雑誌、第42編第7号、第12号、1931年。

曽我部静雄「所謂隋代流求の就いての異聞二つ」『歴史地理』第29巻第1号、1932年。

曽我部静雄「再び隋代流求に就いて」『歴史地理』第29巻第6号、1932年。

田保橋潔「琉球藩民蕃害事件に関する考察」、市村博士古稀記念東洋史論叢刊行會編『東洋史論叢——市村博士古稀記念』東京、富山房、1933年。

桑江常格「琉球における廃藩置県の実相」『歴史科学』第2巻第6号、1933年。

石原道博「明末清初の琉球請援」『史学雑誌』第47巻第6号、1936年。

徳永清行「沖縄の渉外関係に就て——日琉・支琉の交渉を中心として——」『東亜経済研究』第2巻第2号、1937年。

石原道博「明末清初琉球請援始末」『史潮』第9巻第3号、1939年。

小葉田淳「近世初期の琉明関係——征縄役後に於ける——」『台北帝大文政学部史学科研究年報』第7号、1942年。

英修道「1874年台湾蕃社事件」『法學研究(慶応大学法学部)』第24巻第9・10号、1951年。『英外交史論集』東京、慶応義塾大学法学研究会，1969年。

英修道「沖縄帰属の沿革」『国際法外交雑誌』特集・沖縄の地位、第54巻第1—3合併号、1955年。英「琉球帰属の由来」、英『外交史論集』東京、慶応義塾大学法学研究会，1969年。

植田捷雄「琉球の帰属を繞る日清交渉」『東洋文化研究所紀要』第2冊、1951年。

東恩納寛惇「沖縄歴史概説」『民族学研究』第15巻第2号，1950年11月。

佐藤三郎「琉球藩処分問題の考察」『山形大學紀要（人文科学）』第3巻第1号、1954年。新里恵二編『沖縄文化論叢第1巻歴史編』東京、平凡社、1972年。

佐藤三郎「明治7年台湾事件日清両国交換文書」『歴史教育』第6巻第3号、1958年3月。

大山梓「琉球帰属問題の史的研究」『政治経済』第7巻第5・6号、1954年。

大山梓「琉球帰属と日清紛議」『政経論叢（広島大學法学部）』第38巻第1・2号、1970年5月。大山『日本外交史研究』東京、良書普及会、1980年。

安岡昭男「日清間琉球案件交渉の挫折」『法政史学』第7号、1955年。

安岡昭男「日清間の琉球帰属問題」『歴史教育』第13巻第1号､1965年1月。

安岡昭男「琉球所属を繞る日清交渉の諸問題」『法政史学』第9号、1957年。

安岡昭男「小笠原・琉球および本土海防」、『明治維新史研究講座』第2巻、平凡社、1958年。

遠山茂樹「明治初年の琉球問題」『歴史評論』第83号、1957年。新里恵二編『沖縄文化論叢第1巻歴史編』東京、平凡社、1972年。

下村富士男「領土劃定の問題」、『明治維新史研究講座』第4巻、平凡社、1958年。

下村富士男「『琉球王国』論」日本歴史、第176号、1963年。新里恵二編『沖縄文化論叢第1巻歴史編』東京、平凡社、1972年。

仲原善忠「島津進入の意味と評価」、1960年、改題「島津進入の歴史的意義と評価」、『仲原

善忠選集』上・歴史篇、那覇、沖縄タイムス社、1969 年。

富村真演「琉球における明·日本との関係」『歴史教育』第 8 巻第 10 号、1960 年。

富村真演「琉球王朝の朝貢貿易策」『琉球大学文理学部紀要』第 5 号、1960 年。

笠原正明「沖縄帰属に関する若干の問題」『神戸外大論叢』第 12 巻第 2 号、1961 年 6 月。

Hiroshi Niino & Kenneth O. Emery, "Sediments of Shallow Portions of East China Sea and South China Sea," *Geological Society of America*, Vol. 72, 1961.

Kenneth O. Emery & Hiroshi Niino, "Strategraphy and Petroleum Prospects Korean Strait and the East China Sea," *Geological Survey of Korea, Report of Geographical Exploration*, Vol. 1, 1968.

井上清「『琉球処分』と土地改革」、『講座・日本歴史』第 16 巻近代Ⅲ、岩波書店、1962 年。

井上清『尖閣列島——釣魚諸島の歴史的解明』東京、現代評論社、1972年、第三書館、1996年。

井上清「琉球処分とその後」、『講座・日本歴史』第 16 巻近代Ⅲ、岩波書店、1962 年。新里恵二編『沖縄文化論叢第 1 巻歴史編』東京、平凡社、1972 年。

井上清「釣魚列島(尖閣列島等)の歴史と帰属問題」『歴史学研究(歴史学研究会)』第 381 号、1972 年 2 月。『光明日報』1972 年 5 月 4 日。井上『尖閣列島——釣魚諸島の歴史的解明』東京、現代評論社、1972 年、第三書館、1996 年。

井上清「釣魚列島（尖閣列島）などは中国領である」『日中文化交流』第 177 号，1972 年 2 月。『人民日報』1972 年 5 月 4 日。

井上清「釣魚諸島(尖閣列島など)の歴史とその領有権(再論)」『中国研究月報』1972年6月号。

井上清『尖閣列島——釣魚諸島の歴史的解明』東京、現代評論社、1972年、第三書館、1996年。

新屋敷幸繁「汪楫の『使琉球雑録』の解釈学的研究—— 17 世紀の中国の学者の報告書について(1)(2)(3)」『国際大学紀要』第 1 巻第 2 号、第 2 巻第 2 号、第 3 巻第 2 号、1963—65 年。

我部政男「琉球処分(一八七二年～一八七九年)の考察——支配階級の反応の分析を手がかりに」『人文社会科学研究』第 3 号、1964 年。我部『明治国家と沖縄』。

我部政男「沖縄近代史研究の歴史と現状——「琉球処分」の歴史的意義と評価を中心に——」『沖縄文化』第 25 号、1967 年。我部『明治国家と沖縄』。

我部政男「条約改正と沖縄問題——井上外交の日清交渉を中心に——」『史潮』第 107 号、1969 年 5 月。我部『明治国家と沖縄』。

我部政男「明治 10 年代の対清外交——『琉球条約』の顛末をめぐって——」『日本史研究』第 119 号、1971 年 5 月。我部『明治国家と沖縄』。

我部政男「琉球処分から沖縄処分へ」『中央公論』1972 年 6 月号。我部『明治国家と沖縄』。

我部政男「明治政府の成立と琉球処分」、那覇市企画部市史編集室編『那覇市史』通史編 2、那覇、那覇市役所、1974 年。

我部政男「近代日本国家の統合と琉球藩の反抗」『琉大法学』第 20 号、1977 年。我部『明治国家と沖縄』。

我部政男「統合過程における国家と周辺地域——血判誓約書形成過程の政治的意義——」『沖縄文化研究』第 4 号、1977 年。我部『明治国家と沖縄』。

許世楷「台湾事件（1871 ～ 1874 年）」『国際政治・日本外交史の諸問題Ⅱ』1965 年 4 月。

金城正篤「台湾事件（1871 ～ 74 年）についての一考察——琉球処分の起点として——」『沖縄歴史研究』創刊号、1965 年 10 月。新里恵二編『沖縄文化論叢第 1 巻歴史編』東京、平凡社、1972 年。『琉球処分論』那覇、沖縄タイムス社、1978 年。

金城正篤「『琉球処分』と民族統一の問題——琉球処分における明治政府の政策基調の分析を中心に——」『史林』第 50 巻第 1 号、1967 年 1 月。新里恵二編『沖縄文化論叢第 1 巻歴史編』東京、平凡社、1972 年。

『琉球処分論』那覇、沖縄タイムス社、1978 年。

金城正篤「明代初・中期における海外貿易について——朝貢貿易を中心に——」『琉球大学

法文学部紀要』第 10 号、1971 年。

渡口真清「17 世紀薩摩の侵攻——その原因について——」『沖縄歴史研究』第 2 号、1966 年。

渡口『近世の琉球』東京、法政大学出版局、1975 年。

島尻勝太郎「『陳侃使録』を通して見た 16 世紀初葉の沖縄」『沖縄歴史研究』第 5 号、1968 年。新里恵二編『沖縄文化論叢第 1 巻歴史編』東京、平凡社、1972 年。

藤村道生「明治初期における日清交渉の一断面——琉球分島条約をめぐって——上」『名古屋大学文学部研究論集』第 47 号（史学第 16 号）、1968 年。

藤村道生「琉球分島交渉と対アジア政策の転換——明治 14 年政変の国際的条件——」『歴史学研究』第 373 号、1971 年 6 月。

喜舎場一隆「『あや船』考——島津氏琉球支配への経緯——」『日本歴史』第 241 号、1968 年。

喜舎場一隆「島津氏琉球進入原因の再吟味」『海事史研究』第 13 号、1969 年。

喜舎場一隆「近世期沖縄の対外隠蔽主義政策」『海事史研究』第 16 号、1971 年。

喜舎場一隆「尖閣諸島と冊封使録」『季刊・沖縄』第 63 号、1972 年 12 月。

喜舎場一隆「琉球国における旧清初の朝貢と薩琉関係」、田中健夫編『日本前近代の国家と対外関係』吉川弘文館、1987 年。

上原兼善「先島分島問題」『沖縄歴史研究』第 5 号、1968 年。

仲地哲夫「『琉球処分』反対運動の歴史的意義」『沖縄歴史研究』第 6 号、1968 年 12 月。

仲地哲夫「『琉球処分』研究の成果と課題」『歴史評論』第 266 号、1973 年 4 月。

仲地哲夫「『琉球処分』における若干の問題点」『歴史評論』第 271 号、1973 年 4 月。

仲地哲夫「近世琉球における『王権』の性格」『歴史評論』第 314 号、1976 年 11 月。

宮城栄昌「明治政府の沖縄県治に対する 2 度——琉球処分の経過からーー」『日本歴史』第 250 号、1969 年 3 月。

宮田俊彦「慶長 14 年島津氏の琉球征伐」『軍事史学』第 8 号、1965 年。

宮田俊彦「雍正・乾隆時代の商船 5 隻について——『歴代法案』第二集による」『海事史研究』第 3 巻第 4 号、1965 年。『琉球・清国交易史——二集『歴代宝案』の研究』

宮田俊彦「日明・琉明国交の開始(1)(2)(3)」『日本歴史』第 210 号、第 202 号、第 203 号、1965 年。

宮田俊彦「被里（ペリー）と伯徳令（ベッテルハイム）」『古文書研究』第 5 号、1971 年。

宮田俊彦「幕末、琉球に侵入した仏英両国の宣教師——その対応、斎彬・斎昭——」『南島史学』第 1 号、1972 年。

宮田俊彦「陳侃の使琉球録」『歴史地理』第 92 巻第 3・4 号、1975 年。

宮田俊彦「清朝の招諭と琉清貿易の盛況」『南島史学』第 7 号、1975 年。

宮田俊彦「最盛期の琉清貿易—— 2 集「歴代宝案」の初め巻 15 までに沿って」『南島史学』第 13 号、1979 年。

宮田俊彦「毛泰昌と毛泰久——明末清初の琉球の外交——」『南島史学』第 15 号、1980 年。

林司宣「尖閣列島周辺の大陸棚境界画定問題」『季刊・沖縄』第 51 号、1969 年。

中島昭三「台湾出兵」『國學院法学』第 7 巻第 3 号、1969 年。

新里金福「サンシイ事件」、大城立裕編『沖縄の百年』第 2 巻、東京、大平出版、1969 年。

金城睦「尖閣列島問題の周辺」『法律時報』1970 年 10 月号。

新城利彦「尖閣列島と大陸棚」『法律時報』1970 年 10 月号。

名嘉正八郎「日清間の琉球帰属問題」『歴史教育』第 18 巻第 4 号、1970 年 4 月。

土屋教子「『琉球処分』—— 1870 年代の東アジアにおける意義について——」『歴史評論』第 238 号、1970 年 6 月。

楊仲撥「尖閣群島問題」1 ～ 2『中央日報』1970 年 8 月 22 日— 23 日。楊『琉球古今談——兼論釣魚臺問題』。

楊仲撥「従史地背景看釣魚臺列島」『文藝復興月刊』1970 年 10 月号。

楊仲揆「釣魚台は「盛家」の土地である」『アジア・レビュー』第10号、1972年[『祖國』1972年2月号の邦訳]。

楊仲揆「釣魚臺列嶼主權平議——兼答日本奥原敏雄氏『釣魚臺列島領有權問題』一文」『祖國』1972年12月号。楊『琉球古今談——兼論釣魚臺問題』。

楊仲揆「尖閣群島問題」『華學月刊』第23期、1973年11月。楊『琉球古今談——兼論釣魚臺問題』台北、臺灣商務印書館、1990年。

楊仲揆「琉球日本史籍上所見之釣魚台列嶼」『文藝復興』1980年12月号。

楊仲揆「現代史上釣魚台列嶼問題」『近代中國』第80期、1990年12月。

馬廷英「釣魚臺列嶼屬我的歴史證據」『自立晩報』1970年8月30日。

何勇仁「『釣魚台』與『大陸礁層』問題之研究」『政治評論』第25巻第3期、1970年10月。

蕭雲庵「由人文地理歴史看釣魚臺列歸屬」1～3『香港工商日報』1970年9月25日—27日。

常勝君「釣魚臺主權與礁層公約」『中國時報』1970年8月13日。

常勝君「礁層公約與保留條款」『中央日報』1970年8月24日。

呉恕「就法理及事實論釣魚列嶼主權」『中國時報』1970年8月13日。

周士傑「釣魚臺列嶼係我國土」『自立晩報』1970年8月29日、30日。

奥原敏雄「尖閣列島の地位」『季刊・沖縄』第52号、1970年。

奥原敏雄「尖閣列島——歴史と政治のあいだ」『日本及日本人』1970年新春号。

奥原敏雄「尖閣列島——その法的地位」1～8『沖縄タイムス』1970年9月2日—9日。

奥原敏雄「尖閣列島の領有権問題」『季刊・沖縄』第56号、1971年3月。

Toshio Okuhara（奥原敏雄）, "The Territorial Sovereignty over the Senkaku Islands and Problems on Surrounding Continental Shelf," *The Japanese Annual of International Law*, Vol. 15, 1971.

奥原敏雄「尖閣列島の領有権と『明報』論文」『中国』1971年6月号。

奥原敏雄「尖閣列島と帰属問題」『アジア・レビユー』第10号、1972年。

奥原敏雄「尖閣列島領土権の法理」『日本及日本人』1972年陽春号。

奥原敏雄「明代および清代における尖閣列島の法的地位」『季刊・沖縄』第63号、1972年12月。

奥原敏雄「尖閣列島の領有権と「井上清」論文」『日本及日本人』1973年新春号。

奥原敏雄「尖閣列島の領土編入経緯」『政経學会誌(國士館大学政経学部)』第4号、1975年。

奥原敏雄「尖閣列島領有権の根拠」『中央公論』1978年7月号。

奥原敏雄「尖閣諸島　中国及び台湾の領有権批判」『AFAシリーズ（アジア親善交流協会）』1978年第4号。

新城利彦「尖閣列島と大陸だな」1～8『琉球新報』1970年9月1日—8日。

大熊良一「尖閣列島の歴史地理」東京、『政策日報(自由民主党)』第177巻、1970年10月号。

伊津野重満「尖閣列島の帰属に関する法理」、『創価大学開学論文集』東京、創価大学、1971年。

武山真行「尖閣列島周辺の大陸棚問題」『中央評論(中央大学)』第114号、1971年6月。

和田久徳「明実録——沖縄資料（1）」『お茶の水人文科学紀要』第24巻第2号、1971年。

和田久徳「明実録——沖縄資料（2）」『南島史学』第1号、1972年。

和田久徳「琉球国の三山統一についての新考察」『お茶の水人文科学紀要』第28巻第2号、1975年。

尖閣列島研究会「尖閣列島と日本の領有権」『季刊・沖縄』第56号、1971年3月。

尖閣列島研究会「尖閣列島と日本の領有権」『季刊・沖縄』第63号、1972年12月。

The Senkaku Islands Study Group, "The Senkaku Islands and the Japan's Territorial Titles to Him,"『季刊・沖縄』第63号、1972年12月。

入江啓四郎「尖閣列島海洋開発の法的基盤」『季刊・沖縄』第56号、1971年3月。

入江啓四郎「日清講和と尖閣列島の地位」『季刊・沖縄』第63号、1972年12月。

牧野清「尖閣列島小史」『季刊・沖縄』第56号、1971年3月。

牧野清「南島属領の歴史——京大井上教授の『尖閣列島は中国に属する』という所論に反論す——」『季刊・沖縄』第63号、1972年12月。

郭生「釣魚島等領土主權和油原開発問題」香港『七十年代』1971年3月号。

呉輻員「従『使琉球録』看魚嶼——釣魚嶼等島嶼非琉球所属史證之一」『東方雑誌』復刊第5巻第6期、1971年12月。

丘宏達「日本對於釣魚台列嶼主權問題的論據分析」『明報月刊』第75期、1971年3月。抄訳「日本の釣魚台列嶼に対する主権問題の論拠の分析」『アジア・レビュー』第10号、1972年。明報出版社編輯部編『釣魚台——中國的領土』香港、明報出版社、1996年。

丘宏達「日本對於釣魚台列嶼主權問題的論據分析」『政大法学評論』第5期、1971年12月。

丘宏達「關於『日本對於釣魚台列嶼主權問題的論據分析』」一文的補充説明」『明報月刊』第77期、1972年5月。明報出版社編輯部編『釣魚台——中國的領土』香港、明報出版社、1996年。

丘宏達「中國對於釣魚台列嶼主權問題的論據分析」『明報月刊』第78期、1972年6月。明報出版社編輯部編『釣魚台——中國的領土』香港、明報出版社、1996年。

丘宏達「従國際法観点論釣魚臺列嶼問題」『大學雑誌』第60巻第1期、1971年。

丘宏達「釣魚台列嶼問題研究」『政大法学評論』第6期、1972年6月。

呉仲賢「香港保衛釣魚台運動的實況」『明報月刊』第66期、1971年6月。明報出版社編輯部編『釣魚台——中國的領土』香港、明報出版社、1996年。

姚立民「保衛釣魚台運動的回顧與前譫」『明報月刊』第66期、1971年6月。明報出版社編輯部編『釣魚台——中國的領土』香港、明報出版社、1996年。

方豪「『日本一鑑』和記釣魚嶼」『東方雑誌』第5巻第6期、1971年10月。

方豪「『日本一鑑』和記釣魚嶼」『學粋』第14巻第2期、1972年。

いわゆる尖閣列島問題研究グループ「いわゆる尖閣列島の領有権問題」『日本と中国』1972年1月24日—4月17日。

平和彦「中国史籍に現れたる尖閣(釣魚)諸島」上・下『アジア・アフリカ資料通報』第10巻第4号、第6号、1972年。

尾崎重義「尖閣諸島の帰属について」上・中・下1・下2『レファレンス』第260号、第261号、第262号、第263号、1972年。

王成聖「盛宣懐與釣魚臺」『内外雑誌』第11巻第1期、1972年1月。

大平善梧「尖閣列島の領有権」『言論人』1972年3月25日。

広部和也「大陸棚画定・開発と領土帰属問題」『アジア・レビュー』第10号、1972年。

高橋庄五郎「いわゆる尖閣列島は日本のものか——“歴史は回答する”——」『アジア・レビュー』第10号、1972年。

星野通平「東シナ海の大陸棚」『季刊・沖縄』第63号、1972年12月。

陶龍生「釣魚臺主権和大陸棚画定問題」『學粋』第14巻第2期、1972年。

沙林見「竿踵凑朔詔論與釣魚台主権」『明報月刊』第78期、1972年6月。明報出版社編輯部編『釣魚台——中國的領土』香港、明報出版社、1996年。

王成聖「盛宣懐與釣魚台」『中外雑誌』第11巻第1期、1972年1月。

黄養志等「日人為謀我釣魚台做了些什ム手脚？」『明報月刊』第7巻第10期、1972年10月。明報出版社編輯部編『釣魚台——中國的領土』香港、明報出版社、1996年。

張嘉言「我們反對日本侵呑琉球和釣魚台列嶼」『国家論壇』第5巻第6期、1972年6月。

沙學俊「釣魚臺中國不屬琉球的史地根據」『學粋』第14巻第2期、1972年。

沙學俊「日本文獻證明釣魚台屬中華民国」『中国憲政』第7巻第5期、1972年5月。

沙學俊「日本虚構事実向國詐騙釣魚台」『東方雑誌』第7巻第10期、1974年4月。

盛承楠「由日本海圖證明釣魚台是中國領土」『中華雑誌』第10巻第5期、1972年5月。

洪安全「釣魚台不屬琉球」『東方雑誌』第5巻第8期、1972年2月。

Donald R. Allen & Patrick H. Mitchell, “The Legal Status of the Continental Shelf of the East China Sea,” *Oregon Law Review*, Vol. 51, 1972.

Peter N. Upton, "International Law and Sino-Japanese Controversy over the Territorial Sovereignty of the Senkaku Island," *Boston University Law Review*, Vol. 52 No. 4, 1972.

勝沼智一「尖閣列島の領土問題の歴史と法理」『法学志林(法政大学法学部)』第71巻第2号、1973年。

瀬川善信「台湾出兵（明治7年）問題」『法学新報（中央大學法学部）』第80巻第6号、1973年。

Shigeru Oda, “The Delimitation of the Continental Shelf in Southeast Asia and the Far East,” *Ocean Management*, Vol. 1, 1973.

梅本哲人「近世における薩摩琉球支配の形成」『史潮』第112号、1973年。

梅本哲人「琉球国王書翰の検討——異国の構造試論」『地方史研究』第197号、1985年。

大畑篤四郎「沖縄の地位——その歴史的展望(1)(2)」『早稲田法学』第48巻第1号、1972年、第50巻第1・2号、1974年。

菊山正明「琉球王国の法的・政治的地位——幕藩体制との関連において」『沖縄歴史研究』第11号、1974年。

川越泰博「謝杰の『使琉球録』について」『日本歴史』第312号、1974年。

Tao Cheng, “The Sino-Japanese Dispute over the Tiao-yu-t'ai (Senkaku) Islands and the Law of Territorial Acquisition,” *Virginia Journal of International Law*, Vol.14 No. 1, 1974.

佐久間重男「明代の琉球と中国との関係——交易路を中心として」『明代史研究』第3号、1975年。

Victor H. Li, “China and Offshore Oil: The Tiao-yu-t'ai Dispute,” *Stanford Journal of International Studies*, Vol. 10, 1975.

Chon-ho Park, "The Sino-Japanese-Korean Sea Resources Controversy and the Hypothesis of a 2000-milr Economic Zone," *Harvard International Law Journal*, Vol. 1 No. 1, 1975.

Choon-ho Park, “Offshore Oil Development in the China Seas: Some Legal and Territorial Issues,” Elizabeth Mann Borgese & Norton Ginsburg eds., *Ocean Yearbook*, Vol. 2, Chicago: Univ. of Chicago Press, 1980.

中島宏司「明治政府の初期沖縄政策」『日本史研究』第171号、1976年11月。

太寿堂鼎「領土問題——北方領土・竹島・尖閣諸島の帰属」『ジュリスト』第647号、1977年9月1日。

太寿堂鼎「明治初年における日本領土の確定と国際法」上・下『法学論叢(京都大学法学部)』第100巻第5号、第6号、1981年。太寿堂『領土帰属の国際法』東信堂、1998年。

汪威錞「我國東海大陸礁層的法律地位」『国立海洋學院學報』第13期、1977年。

An-Olaf Williams, “China Offshore Petroleum,” *The China Business Review*, Vol. 4 No.4, 1977.

北沢洋子「尖閣列島問題と海底石油開発」『技術と人間』第7巻第7号、1978年7月。

紙屋敦之「幕藩制下における琉球の位置——幕・薩・琉三者の権力関係」、北島正元編『幕藩制国家成立過程の研究』東京、吉川弘文舘、1978年。紙屋『幕藩制国家の琉球支配』東京、校倉書房、1990年。

劉公木「釣魚嶼是我們中國的領土」『台湾文献』第29巻第4期、1978年12月。

仲里譲「尖閣列島の領有権問題——日中の主張と先例の法理」『日向学院論集』第22号、1979年。

高瀬恭子「明清交替時における琉球国の対中国姿勢について」『お茶の水史学』第22号、1979年。

高瀬恭子「南明の隆武2年における琉球国の使者」『南島史学』第16号、1980年。

Daniel Tretiak、直君訳「釣魚台事件——北平東京条約的序幕」『中華雑誌』第17巻第7期、1979年7月。

緑間栄「尖閣列島周辺海域の開発と法理」『沖縄法学(沖縄国際大学法学会)』第8号、1980年。

田中健夫「室町幕府と琉球との関係の一考察――琉球国王に充てた足利将軍の文書を中心に」『南島史学』第16号、1980年。

Ying-jeou Ma, "Foreign Investment in the Troubled Waters of the East China Sea," *Chinese Yearbook of International Law and Affairs*, Vol. 1, 1981.

趙理海「従<日韓共同開発大陸棚協定>看東海大陸棚問題」『国際法学論集』北京、法学雑誌社、1982年。

趙理海「活用于東海大陸架劃界的法律原則」『海洋法法律与政策』第1集、1990年。

趙理海「我国対南海諸島拥有無可争辨的主権」『北京大学学報』1992年第3期。

John K. T. Chao, "East China Sea: Boundary Problems relating to the Tiao-yu-t'ai Islands," *Chinese Yearbook of International Law and Affairs*, Vol. 3, 1983.

陳之耀「従国際法觀點談釣魚台主權歸屬問題」『法律評論』第50巻第2期、1984年2月。

邊土名朝有「対明国入貢と琉球国の成立」『球陽論叢』1986年。

豊田武「歴代宝案について」、熱田公編『中世の社会と経済関係文書』日本古文書学会編・日本古文書学論集第9巻、東京、吉川弘文館、1987年。

杜継東「釣魚島等島的歴史和現状」1988年、呂一燃主編『中国海彊歴史与現状研究』哈尔浜、黒龍江教育出版社、1995年。

許森安「隋朝陳説到地方窮境是琉球還是台湾」1988年、呂一燃主編『中国海彊歴史与現状研究』哈尔浜、黒龍江教育出版社、1995年。

申儒「美国在釣魚島主権論争中之責任」『法言』、香港1990年12月号。

林金莖「釣魚台主權與國際法」『外交部通訊』第18巻第8期、1990年12月。

林金莖「釣魚台主權及事端國處理法案的研究」『外交部通訊』第22巻第1期、1998年2月。

坂井臣之助「尖閣諸島事件の波紋」『世界』1991年11月号。

張風翔「李鴻章与中日馬関条約」『内蒙古師大学報』1991年第2期。

李明峻「釣魚台主權問題與國際法」『現代學術研究』第4期、1991年5月。

平松茂雄「中国の領海法と尖閣諸島問題」上・中・下『国防』第41巻第9号、第10号、第11号、1992年9月―11月。平松『中国の海洋戦略』。

平松茂雄「進展する中国の深海底調査」東京『東亜』1993年11月号。

平松茂雄「本格化する中国の東シナ海石油開発」『東亜』1994年5月号。平松『続中国の海洋戦略』。

平松茂雄「活発化する中国の東シナ海資源探査」『東亜』1996年7月号。平松『続中国の海洋戦略』。

平松茂雄「尖閣諸島の領有権問題と中国の東シナ海戦略」『杏林社会科学研究』第12巻第3号、1996年。平松『続中国の海洋戦略』。

平松茂雄「拡大する中国の東シナ海進出」『東亜』1999年4月号。平松『中国の戦略的海洋進出』。

平松茂雄「ここまで来た中国の東シナ海開発」『東亜』2000年6月号。平松『中国の戦略的海洋進出』。

平松茂雄「海洋実行支配の拡大を目指す中国」『東亜』2001年7月号。平松『中国の戦略的海洋進出』。

平松茂雄「『事前通報』による中国の海洋調査活動」『東亜』2001年10月号。平松『中国の戦略的海洋進出』。

平松茂雄「日本近海に迫る中国の軍艦」『問題と研究』2001年10月号。平松『中国の戦略的海洋進出』。

西里喜行「琉球処分と樺太・千島交換条約」、荒野泰典・石井正敏・村井章介編『地域と民族(エトノス)』東京，東京大学出版会、1992年。

西里喜行「清代光緒年間の〈琉球国難民〉漂着事件について――救国運動との関連を中心として――」、沖縄県立図書館史料編集室編『第二回琉球・中国交渉史に関するシンポジウム論文集』那覇、沖縄県立図書館、1995年。

西里喜行「琉球＝沖縄史における「民族」の問題――琉球意識の形成・拡大・持続について――」『新しい琉球史像――安良城盛昭先生追悼論集』宜野湾、榕樹社、1996年。

西里善行「冊封進貢体制の動揺とその諸契機――嘉慶・道光期の中琉関係を中心に――」『東洋史研究』第59巻第1号、2000年。

西里善行「アヘン戦争後の外圧と琉球問題――道光・咸豊期の琉球所属問題を中心に――」『琉球大学教育学部紀要』第57集、2000年。

兪寛賜「釣魚台主權争端經緯法理」『中國國際法與國際事務年報』第5巻、1992年。

趙欣燕「釣魚台列嶼地理研究」『地理教育』第18期、1992年6月。

張啓雄「釣魚台列嶼主權歸屬問題」『中央研究院近代史研究所集刊』第22期下、1993年6月。

張啓雄「従國際法験證日本對釣魚台列嶼主権『領有權』的主張」『歴史月刊』第106期、1996年11月。

張延廷「釣魚台主權争執」『問題與研究』第34巻第7期、1993年7月。

真栄平房昭「19世紀の東アジア国際関係と琉球問題」『周縁からの歴史』東京大学出版会、1994年。

李国興「中、日釣魚島争端和前決前景」『国際問題論壇』1994年試刊。

馬英九「釣魚台列嶼主權争議的回顧與展望」『交流』第30期、1994年11月。

陳鵬仁「釣魚台不是日本的領土」『近代中國』第114期、1994年8月。

松浦章「明清時代の使琉球封船について」『関西大学文学論集』第45巻第2号、1995年12月。

蘇崇民「関干釣魚問題思考」北京『現代日本経済』1995年第2・3期。

陳本善「関与釣魚島帰属問題的初歩意見」『現代日本経済』1995年第2・3期。

鄒曉翔「釣魚島主権与劃界分離論」『『現代日本経済』1995年第2・3期。

王泰升「台灣歴史上的主權問題」『月旦法學雜誌』第9期、1996年1月。

陳隆志「台灣的國際法律地位」『月旦法學雜誌』第9期、1996年1月。

井上秀雄「近世琉清交渉史における若干の問題」、沖縄県立図書館史料編集室編『第三回琉球・中国交渉史に関するシンポジウム論文集』那覇、沖縄県立図書館、1996年。

呉元豊「清豊初期における琉球国尚質の冊封について」、沖縄県立図書館史料編集室編『第三回琉球・中国交渉史に関するシンポジウム論文集』那覇、沖縄県立図書館、1996年。

鈴木祐二「尖閣諸島領有権問題の発生」『海外事情(拓殖大学海外事情研究所)』1996年12月号。

中川昌郎「尖閣諸島問題の過去と未来――台湾の動向(1996年8月1日一9日)」『東亜』第353号、1996年11月。

安田淳「東シナ海の空域をめぐる諸問題」『民主主義研究会紀要』第25号、1996年11月。

小島朋之「尖閣諸島問題と日中関係」『世界』1996年11月号。

山本剛士「尖閣の日中近代史」『世界』1996年12月号。

山崎太喜男「尖閣諸島は日本領土である」『自由』1996年12月号。

若林正丈「尖閣問題をめぐる台湾政治の内実」『世界週報』第77巻第45号、1996年12月3日。

中静敬一郎「『尖閣有事』に対処せよ」『Voice』1996年12月号。

劉文宗「釣魚島に対する中国の主権は駁論を許さない」『北京周報（日本語版）』第34号、1996年8月20日。

劉文宗「中国対釣魚列島主権具有無可争瓣的歴史和法理依据」『法制日報』1996年11月1日。

鐘厳「論釣魚島主権帰属」『人民日報』1996年10月18日。劉「釣魚島の主権の帰属について論じる」『北京周報（日本語版）』第44号、1996年10月29日。

王乃昂・楊淑華・蔡為民「略論中日釣魚諸島之争」『中国辺疆史地研究』1996年第4期。

夏泰寧「若釣島中日大戦、誰胜誰負」『明報』1996年9月18日。

呂一燃「歴史資料証明——釣魚島列島的主権属于中国」『抗日戦争研究』1996年第4期。

徳田教之「尖閣紛争の原点を解析する」『改革者(政策研究フォーラム)』第438号、1997年1月。

松本健男「尖閣諸島と竹島の正しい解決——侵略戦争の帰結としての認識が必要」『社会評論』第23巻第2号、1997年2月。

劉江水「論釣魚島主権帰属問題」『日本学刊』1969年第6期。

吉田勝次「『尖閣列島』問題と市民外交の課題」『軍縮問題資料(宇都宮軍縮研究室)』第195号、1997年2月。

新井ひふみ「尖閣諸島問題と香港の大衆ナショナリズム」『国際問題(日本国際問題研究所)』第445号、1997年4月。

高井三郎「自衛隊の尖閣諸島防衛計画」『軍事研究』第32巻第11号、1997年11月。

Yoshiro Matsui, "International Law of Territorial Acquisition and the Dispute over the Senkaku (Diaoyu) Island," *The Japanese Annual of International Law*, Vol.. 40, 1997.

呉輝「論中日釣魚島争端」北京大学国際関係学院碩士論文、1997年5月。

呉輝「从国際法論中日釣魚島争端及基解決前景」『国際論壇』北京、第2巻第4期、2000年8月。

劉泰雄「従釣魚台事件看日本擴大經濟海域與我之因應措施」『國防雑誌』第12巻第5期、1989年。

林田富「關於釣魚台列嶼主權之争議與対前之保釣運動」『静宜人文學報』第9期、1997年6月。

黄正文「釣魚台列嶼主權與歴史文獻」『文大日研學報』第2期、1997年12月。

廖彩雲「釣魚台列嶼主權問題之探討」『文大日研學報』第2期、1997年12月。

牧野愛博「尖閣・竹島・北方4島——領土問題テキストブック」社内報告(朝日新聞社調査研究室)、第234号、1998年3月。

方坤・李杰『釣魚島的戦略价値及其対我会場安全可能産生的影響』北京『華夏縦横』1998年第2期。

呉天穎「日本窃我的魚列嶼的歴史考察」『抗日戦争研究』1988年第2期。

秦国経「乾隆時代の中琉関係にいて」、沖縄県立図書館史料編集室編『第四回琉球・中国交渉史に関するシンポジウム論文集』那覇、沖縄県立図書館、1999年。

真栄平房昭「アヘン戦争前後の東アジア国際関係と琉球」、沖縄県立図書館史料編集室編『第四回琉球・中国交渉史に関するシンポジウム論文集』那覇、沖縄県立図書館、1999年。

鄒愛連・高換婷「清代の冊封史趙文楷・李鼎元の琉球での冊封に関する試論」、沖縄県立図書館史料編集室編『第四回琉球・中国交渉史に関するシンポジウム論文集』那覇、沖縄県立図書館、1999年。

徳松信男「侵略される尖閣列島」1～10『祖国と青年(日本青年協議会)』第253号、第254号、第255号、第257号、第258号、第259号、第260号、第261号、第262号、第263号、1999年10月～2000年8月。

王琳「从国際法論中国対釣魚群島拥有無可辨的主権」『中国辺疆史研究』1999年第4期。

許森安「東海大陸棚劃界中的一些問題」『中国辺疆史研究』1999年第4期。

間行棚「尖閣諸島問題」をめぐる右翼等の動向」『治安フォーラム』第6巻第1号、2000年1月。

安京「試論中国古代海界問題」『中国辺疆史研究』2000年第2期。

豊見山和行「複合支配と地域——従属的二重朝貢国・琉球の場合」『地域の世界史11 支配の歴史』山川出版社、2000年。

豊見山和行「冠船貿易からみた琉球王国末期の対清外交」『琉球大学法文学部 日本東洋文化

論集』第 6 号、2000 年。

■記事・その他

吉原重康「琉球無人島の探検」『地學雑誌』第 7 巻第 80 号、1900 年。

黒岩恒「尖閣列島探検記事」『地學雑誌』第 12 輯第 140 号、1900 年。

宮嶋幹之助「沖縄県下無人嶋探検記」『地學雑誌』第 12 輯第 140 号、第 141 号、第 145 号、1900 年。

宮嶋幹之助「黄尾島」『地學雑誌』第 12 輯第 143 号、第 144 号、1900 年。

「琉球群島における古賀氏の功績」1 ～ 7『沖縄毎日新聞』1910 年 1 月 1 日―9 日。那覇市企画部市史編集室篇『那覇市史』通史篇 2、那覇市役所、1974 年。

正木任「尖閣群島を探る」『採集と飼育』第 3 巻第 4 号、1941 年。

多和田真淳「尖閣列島の植物相について」『琉球大学農学部学術報告』第 1 号、1954 年。

高良鉄夫「尖閣列島の動物相について」『琉球大学農学部学術報告』第 1 号、1954 年。

高良鉄夫「尖閣列島のアホウ鳥を探る」『南と北（南方同胞援護会）』第 26 号、1963 年。

高良鉄夫「尖閣列島の海鳥について」『琉球大学農学部学術報告』第 16 号、1969 年。

兼島清「尖閣列島の水質」『琉球大学理学部紀要』1969 年。

高岡大輔「尖閣列島周辺海域の学術調査に参加して」『季刊・沖縄』第 56 号、1971 年 3 月。

東海大学「第二次尖閣列島周辺海底地質調査報告書」『季刊・沖縄』第 56 号、1971 年 3 月。

琉球大学尖閣列島学術調査団編『尖閣列島学術調査報告』那覇、琉球大学、1971 年。

九州大学・長崎大学合同尖閣列島学術調査隊『東支那海の谷間――尖閣列島　九州大学・長崎大学合同尖閣列島学術調査隊報告』福岡、九州大学・長崎大学合同尖閣列島学術調査隊、1973 年。

沖縄開発庁『尖閣諸島調査報告書・学術調査編』東京、沖縄開発庁、1980 年。

とくだ　きよ、上運天研『魚が鳥を食った話――尖閣列島・南小島の動物たち』那覇、那覇出版社、1980 年。

みやら雪朗『あほうどりのちかくで――かあちゃんの尖閣列島遭難記』、私家版、1983 年、東京、近代文芸社、1995 年。

木村政昭『沖縄トラフにおける熱水スモーカー・生物・鉱床の調査と解析』平成 3 年度科学研究費補助金研究成果報告書、那覇、琉球大学、1992 年 3 月。

【尖閣諸島年表】

■ 琉球藩の成立と沖縄県への移行、尖閣諸島の処置

1843／	天保 14 ～天保 17	英軍艦サマラン号、和平山（魚釣島）探検
1859／	安政　6.	美里間切役人大城永保、久米赤島．久場島．魚釣島探査
1868／	慶応 4.1.	明治維新
1871／	明治 4.8.29	廃藩置県
	明治 4.12.	台湾蕃社事件
1872／	明治 5.9.1	琉球藩成立、外務省の管轄
1873／	明治 6.1.	海軍大佐．水路権頭柳樽悦、英国版『シナ海路誌』の抄訳『台湾水路誌』刊行、これとともに海軍水路寮が琉球全島及び台湾近海の測量
	明治 6.3.	台湾備中小田原事件
	明治 6.6.21	清国総理各国事務衙門総領大臣奕訴（恭親王）、台湾蕃社事件の日本の抗議に「台湾東部の生蕃は化外の者で清国政教の及ばぬ所」と回答
1874／	明治 7.	琉球藩、内務省の管轄に移行
	明治 7.10.	水路部海図「清國沿海諸省圖」に和平山、黄尾嶼、赤尾嶼記入
1875／	明治 8.3.	旧琉球王、中国北京へ進貢使派遣、日本は清国総理各国事務衙門総領大臣奕訴（恭親王）に抗議
	明治 8.5. 9	日本政府、琉球藩の清国関係断絶を決定
	明治 8.7.10	内務大丞松田道之を琉球派遣、7.14琉球藩に対し冊封停止措置
1877／	明治 10.7.3	旧琉球国紫巾官向徳宏、清国北京で直隷総督北洋大臣李鴻章に嘆願書提出、向徳宏は7.23にも提出、10.27嘆願書提出
1878／	明治 11.11.	東京在住の琉球藩士に帰国命令
1879／	明治 12.3.31	内務大書記官松田道之を琉球派遣、王宮首里城を接収
	明治 12.3.	柳田赳編「大日本全圖 JAPAN」刊行、琉球列島に和平山、凸山（北小島．南小島）、黄尾嶼、嵩尾嶼（赤尾嶼）記入
	明治 12.4.4	琉球藩廃止、沖縄県設置、6.17旧琉球王尚泰が上京、藩印返納
1884／	明治 17.1.	内務省、沖縄県に対し尖閣諸島調査を命令
	明治 17.3.	古賀辰四郎、大阪商船永康丸で尖閣列島探検、1885.4.黄尾嶼の開拓許可を沖縄県に申請
1885／	明治 18.9.21	沖縄県官吏石沢兵吾、久米赤島．久場島．魚釣島調査、11.4調査報告
	明治 18.9.22	沖縄県令西村捨三、久米赤島．久場島．魚釣島の処置で内務卿山県有朋に上申
	明治 18.10.9	内務卿山県有朋、久米赤島．久場島．魚釣島の国標建設を太政大臣に上申
1885／	明治 18.10.21	沖縄県令の指示で出雲丸による尖閣列島実地調査、11.2調査報告
	明治 18.11.30	外務卿井上馨が国標建設延期の意見書提出
	明治 18.12.5	日本政府、沖縄県に対し国標建設不要の回答

1986／明治 19.3.	下村孝光編「大日本測量全圖並五島之全圖」刊行、和平山、凸列島（南小島．北小島）、赤尾礁．嵩尾礁記入
1887／明治 20.6.	軍艦金剛の宮古島．八重山島．尖閣列島調査
1890／明治 23.1.13	沖縄県知事、久米赤島．久場島．魚釣島の沖縄県所轄決定と国標建設の件を上申
1891／明治 24.	伊沢矢喜太、魚釣島．久場島でアホウ鳥羽毛採集
1892／明治 25.8.	軍艦海門の尖閣列島調査
1893／明治26.	永井喜右衛門、松村仁之助、黄尾嶼で沖縄漁民の同行でアホウ鳥の採取 伊沢矢喜太、魚釣島．久場島でアホウ鳥羽毛採集 野田正、魚釣島．黄尾嶼に上陸
明治 26.11.2	沖縄県知事、久米赤島．久場島．魚釣島の沖縄県所轄決定と国標建設の件を上申
1894／明治 27.8.1	日清戦争勃発、1895.3.30 日清休戦条約調印
1895／明治 28.1.11	外務大臣陸奥宗光、内務大臣野村靖の尖閣列島処置計画に同意
明治 28.1.14	閣議、久場島.魚釣島の沖縄県所轄決定と国標建設を認める件を決定、1.21 沖縄県知事へ指示
明治 28.4.17	日清講和条約調印、5.8 批准文書交換
明治 28.6.14	古賀辰四郎、内務大臣に対し尖閣列島の貸与願を申請
明治 28.9.6	『申報』記事「台湾警告」
1896／明治 29.3.5	沖縄県郡制令公布、4.1 施行、沖縄県知事は尖閣列島を八重山郡に編入、魚釣島.久場島.南小島.北子島を国有地と決定
明治 29.9.	内務大臣が古賀辰四郎に対し魚釣島.久場島.南小島.北子島4島を30年期限で無償貸与許可、古賀は同島開拓のために当初50人、1998年50人、1899年29人、1900年22人労務者を派遣
1900／明治 33.5.3～20	古賀辰四郎が尖閣列島へ永康丸派遣
1901／明治 34.5.	臨時沖縄県土地整理事務局が尖閣列島実地調査
1902／明治 35.12.	沖縄県、尖閣列島を大浜間切と決定
1907／明治 40.8.19	福岡鉱山監督署、古賀辰四郎に対し尖閣列島での燐鉱採掘願を許可
1908／明治 41.7.13	熊本営林局、尖閣列島4島の国有林野台帳を沖縄県より引き継ぐ
1909／明治 42.11.22	尖閣列島開拓の功績により古賀辰四郎に藍綬勲章授与
1910／明治 43.	恒藤規隆、尖閣列島4島調査
1914／大正 3.4.	海軍水路部、尖閣列島の実地調査
1915／大正 4.5.	海軍水路部、尖閣列島の実地調査
1917／大正 6.	海軍水路部、尖閣列島の実地調査
1919／大正 8.	中国漁船が魚釣島に漂着、古賀善次（古賀辰四郎の嗣子）ら遭難者31人を救助、1920.5.20石垣村村長豊川善佐.古賀善次らに対し中国長崎領事馮秩が感謝状贈呈
1921／大正 10.7.25	久米赤島（大正島）を日本国有地と指定、尖閣列島を内務省が管轄
1926／大正 15.8.	古賀善次、尖閣列島4島の1年毎の更新有償借入れ契約成立
1931／昭和 6.	沖縄営林署が尖閣列島実地調査

1932／昭和 7.5.20　内務大臣、古賀善次に貸与中の魚釣島と久場島を有償払下げ
昭和 7.7.15　内務大臣、古賀善次に貸与中の北子島と南小島を有償払下げ
昭和 7.7.　農林省資源調査団が尖閣列島資源．地形調査
1939／昭和 14.5.25～6.4　農林省農事試験場技師が尖閣列島資源調査
1940／昭和 15.2.6　大日本航空の連絡便（福岡—那覇—台湾ルート）が魚釣島に不時着、八重山警察署から警官 13 名派遣
1943／昭和 18.9.21～29　沖縄県石垣測候所技師が魚釣島に有人気象官署創設のための調査

■ 米軍の沖縄占領

1945／昭和 20.4.1　米軍、沖縄本島に上陸
1946／昭和 21.1.29　GHQ、北緯 30 度以南の南西諸島を日本から分離
1950／昭和 25.3.28～4.9　琉球大学調査団、尖閣諸島魚釣島生物相調査
昭和 25.8.4　米民政府、沖縄群島組織法公布、尖閣諸島は八重山群島の一部
1951／昭和 26.9.8　対日平和条約調印
1952／昭和 27.2.29　米民政府、琉球政府章典公布、尖閣諸島を含む行政管轄を決定
昭和 27.3.27～4.28　第 2 次琉球大学調査団、尖閣諸島魚釣島の生物相調査
1953／昭和 28.7.27～8.11　第 3 次琉球大学調査団、尖閣諸島魚釣島生物相の調査
昭和 28.12.19　米民政府、琉球列島の地理的境界の再指定、11.24 遡及発効
1955／昭和 30.3.2　魚釣島海域で第三清徳丸に対しジャンク船 2 隻が銃撃
昭和 30.10.　米軍、久場島を演習地と決定
1956／昭和 31.4.11　米軍、大正島を演習地と決定
1958／昭和 33.7.1　米沖縄高等弁務官、久場島を軍用地に指定、古賀善次は米軍と地代契約締結
1961／昭和 36.4.11　沖縄県石垣市、土地賃貸安定法に従い土地等級設定のために尖閣諸島魚釣島に 11 名上陸
1962／昭和 37.6.　東海大学教授新野弘、論文「中国東海と朝鮮海峡の海底地層及び石油展望」発表
1963／昭和 38.5.15～21　第 4 次琉球大学調査団、尖閣諸島魚釣島生物相の調査
1966／昭和 41.　国連アジア極東経済委員会ECAFE、東アジア沖合海底鉱物資源探査のためのアジア海域沿岸海底鉱物資源共同調査委員会設立
1968／昭和 43.5.25～6.27　総理府派遣調査団、魚釣島の調査
昭和 43.8.2　琉球政府、南小島を巡検、不法上陸者 45 名に対し退去命令、以後、米民政府は不法入域取締りのため軍用機による哨戒、琉球政府も巡視艇の定期パトロールを実施
昭和43.10.12～11.29　ECAFEアジア海域沿岸海底鉱物資源共同調査委員会が尖閣諸島海域を含む東シナ海海域で海底調査、1969.5.調査報告

■ 尖閣諸島をめぐる対立

1969／昭和 44.5.9　沖縄県石垣市、尖閣諸島の行政管轄のために尖閣諸島５島に標識を設置
昭和 44.5.30～7.18　総理府、第 1 次学術調査団（団長新野弘）派遣、尖閣諸島海

		域の海底地質調査、8.28 調査報告
1969 ／	昭和 44.7.17	台湾当局、台湾海岸に隣接する領海外の大陸棚に存在する天然資源に対する主権行使の声明
	昭和 44.8.29	防衛庁、防空識別圏 ADIZ の飛行要領を設定、9 月 1 日施行、ただし沖縄列島 . 尖閣諸島地域は米軍の管轄
1970 ／	昭和 45.5.25 ～ 6.27	総理府、第 2 次尖閣諸島周辺海底地質調査団（団長星野通平）派遣、8.20 調査報告
	昭和 45.6.	琉球政府、久場島に対する巡検実施、不法入域者 14 名に退去命令
	昭和 45.7.7 ～ 16	琉球米民政府、不法入域者に対して処罰警告板を設置
	昭和 45.7.9 ～ 10	琉球政府、北小島で領海侵犯の台湾漁船に対し退去命令
	昭和 45.7.11	琉球政府、魚釣島に上陸の台湾漁民、黄尾嶼沖合で作業中の台湾人に退去命令
	昭和 45.7.	台湾当局、パシフィック・ガルフ社に石油探査権許可、8.7 パシフィック・ガルフ社が地質調査開始の声明、8.10 愛知揆一外相が参議院沖縄.北方領土問題特別委員会で台湾当局の措置は無効と言及
	昭和 45.8.21	台湾当局立法院、大陸棚条約批准、大陸棚限界規定を決定
	昭和 45.8.25	台湾当局立法院、尖閣列嶼周辺の海域石油資源探採条例採択
	昭和 45.8.27	台湾国民大会代表全国聯誼会、釣魚台の中国領有を主張する決議採択
	昭和 45.8.30	『台北新生報』社論「尖閣群島付近の大陸棚はわが国の主権に属する」
	昭和 45.8.31	琉球立法院、尖閣列島の領土防衛要請決議採択、日本.米国両政府に要請
	昭和 45.9.2	台湾水産試験所の海憲丸が釣魚台に青天白日満地紅旗を建て領土権を主張、9.15 琉球政府が日本 . 米国両政府と打ち合わせ同旗を撤去
	昭和 45.9.3	台湾当局、東シナ海海底資源に関する問題で日本との協議に入ることにつき原則的同意
	昭和 45.9.5	台湾当局外交部長魏道明、立法院で「釣魚台など 5 島は国民政府に属する」と発言。
	昭和 45.9.10	琉球政府が尖閣列島領有権と大陸棚資源開発主権を主張
	昭和 45.9.10	マクロスキー米国務省スポークスマンが「尖閣諸島は琉球の一部」と表明
	昭和 45.9.10	愛知揆一外相、衆議院外務委員会で「尖閣諸島は日本領土」と確認、9.12 衆議院沖縄 . 北方問題特別委員会で同様の再確認
	昭和 45.9.18	那覇市に尖閣列島石油等開発促進協議会発足
	昭和 45.9.21	台湾漁業協同組合、日本海上自衛隊が台湾漁船団の操業を妨害と抗議
	昭和 45.9.28	第 5 次琉球大学調査団、魚釣島の調査、9.30 気象条件の悪化で中止
	昭和 45.9.28	台湾宣蘭県基隆市の漁業界、政府に対し釣魚台群島海域に出漁する漁船の保護を要請
	昭和 45.9.30	台湾当局省議会、「釣魚台群島はわが国固有の領土」主張の

決議採択

1970／	昭和45.10.15	台湾国営の中国石油公司、釣魚台周辺の石油探査を決定、五大「海域石油鉱保留区」設置
	昭和45.10.16	台湾当局、釣魚台島嶼の大陸資源領有を主張する声明
	昭和45.10.23	尖閣諸島の大陸棚問題で台北駐在日本大使板垣修が台湾当局外交部次長沈昌煥と会談、日本は尖閣諸島の日本帰属を確認
	昭和45.10.	在米中国人留学生が日本の釣魚台群島領有権の主張とこれへの米国の同調に抗議して釣魚台保衛行動委員会結成
	昭和45.11.12	「日・韓・台三国連絡委員会」ソウル開催、東シナ海大陸棚石油資源の共同開発で合意、12.4『人民日報』、共同開発を非難
	昭和45.12.2～15	九州大学·長崎大学探検部調査団の尖閣諸島合同学術調査隊が地質・生物調査
	昭和45.12.4	『人民日報』記事「米国の支持で日本が釣魚群島を版図に組み入れている」で台湾に付属する釣魚島などの島嶼は台湾に付属した中国領土と主張
	昭和45.12.6	『朝日新聞』社説「尖閣列島は沖縄の一部」
	昭和45.12.21	日本・韓国・台湾三国連絡委員会として財界人による「海洋開発研究連合委員会」設立、12.28『人民日報』が非難
	昭和45.12.24	中央石油と米ガルフ·オイル社による尖閣諸島海域での石油探査はすでに1800平方キロメートルが終了、3カ月以内にすべて完了と、『中央日報』が報道
	昭和45.12.28	新華社、米.日反動派による「わが国の海底資源の略奪を絶対に許さない」と報道、12.29『人民日報』が論評
	昭和45.12.29	『人民日報』、「日本が釣魚島など元来、中国領土の一部島嶼を日本の版図に組み入れようとしている」と指摘
	昭和45.12.30	北京放送、釣魚群島は1556年に胡宗憲が倭寇討伐総督に任命された当時、その防衛範囲にあった、と歴史的指摘
1971／	昭和46.1.26	佐藤栄作首相、参議院で尖閣諸島は日本に帰属と答弁
	昭和46.1.29～30	「釣魚台保衛行動委員会」がワシントンの在米日本大使館、ニューヨーク、ロスアンゼルス、サンフランシスコ各地の日本総領事館に対し抗議デモ
	昭和46.2.18～20	在香港日本総領事館文化センターに中国人学生·青年デモ、抗議文書提出
	昭和46.2.23	台湾当局外交部長魏道明、立法院で「釣魚台群島は歴史.地理.使用実態から中華民国の領土」と表明
	昭和46.2.24	台湾当局外交部、台北駐在日本大使板垣修に対し「釣魚台諸島は地理的にも歴史的にも中国（台湾）領土と主張、日本の立場を拒否
	昭和46.3.7	『工商日報』社論「日本は釣魚台の陰謀を企てている」
	昭和46.3.16	日本·韓国·台湾三国連絡委員会の「海洋開発研究連合委員会」、民間ベースでの尖閣列島を含む大陸棚共同開発の協力推進で合意
	昭和46.3	尖閣列島研究会論文「尖閣列島と日本の領有権」
	昭和46.4.1	ワシントンで華商・中国人学生2500人が「釣魚台群島は中国領土であり、米·日反動派による侵略に抗議する」集会

1971／	昭和46.4.9	プレイ米国務省スポークスマン、事態の混乱で尖閣諸島海域での石油開発は好ましくないと４月８日パイフィック.ガルフ社に開発中止を申し入れたと発表
	昭和46.4.10	台湾当局外交部、「釣魚台はわが国領土の一部であり、米軍施政終了の時点でわが国に返還すべきである」と主張
	昭和46.4.10～20	ワシントンの駐米日本大使館に対し中国人留学生の抗議デモ、このデモで「中国国民党」機関紙『中央日報』社論が学生は学業に専心せよと指摘
	昭和46.4.11	新華社、沖縄返還に触れて「日本が中国領土侵犯の準備」と報道
	昭和46.4.11	『聯合報』（台湾）社論「米国政府に釣魚台問題に対する決定権はない」
	昭和46.4.16	香港８大学学長、わが国の釣魚台主権の擁護声明。
	昭和46.4.20	台湾当局外交部、釣魚台列嶼の主権声明
	昭和46.4.21	台湾当局外交部長周書楷、台湾大学で「政府は釣魚台などの主権は絶対に護持し、譲歩しないことを確約する」と演説
	昭和46.5.1	『人民日報』評論「中国の領土主権に対する侵犯は許さない」
	昭和46.5.17	『人民日報』記事「釣魚島等の併合を企む新しい手管」
	昭和46.5.23	『ニューヨーク.タイムズ』に釣魚台を沖縄とともに日本に返還しないよう求める広告掲載
	昭和46.5.26	『人民日報』記事「中国の釣魚島等を武力で侵略を企てる佐藤内閣」
	昭和46.6.11	台湾当局外交部、６月17日調印予定の沖縄返還協定には尖閣諸島を返還区域に含めていると抗議声明
	昭和46.6.17	沖縄返還協定調印、プレイ米国務省スポークスマンが「尖閣諸島が日本に返還されても、台湾政府の立場は少しも損なわれない」と発言
	昭和46.6.17	台湾当局外交部、釣魚台列嶼の主権声明
	昭和46.6.29	台湾軍部が魚釣島周辺海域を３時間半にわたり巡視、7.2公式発表
	昭和46.7.7	香港ビクトリア公園で「香港学生連合会」の約500人デモ、代表２名が在香港日本総領事館に抗議文書提出
	昭和46.7.20	佐藤栄作首相、参議院予算委員会で尖閣諸島の領有権と大陸棚問題は別、後者については関係国と協議と答弁
	昭和46.8.22	香港大学で日本の釣魚島領有に抗議する集会
	昭和46.9.18	香港で中国人青年約1000人、「日本帝国主義の釣魚島侵犯反対」デモ
	昭和46.11.7	北京放送、「釣魚島などの諸島は中国の神聖な領土」と主張
	昭和46.11.12	日本政府、「日本社会党」の質問に対し「尖閣列島は日本領土」の統一見解を表明
	昭和46.12.15	佐藤首相.福田赳夫外相、参議院で尖閣諸島問題について①尖閣列島はわが国領土、②周辺の大陸棚については関係国と協議の方針を表明
	昭和46.12.30	中国外交部、中国に釣魚島に対する権利を主張し「中国は台湾を解放して、釣魚島などの台湾領土を解放する」と声明

1972／	昭和47.1.13	『人民日報』、1971.12.30中国外交部声明を確認
	昭和47.2.10	台湾、釣魚台などの島嶼を台湾省宣蘭県の管轄に編入、2.11『中央日報』が報道、2.17日本、かかる措置に厳重抗議
	昭和47.3.3	中国代表、国連海底平和利用委員会で日本の釣魚島など島嶼の不法占領と指摘、日本代表が反論、3.10中国代表が再反論
	昭和47.3.3	琉球立法院、尖閣諸島の要請決議で尖閣列島に対する日本の領土主権を確認
	昭和47.3.7	「日本国際貿易促進協会」の定期会員総会、「尖閣列島を中国から窃取する策動に反対し、領有権問題の正しい理解を深める」計画を採択
	昭和47.3.8	衆議院沖縄·北方問題特別委員会で福田赳夫外相が外務省基本見解「尖閣諸島の領有権問題」発表、尖閣列島は台湾の一部でないと確認、大陸棚問題は別途解決と発言
	昭和47.3.8	『毎日新聞』社説「尖閣列島の領有権は明白」
	昭和47.3.10	『沖縄タイムズ』社説「平和外交の試金石――尖閣列島をめぐる領有権問題」
	昭和47.3.10	『読売新聞』社説「わが国の『尖閣』領有権は明白」
	昭和47.3.20	『朝日新聞』社説『尖閣列島とわが国の領有権』
	昭和47.3.23	日本石油開発公団、尖閣諸島大陸棚での海底資源調査に入ると発表
	昭和47.3.25	台湾国民大会、「2つの中国」と「1つの中国.2つの政府」にともに反対、同時に、「釣魚台などの島嶼は『中華民国領土』であり、『中華民国』はこれを絶対に放棄しない」宣言採択
	昭和47.3.28	「自由民主党」政務調査会外交調査会、尖閣諸島に対する日本の領土主権を確認
	昭和47.3.30	『人民日報』が外務省基本見解に対し反論、歴史的事実は変更できるものではないと指摘
	昭和47.3.30	「日本共産党」、「歴史的.国際的理由から尖閣諸島は日本領土」と指摘、併せて久場島.大正島の米軍射撃場の撤去を要求
	昭和47.4.12	沖縄県八重山警察署の警邏隊、尖閣諸島付近で操業中の台湾漁船6隻を発見.追跡、領海侵犯の2隻に退去命令
	昭和47.4.13	「日本社会党」中央執行委員会、「尖閣列島に対する日本の領土主権」を確認
	昭和47.4.17	荒畑寒村.井上清.羽仁五郎ら、「日帝の尖閣列島阻止のための会」結成、「尖閣列島は日清戦争で日本が強奪したもので、歴史的にみれば中国固有の領土である。われわれは、日本帝国主義の侵略を是認し、その侵略しを肯定してしまうことはできない」と主張
	昭和47.5.2	日本、領海及接続水域法公布、領海12カイリ設定、200カイリ漁業専管水域令公布、6.17施行
	昭和47.5.3	防衛庁、沖縄の防空識別圏ADIZとして沖縄本島とともに尖閣諸島を含む3万4000平方キロを決定、5.10公布、5.15実施
	昭和47.5.9	台湾当局外交部、釣魚台島嶼の主権声明

1972／昭和47.5.16　海上保安庁巡視船さつま、魚釣島で日の丸国旗を掲げている右翼「愛国青年連盟」代表小林建に退去要請
昭和47.5.18　『人民日報』記事、「日．米両国は沖縄返還地域に釣魚島などの島嶼を組み入れた」と非難
昭和47.5.20　中国国連大使黄華、国連安全保障理事会当番議長ブッシュ（米国）に対し、沖縄の施政返還地域に中国領土の釣魚島などの島嶼が含まれており、その移管を中国政府と人民としては決して認めないと通告
昭和47.5.24　日本国連大使中川融、国連安全保障理事会当番議長ブッシュ（米国）に対し、尖閣列島に対する日本の領土主権を確認した文書を提出
昭和47.6.11　台湾当局外交部、釣魚台列嶼の主権声明
昭和47.6.13　「日本公明党」政策審議会外交部会長渡部一郎、「日本が尖閣諸島の領有権を主張するのは正しいが、石油開発は関係国と協議すべきだ」と発言
昭和47.7.7　日本の「日中友好協会正統本部」、いわゆる尖閣諸島は中国領土であり、日本政府の領有権主張は誤りとした見解を発表、無主地の先占は成立しないと指摘
昭和47.8.8　「総評」定期大会で大木事務局長が「日本社会党」の尖閣諸島見解を支持と表明
昭和47.9.22　赤尾嶼を中心とした半径5マイル海域で米軍が空地対ミサイルAGM12の投下訓練を実施中と、「沖縄人民党」党首瀬長亀二郎が公表
昭和47.9.25～29　田中角栄首相．大平正芳外相が訪中、9.29共同声明には釣魚島／尖閣諸島の言及なし
1973／昭和48.5.12　日本人民族派青年の「尖閣諸島領有決死隊」数人が魚釣島上陸
1974／昭和49.1.30　日韓大陸棚北部・南部開発協定調印
昭和49.2.2　北朝鮮、日韓大陸棚北部．南部開発協定の無効声明
昭和49.2.3　中国外交部、「当事国はその開発に対するいっさいの責任を負うべきである」と声明
昭和49.2.4　中国外交部、「当事国はその開発に対するいっさいの責任を負うべきである」と声明
昭和49.4.11　日・韓両国、日韓大陸棚北部．南部開発協定批准文書を交換
昭和49.4.23　中国外交部、「中国政府の同意なくしては勝手に開発活動をしてはならない」と声明
昭和49.10.3　鄧小平中国副総理が訪中の日中友好代表団に対し釣魚島／尖閣諸島問題棚上げ方針を確認
1977／昭和52.4.23　中国外交部、日韓大陸棚南部開発協定で声明
昭和52.6.13　中国外交部、日韓大陸棚南部開発協定の「自然発効」で声明
1978／昭和53.4.12　中国武装船が多数（最大時200隻）尖閣列島海域に集結、
昭和53.4.13　最大40隻が日本領海に侵入、「釣魚島は中国領土」の垂れ幕で操業を強行、外務省中国課長が日本領海からの退去を要求、中国大使館一等書記官は日本政府の抗議を拒否、4.15中国漁船が日本領海から退去
昭和53.4.18　『明報』（香港）、「領土は放棄しておらず、交渉の延期は差し支えない」と指摘

1978 ／	昭和 53.5.	「愛国青年連盟」1 名が中国武装船事件に抗議して魚釣島に上陸、日章旗を掲揚
	昭和 53.6.14	『人民日報』記事「わが国の大陸棚主権への侵犯は容認できない」
	昭和 53.6.22	日韓大陸棚北部．南部開発協定発効、6.26 中国政府が抗議声明
	昭和 53.8.12	日中平和条約調印、鄧小平中国副総理が中国武装船事件の再発はないと約束
	昭和 53.8.	「日本青年社」、中国武装船事件で魚釣島に灯台建設、以来、灯台の補修．点検に従事
	昭和 53.10.23	日中平和条約批准書交換．発効、10.2鄧小平中国副総理は尖閣諸島問題の棚上げを提案
1979 ／	昭和 54.5.29	中国外交部、中国駐在日本臨時代理大使と釣魚島のヘリポート建設問題で交渉
	昭和 54.5.31	中国副総理鄧小平が釣魚島共同開発の発言
	昭和 54.11.8 ～ 9	中国．日本、北京で東シナ海大陸棚．深海底開発と経済水域につき協議、11.22 再協議
	昭和 54.11.15	ソ連機、尖閣諸島の領空侵犯

■ 尖閣諸島海域の対立事件

1981 ／	昭和 56.7.22	中国外交部、釣魚島で漁業調査を進行中と発言
	昭和 56.12.4	『人民日報』記事「釣魚島等島嶼は古来、中国領土」
1982 ／	昭和 57.8.30	「日本青年社」、魚釣島上陸
1988 ／	昭和 63.6.8	「日本青年社」、魚釣島に第 2 灯台建設
1989 ／	平成 1.8.28	大正島でベトナム難民船発見、乗船者 124 名、8.29 那覇港へ入港、ベトナム難民船は 11 隻目
1990 ／	平成 2.10.12	台湾当局行政院長郝柏村、日本による尖閣諸島での灯台建設で、同諸島は台湾領土と主張、必要な措置をとると発言
	平成 2.10.18	中国外交部、「日本右翼が魚釣島に建設の航路標識灯は中国の主権侵犯行為」と非難、直ちに有効な措置をとるよう強く要請すると声明
	平成 2.10.19	『人民日報』記事「釣魚島等島嶼は古来、中国領土」
	平成 2.10.21	台湾船舶２隻が日本領海侵犯、海上保安庁巡視船せっつなど数隻出動、台湾船は領海外に退去、10.22 日本政府が台湾に抗議
	平成 2.10.22	台湾当局国防部長陳履安が日本を尖閣諸島事件で日本を仮想敵とみなすと発言
	平成 2.10.23	日華関係議員懇談会（藤尾正行会長）、台湾船 2 隻の侵入問題で政府に解決申し入れ
	平成 2.10.26	中国外交部、釣魚島の主権声明
	平成 2.10.27	中国外交部副部長斉懐造、駐中国日本大使橋本恕に対し釣魚島問題で抗議
	平成 2.10.28	香港で市民約 4000 人が 10・21 台湾船事件で反日抗議デモ、教員組合･キリスト教関係者が釣魚島を守る市民大会
	平成 2.11.18	東京渋谷で 10・21 台湾船事件で日本に対する抗議行動
1991 ／	平成 3.3.18	尖閣諸島北方約250キロで操業中の日本延縄漁船八幡丸を

		国籍不明船が臨検
1991／	平成 3.4.5	尖閣諸島海域で日本漁八幡丸を国籍不明船軍人が臨検、4.6 日本漁船第 2 繁好丸の襲撃
	平成 3.4.7	尖閣諸島海域で日本漁船第 2 繁好丸に対し中国警備艇が発砲、海上保安庁巡視船もとぶが追跡、中国国旗掲揚を確認
	平成 3.4.15 ～ 17	尖閣諸島海域で台湾漁船 3 隻に対し襲撃 . 発砲、4.18 ～ 19『聯合報』が報道
	平成 3.4.15	尖閣諸島海域で日本漁船第3福洋丸に対し国籍不明船が威嚇発砲、4.21、4.25、6.5、7.17 にも発生
	平成 3.5.14	尖閣諸島海域で日本漁船に中国海軍高速艇が発砲
1992／	平成 4.2.25	中国、領海法公布、釣魚島を中国領土と明記
	平成 4.2.26	『人民日報』、領海法記事で魚釣島は中国領土と言及
	平成 4.2.26	駐中国日本公使斎藤正樹、中国外交部に対し「尖閣列島は歴史的にも国際法上も疑いの余地ない日本固有の領土、今回の措置は遺憾であり、是正を求める」と口頭抗議
	平成 4.2.27	中国外交部、「釣魚島は中国領土」と発表
	平成 4.2.27	外務省事務次官小和田恒、中国が領海法に釣魚島を中国領土と明記した問題で、駐日中国大使楊振亜に「尖閣諸島は我が国固有の領土であり、これを有効に支配している。中国の行為は極めて遺憾であり、是正を求める」と抗議
	平成 4.3.3	外務省報道官英正道、中国が領海法に釣魚島を中国領土と明記した問題で、好ましくないが、「他国は（領有権を）主張することこそそのものが、日本の主権を侵害したことになるとはいえない」と発言
	平成 4.3.19	沖縄県議会、中国が尖閣諸島を領海法に盛り込んだ問題で、日本政府に対し「日本固有の領土であることを中国に申し入れ、領海警備を強化する」よう求める意見書を全会一致で採択
	平成 4.4.9	尖閣諸島海域で日本漁船を国籍不明船が追尾
	平成 4.6.30	中国、東シナ海大陸棚の日中中間線の中国側海域２カ所に鉱区設置
	平成 4.10.14	台湾、進入制限区域（台湾 . 澎湖 . 金門 . 馬租の周辺 24 カイリ）公告
	平成 4.12.6	日本貨物船に尖閣諸島海域で中国船が威嚇発砲、12.10 中国政府は事実を確認、1992 年の日本船に対する発砲事件は 34 件
	平成 4.12.8	尖閣諸島海域でパナマ船籍タンカーに国籍不明船が銃撃、タンカーは 5 発被爆
	平成 4.12.26	尖閣諸島海域でインドネシア船籍貨物船を国籍不明船２隻が追尾、威嚇射撃、日本籍貨物船にも威嚇射撃、12.27 日本船に対し威嚇射撃
1993／	平成 5.1.14	尖閣諸島海域で操業中の日本漁船に国籍不明船が威嚇射撃、国籍不明船は海上保安庁巡視船に捕捉され中国公安船と判明
	平成 5.2.22 ～ 3.2	海上保安庁職員が訪中、国籍不明船の取締りにつき協議
	平成 5.3.8	尖閣諸島海域でパナマ船籍貨物に中国船が威嚇発砲
	平成 5.7.13	『聯合晩報』、中国が台湾に魚釣諸島周辺の石油合同探査につき提案と報道

1993／	平成5.12.	海上保安庁、1993年に尖閣諸島海域での国籍不明船による日本船に対する威嚇事件は25件と発表
1994／	平成6.1.16	中国科学院代表団が台湾訪問、台湾大学海洋研究所との南シナ海共同調査の実施を発表
	平成6.3.25	台湾軍機、尖閣諸島上空を領空侵犯、4.7日本、台湾に抗議
	平成6.12.	1994年の尖閣諸島海域での外国海洋調査船24隻の特異行動を確認

■ 第2次保釣運動

1995／	平成7.5.11～19	中国国家海洋局の資源調査船が尖閣諸島海域の日.中大陸棚管轄の分岐地帯で活動
	平成7.5.30～6.7	中国資源調査船が尖閣諸島海域で活動
	平成7.12.12	中国資源調査船の活動で日本参議院外務委員会で質疑
	平成7.12.	海上保安庁1995年の尖閣諸島海域で外国海洋調査船12隻が特異行動と確認
1996／	平成8.5.15	中国、海洋法条約批准、領海基線の声明、釣魚島への言及はなし
	平成8.7.14	「日本青年社」、北小島に簡易灯台建設
	平成8.7.20	日本、海洋法条約発効
	平成8.7.20	台湾当局外交部、釣魚台への灯台建設で抗議声明
	平成8.7.20	台湾宣蘭県蘇澳漁会、日本の簡易灯台設置で抗議行動を決定、釣魚台に中華民国旗掲揚
	平成8.7.23	日本、沿岸200カイリ排他的経済水域を設定、北京放送が「日本が釣魚群島を囲い込んだ」と非難
	平成8.7.23	中国外交部長銭其琛が7・14灯台設置事件で池田行彦外相に抗議（ジャカルタ）
	平成8.7.25	沖縄県石垣市議会、尖閣諸島の領有権に関する意見書採択、「尖閣列島は日本の固有領土で石垣市の行政区域」と確認、毅然たる措置を要望、　8.5沖縄県議会に対し文書提出、次いで外務省、海上保安庁にも文書提出
	平成8.8.18	政治結社「尖閣列島防衛協会」、魚釣島に2×3メートルの木製日本国旗板建立
	平成8.8.2	劉文宗、『法制日報』論文「釣魚島に対する中国の主権は駁論を許さない」、8.20『北京周報』
	平成8.8.23	石垣市議会議長石垣宗正、同議員仲間均、北小島.釣魚島踏査
	平成8.8.28	池田行彦外相、香港で「尖閣諸島は日本領土」と発言
	平成8.8.29	香港で学生が駐香港日本総領事館に対し抗議デモ
	平成8.8.31	『人民日報』記事「日本は愚かなことをしてはならない」
	平成8.9.3	水産庁と台湾当局外交部、台北の協議で尖閣諸島周辺での台湾漁民の操業を認める民間漁業協定の締結で合意
	平成8.9.3	『明報』記事「釣魚台は陥落したか」
	平成8.9.6	香港の親中国派と民主派、台湾の中国統一派が結集して尖閣諸島海域に突入、警備中の海上保安庁巡視船が排除
	平成8.9.6	香港の親中国派と民主派の数団体が日本総領事館前で「釣魚台は中国のものだ」、「日本軍国主義反対」の横幕を張って抗議行動

1996／平成8.9.7	香港で民主派議員の「一二三民主同盟」が日系デパート前で日本製品の不買運動
平成8.9.8	香港で左派労働者．学生約4000人が反日デモ
平成8.9.8	台湾で民間組織、「保釣連盟準備会」の結成
平成8.9.9	「日本青年社」、北小島に灯台再建、9.10中国外交部が駐中国日本代理大使に抗議、9.11駐日中国大使徐敦信が日本外務省に抗議、林貞行外務相事務次官が中国側の鄧小平「棚上げ」論は「合意していない」と拒否
平成8.9.9	香港学者900名が釣魚台保衛声明、学生委員会も声明
平成8.9.10	「日本青年社」、海上保安庁に灯台の正式航路標識としての認可申請、9.12外務省が慎重な対応を要請、10.4日本政府、尖閣諸島の灯台は事実上の不許可決定
平成8.9.12	『東周刊』記事「米国は日本の釣魚台略奪を助け、中国に敵対している」
平成8.9.15	香港で「領土防衛」、「日本軍国主義打倒」を叫ぶデモ隊数千人が三越など日系デパートに押しかけ
平成8.9.15	台湾で「建国釣魚臺防衛同盟」が日本製品ボイコット運動
平成8.9.16	香港で「民主党」議員らの「保衛釣魚台聯合行動」による約1万人の「日本は出ていけ、中国の島守れ」の集会.抗議デモ、民主派議員の「一二三民主同盟」が日本製品ボイコット運動
平成8.9.16	北京大学学生全員の釣魚台抗議書発表、9.18北京大学で柳条湖事件65周年の反日集会．デモ
平成8.9.17	達君、『北京周報』論文「日本がまたしても釣魚台に手を伸ばしたのはなにを物語るか」
平成8.9.18	香港で満州事変9.18記念日の反日集会、日本人学校に「日本軍国主義打倒」デモ隊が押しかけ、『明報』に「香港マカオ釣魚台群島防衛大同盟」の全面広告
平成8.9.18	『人民日報』論評「歴史の警告」「日本は重大な選択を迫られている」
平成8.9.21	在米の親台湾系20余団体はワシントンの在米日本大使館に抗議行動、抗議文書を提出
平成8.9.22	香港と台湾から「全球華人保釣大連盟」突撃隊が尖閣諸島に向けて船出、9.23日本領海への侵入を海上保安庁巡視船が阻止、領土奪還の英雄的行動を北京当局が支持、9.26海上保安庁による彼らの突入阻止に抗議して香港貨物船保釣号から5名が海に飛び込み、突撃隊長デビッド・チャン(陳毓祥)が溺死、死体は台湾経由で9月27日香港着、9.29デビッド・チャン追悼式
平成8.9.24	日中外相協議、日本側が灯台は事実上、不許可と通告、収拾合意
平成8.9.26	『読売新聞』社説「『尖閣』は筋を曲げずに冷静な対応を」
平成8.9.30	米議会調査局、ニクシュ報告「尖閣列島紛争――米国の法的関係と責務」作成
平成8.10.1	黎海波、『北京周報』記事「釣魚島事件は激化するだろうか」
平成8.10.3	中国外交部、釣魚島問題で声明
平成8.10.4	日本政府、尖閣諸島の灯台は事実上の不許可決定

	平成 8.10.7	日本新聞協会主催の各党意見発表会で、尖閣諸島は日本固有領土といずれの政党も確認
	平成 8.10.7	台湾．香港．マカオの活動家役 300 名乗船の漁船 49 隻が尖閣諸島海域に出現、41 隻が日本領海に侵入、海上保安庁巡視船が規制措置、「全球華人保釣大連盟」突撃隊第二陣の議員台湾人 3 名と香港人 1 名が抗議船から釣魚島に強行上陸、五星紅旗と青天白日満地紅旗を掲揚、釣魚島は「歴史的に中国領土」と主張、50 分で退去
	平成 8.10.9	在香港日本総領事館に香港民主派議員と「全球華人保釣大連盟」突撃隊員が不法侵入、香港治安当局が排除、侵入者は
1997 ／	平成 9.5.12	罰金 4000 香港ドルの判決
	平成 9.10.13	朝日新聞社説「尖閣問題で考えること」
	平成 9.10.13	中国深圳で工場労働者が釣魚島問題で対日抗議集会
	平成 9.10.18	鐘巌、『人民日報』論文「釣魚島の主権の帰属について論じる」、10.29『北京周報』論文「釣魚島の主権の帰属について論じる」
	平成 9.10.30	中国外交部副部長唐家璇が東京で橋本龍太郎首相と会談、尖閣諸島の灯台撤去を要請、日本政府は許可しない方針と表明
	平成 9.11.23	池田行彦外相の訪中による日中外相会談、尖閣諸島の「実質棚上げ」で合意
	平成 9.12.	海上保安庁、1996 年の尖閣諸島海域で外国海洋調査船 22 隻が特異行動と確認

■ 中国海洋調査船事件

1997 ／	平成 9.2.20	日本、国連総会の海洋法に関する審議で日本の尖閣諸島の実効的支配に対する中国の抗議に対し、尖閣諸島の日本領有権確認の文書を提出
	平成 9.4.27	石垣市議会議員仲間均ら魚釣島上陸
	平成 9.5.1	4・27 事件で『産経新聞』社説「日本政府の『遺憾』表明は遺憾」と主張
	平成 9.5.5	「新進党」国会議員西村真悟ら 3 名が魚釣島に上陸
	平成 9.5.6	橋本龍太郎首相が 5・5 事件を批判、中国外交部がこの事件で駐中国日本大使佐藤嘉恭に抗議
	平成 9.5.7	5・5 事件で『朝日新聞』社説「独り善がりは国益を損なう」
	平成 9.5.26	香港．台湾の釣魚島領有権主張の活動家による漁船 30 隻が尖閣諸島海域で抗議行動、香港抗議船釣魚台号など 3 隻が日本領海に侵入、海上保安庁巡視船が退去命令、抗議のため巡視艇に活動家 2 名が乗船、この 2 名は強制退去処分で別の抗議船に引渡されて強制退去
	平成 9.6.11	日本右翼 3 名、北小島に上陸
	平成 9.6.20 ～ 23	日本・中国、北京で尖閣諸島海域を含む漁業協定の協議、9.3 漁業協定合意
	平成 9.7.1	台湾抗議船 1 隻が尖閣諸島海域に侵入
	平成 9.7.7	台湾で釣魚台団体約 20 名が台北の交流協会台北事務所に抗議行動
	平成 9.11.4	中国海洋調査船向陽紅 9 号が尖閣諸島海域で日本領海侵犯、

	外務省が駐日中国大使武大偉に抗議
1997／平成 9.12.	海上保安庁、尖閣諸島海域で1997年に外国海洋調査船10隻が特異行動と確認
1998／平成 10.4.28～5.1	中国海洋調査船奮闘7号が先島諸島周辺から尖閣諸島北方にいたる海域で3度の日本領海侵犯、海上保安庁巡視船が警告
平成 10.6.24	香港を6・21出港の尖閣諸島領有反対の抗議船3隻(中国退役軍人も参加)と台湾の抗議船3隻が尖閣諸島海域に突入、海上保安庁が退去命令、日本政府は中国政府と香港政庁に抗議、6.26無人船で漂流中の抗議船釣魚台号が魚釣島北方30キロの地点で沈没、原因は船の老朽化、　6.25香港の「保釣行動委員会」が同船の沈没は日本の責任と発言、中国外交部も日本の行動を批判
平成 10.7.29～8.1	中国海洋調査船探宝号が尖閣諸島西方海域で活動、日本領海侵犯
平成 10.12.	海上保安庁、1998年に尖閣諸島海域で外国海洋調査船19隻の特異行動を確認
1999／平成 11.5.30～6.	中国海洋調査船奮闘4号が尖閣諸島島海域で日本領海侵犯
平成 11.6.11～19	尖閣諸島海域で中国海洋調査船奮闘4号が2度の日本領海侵犯、日本政府が中国に抗議
平成 11.6.	海上保安庁.、1999年前半に尖閣諸島海域で外国海洋調査船26隻が特異行動と確認
平成 11.7.31	台湾海洋調査船海研2号が尖閣諸島海域で日本領海侵犯
平成 119.　5	「日本青年社」3名が魚釣島に上陸、数時間滞在、中国外交部が駐中国日本大使谷野作太郎に抗議
2000／平成 12.4.5	中国外交部副部長、釣魚島は、古来、中国帰属と再確認
平成 12.4.20	「日本青年社」分子が魚釣島上陸、神社建立、4.29中国外交部、非難声明
平成 12.5.18	中国海洋調査船の特異行動で日本参議院外交.防衛委員会で質疑
平成 12.8.　9	中国海洋調査船の特異行動で日本参議院外交.防衛委員会で質疑
平成 12.9.　7	海上保安庁、中国海洋調査船の特異行動事件は4月以降、20件と確認
平成 12.9.15	日本.中国、北京で中国海洋調査船に関する相互事前通報の枠組み協議、　9.27～28北京で第2回協議
2001／平成 13.2.13	日本.中国、相互事前通報枠組みで合意
平成 13.3.15～28	中国海洋調査船海監52号、事前通報の尖閣諸島海域で海洋調査
平成 13.5.25～7.24	中国海洋調査船、事前通報の尖閣諸島海域で海洋調査
平成 13.7.1～8.30	中国海洋船向陽紅9号、向陽紅14号、事前通報の尖閣諸島海域で海洋調査
平成 13.7.9～11	中国海洋調査船奮闘4号、事前通報なしに尖閣諸島海域で海洋調査
平成 13.8.13	中国海洋調査船向陽紅9号、事前通報なしに尖閣諸島海域で海洋調査

量局、1960年。

中華民國内政部審査・認定「台湾省五市十六県詳圖」台北、大衆文化社、1961年。

『世界地圖集　第1冊東亜諸國』台北、国防研究院・中国地中華民國海軍海道測量局、地学研究所、1965年。

中華民國海軍海道測量局編「九州至奄美大島」海軍水道圖第1466号、台北、海軍海道測量局、1969年。

中華民國海軍海道測量局編「宮古島至臺灣」海軍水道圖第1492号、台北、海軍海道測量局、1969年。

中華民國海軍海道測量局編「揚子江至厦門含臺灣北部」海軍水道圖第0106号、台北、海軍海道測量局、1976年。

中華民國海軍海道測量局編「臺灣海峡」海軍水道圖第0312号、台北、海軍海道測量局、1977年。

譚其驤主編『中国歴史地図集』1～8、北京、地図出版社／上海、新華書店，1982－87年。

『中國歴史地圖集』1～8、香港、三聯書店、1991－92年。

国土地理院「1:25,000万分の1地形図—魚釣島」つくば、国土地理院、1989年1月。

日本建設省地質調査所編「尖閣諸島海域空中磁気図」1～3、つくば、建設省地質調査所、1993年。

総参謀部測絵局制『中華人民共和国地図集』北京，星玉地図出版社、2000年。

王雲五主編『中國古今地名大辭典』上海、商務印書館、1931年。

新華社国際資料編輯室編『外国地名手册』北京、中国対外翻訳出版公司、1965年。

宮城栄昌・高宮広衛編『沖縄歴史地図——歴史編——』東京、柏書房、1983年。

■年表

丘宏達「釣魚台列嶼問題大事記」『大學雜誌』第40期、1971年4月。

山田友二「尖閣列島問題年史(1872年－1972年3月)」『アジア・レビュー』第10号、1972年。

沖縄県教育委員会編『琉球・日本・中国・朝鮮年代対照表』那覇、沖縄県教育委員会、1973年。

又吉真三編『琉球歴史・文化史総合年表』那覇、琉球文化社、1973年。

田恒主編『戦後中日関係年表1945－1993』北京、中国社会科学出版社、1994年。

■資料集成

柳樽悦編『臺灣水路誌』東京、海軍水路寮、明治6年／1873年。

柳樽悦編『南島水路誌』東京、海軍水路寮、明治7年／1874年5月。

松田道之『琉球処分』1879年。下村富士男編、明治文化資料叢書、第4巻外交編、風間書房、1962年。州立ハワイ大学宝玲叢刊編纂委員会編『松田道之・琉球事件・有給記聞』琉球所属問題関係資料第4巻、東京、本邦書籍株式会社、1980年。

遠藤達・後藤敬臣編『琉球処分提綱』東京、内務省、明治12年／1879年。吉野作造編『明治文化全集』第22巻雑史篇、日本評論社、1930年。明治文化研究会編『明治文化全集』第25巻雑史篇、日本評論新社、1967年、第24巻雑史篇、日本評論社、1993年。

松井順時編『琉球事件』東京、松井忠兵衛、明治13年／1880年。州立ハワイ大学宝玲叢刊編纂委員会編『松田道之・琉球事件・有給記聞』琉球所属問題関係資料第4巻、東京、本邦書籍株式会社、1980年。

China Sea Directory, Vol. 4: *Comprising the Coasts of Korea, Russian Maritime Province, Japan, Gulf of Tartary, and the Sea Okhotsk, also the Meiaco, Liu Kiu, Linschoten, Mariana, Bonin, Saghalin, and Kuril Islands*, London: Admiralty, 1884.

日本海軍省水路局編『寰瀛水路誌』第1巻、東京、海軍省水路局、明治19年／1886年、第2巻、明治27年／1894年。

【尖閣諸島（琉球を含む）資料・文献】

■地図

鄭若曽『鄭開陽雑著』巻1「萬里海防圖」嘉靖40年／1561年。

鄭若曽『籌海圖編』「萬里海防圖」、「福建沿海山沙圖」嘉靖41／1562年
徐必達『乾坤一統海防全圖』万暦33年／1606年。

茅元儀『武備志』巻1「福建沿海山沙圖」天啓元年／1621年。

『坤輿全圖』新訂、乾隆32年／1767年。

林子平『三國通覧圖説』「琉球三省三十六島之圖」天明5年／1785年。

『皇朝内外統輿圖』湖北撫衙署、同治2年／1863年。

日本水路部編、海図「台湾島清國属地部」東京、水路部、明治6年／1873年。

日本水路部編、海図「清國沿海諸省圖」東京、水路部、明治7年／1874年10月。

木村信卿編「大日本全圖」東京、日本陸軍参謀局、明治10年／1877年。

柳田赳編「大日本全圖 JAPAN」東京、柳田赳、明治12年／1879年3月。

木村信卿編「大日本全圖」東京、日本陸軍参謀局、明治10年／1877年。

松井忠兵衛編「大日本全圖」東京、松井忠兵衛、明治12年／1879年。

内務省地理局編「大日本府縣分轄圖」東京、内務省地理局、明治12年／1879年12月。

内務省地理局編「大日本國全圖」東京、内務省地理局、明治13年／1880年。

内務省地理局編「大日本國全圖」東京、内務省地理局、明治14年／1881年2月。

内務省地理局編「大日本府縣管轄圖」東京、内務省地理局、明治14年／1881年5月、明治16年／1882年5月改訂。

賀田貞一編「日本沖縄宮古八重山諸島見取圖」東京、賀田貞一、明治18年／1885年10月。

下村孝光編「大日本測量全圖並五港之全圖」東京、下村孝光、明治19年／1886年3月。

吉川秀吉編「洋語挿入大日本輿地圖——明治新刻」大阪、吉川秀吉、明治19年／1886年5月。

日本水路部編「日本—自鹿児島海湾至臺灣」海圖第210号、東京、水路部、明治21年／1888年7月。

嵯峨野彦太郎編「大日本全圖」東京、嵯峨野彦太郎、明治23年／1890年5月。

農商務省地質調査所編「日本帝國全圖」東京、地質調査所、明治25年／1892年。

水谷延次編「大日本全圖」東京、水谷延次、明治28年／1895年5月。

沖縄縣「沖縄縣管内全圖」那覇、沖縄縣、明治39年／1906年。

臨時沖縄縣土地整理事務局編「大浜間切南小島全圖」那覇、臨時沖縄縣土地整理事務局、明治39年／1906年。

日本水路部編「日本南西諸島沖縄島至臺灣」海圖第70025号、東京、水路部、大正4年／1915年10月。

日本陸地測量部編「吐噶喇及尖閣群島」東京、陸地測量部、1933年。

日本陸軍参謀本部編「南西諸島陸海編合圖」東京、陸軍参謀本部、1944年。

地圖出版社修訂『中華人民共和國分省地圖』上海、地圖出版社、1953年。

中華民國海軍海道測量局編「青島至揚子江含韓國西南岸」海軍水道圖第101号、台北、海軍海道測量局、1956年。

『世界地图図案』北京、地图出版社、1958年。

中華民國海軍海道測量局編「中國東海至日本南部附近」海軍水道圖第100号、台北、海軍海道測量局、1960年。

中華民國海軍海道測量局編「中華民國海岸全圖」海軍水道圖第0001号、台北、海軍海道測

浦野起央（うらの　たつお）

1955年、日本大学法学部卒業。政治学博士。
日本アフリカ学会理事、日本国際政治学会理事、アジア政経学会理事、国際法学会理事を歴任。現在、日本大学名誉教授、北京大学客座教授、日本国際政治学会名誉理事

主要著作

『ベトナム問題の解剖』『続ベトナム問題の解剖』『ベトナム和平の成立——ベトナム問題の解剖第三』（以上、外交時報社）、『資料体系アジア・アフリカ国際関係政治社会史』『現代における革命と自決』（以上、パピルス出版）、『南海諸島国際紛争史』（刀水書房）、『パレスチナをめぐる国際政治』『国際関係の再構成』『第三世界の連合政治』『現代国際関係の視点』『国際政治における小国』『アフリカの国際関係』『南アジア・中東の国際関係』『現代紛争論』『国際協調・レジーム・援助』『アジアの国際関係』『新世紀アジアの選択』『日・中・韓の歴史認識』『安全保障の新秩序』（以上、南窓社）『20世紀世界紛争事典』（三省堂）、『世界テロ事典』（三和書籍）

主要訳書

クラウス・クノール『国際関係におけるパワーと経済』（時報社）、ジョージ・モデルスキー『世界システムの動態』（晃洋書房）、ダブ・ローネン『自決とはなにか』、ハッサン・ビンタラール『パレスチナの自決』、マイケル・ワトソン編『マイノリティ・ナショナリズムの現在』、張聿法・他編『第二次世界大戦後　戦争全史』（以上、刀水書房）、『朝鮮統一の構図と北東アジア』『国際関係理論史』『人間的国際社会論』（勁草書房）、アラン・ラブルース／ミッシェル・クトゥジス『麻薬と紛争』（三和書籍）

【分析・資料・文献】
【増補版】尖閣諸島・琉球・中国
——日中国際関係史——

2005年 5月10日　初版発行
2010年11月15日　初版第2刷発行

著　者　浦野起央

発行者　高橋　考

発行所　三和書籍 Sanwa co.,Ltd.

〒112-0013　東京都文京区音羽2-2-2
電話03-5395-4630　FAX 03-5395-4632
sanwa@sanwa-co.com　http://www.sanwa-co.com/
印刷／製本／新灯印刷 株式会社

乱丁、落丁本はお取替えいたします。定価はカバーに表示しています。　ISBN4-916037-79-0 C3031

三和書籍の好評図書

バリアフリー・デザイン・ガイドブック
—2005 年版—

＜高齢者の自立を支援する住環境デザイン＞

バリアフリーデザインガイドブック編集部　編A5判　368頁　並製本　3,000円＋税

もはや定番となったバリアフリーデザインガイドブックの2005年度版。今回の特集は、1,ユニバーサルデザインアンケート調査結果　2,バリアフリー住宅設計見積事例となっている。

バリアフリー住宅読本
＜高齢者の自立を支援する住環境デザイン＞

高齢者住宅研究所・バリアフリーデザイン研究会著
A5 判　196 頁　並製　定価 2,200 円＋税

家をバリアフリー住宅に改修するための具体的方法、考え方を部位ごとにイラストで解説している。バリアフリーの基本から工事まで、バリアフリーの初心者からプロまで使えます。福祉住環境必携本!!

住宅と健康
＜健康で機能的な建物のための基本知識＞

スウェーデン建築評議会編　早川潤一訳
A5 変判　280 頁　上製　定価 2,800 円＋税

室内のあらゆる問題を図解で解説するスウェーデンの先駆的実践書。シックハウスに対する環境先進国での知識・経験を取り入れ、わかりやすく紹介。

180 年間戦争をしてこなかった国
＜スウェーデン人の暮らしと考え＞

早川潤一著　四六判　178 頁　上製　定価 1,400 円＋税

スウェーデンが福祉大国になりえた理由を、戦争を180年間してこなかったところに見い出した著者が、スウェーデンの日常を詳細にスケッチする。平和とは何か。平等とは何か。この本で新しい世界が開けるだろう。

中国人は恐ろしいか!?
〈知らないと困る中国的常識〉

尚会鵬　徐晨陽著　四六判　並製本　定価：1,400 円＋税

喧嘩であやまるのは日本人、あやまらないのは中国人。電車で席をゆずるのは中国人、知らんぷりするのは日本人……。日本人と中国人の違いをエピソードを通して、おもしろく国民性を描き出している。

三和書籍の好評図書

天才と才人
〈ウィトゲンシュタインへのショーペンハウアーの影響〉

D.A.ワイナー著　寺中平治／米澤克夫 訳　四六判　上製本　280頁　2,800円＋税

若きウィトゲンシュタインへのショーペンハウアーの影響を、『論考』の存在論、論理学、科学、美学、倫理学、神秘主義という基本的テーマ全体にわたって、文献的かつ思想的に徹底分析した類まれなる名著がついに完訳。

精神分析の終焉
〈フロイトの夢理論批判〉

ジョルジュ・ポリツェル著、寺内礼監修　富田正二訳
四六判　362頁　3,200円＋税

「フランスの精神分析とヨーロッパの哲学を理解するにはポリツェルを把握せずには理解できない」と形容されるポリツェルが著した古典の翻訳版。フロイトの夢理論と無意識理論を分析し、夢から得られる豊かな素材を利用できるのは、精神分析だけだという結論に達した。

フランス心理学の巨匠たち
〈16人の自伝にみる心理学史〉

フランソワーズ・パロ／マルク・リシェル　監修　寺内礼　監訳
四六判　640頁　上製本　3,980円＋税

今世紀のフランス心理学の発展に貢献した、世界的にも著名な心理学者たちの珠玉の自伝集。フランス心理学のモザイク模様が明らかにされ、歴史が描き出されている。

人生に生きる価値を与えているものは何か

ゴードン・マシューズ著　宮川陽子訳　A5判　340頁　上製本　3,300円＋税

本書は、アメリカ人である著者の視点から、18人の典型的なアメリカ人と、18人の普通の日本人の「生きがい」観を探っている。人は、どのようにして自分の人生に価値があると思われるものを選び出し、どのようにして折り合いをつけていかねばならないのだろうか。

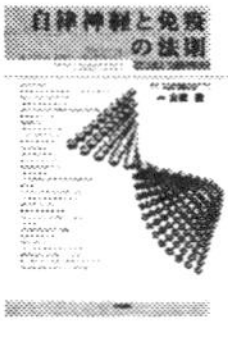

自律神経と免疫の法則
＜体調と免疫のメカニズム＞

安保　徹　著　B5判　236頁　並製　定価6,500円＋税

免疫学についてたくさんの本を出した安保徹先生の専門書。これを読まずして、安保理論は語れない！　癌やアトピー、ストレスや胃潰瘍まで緻密な研究結果の集大成。免疫学を知るための30の法則を紹介。